“互联网+”新形态一体化教材
创新型人才“十四五”规划教材

资产评估学

主　编　窦亚芹　孙美娇　常世亮

副主编　刘　融　熊向阳　赖流滨
唐　艳　周雅芬　吕林根
王想燕

U0838426

中国商业出版社

图书在版编目（CIP）数据

资产评估学 / 窦亚芹，孙美娇，常世亮主编. -- 北京：中国商业出版社，2024.1
ISBN 978-7-5208-2872-7

Ⅰ. ①资… Ⅱ. ①窦… ②孙… ③常… Ⅲ. ①资产评估 Ⅳ. ①F20

中国国家版本馆 CIP 数据核字(2024)第 041507 号

责任编辑：黄世嘉

中国商业出版社出版发行
（www.zgsycb.com　100053　北京广安门内报国寺 1 号）
总编室：010-63180647　编辑室：010-63033100
发行部：010-83120835/8286
新华书店经销
北京宝莲鸿图科技有限公司印刷
*
787 毫米×1092 毫米　16 开　19.25 印张　442 千字
2024 年 1 月第 1 版　2024 年 1 月第 1 次印刷
定价 52.80 元
* * * *
（如有印装质量问题可更换）

前　言

我国资产评估行业诞生于 20 世纪 80 年代末，经过 30 多年的努力，我国资产评估为维护国有资本权益、规范资本市场运作、防范金融系统风险、保障社会公共利益和国家经济安全作出了重要贡献。随着中国经济步入高质量发展阶段，科技创新、绿色发展、数字经济等发展战略的提出使现代财税体制改革受到前所未有的关注，并对资产评估行业服务领域、服务类型和服务质量提出了更高的要求。资产评估行业的转型升级需要高质量的人才队伍作保障，而教材是培养人才的重要支撑。为了适应新的经济形势的需要，反映高等教育课程的教学改革方向，结合多年的资产评估理论研究、教学和评估实践经验、课程建设与改革成果，我们编写了本教材。

本教材具有以下几个主要特点。

1．遵循学科知识生成规律

教材坚持理论联系实际的原则，全面系统地阐述了资产评估的基本原理、基本概念、基本原则、基本假设、基本技术思路和基本技术方法。结合资产评估实践中机器设备、不动产、无形资产、流动资产、金融资产、资源资产及企业等主要评估对象的特点，详细地介绍了资产评估原理及技术的具体应用。在引入相关概念阐述评估基本知识和应用时，遵循学科知识生成规律，层层递进、循序渐进地促进学生资产评估观念的形成。

2．强化思政育人目标渗透

教材注重引导学生认识资产评估与社会的关系，弘扬和培育社会主义核心价值观，增强学生社会责任感。每个章节均设置了“思政育人目标”，将评估知识的应用、评估方法的传授、创新精神的培养与爱国情怀的渗透等深度融合。通过中国资产评估行业发展、法律法规和监管制度的介绍，激发学生的民族自豪感和爱国情怀，强化学生诚实守信的职业道德。通过市场法、成本法和收益法三大方法的阐释，引导学生将创新精神和科学态度贯彻到具体的行动中。同时，结合具体的资产评估实务，渗透相应的思政育人元素，引导学生树立正确的财富观和价值观。

3．助教助学资源配套齐全

教材每章均设计了“章节导言”，导言设计紧密贴近实践，引导学生带着问题深入探究全章知识。面向教师的配套电子课件不仅在内容上突出各章节的重要知识点，在形式上也力求做到版式生动活泼、图文并茂。面向学生的辅学习题比较充足，包括即测即评、课后思考题和业务练习题，方便学生自我检测。

本书由窦亚芹、孙美娇、常世亮担任主编，刘融、熊向阳、赖流滨、唐艳、周雅芬、吕林根、王想燕担任副主编。各章内容连同即测即评题、课后思考题、业务练习题的执笔人依次如下：窦亚芹负责第 1 章、第 2 章、第 6 章；孙美娇负责编写第9章；常世杰负责编写第10章；刘融、赖流滨、唐艳、周雅芬负责第 3 章、第 5 章、第 7 章；熊向阳、吕林根、王想燕负责第 4 章、第 8 章；资产评估师高亚东负责教材各章节例题、案例设计及业务练习题的编写。

由于编者水平有限，本教材难免有疏漏和不完善之处，敬请广大读者批评指正。为方便教学，本书配有教学资源包，可联系 bhhwbook@163.com 获取。

编　者

目　　录

第 1 章　资产评估概述

学习目标

知识目标	能力目标	思政育人目标
1．了解资产评估产生与发展的过程； 2．熟悉资产评估的概念、特点及功能； 3．掌握资产评估主体、客体、价值类型、目的、假设和原则等基本事项； 4．掌握资产评估的具体步骤和操作环节，理解执行资产评估程序的基本要求	1．能够正确说明资产评估的含义，描述资产评估的产生和发展过程； 2．能够正确认识资产评估基本事项； 3．能够结合评估实务，正确履行资产评估的具体程序	1．激发学生的爱国情怀和历史责任感，增强民族自豪感； 2．强化学生诚实守信的职业道德； 3．培养学生的规则意识，增强其保护国家财产的意识

章节导言

资产评估作为一个独立的中介行业在欧美国家已有上百年的发展历史。我国资产评估诞生于 20 世纪 80 年代，经过 40 多年的发展，取得了飞速的发展。什么是资产评估？为什么要进行资产评估？资产评估有什么功能？什么样的机构和人员能够实施资产评估？实施资产评估需要遵循哪些假设条件和经济技术原则？资产评估工作需要遵循规范的程序吗？初次接触资产评估学，需要对这些问题进行充分了解。

1.1　资产评估的产生与发展

1.1.1 资产评估的产生

资产评估是商品经济发展到一定阶段的产物。商品经济和商品交换早在资产评估出现之前就已经存在。一般来讲，普通的商品交换不一定会引起资产评估的产生，只有当商品经济发展到一定程度，商品交易对象和交易空间扩大，交易主体信息不对称加剧时，市场才需要一个掌握较多市场交易信息并能够站在客观公正立场评估资产价值的中介权威机构，为交易双方确定参考成交价格，这种估值需求的不断增加促进了资产评估的产生。一般认为，资产评估的发展经历了原始评估阶段、经验评估阶段和科学评估阶段三个发展阶段。

1．原始评估阶段

原始社会后期，由于生产力的提高，人们的劳动所获除了满足最低生活需要以外，开始出现剩余产品。剩余产品的出现，为私有制的产生提供了物质基础。随着私有制的发展，出现了商品生产和商品交易，基于交易公允性的要求，需要寻找有交易经验且双方都认可、信赖的第三方对商品的价值进行评判，以达成一个使买卖成交的公平价格。对剩余产品的价值估计，为等价交换创造了条件，萌生了对资产评估的客观需要。因此，有人认为资产评估起源于原始社会后期，并且将这一时期的资产评估称为“原始评估阶段”。原始评估阶段的资产评估具有以下几个主要特点。

（1）直观性。这一阶段的评估主要表现为评估人员依靠自身的直观感觉和主观偏好对剩余产品进行估价，很少借助测评设备和其他专业测评手段。评估过程简化省时，评估结果容易受到人为因素的影响。

（2）非专业性。此阶段的评估通常是由资产交易双方或一方指定人员对剩余产品进行评估，这些评估人员可能是一定领域内德高望重的人，但并不具备专业评估知识，没有掌握专业评估手段和技能，或者没有受过专门训练。

（3）无偿性。在原始评估阶段，资产交易双方不需要向评估人员支付报酬，评估人员也无须对资产评估结果承担法律责任。

（4）偶然性。由于原始评估末期，人们可用于交易的剩余产品数量有限，导致资产交易不频繁。资产交易的不经常发生决定了资产评估具有偶然性特点。

2. 经验评估阶段

15 世纪末 16 世纪初，哥伦布发现新大陆，大大推进了资本主义发展进程。全球范围内商品贸易急剧增加，商品交易市场的扩大和交易数量的增加，为资本主义手工工场的发展创造了条件，同时极大地刺激了商业资本的发展。为了适应资本主义初期商品和资本市场的发展需要，16 世纪欧洲安特卫普（现比利时）成立了世界上第一个商品和证券交易所，标志着经验评估时代的到来。商品和证券交易所的成立，使得资产交易行为越来越频繁，催生了社会对资产评估的需求，资产评估业务开始走向专业化和经常化。伴随着资产评估业务的专业化，社会上开始出现具有一定评估经验的评估人员，他们依托自己长期积累的评估知识和实务经验，利用经验数据对资产价值进行评估，并得到了交易双方的认可，推动了资产评估业的发展。此阶段一般被称为“经验评估阶段”。此阶段的资产评估呈现出以下几个特点。

（1）经验性。随着经济的进一步发展和资产交易频率的提高，资产评估业务日益频繁，使得评估人员积累了丰富的评估经验，提升了评估结果的准确性。此阶段的资产评估执业更多地依赖评估人员的经验，但是资产评估经验尚未形成系统化的评估理论和方法。

（2）有偿性。经验评估阶段资产评估人员进行的是有偿服务，并对评估结果承担相应的法律责任。

（3）经常性。资产交易行为的频繁性为那些以提供商品或资产交易估价中介服务为主要工作的评估人员提供了广阔的空间。此时的资产评估已经不再是偶然的、个别的行为，而是一种经常性的评估活动，并且发展成市场上不可或缺的、独立的中介行业。

3. 科学评估阶段

随着社会经济的不断发展，尤其是产业革命的到来，资本主义经济得到了飞速发展，以资产交易为主的资产业务急剧增加，促进了资产评估机构的产生和发展，并推动了资产评估的行业化发展。行业化运作使得资产评估业务的开展越来越规范，评估理论和方法也日趋成熟。评估人员不仅依靠自身积累的经验开展资产评估业务，也逐渐把现代科学技术和管理方式应用到资产评估工作中，资产评估的发展步入科学评估阶段。科学评估阶段的资产评估主要具有以下几个特点。

（1）科学性。科学的评估手段和方法在资产评估业务中得到广泛应用，极大地提高了资产评估的规范性和准确性。

（2）广泛性。资产评估的业务范围不断地扩展，评估内容也越来越丰富，不仅包括机器设备、房地产、矿产资源等有形资产评估，还涉及无形资产、企业整体资产等评估领域。此阶段的评估业务几乎包括了资产评估行业所有的业务种类。

（3）规范性。随着资产评估的行业化运作，资产评估机构逐步公司化，评估人员也越来越专业化，评估技术规程和评估职业道德也越来越规范化。资产评估机构和评估人员须在评估理论及规范的指引和约束下开展执业活动，并对评估结果承担相应的法律责任。

1.1.2 资产评估的发展

进入 20 世纪以后，资本主义经济进入高速发展阶段，随着以原子能、电子计算机和空间技术的发展为主要标志的第三次科技革命的兴起，一些发达资本主义国家的经济得到了快速发展，激烈的市场竞争使得企业间资产的交易行为越来越频繁，进一步提高了对资产评估的依赖程度。自 20 世纪 40 年代以来，资产评估在世界各国得到了快速发展，英国、美国、澳大利亚、加拿大等很多国家成立了专门的资产评估机构，陆续设立了资产评估协（学）会等专业性评估团体，对评估行业实行自律性管理。资产评估成为社会经济生活中独立完整、不可或缺的中介行业。随着社会经济的不断发展，资产评估作为一个独立的中介行业获得了国际社会和世界经济组织的认可，一些国际性评估组织纷纷成立，为资产评估行业的国际化发展奠定了基础。

1. 发达国家资产评估的发展

英、美两国资产评估行业发展较早，起步于 19 世纪中后期。其中，英国皇家特许测量师学会（RICS）成立于 1868 年，距今已有 150 余年的历史，现有 18 万余名会员分布在全球 146 个国家。该学会的主要职能是制定行业操作规范和行为准则，对资产评估专业人员进行监管、教育和培训，保持与政府部门的联系，为会员提供服务，向会员提供覆盖土地、物业、建造、项目管理及环境等 17 个专业领域和相关行业的最新发展趋势。美国资产评估主要是基于财产保险、税务、会计处理、资产交易、企业合并、资产抵押贷款、家庭财产分割等方面的需要而产生的。美国评估师协会（ASA）成立于 1936 年，是美国最大规模的多领域评估专业协会，下设评估审核与管理、企业价值评估、珠宝评估、机器设备与技术评估、个人动产评估和房地产评估等专业分会。自 20 世纪 70 年代以来，随着资产评估行业的不断发展，美国评估行业陆续成立了若干个评估专业协会和团体，其中三个协会影响最大：①美国评估师协会（ASA）。这个协会是以企业价值评估、动产评估、不动产评估、机器设备评估为主的综合性跨领域协会。②以不动产评估为主的评估学会（AI）。③以农场和农业评估为主的美国农场管理者与农村评估师协会（ASFMRA）。

目前，世界上资产评估发展较早的国家除了英国和美国以外，还有澳大利亚、加拿大、新西兰、日本、韩国、法国等，中国、俄罗斯及东欧国家资产评估起步较晚，但发展速度非常快。可以将世界各国的资产评估划分为两大体系：①不动产评估体系。该体系的主要代表是英国，原英国或原英国势力范围的国家大多是这种评估体系。资产评估的主要内容为房地产等不动产，相关评估法规也以规范不动产评估为主要内容。②综合评估体系。该体系的主要代表是美国，北美、南美及东欧国家的资产评估倾向于综合评估。资产评估的主要内容为企业各项资产评估，不仅包括房地产等不动产评估，还涉及无形资产评估、企业价值评估等领域，资产评估的范围比较广泛，相关的法规制度综合性较强。

2. 我国资产评估的发展

我国资产评估诞生于20世纪80年代，经过40多年的发展，资产评估成为我国维护国有资本权益、规范资本市场运作、防范金融系统风险、保障社会公共利益和国家经济安全不可或缺的基础性中介服务行业。我国资产评估的发展可以划分为以下3个阶段。

（1）起步阶段（1988—1992年）。20世纪80年代末，我国国有企业改革进入纵深阶段，对外合资合作、承包租赁和兼并及破产等产权变动行为日益增多，为了确定合理的转让价格，防止国家资产流失，并规范国有资产交易行为，资产评估作为国有资产管理的必备程序和保护国有资产权益的专业手段应运而生。1989年，国家体制改革委员会、财政部、国家国有资产管理局联合发布了《关于出售国有小型企业产权的暂行办法》，明确规定："被出售企业的资产（包括无形资产）要认真进行清查评估。"同年，国家体制改革委员会、国家计委、财政部、国家国有资产管理局联合发布《关于企业兼并的暂行办法》，明确规定："对兼并方的有形资产和无形资产，一定要进行评估作价，并对全部债务予以核实。"同年，国家国有资产管理局发布了《关于在国有资产产权变化时必须进行资产评估的若干暂行规定》。1990年7月，国家国有资产管理局成立了资产评估中心，负责资产评估项目和资产评估行业的管理工作，为我国资产评估工作的全面展开提供了组织保证。上述资产评估管理文件的发布和资产评估管理机构的成立，标志着我国资产评估工作正式起步。1991年国务院颁布《国有资产评估管理办法》，这是我国第一部规范国有资产评估和资产评估行业管理的行政法规，标志着我国资产评估行业开始步入法治化。一系列行政法规的颁布和实施，为保证我国资产评估活动有序进行和逐步形成全国统一的资产评估行业体系奠定了初步的法律基础。

（2）初具规模阶段（1993—1995年）。1993年3月，国家国有资产管理局、中国证券监督管理委员会联合印发《关于从事证券业务的资产评估机构资格确认的规定》，规定了从事证券业务资产评估机构的资质条件，并加强了资产评估机构的管理。1993年12月10日，中国资产评估协会成立，标志着中国资产评估行业成为独立的中介行业，我国资产评估行业管理体制开始走向政府直接管理与行业自律相结合的道路。1995年3月，中国资产评估协会代表中国加入国际评估准则委员会，标志着我国资产评估行业管理组织与国际资产评估组织接轨。1995年5月，人事部、国家国有资产管理局联合发布了《注册资产评估师执业资格制度暂行规定》和《注册资产评估师执业资格考试实施办法》，对注册资产评估师签字制度进行了规范，正式建立了注册资产评估师制度，并于1996年5月举行首次全国注册资产评估师执业资格考试，产生了我国第一批注册资产评估师。至此，我国资产评估行业发展初具规模。

（3）成熟规范阶段（1996—2022年）。1996年5月，国家国有资产管理局发布了《关于转发〈资产评估操作规范意见（试行）〉的通知》，对我国国有资产评估业务进行了技术规范，标志着我国资产评估行业开始步入规范化运行阶段。1998 年，国家国有资产管理局被撤销，资产评估管理工作移交至财政部，中国资产评估协会划归财政部管理。1999 年，中国成为国际评估准则委员会常任理事国。2001 年 12 月，国务院办公厅转发财政部《关于改革国有资产评估行政管理方式加强资产评估监督管理工作意见的通知》，对国有资产评估管理方式进行了重大改革，取消财政部门对国有资产评估项目的立项确认审批制度，实行财政部门的核准制或财政部门、集团公司及有关部门的备案制，标志着我国资产评估行业的发展进入一个强化行业自律管理新阶段。

2004 年 2 月，财政部发布《资产评估准则——基本准则》《资产评估职业道德准则——基本准则》，为我国资产评估准则制定和资产评估行业规范化发展奠定了基础。2011 年 8 月，财政部发布《资产评估机构审批和监督管理办法》，进一步规范了资产评估机构的审批管理。2016 年 7 月，十二届全国人大常委员第二十一次会议审议通过《中华人民共和国资产评估法》（以下简称资产评估法），自 2016 年 12 月 1 日起施行，资产评估法对促进资产评估行业发展具有重大历史意义和现实意义。2017 年 4 月，财政部出台《资产评估行业财政监督管理办法》。2017 年 8 月，财政部发布《资产评估基本准则》，9 月中国资产评估协会（以下简称中评协）发布修订后的 25 项资产评估执业准则和职业道德准则，实现了资产评估准则的与时俱进。2018 年 11 月，中评协印发《资产评估执业准则——企业价值》《资产评估执业准则——资产评估档案》《资产评估执业准则——资产评估程序》《资产评估执业准则——资产评估报告》，自 2019 年 1 月 1 日起施行，促进了我国资产评估行业的规范化发展。2019 年 12 月，中评协陆续印发《珠宝首饰评估程序指导意见》《资产评估执业准则——资产评估方法》《资产评估专家指引第 8 号——资产评估中的核查验证》《资产评估专家指引第 9 号——数据资产评估》《道路运输物流企业授信额度评估咨询操作指引（试行）》《资产评估专家指引第 10 号——在新冠肺炎疫情期间合理履行资产评估程序》《企业并购投资价值评估指导意见》《资产评估专家指引第 11 号——商誉减值测试评估》《资产评估专家指引第 12 号——收益法评估企业价值中折现率的测算》《资产评估专家指引第 13 号——境外并购资产评估》《资产评估专家指引第 14 号——科创企业资产评估》，为资产评估机构及其评估专业人员执行相关业务时提供参考。2022 年 1 月，财政部印发《加强资产评估行业联合监管若干措施》，促进资产评估行业持续健康发展。我国资产评估行业经过 30 多年的发展，到 2022 年年底全国资产评估机构共有 5 551 家，执业资产评估师有 4.3 万人，已经在评估理论、行业组织和国际交流等方面形成了能够在社会经济中占据一定地位、发挥一定作用的专业服务行业。

1.2　资产评估的概念、特点和功能

1.2.1　资产评估的概念

一般来说，资产评估是指通过对资产的价值进行估算，从而确定其价值的经济活动。当进行市场交易时，市场参与者都会根据自己掌握的知识和信息，对交易对象进行价值判断，

从而确定其交易价格。因此，从一般意义上来讲，资产评估属于价值判断的范畴。作为一种专业服务，资产评估是由资产评估机构及其评估专业人员依据相关的法律、法规和资产评估准则对资产的价值进行评定估算的专业化活动。

2016 年 7 月颁布的资产评估法从资产评估执业的角度对资产评估进行了定义："资产评估是评估机构及其评估专业人员根据委托对不动产、动产、无形资产、企业价值、资产损失或者其他经济权益进行评定、估算，并出具评估报告的专业服务行为。"资产评估法对资产评估的定义包括以下几个要点。

（1）从事资产评估的主体是资产评估机构及其评估专业人员。其中，资产评估专业人员包括资产评估师和其他具有资产评估专业知识及经验的评估从业人员。

（2）资产评估的客体，即资产评估的对象，包括不动产、动产、无形资产、企业价值、资产损失或者其他经济权益等。

（3）资产评估是受委托所从事的专业服务，因而资产评估专业服务会受到委托人与资产评估机构依法订立的资产评估委托合同的约束。

（4）资产评估专业服务的内容是对评估对象的价值进行评定、估算。具体地说，就是由资产评估主体依据相关的法律、法规和资产评估准则，根据特定的评估目的，遵循适用的评估原则，明确适当的价值类型，按照法定的评估程序，选用恰当的评估方法，对特定时点的资产价值进行评定、估算。

（5）资产评估专业服务的成果是资产评估机构出具的资产评估报告。

综合上述要点，资产评估主要由资产评估的主体、客体、目的、价值类型、方法、原则、依据、程序等基本要素组成。其中，资产评估主体是指资产评估工作由谁来承担，它是开展评估工作的主导者，也是评估工作得以进行的重要保证。资产评估客体是指资产评估的具体对象，它是对资产评估内容和范围的界定。资产评估目的是指资产业务引发的经济行为，它反映了资产评估结果的具体用途，决定和制约资产评估价值类型和方法的选择。资产评估价值类型是对资产评估价值的质的规定，对资产评估方法的选择具有约束性。资产评估方法是指资产评估所运用的技术，是分析和判断资产评估价值的手段和途径。资产评估原则是资产评估的行为规范，是调节评估当事人各方关系、处理评估业务的行为准则。资产评估依据是指评估人员对被评估对象进行价值判断所依据的法律、法规和准则等。资产评估程序是指资产评估工作从开始到结束的工作步骤和顺序，以确保资产评估工作的质量。

1.2.2 资产评估的种类

按照不同的分类标准，可以将资产评估分为三种类型。

1．根据资产评估对象、内容和报告形式的差异划分

根据资产评估对象、内容和报告形式的差异，可以将资产评估分为一般评估、评估复核和评估咨询。其中，一般评估是指对产权变动、产权交易以及保险、纳税等非产权变动、产权交易涉及的具体对象所进行的价值评估活动及过程。评估对象通常是具体的资产及其相关事项，评估过程包括对具体的资产及其相关事项的价值进行评判，评估机构及评估人员要出具符合相应规范的评估报告。评估复核是指资产评估机构及评估人员对其他资产评估机构及

评估人员已经出具评估报告的被评估资产独立地进行评估并出具评估报告的行为和过程。评估咨询不是对特定资产及相关事项价值的评判，它更强调评估人员对评估标的物的利用价值、利用方式和利用效果的分析和研究，以及其相关的市场分析、可行性研究等。

2．根据资产评估与评估准则的关系差异划分

根据资产评估与评估准则的关系差异，可以将资产评估分为完全评估和限制评估。其中，完全评估是指完全按照评估准则的要求进行资产评估，未使用准则中的背离条款。背离条款的核心内容是指在遵循相关规则时，应当充分考虑到某些危险和特殊情况下需要背离相关规则条款采取行动，以避免紧迫危险。完全评估中的被评估资产通常不受资产评估面临的条件、资产评估执行程序等方面的限制。限制评估一般是指根据背离条款，或在条件允许的前提下未完全按照评估准则或规定进行的资产评估，评估结果受到某些特殊因素的影响。

3．根据资产评估对象及适用原则的差异划分

根据资产评估对象及适用原则的差异，可以将资产评估分为单项资产评估和整体资产评估。其中，以单项可确指的资产为评估对象所进行的资产评估，称为单项资产评估，如机器设备评估、土地使用权评估、建筑物评估及可确指无形资产评估等。对若干个单项资产组成的资产综合体所具有的整体生产能力或获利能力的评估，称为整体资产评估，如企业价值评估。单项资产评估和整体资产评估在评估的复杂程度和须考虑的相关因素等方面具有较大的差别，整体资产评估更为复杂，在评估工作中通常要遵循贡献原则，考虑不同资产的相互作用及其对企业整体生产能力或总体获利能力的影响。

1.2.3 资产评估的特点

资产评估以其客观、公正、有效的专业服务，保障市场经济运行的规范、有序、公平和公正。通常而言，资产具有市场性、公正性、专业性及咨询性特点。

1．市场性

资产评估是来源于市场、服务于市场的经济活动，其基本目标是根据资产业务的不同性质，通过模拟市场条件对资产价值做出经得起市场检验的评判。资产评估结果是否客观、公正，需要接受市场价格的检验。资产评估结论能否经得起市场检验是判断资产评估活动是否合理和规范以及评估人员是否合格的标准。

2．公正性

公正性是指资产评估机构及其评估人员在从事资产评估业务时，应当遵照国家相关法律、法规及准则，不偏不倚地公正发表资产评估意见。资产评估的公正性主要体现在两个方面：一是评估必须按照法定的准则进行，具有公允的行为规范和业务规范，这是公正性的技术保证；二是资产评估机构及评估人员与资产业务及当事人没有利害关系，是独立的第三方，这是公正性的组织保证。

3．专业性

专业性是指资产评估是由专业人员从事的专业技术判断活动，从事资产评估业务的机构

应当由一定数量的能够胜任资产评估工作的各类专业人员组成。资产评估的专业性主要体现在3个方面：①资产评估机构形成专业化分工；②资产评估人员应当由具备一定专业知识的专业技术人员构成；③资产评估机构及评估人员应当基于一定的专业技术知识和执业经验完成资产评估业务。

4．咨询性

一般情况下，资产评估体现的是咨询属性。咨询性强调资产评估反映的是资产评估专业人员对评估对象在评估基准日特定目的下价值的专业化评估意见，这个意见本身并无强制执行的效力，资产评估专业人员只对结论本身合乎职业规范要求负责，而不对资产业务定价决策负责。事实上，资产评估为资产交易提供的评估结论只为当事人要价和出价提供参考，最终的成交价格取决于交易双方的决策动机、谈判地位和谈判技巧等综合因素。

1.2.4 资产评估的功能

在不同历史时期和不同的社会经济条件下，资产评估可能发挥的功能不尽相同。一般而言，资产评估会发挥评价和评值功能、咨询功能、管理功能和鉴证功能。

1．评价和评值功能

资产评估作为一种专业人员对特定时点资产价值的估计和判断的社会中介活动，一经产生就被赋予了为委托人和资产交易当事人提供合理的资产价值专业意见的功能。无论是委托人，还是与资产交易有关的当事人，他们需要的是资产评估师对特定时点资产公允价值的判断。因此，资产评估这种对资产价值进行判断的性质就决定了评价和评值是其基本功能。

2．咨询功能

资产评估的咨询功能，是指资产评估结论是为资产业务提供专业化估价意见。在资产交易的过程中，资产评估给出的估价意见可以抑制交易主体的非理性行为。有了资产评估，交易各方能够在公开、公平、公正的前提下，实现资产最有可能实现的交换价值，达到帕累托最优状态。但是，需要注意的是，资产评估给出的估价意见本身并无强制执行的效力，它只是给相关当事人提供有关资产交换价值方面的专业判断或专家意见，资产评估不能也不应该取代资产交易当事人的交易决策。

3．管理功能

资产评估的管理功能，是指在以公有制为基础的社会主义市场经济初级阶段中，国家赋予资产评估的特殊功能。在资产评估行业创立之初，国家既管行业政策和发展方向，又管行业队伍和评估项目，管理职能无所不包。随着市场经济的深入发展，资产评估行业管理开始由原来单一的行政管理体制，发展到行政管理与自律管理相结合。由此可以看出，资产评估的管理功能不是与生俱来的，只是资产评估在特定历史时期的特定职能，并且会随着政府职能和市场机制的变化而加强或弱化。

4．鉴证功能

鉴证包括鉴别和举证两个部分。其中，鉴别是指专家依据专业原则对经济活动及其结果做出独立判断；举证则是为该判断提供理论和事实支撑，以确保言之有理、持之有据。具体到资产评估来讲，首先，资产评估的性质和基本功能表明其本身就是从事以专业鉴别和举证为主要内容的工作；其次，资产评估行业的发展状况与资产评估在资产价值鉴证方面所具备的整体水平是密切相关的；最后，虽然资产评估这种鉴证活动通常不具备法律效力，但其鉴证结果仍然是资产业务当事人进行决策的重要参考依据，由此资产评估师须对自身执行行为承担相应的法律责任。因此，鉴证功能是资产评估的重要功能。同时，需要注意的是，资产评估的鉴证主要是指价值鉴证，而非权属鉴证。

1.3　资产评估的基本事项

1.3.1　资产评估主体和客体

资产评估主体是指具体从事资产评估工作的评估人员及由评估人员组成的评估机构。根据资产评估法规定，设立评估机构首先应当向工商行政管理部门申请办理登记，领取营业执照，并且在领取营业执照 30 日内向财政部门进行备案。资产评估专业人员只有加入评估机构，才能从事评估业务。

1.3.1.1　资产评估主体

1. 资产评估机构

资产评估机构是依法设立的从事评估业务的专业机构。根据《资产评估法》规定，评估机构应当依法采用合伙或者公司形式，聘用资产评估专业人员开展评估业务。其中，采用合伙形式的，应当遵守《中华人民共和国合伙企业法》（以下简称合伙企业法）的一般规定和条件，设立合伙企业。采用公司形式的，应当遵守《中华人民共和国公司法》（以下简称公司法）的一般规定和条件，设立有限责任公司或股份有限公司。根据资产评估法规定，合伙形式的评估机构，应当有 2 名以上资产评估师；其合伙人 2/3 以上应当是具有 3 年以上从业经验且最近 3 年内未受停止从业处罚的资产评估师。公司形式的评估机构，应当有 8 名以上资产评估师和 2 名以上股东，其中 2/3 以上股东应当是具有 3 年以上从业经验且最近 3 年内未受停止从业处罚的资产评估师。若评估机构的合伙人或者股东为 2 名，则 2 名合伙人或者股东都应当是具有 3 年以上从业经验且最近 3 年内未受停止从业处罚的资产评估师。

根据评估执业范围的不同，可以将资产评估机构分为综合性资产评估机构和专项资产评估机构。其中，综合性资产评估机构是指可以开展机器设备评估、房地产评估、无形资产评估、企业价值评估等多种评估服务的评估机构。专项资产评估机构是指专门评估某一类或某一种资产的评估机构，如土地估价事务所、房地产估价事务所等。

根据资产评估资质的差异，可以将资产评估机构分为证券业评估资格的评估机构和普通评估资格的评估机构。其中，证券业评估资格为最高资质，证券业评估资格的评估机构除可以承揽非上市公司的资产评估业务外，还可以承揽上市公司及与上市公司相关联的资产评估业务；普通评估资格的评估机构一般不能承揽上市公司的相关业务。其中，房地产、土地、矿业权等专项资产评估机构一般限于普通评估资格以下，评估范围限于承揽专项资产相对应的评估业务。

2. 资产评估人员

资产评估法明确规定，资产评估专业人员包括评估师和其他具有评估专业知识及实践经验的评估从业人员。其中，资产评估师是指通过评估资格考试的资产评估专业人员。即资产评估师是资产评估专业人员，但不是一般的资产评估专业人员，而是通过评估资格考试，取得资产评估师资格的资产评估专业人员。

1.3.1.2 资产评估客体

从资产评估理论层面上讲，资产评估客体泛指资产及需要利用估值技术服务的所有可以用货币表示的经济事项，包括单项资产、资产组合、企业价值、金融权益、资产损失或其他资产权益。从资产评估操作层面上讲，资产评估客体需要转换成资产评估对象，这也是不少教材将资产评估客体等同于资产评估对象的原因。资产评估操作层面上的评估对象是由资产本身及其承载的权益，以及由资产评估特定目的对资产功能、作用和使用方式等影响所构成的。也就是说，在资产评估执行过程中，评估人员要考虑资产评估特定目的对资产功能、作用、使用方式等的影响，从而具体把握评估对象的性质、功能、作用、盈利模式、使用方式和使用状态等，以便相对合理地估计其价值。

按照不同的分类标准，可以将资产评估客体分为以下不同类型。

1. 按资产存在形态不同划分

按资产存在形态不同，可以将资产评估客体分为有形资产和无形资产。其中，有形资产是指具有实物形态的资产，包括机器设备、房屋建筑物、流动资产等。无形资产是指没有实物形态的可辨认非货币性资产，通常表现为某种权利、某项技术或某种获取超额利润的综合能力，例如专利权、商标权、土地使用权、非专利技术和商誉等。

2. 按资产能否独立存在划分

按资产能否独立存在，可以将资产评估客体分为可确指资产和不可确指资产。其中，可确指资产是指能独立存在的资产，前面所列示的有形资产和无形资产，除商誉以外都是可确指资产。不可确指资产是指不能独立于有形资产而单独存在的资产，如商誉。商誉是由于企业地理位置优越、信誉卓越、生产经营出色、劳动效率高、历史悠久、经验丰富、技术先进等原因，获得的投资收益高于一般正常投资收益所形成的超额收益，它不能脱离企业的有形资产而单独存在，所以被称为不可确指资产。

3. 按资产的组合形式差异划分

按资产的组合形式差异，可以将资产评估客体分为单项资产、资产组合和整体企业。其中，单项资产包括机器设备、不动产、无形资产及其他动产等。资产组合，又称资产组，是指由多项资产按照特定的目的，为实现特定的功能而组成的有机整体。在评估实务中，资产评估客体可能是一个资产组合，也可能是由若干个资产组合构成的资产组组合。整体企业是由一个或多个资产组合构成的。整体企业或资产组合的资产评估客体通常指其权益，如对于一个企业，资产评估客体可能是股权或企业整体价值（即股权+债权）。

1.3.2 资产评估的价值类型与评估目的

1.3.2.1 资产评估的价值类型

1. 价值类型的概念和作用

价值类型是资产评估结果的价值属性及其表现形式。不同价值类型从不同角度反映资产评估价值的属性和特征。不同价值类型所代表的资产评估价值不仅在性质上是不同的，在数量上往往也存在较大差异。价值类型在资产评估中的作用主要有以下 3 个方面。

（1）价值类型是影响和决定资产评估价值的重要因素；

（2）价值类型是评估价值的具体标准，会影响评估方法的选择；

（3）明确价值类型，有利于更清楚地表达评估结论，可以避免评估委托人和其他报告使用人对评估结论的误用。

2. 价值类型的种类

按照资产评估时所依据的市场条件及被评估资产的使用状态，将资产评估价值类型分为市场价值和市场价值以外的价值。这是目前资产评估行业对资产评估价值类型的最主要分类。市场价值和市场价值以外的价值的区分，在很大程度上取决于市场参与者的数量和交易时间是否充分。

（1）市场价值。在《国际评估准则》中，市场价值被定义为："自愿买方与自愿卖方在评估基准日进行正常的市场营销之后，所达成的公平交易中某项资产应当进行交易的价值的估计数额，当事人双方应当各自理性、谨慎行事，不受任何强迫压制。"

根据我国《资产评估价值类型指导意见》的规定，市场价值是指适当的市场条件下，自愿买方和自愿卖方在各自理性行事且未受任何强迫的情况下，评估对象在评估基准日进行公平交易的价值估计数额。

当资产评估专业人员执行的资产评估业务对市场条件和评估对象的使用等并无特别限制和要求，特别是不考虑特定市场参与者的自身因素和偏好，评估目的是为正常的交易提供价值参考依据时，通常应当选择市场价值作为评估结论的价值类型。

需要说明的是，在选择市场价值时，资产评估专业人员必须关注不同的市场可能会有不同的市场价值。特别是不同的国家和地区可能会形成不同的交易市场，甚至在一个国家或地区内可能会存在多个不同的交易市场，这就要求资产评估专业人员在选择市场价值时，应关注并在评估报告中恰当披露所选择的市场价值是体现哪个市场的市场价值，并说明选择该交易市场的市场价值的理由。

（2）市场价值以外的价值。市场价值以外的价值不是一种具体的资产评估价值形式，它是一系列不符合资产市场价值定义条件的价值形式的总称或组合，如投资价值、在用价值、清算价值、残余价值等。需要注意的是，市场价值以外的价值相对于特定交易主体而言也是公允的。

①投资价值。投资价值是指评估对象对于具有明确投资目标的特定投资者或者某一类投资者所具有的价值估计数额。由投资价值的定义可以看出，它是针对特殊的市场参与者，即"特定投资者或者某类投资者"而言的。这类特定的投资者并非主要的市场参与者，或者这类特定投资者的数量不足以达到市场参与者的多数。因此，投资价值是被评估资产对于特定

所有者或预期的所有者针对自身投资或运营目标的价值。

特定市场参与者的目标和偏好可能表现为自身已拥有的资产与评估资产之间形成协同效应，能够获得超额收益，也可能表现为因自身偏好而可以接受的一般市场参与者无法接受的交易价值。评估实务中，资产评估专业人员在选择投资价值时，通常需要说明选择的理由以及所考虑投资价值包含的与市场价值区别的要素。

需要注意的是，投资价值与投资性资产价值的区别在于，投资性资产价值是特定投资者以投资获利为目的而持有的资产在公开市场上按其最佳用途实现的市场价值。显然，投资性资产价值隶属市场价值的范畴。

②在用价值。在用价值是指将评估对象作为企业、资产组组成部分或者要素资产按其正在使用方式和程度及其对所属企业、资产组的贡献价值估计数额。“资产按其正在使用方式”是指资产在现状使用下的价值，此时的价值不一定是最高最佳使用价值。在用价值体现的是使用资产所能创造的价值，有时也称为“使用价值”。

如果资产评估专业人员在执行资产评估业务时，评估对象是企业或者整体资产组中的要素资产，并且在评估业务执行过程中只需要考虑以这些资产未来经营收益的方式来确定资产的价值时，资产评估专业人员则需要选择在用价值。

③清算价值。清算价值是指在评估对象处于被迫出售，快速变现等非正常市场条件下的价值估计数额。清算价值与市场价值的主要区别在于：第一，清算价值是资产拥有者出售变现资产的价值，强调资产的退出，因而它是一个退出价，并非购买资产的进入价，市场价值则没有规定必须是退出价；第二，清算价值的退出变现是在被迫出售、快速变现等非正常市场条件下进行的，与市场价值对应的市场条件具有明显的差异。

当评估对象面临或具有潜在被迫出售、快速变现等情况时，通常应当选择清算价值作为评估结论的价值类型。需要注意的是，选择清算价值时，评估对象一般都是处于强制清算过程中。所谓强制清算，是指该清算行为已经不在资产所有者控制之下进行，这种清算可能受法院或者法院指定的清算组控制，或者由债权人控制等，处理资产所需的时间较为急迫。

④残余价值。残余价值是指机器设备、房屋建筑物或者其他有形资产等的拆零变现价值估计数额。这种资产从整体角度而言，已经没有使用价值，不能再作为企业或业务资产组的有效组成部分发挥在用价值。但是如果改变其计量单元，将计量单元缩小至零部件后，还可以具有使用价值时，资产评估专业人员通常应当考虑评估对象的拆零变现，并选择残余价值作为评估结论的价值类型。

1.3.2.2 资产评估目的

资产评估目的就是资产评估要实现的目标。包括一般目的和特殊目的。

1. 一般目的

资产评估的性质表明资产评估是一种资产价值判断活动，资产评估的基本功能是评价和评值，这就决定了资产评估的一般目的是资产在评估时点的公允价值。公允价值是一种相对合理的评估价值，它是一种相对于当事人各方地位、资产状况及资产面临的市场条件的合理评估价值，是评估人员根据被评估资产的条件及其所面临的市场条件，对被评估资产客观交换价值的合理估计值。因此，公允价值与相关当事人地位、资产状况及资产所面临的市场条件相吻合，且不会损害当事人和他人的合法权益和利益。

2. 特定目的

资产评估特定目的是资产评估业务对应的经济行为对资产评估结果的使用要求，或资产评估结论的具体用途。资产评估特定目的直接或间接地决定和制约着资产评估的条件和资产评估价值类型的选择。资产评估特定目的不同，会对评估对象的界定、价值类型选择和潜在交易市场的确定等产生影响。常见的资产评估特定目的有以下几个。

（1）资产转让。资产转让是指企业有偿转让其拥有的资产，一般是指转让非整体性资产的行为。引发资产评估的转让行为主要包括资产的收购、转让、置换、抵债等。资产转让是最常见的评估特定目的。

（2）资产抵押（质押）。资产抵押（质押）是指资产占有企业以本企业的资产作为物质保证进行抵押而获得贷款的经济行为。主要包括三种情形：贷款发放前设定抵押（质押）权的评估、实现抵押（质押）权的评估、贷款存续期对抵押（质押）品价值动态管理所要求的评估。

（3）企业兼并、出售、联营以及中外合资或合作。其中，企业兼并是指企业以承担债务、购买、股份化和控股等形式有偿接收其他企业的产权，使被兼并方丧失法人资格或改变法人实体的经济行为。企业出售是指独立核算的企业或企业内部的分厂、车间及其他整体资产产权出售行为。企业联营是指国内企业、单位之间以资产投入组成各种形式的联合经营实体的行为。中外合资或合作是指中国企业和其他经济组织与外国企业和其他经济组织或个人在中国境内举办合资或合作经营企业的行为。

（4）公司设立、增资。根据公司法及国家企业登记注册管理部门颁布的相关法规规定，当企业发生非货币资产出资、以货币或非货币资产进行增资扩股、发行股份购买资产以及债转股等经济行为时，需要对相关资产进行评估。

（5）企业改建为有限公司或股份公司。企业进行公司制改建，或者由有限责任公司变更为股份公司，需要对改建、变更所涉及的整体或部分资产进行评估。

（6）资产担保。资产担保是指企业以自有资产为其他单位的经济行为担保，并承担连带责任的行为。

（7）债务重组。债务重组是指债权人按照其与债务人达成的协议或法院的裁决同意债务人修改债务条件的事项。

（8）企业租赁。企业租赁是指资产占有企业在一定期限内，以收取租金的形式，将企业全部或部分资产的经营使用权转让给其他经营使用者的行为。

（9）企业清算。企业清算包括破产清算、终止清算和结业清算。

（10）编制财务报告。企业在编制财务报告时，可能需要对某些资产进行评估，这类资产评估属于服务于会计计量和财务报告编制的评估业务。服务于合并对价分摊、资产减值测试、投资性房地产和金融工具等资产的公允价值计量等评估业务，形成了我国资产评估行业服务于会计计量和财务报告编制的主要业务内容。

（11）税收。资产评估在核定税基、确定计税价格、关联交易转让定价等税收领域中提供的价值评估服务。

（12）司法。资产评估为涉案标的提供价值评估服务，评估结论是司法立案、审判、执行的重要依据。资产评估提供的司法服务内容主要包括司法审判中揭示与诉讼标的相关的财产（权益）价值及侵权（损害）损失数额等、民事判决执行中帮助确定拟拍卖、变卖执行标的物的处置价值。

资产评估特定目的是引起资产评估的具体资产业务，贯穿于资产评估活动的始终，影响整个资产评估行为。资产评估特定目的在资产评估中具有重要的地位和作用，主要表现为：第一，资产评估特定目的是界定评估对象的基础；第二，资产评估特定目的对于资产评估的价值类型选择具有约束作用；第三，资产评估特定目的对评估结果的性质有重大的影响。值得注意的是，在相同时期、相同地点和相同市场条件下，同一资产由于资产评估的目的不同，资产评估采取的价值类型就不同，评估结果也就不同。

1.3.3 资产评估的假设与原则

1.3.3.1 资产评估假设

与其他学科一样，资产评估的理论体系和方法体系的确立是建立在一系列假设基础之上的，其中交易假设、公开市场假设、持续使用假设和清算假设是资产评估中的基本前提假设。

1. 交易假设

交易假设是资产评估得以进行的一个最基本的前提假设。它是假定所有评估资产已经处于交易过程中，资产评估专业人员根据被评估资产的交易条件等模拟市场进行评估。需要明确的是，无论是产权变动还是非产权变动涉及的评估对象，在进行资产评估之前均没有进入市场进行交易，都需要借助某些假设将其置于“市场交易”情景中。为了发挥资产评估在资产实际交易之前为委托人提供资产价值参考的专业支持作用，同时能够使资产评估得以进行，利用交易假设将被评估资产置于“市场交易”当中，模拟市场进行评估十分必要。

交易假设一方面为资产评估得以进行“创造”了条件，另一方面也明确限定了资产评估的外部环境，即资产评估不能脱离市场条件而孤立地进行。

2. 公开市场假设

公开市场是指充分发达与完善的市场条件，是指一个有众多自愿的买者和卖者的竞争性市场。在这个市场中，买卖双方地位平等，都有获取足够市场信息的机会和时间，交易行为都是自愿的、理智的，而不是在强制或受限制的条件下进行。公开市场假设是对被评估资产拟进入的市场条件，以及被评估资产在较为发达与完善的市场条件下接受何种影响的一种假定说明或限定。公开市场假设就是假定较为完善的公开市场存在，被评估资产将要在这样一种公开市场上进行交易。事实上，现实中的市场条件未必真能达到上述公开市场的完善程度。

公开市场假设是资产评估中的一个重要假设，其他假设都是以公开市场假设为基本参照。公开市场假设是资产评估中使用频率较高的一种假设，凡是能在公开市场上交易、用途较为广泛或通用性较强的资产，均可以考虑按照公开市场假设前提进行评估。

3. 持续使用假设

持续使用假设是对资产在特定市场条件下资产状况的一种界定和假定性说明。该假设设定被评估资产正处于使用状态，包括正在使用中的资产和备用的资产，然后根据有关数据和信息，推断这些处于使用状态的资产还将继续使用下去。持续使用假设说明了被评估资产面临的市场条件或市场环境，以及资产的存续状态。

持续使用假设通常可以细分为 3 种情况：一是在用续用假设；二是转用续用假设；三是移地续用假设。其中，在用续用假设，又叫原地续用假设，是指假定评估对象将按其在评估基准日正在使用的地点、用途及使用方式继续使用下去。转用续用假设，又叫改用续用假设，是指假定评估对象在评估基准日后，将改变资产在评估基准日时的使用用途，调换新的用途继续使用下去。移地续用假设是指假定评估对象在评估基准日后，将改变资产现在的空间位置，转移到其他空间位置上继续使用。不同持续使用假设前提下的资产评估及其结果的价值类型、评估结论和适用范围常常是有差异的。因此，评估人员在进行资产评估时应当首先明确评估对象的使用状况，不可以笼统地使用持续使用假设。

4. 清算假设

清算假设是对被评估资产在非公开市场条件下被迫出售或快速变现条件的假定说明。该假设基于被评估资产面临清算或具有潜在的被清算的事实或可能性，根据相应数据资料推定被评估资产处于被迫出售或快速变现的状态。在清算假设下，被评估资产处于被迫出售或快速变现状态，故其评估值通常要低于在公开市场假设前提下或持续使用假设前提下的评估值。

清算假设可以进一步分为有序清算假设和强制清算假设。有序清算假设是假设经营主体在其所有者有序控制下实施清算，即清算在一个有计划、有秩序的前提下进行。强制清算是经营主体的清算不在其所有者控制之下，而是在外部势力的控制下，按照法定的或者由控制人自主设定的程序进行，该清算经营主体的所有者无法干预，即强制清算假设是假设经营主体在外部力量控制下进行的清算。

1.3.3.2 资产评估的原则

资产评估机构和资产评估专业人员在进行资产评估时，要遵循独立性、客观性、科学性、公平性和专业性等工作原则。同时，也要遵循资产评估适用的一般经济技术原则。资产评估适用的一般经济技术原则是指将在资产评估执业过程中需要遵循的经济学原理和市场法则浓缩成的主要技术规范。它们为评估人员在执业过程中的专业判断提供理论依据和保证。这些技术原则主要包括以下几个。

1. 预期收益原则

预期收益原则是以技术原则的形式概括出资产及资产价值的最基本的决定因素。资产之所以有价值，是因为它能为其拥有者或控制者带来未来经济利益，资产价值的高低主要取决于它能为其所有者或控制者带来的预期收益量的多少。预期收益原则是评估人员判断资产价值的一个最基本的依据。

2. 供求原则

供求原则是经济学中关于供求关系影响商品价格原理的概括。假定在其他条件不变的前提下，商品的价格随着需求的增长而上升，随着供给的增加而下降。尽管商品价格随供求变化并不成固定比例变化，但变化的方向都带有规律性。供求规律对商品价格形成的作用力同样适用于资产价值的评估，评估人员在判断资产价值时也应充分考虑和依据供求原则。

3. 贡献原则

贡献原则是预期收益原则在某种情况下的具体应用原则。贡献原则主要适用于构成某项整体资产的各组成要素资产的评估，它要求要素资产价值要由该要素资产对整体资产的贡献来决定，或者是当整体资产缺少该项要素资产将蒙受的损失来决定。

4. 替代原则

同一市场上，具有相同使用价值和质量的商品应该具有大致相同的交换价值，这是一种市场规律。若具有相同使用价值和质量的商品，具有不同的交换价值或价格，买方会选择价格较低的。相反地，若卖方可以将商品卖到更高的价格，则其必然会选择以较高的价位出售商品。在资产评估中确实存在评估数据、评估方法等的合理替代问题，正确运用替代原则是公正进行资产评估的重要保证。

5. 评估时点原则

资产的价值会随着市场条件的变化而不断改变。为了使资产评估得以操作，同时能保证资产评估结果可以被市场检验，在资产评估时，必须假定市场条件固定于某一时点，这一时点就是评估基准日，又称估价日期。评估基准日为资产评估提供了一个时间基准。评估时点原则要求资产评估必须有评估基准日，而且评估值就是评估基准日的资产价值。

1.4 资产评估程序

1.4.1 资产评估程序的概念、内容和作用

1.4.1.1 资产评估程序的概念和内容

资产评估程序是指资产评估机构及资产评估专业人员执行资产评估业务所需履行的系统性工作步骤。履行资产评估程序有利于保证资产评估机构及其评估专业人员科学、公正地开展评估业务。

我国《资产评估基本准则》和《资产评估执业准则——资产评估程序》，规定开展资产评估业务需要履行八项基本评估程序，包括明确业务基本事项、订立业务委托合同、编制资产评估计划、进行评估现场调查、收集整理评估资料、评定估算形成结论、编制出具评估报告、整理归集评估档案。

资产评估程序有狭义和广义之分。其中，狭义的资产评估程序从资产评估机构和资产评估专业人员接受委托开始，到向委托人或相关当事人提交资产评估报告书，不包括明确业务基本事项和整理归集评估档案；广义的资产评估程序则从承接资产评估业务前的明确资产评估基本事项开始，到资产评估文档归档管理。因此，广义上的资产评估程序与我国准则规定的资产评估程序是一致的。

对不同的资产评估业务而言，由于评估对象和范围、评估目的存在差异，可收集的评估资料完备程度和所选择的评估方法会不一样，资产评估专业人员在履行资产评估程序时采取

的工作步骤的要求有可能存在差异。因此，评估准则规定资产评估机构及其评估专业人员在确定履行基本程序的繁简程度时，可以综合考虑评估业务的具体实际情况及重要性原则，但不得随意减少资产评估基本程序。

1.4.1.2 资产评估程序的作用

1. 保障资产评估业务质量

履行资产评估程序是保障资产评估业务质量的要求。资产评估机构和资产评估专业人员从接受委托，无论执行何种资产类型、何种资产评估目的的资产评估业务，都应该履行必要的资产评估基本程序，按照工作步骤有计划地进行资产评估。这样不仅有利于规范资产评估机构和资产评估专业人员的执业行为，而且能够有效地防范具体资产评估业务执行中可能出现的程序上的重要疏漏，切实保证资产评估的业务质量。因此，履行资产评估程序对于提高资产评估机构业务水平乃至资产评估行业整体业务水平都具有重要意义。

2. 评价资产评估服务水平

履行资产评估程序是评价资产评估机构和资产评估专业人员提供资产评估服务水平的重要依据。资产评估服务会引起许多相关当事方的关注，包括委托人、资产占有方、资产评估报告使用人、相关利益当事人、司法部门、证券监督及其他行政监督部门、资产评估行业主管协会以及社会公众、新闻媒体等。是否履行资产评估程序不仅是衡量资产评估机构和资产评估专业人员执行资产评估业务是否规范的重要标准，也为上述相关当事方提供了评价资产评估服务水平的依据，同时，也是委托人、司法部门和行政监管部门及资产评估行业协会监督资产评估机构和资产评估专业人员的主要依据。

3. 防范资产评估执业风险

履行资产评估程序是资产评估机构和资产评估专业人员防范执业风险、保护自身合法权益、合理抗辩的重要手段。从实际情况来看，资产评估机构和资产评估专业人员与其他当事人之间就资产评估服务引起的纠纷和法律诉讼越来越多。资产评估机构和资产评估专业人员在履行必要资产评估程序方面是否存在疏漏，已经成为司法部门追究资产评估机构和资产评估专业人员责任的重要依据。因此，恰当履行资产评估程序是资产评估机构和资产评估专业人员防范执业风险的主要手段，也是在产生资产评估纠纷或诉讼后，合理保护自身权益、合理抗辩的重要手段之一。

1.4.2 明确业务基本事项

明确业务基本事项是资产评估程序的第一个环节，是指导评估业务承接的评估基本程序。明确评估业务基本事项的目的，既是以此为依据，对项目进行风险评估，对资产评估机构和资产评估专业人员执行的独立性，以及从事相关业务的经验和专业胜任能力进行评价，以决定是否受理该评估项目，也为决定受理项目后的谈判、订立资产评估委托合同和项目组织实施做好准备。根据《资产评估基本准则》第九条和《资产评估执业准则——资产评估程序》第八条的规定，资产评估机构受理资产评估业务前，应当明确下列资产评估业务基本事项。

1.4.2.1 明确委托人、产权持有人和委托人以外的其他评估报告使用人

1. 委托人与产权持有人的基本情况

一般包括但不限于下列内容：

（1）委托人及产权持有人全称；

（2）委托人及产权持有人类型、注册地址和注册资本；

（3）委托人和产权持有人所属行业、经营范围；

（4）委托人与产权持有人的关系；

（5）委托人的诚信记录、是否有能力支付合理的评估费用等。

2. 评估报告使用人及其基本情况

在可能的情况下，评估机构洽谈人员应要求委托人明确资产评估报告的使用人或使用人范围以及资产评估报告的使用方式。评估机构还应当了解除委托人和法定评估报告使用人外，是否还存在其他评估报告使用人。如果存在其他评估报告使用人，则需要了解其与委托人和被评估企业或资产的关系，同时在后续资产评估委托合同中做出约定。

3. 委托人与相关当事人之间的关系

当委托人与产权持有人不是同一主体时，了解其间的关系就非常有必要，因为两者的关系影响到评估业务有关资料收集与现场调查等工作的配合。如果在委托环节了解到委托人与被评估单位没有投资关系或者不是关联方，评估机构洽谈人员应考虑提出有关的配合问题，以引起委托人的重视并明确责任。同时，评价委托人的协调能力和对评估配合要求的响应能力，避免不能完成评估程序，无法形成可靠的评估结论。

1.4.2.2 评估目的

明确评估目的是项目洽谈双方需要沟通确定的重要内容。评估机构洽谈人员应详细了解委托人具体的评估目的及其相关事项，如计划实施的经济行为对评估目的的要求、经济行为是否需要有关部门审批、经济行为的进展情况以及是否存在实现障碍等。

评估机构洽谈人员应当与委托方就资产评估目的达成明确、清晰的共识，并且在订立委托合同约定评估目的时，尽量细化评估目的和用途。

1.4.2.3 评估对象和评估范围

评估机构洽谈人员应与委托人沟通、了解拟委托评估的评估对象和评估范围，并结合评估目的，理解评估对象和评估范围，同时考虑评估对象和评估范围与经济行为的匹配性，进而界定评估对象和评估范围。评估范围的界定应当服务于评估对象的选择。评估机构应要求委托人所委托的评估范围与评估目的相适应，以及委托人就具体评估对象对应的评估范围明细清单进行确认。

在对评估对象和评估范围界定后，评估机构洽谈人员还应对评估对象的基本情况进行初步了解，为判断资产评估工作量、复杂程度和评估机构及人员的胜任能力，进行评估服务报价和风险评价等提供必要的参考。

1.4.2.4 价值类型

评估机构洽谈人员应当在明确资产评估目的的基础上，结合资产评估准则，选择恰当的价值类型，并就价值类型的选择、定义以及对应的假设与委托人达成一致。

1.4.2.5 评估基准日

评估机构洽谈人员洽商业务时应当了解委托人选择的评估基准日，并从有效服务评估目的和满足其对报告使用要求的角度，对评估基准日的确定提供专业建议。评估基准日确定下来后，应当作为委托条件之一，反映在资产评估委托合同中。

1.4.2.6 资产评估项目所涉及的需要批准的经济行为的审批情况

如果资产评估项目所涉及的经济行为需要有关部门的审批，评估机构洽谈人员应当了解该经济行为获得批准的相关情况。获得有关部门批准的文件应当载明批件名称、批准日期及文号。

1.4.2.7 评估报告的使用范围

评估报告的使用范围包括评估报告使用人、目的及用途、使用时效、报告的摘抄引用或披露等事项。评估机构洽谈人员在前期洽商时，应与委托人就评估报告的使用范围加以明确。

1.4.2.8 评估报告提交期限和方式

评估报告提交时间受多方面因素的限制与约束，如预计的评估工作量、委托人和相关当事人的配合力度、评估所依据和引用的专业或单项资产评估报告的出具时间等。评估机构洽谈人员应了解委托人实现评估服务经济行为的时间计划，预计和把握各方面因素的限制与约束，与委托人约定提交报告的时间和方式，并在资产评估委托合同中加以明确。评估报告的提交时间不宜确定具体日期，一般确定为开始现场工作、委托人提供必需资料（包括评估所依据和引用的相关专业报告送达）后的一定期限内。

1.4.2.9 评估服务费及支付方式

评估机构在接受评估委托前应与委托方商定收费标准、收费方式和支付时间。委托人需要了解评估机构报价确定的依据和口径。在双方达成一致后，体现在资产评估委托合同中。

1.4.2.10 委托人、其他相关当事人、资产评估机构、资产评估专业人员工作配合和协助等其他需要明确的重要事项

评估机构洽谈人员应当根据评估业务具体情况与委托人沟通，明确委托人与资产评估专业人员工作配合和协助等其他需要明确的重要事项。包括落实资产清查申报、提供资料、配合现场及市场调查、协调与相关中介机构的对接和交流等。评估机构洽谈人员需要特别关注委托人能否对评估人员履行正当评估程序给予必要的理解、尊重和配合。当委托人不是评估对象的产权持有人时，须约定委托人协调产权持有人协助配合评估工作的责任。

1.4.3 订立业务委托合同

资产评估委托合同是指资产评估机构与委托人订立的，明确资产评估业务基本事项，约定

资产评估机构和委托人权利、义务，违约责任和争议解决等内容的书面合同。由于资产评估往往涉及重大财产权益，且评估行为属于对资本市场、资本运营、资产管理、价值管理等提供市场价值尺度的专业服务，相关当事人及其涉及的利益关系通常较为复杂，为明确双方当事人的权利、义务，避免评估工作的纠纷，《资产评估执业准则——资产评估委托合同》规定，资产评估委托合同应当以书面形式订立。资产评估委托合同通常包括下列几个方面的内容。

1. 资产评估机构和委托人的名称、住所、联系人及联系方式

资产评估机构和委托人是合同签约的主体。资产评估委托合同应准确列明签约各方的名称、住所以及联系人、联系方式。名称（或姓名）应使用全称，不可简化或使用代号。

2. 评估目的

资产评估委托合同载明的评估目的应当表述明确、清晰。2017 年 9 月修订发布的《资产评估执业准则——资产评估委托合同》，不再强调“业务约定书载明的评估目的应当唯一”，允许双方在合同里约定评估目的不同的“一揽子”评估业务，即委托人与资产评估机构可以在一个资产评估委托合同中对所涉及的资产评估服务进行“一揽子”安排。

3. 评估对象和评估范围

资产评估机构应当与委托人进行沟通，根据资产评估业务的要求和特点，在资产评估委托合同中明确表述评估对象和评估范围。

4. 评估基准日

资产评估委托合同应当明确资产评估基准日。资产评估基准日应当明确到具体的年月日。资产评估是为特定经济行为服务的，现时性评估业务选择的评估基准日应尽可能与评估目的的实现日接近，以保证评估结论有效地服务于评估目的。

5. 评估报告使用范围

委托合同中须约定评估报告使用范围，以对各方形成约束，防止评估报告被滥用，降低风险。使用范围包括资产评估报告使用人、用途、评估结论的使用有效期及资产评估报告的摘抄、引用或披露。

6. 评估报告提交期限和方式

为明确委托和受托双方的权利和义务，双方应共同协商后，在资产评估委托合同中明确提交评估报告的期限。评估报告提交方式包括当面提交或邮寄等方式，须由双方协商后确定。

7. 评估服务费总额或者支付标准、支付时间及支付方式

评估服务费是资产评估机构为委托人提供评估服务收取的费用，实行市场调节价，由资产评估机构和委托人协商确定。评估服务费可以约定为服务费总额，也可以约定为支付标准。支付标准通常适用于按提供服务时间收取费用的情形。需要注意的是，由于资产评估机构及资产评估专业人员无法左右委托人经济行为的进程，也没有承担保证经济行为实现的义务，因此评估服务费的支付不应当与委托人经济行为是否完成相联系。

8. 资产评估机构和委托人的其他权利和义务

资产评估委托合同应当约定，委托人应当为资产评估机构及其评估专业人员开展资产评估

业务提供必要的工作条件和协助；委托人应当根据资产评估业务需要，负责资产评估机构及其评估专业人员与其他相关当事人之间的协调。对评估对象在评估基准日特定目的下的价值进行分析和估算并出具资产评估报告，是资产评估机构及其评估专业人员的责任。依法提供资产评估业务需要的资料并保证资料的真实性、完整性和合法性，恰当使用资产评估报告是委托人和其他相关当事人的责任，如果拒绝提供或者不如实提供开展资产评估业务所需的权属证明、财务会计信息或者其他相关资料的，资产评估机构有权拒绝履行资产评估委托合同。

9．违约责任和争议解决

资产评估委托合同应当约定当事人的违约责任。违约责任是促使当事人履行评估委托合同义务，使双方免受或少受损失的法律措施，也是保证资产评估委托合同履行的主要条款。在资产评估委托合同中，除约定纠纷解决方式、地点外，也应当约定违约责任的承担条件、承担方式（如违约金、赔偿金额及其计算方法）等。

解决争议的方法主要有四种：①双方通过协商和解；②由第三人进行调解；③通过仲裁解决；④通过诉讼解决。当事人可以在资产评估委托合同中约定解决争议的方法。解决争议方法的选择对于发生纠纷后当事人利益的保护是非常重要的，应当慎重对待。

10．合同当事人签字或者盖章的时间

资产评估委托合同的成立日期是资产评估机构和委托人双方均完成签名并盖章的日期。在评估实务中，存在资产评估委托合同完成签字并盖章之前资产评估机构已经开始提供资产评估服务的情形，并且该服务事实上已经取得了委托人的配合及认可，应视为资产评估委托合同在资产评估机构提供服务之时已经成立。

资产评估委托合同中应当包括签字、盖章的时间；如果在资产评估委托合同完成签字、盖章之前已提供资产评估服务的，资产评估机构应当留存其事实提供资产服务的时间证据，避免由于资产评估委托合同生效时间不确定而导致的纠纷。

11．合同当事人签字或者盖章的地点

当事人采用合同书形式订立合同的，最后签名、盖章或者按指印的地点为合同成立的地点，但是当事人另有约定的除外。

值得注意的是，有些内容不应该在合同中予以约定，比如对应纳入评估范围的资产不进行评估、约定不履行必要的评估程序、以约定随意指定（或舍弃适用的）评估方法、指定评估结果等，避免资产评估委托合同成为资产评估机构不遵循评估法规的依据。

订立资产评估委托合同时未明确的内容，资产评估委托合同当事人可以采取订立补充合同或者法律允许的其他形式做出后续约定。

1.4.4 编制资产评估计划

资产评估计划是资产评估机构和资产评估专业人员为执行资产评估业务所拟订的资产评估工作思路和实施方案。资产评估计划通常包括评估业务实施的主要过程及时间进度、人员安排等内容。在资产评估机构明确资产评估业务基本事项并受理评估业务后，资产评估专业人员就可以编制资产评估计划，以合理、有效配置各项资源，保障资产评估程序的履行，满足核查与监管要求，高效保质完成资产评估业务。《资产评估执业准则——资产评估程序》规定，资产评估专业人员应当根据资产评估业务具体情况编制资产评估计划，并合理确定资产评估计划的繁简程度。

1. 编制资产评估计划须考虑的主要因素

资产评估专业人员在编制资产评估计划的过程中，应当同委托人及相关当事人就相关问题进行沟通，以保证资产评估计划的可操作性。在编制资产评估计划时，应当考虑以下几个因素。

（1）资产评估目的以及相关管理部门对资产评估开展过程中的管理规定；

（2）评估业务风险、评估项目的规模和复杂程度；

（3）评估对象及其法律、经济、技术、物理等因素；

（4）评估项目所涉及资产的结构、类别、数量及分布状况；

（5）委托人及相关当事人的配合程度；

（6）相关资料收集状况；

（7）委托人、评估对象产权持有人（或被评估单位）过去委托资产评估的情况、诚信状况及其提供资料的可靠性、完整性和相关性；

（8）资产评估专业人员的专业能力、经验及人员配备情况；

（9）与其他中介机构的合作、配合情况。

2. 资产评估计划的主要内容

资产评估计划一般包括资产评估业务实施的主要过程、时间进度、人员安排等内容。

（1）资产评估业务实施的主要过程。资产评估计划应当涵盖现场调查、收集评估资料、评定估算、编制和提交资产评估报告等资产评估业务实施的主要过程。计划时，须考虑评估项目的背景和相关条件、采用的评估方法、资产清查的工作重点和具体要求，以及与参与本项目的审计、律师等其他中介机构的对接安排及注意事项等因素，以确定各主要过程的具体步骤。

（2）资产评估业务实施的时间进度。明确资产评估业务实施的时间进度安排，有利于对资产评估工作进度的跟踪，以保证在约定期限内提交资产评估报告。计划时，应当结合资产评估报告提交期限、资产评估业务主要过程的具体步骤、业务实施的重点和难点等来确定评估业务实施的进度安排。

（3）资产评估业务实施的人员安排。资产评估专业人员在编制资产评估计划时，应当根据评估项目的资产规模、资产分布、资产专业结构、业务风险因素等情况以及评估方法、评估业务实施主要过程的具体步骤、业务实施的时间安排、费用预算等，综合考虑评估业务实施对资产评估专业人员的工作经验、技术水平、专业分工、人员数量等配置要求，组建项目团队，以高效保质地完成评估项目。

需要注意的是，资产评估项目的执行是一个复杂、动态的过程，如果原编制的资产评估计划不能适应项目要求，资产评估机构应当对资产评估计划进行必要的调整。

1.4.5 现场调查

现场调查是资产评估专业人员了解被评估资产状况的重要方法。从现场调查程序开始，资产评估项目即进入评估实施阶段。资产评估专业人员执行现场调查的目的，是了解和掌握已确定的评估对象和评估范围的情况，包括被评估资产的存在性、存在状态及法律权属等。

1. 了解评估对象的现状

（1）核实评估对象的存在性和完整性。对于不同类型资产，确定其存在的方式是有差异的。对于实物资产，可通过实地查看、核查合同、盘点、函证等方式核实其存在性；对于无形资产，可通过核查权属文件、申请登记材料、第三方证明文件等核实其存在性；对于应收账款、股权或其他经济权益，可通过核查公司章程、权益证明、股权转让协议、相关会计记录等方式核实其存在性。

资产评估专业人员核实被评估资产的完整性时，不仅要关注资产物理意义上的完整性，还要关注资产功能上的完整性。

（2）了解评估对象的现实状况。资产评估专业人员应根根评估对象的类型和特点，判断影响被评估资产价值的因素，从而确定被评估资产状况的现场调查内容。不同类型资产的调查内容见表 1-1。

表 1-1　不同类型资产的调查内容

资产类型	现场调查的主要内容
整体企业	历史沿革、主要股东及持股比例、企业产权和经营管理结构；企业经营管理状况；企业经营计划和发展规划；相关的宏观和区域经济因素；行业现状与发展前景等
房屋建筑物	取得方式、物理因素、新旧程度、用途等
机器设备	机器设备名称、生产厂家、规格型号、安装地点、规定使用年限、已经使用年限、设备使用状况、设备维修情况等
存货	存货名称、规格型号、存放地点、库存数量、单价等
应收账款等债权债务	债权债务人名称、业务内容、发生日期、履约及回收情况等

2. 关注评估对象的法律权属

资产的法律权属，包括所有权、使用权及其他财产权利。资产的权属状态会影响资产的价值，如拥有所有权的无形资产和授权许可使用的无形资产，评估价值是不同的；进一步地，对于授权许可使用的无形资产，独家许可的无形资产和非独家许可的无形资产，价值也不同。因此，在现场调查中，资产评估专业人员要密切关注评估对象的权属状态，以保障评估结论的合理性。不同类别评估对象的有效权属证明文件见表 1-2。

表 1-2　不同类别评估对象的有效权属证明文件

评估对象	有效权属证明文件
不动产、无形资产、车辆等实行产权登记制度的资产	不动产权证书、专利权证、著作权登记证书、采矿许可证、勘探许可证、机动车登记证书等产权登记文件
机器设备、存货等	采购合同、购买发票、付款凭证、出入库记录等
企业价值评估	公司章程、工商登记材料、股东登记名册、出资证明和协议等

注：上述评估对象涉及国有资产的，还应该查看国有资产产权登记证。

3. 现场调查的手段

现场调查的手段通常包括询问、访谈、核对、监盘和勘查等。资产评估专业人员对评估对象进行现场调查时，可以根据评估具体情况选择采用逐项调查和抽样调查的方式。

（1）询问。询问是资产评估中最常用的调查手段，通常是指资产评估专业人员基于阅读、分析收集到的评估申报资料，向评估对象的相关工作人员进行询问，从而了解资产的基本情况和企业整体相关信息。

（2）访谈。资产评估专业人员可以通过对特定人员或相关人员的访谈，获取评估相关信息。具体访谈时，可以灵活采取多种形式，如面对面访谈、电话访谈、个别访谈或团体访谈等。这种手段可以很好地应对涉及多个专业或部门，不确定性较大的综合项目或事项。

（3）核对。核对是资产评估专业人员对书面资料的相关记录及其与相关实物的审核查对，以考察其是否相符的调查手段。资产评估专业人员通过账表核对、账实核对以及将申报内容与相关权证、文件载明的信息核对等，以了解被评估资产的存在及法律权属状况，并针对盘盈盘亏等问题查明原因。

（4）监盘。监盘是资产评估中较常用的核实方法。监盘是指资产评估专业人员通过现场监督企业对实物资产的清点核对，了解盘点实施方案、盘点人员安排、盘点方式和盘点结果等，以判断盘点结果是否真实可靠，并根据盘点结果对资产状况做出恰当的判断。

（5）勘查。勘查包括实地调查被评估资产的数量、质量、运行和利用情况，收集和观察被评估资产的相关技术检测结果，收集和分析被评估资产的运行记录和定期专业检测报告等工作。在评估实务中，对特殊资产实施勘查，可以聘请行业专家协助开展工作，但应当采取必要措施确信专家工作的合理性。

1.4.6 收集整理评估资料

收集评估资料是指资产评估专业人员根据评估业务的具体情况收集资产评估业务需要的资料的过程。资产评估专业人员在执行资产评估业务时通过合法途径获得并使用的评估资料，如权属证明资料、财务会计信息资料和其他评估资料等，既包括委托人或者其他相关当事人提供的涉及评估对象和评估范围的资料，也包括从政府部门、各类专业机构以及市场等渠道获取的其他资料，它们是资产评估机构和资产评估专业人员形成合理的评估结论和出具资产评估报告的重要依据。

资产评估专业人员应当依法对资产评估活动中使用的资料的真实性、准确性和完整性进行核查验证，力所能及地剔除来源不可靠的资料以及不合理的资料，以合理形成评估结论。核查验证的方式通常包括观察、询问、书面审查、实地调查、查询、函证、复核等。综合考虑项目风险因素和业务质量控制要求，根据资料对评估结论的重要性水平，确定核查验证的范围。对超出资产评估专业人员专业能力范畴的核查验证事项，资产评估机构应当委托或者要求委托人委托其他专业机构或专家出具意见。对于受限无法实施核查验证的事项，资产评估专业人员应当在工作底稿中予以说明，并将其对评估结论的影响程度在资产评估报告中进行披露。若上述事项对评估结论产生重大影响或者无法判断其影响程度，资产评估机构不得出具资产评估报告。在对评估资料核查验证后，资产评估专业人员需要对收集的资料进行必要的分析、归纳和整理，为评定估算提供依据。

1.4.7 评定估算形成结论

在收集整理评估资料后，进入评定估算形成结论阶段。评定估算形成结论程序主要包括恰当选择评估方法、形成初步评估结论、确定资产评估结论等具体工作。

资产评估专业人员应当根据评估目的、评估对象、价值类型和资料收集等因素，分析成本法、市场法、收益法三大基本方法的适用性，选择适当的评估方法，并根据所选评估方法，应用相应的公式和参数进行分析、计算和判断，形成初步评估结论。比如，采用成本法，需要合理确定被评估资产的重置成本和贬值因素；采用市场法，需要选择好可比案例和可比因素，通过差异调整，分析得出评估对象的价值；采用收益法，需要合理确定被评估资产的未来收益、收益期和折现率，经过计算得出评估对象的评估值。最后，资产评估专业人员应当对形成的测算结果进行综合分析，确定资产评估结论。

需要注意的是，对同一评估对象采用多种评估方法时，应当对采用各种方法评估形成的测算结果进行分析比较，最终形成合理的评估结论。

1.4.8 编制出具资产评估报告

资产评估机构和资产评估专业人员在履行评定估算程序形成资产评估结论后，应按资产评估报告的规范格式，编制初步的资产评估报告。资产评估机构应当按照法律、行政法规、资产评估准则和资产评估机构内部质量控制制度，对初步资产评估报告进行内部审核。

出具资产评估报告前，在不影响对评估结论进行独立判断的前提下，资产评估机构可以与委托人或者授权的其他相关当事人就资产评估报告有关内容进行沟通，听取委托方对资产评估结论的反馈意见，独立分析沟通事项，并决定是否调整资产评估报告相关内容。在此过程中，资产评估机构和资产评估专业人员须保证自身的独立性和资产评估结论的独立性，不能为迎合委托方的不合理要求而影响评估结论的独立性和客观性。资产评估机构应当按照资产评估委托合同中约定的提交资产评估报告的时间和方式，在规定的时间内以恰当的方式将资产评估报告提交给委托方。

1.4.9 整理归集评估档案

整理归集评估档案是资产评估法规定的必不可少的程序，是指资产评估专业人员将已执行完毕的资产评估报告及工作底稿等形成资产评估档案，并移交资产评估机构档案管理部门的工作过程。评估档案整理归集的范围包括明确业务基本事项、订立业务委托合同、编制资产评估计划三个程序所形成的文件资料，主要是对应的管理类工作底稿；现场调查、收集整理评估资料、评定估算形成结论、编制出具资产评估报告四个程序所形成的文件资料，主要是对应的操作类工作底稿、资产评估报告和其他相关资料。

本章小结

本章介绍了资产评估的产生与发展，分析了资产评估原始评估阶段、经验评估阶段以及科学评估阶段的不同特点，以及我国及西方发达国家资产评估的发展状况。对资产评估的概念进行了界定，并分析了资产评估的市场性、公正性、专业性及咨询性特点，对资产评估的评价和评值功能、管理功能、咨询功能和鉴证功能进行了阐述。分析了资产评估的主体和客体，对资产评估的市场价值和市场价值以外的价值类型进行了说明，阐述了企业资产转让、资产抵押（质押）等常见的资产评估目的，对资产评估的交易假设、公开市场假设、持续使用假设和清算假设进行了分析，并说明了资产评估的预期收益原则、供求原则、贡献原则、替代原则和评估时点原则等资产评估的经济技术原则。最后，介绍了资产评估程序的概念、内容和作用，阐述了明确业务基本事项、订立业务委托合同、编制资产评估计划、进行评估现场调查、收集整理评估资料、评定估算形成结论、编制出具评估报告和整理归集评估档案八大程序的基本内容和相关要求。

基本概念

资产评估　资产评估主体　资产评估客体　评估对象　市场价值　市场价值以外的价值　公允价值　在用价值　投资价值　清算价值　残余价值　评估目的　交易假设　公开市场假设　持续使用假设　清算假设　预期收益原则　供求原则　贡献原则　替代原则　评估时点原则　资产评估程序　资产评估委托合同　评估计划　现场调查

即测即评

1. 单项选择题

（1）中国资产评估协会成立于（　　），标志资产评估行业由政府管理过渡到行业自律管理。

A. 1995 年 5 月 10 日　　B. 1999 年 10 月 10 日

C. 1993 年 12 月 10 日　　D. 1997 年 10 月 10 日

（2）资产评估结论为资产评估提供专业化估价意见，这体现了资产评估的（　　）特点。

A. 咨询性　　B. 市场性　　C. 公正性　　D. 专业性

（3）资产评估具有的最基本的内在功能是（　　）。

A. 评价和评值　　B. 管理　　C. 鉴定　　D. 咨询

（4）资产评估主体是指（　　）。

A. 被评估资产占有人　　B. 被评估资产

C. 资产评估委托人　　D. 从事资产评估的机构和人员

（5）下列资产中，不可确指的资产是（　　）。

A. 商标　　B. 专利　　C. 商誉　　D. 土地使用权

（6）机器设备、房屋建筑物或其他有形资产等拆零变现价值估计数额通常被称作（　　）。

A．清算价值　　B．残余价值　　C．投资价值　　D．市场价值

（7）资产评估结果的价值类型与（　　）直接相关。

A．评估特定目的　　B．评估方法　　C．评估程序　　D．评估基准日

（8）市场价值以外的价值作为评估结果价值类型中的一类，其价值特点是（　　）。

A．不太公允　　B．脱离市场

C．相对特定市场主体公允　　D．相对市场整体公允

（9）不属于明确资产评估业务基本事项具体包括（　　）。

A．评估目的　　B．评估委托方基本情况

C．评估基准日　　D．评估计划

（10）广义的资产评估程序开始于（　　），终止于整理归集评估档案。

A．资产评估机构和人员接受委托　　B．编制资产评估计划

C．明确资产评估基本事项　　D．评定估算形成结论

2．多项选择题

（1）市场价值与市场价值以外的价值的区分在很大程度上取决于（　　）。

A．市场价值是公允价值，市场价值以外的价值是特定价值

B．评估基准日与评估时点是否同步

C．交易时间是否充分

D．市场参与者的数量多少

（2）根据评估服务对象、评估内容和评估者承担责任等方面的不同，可以将资产评估分为（　　）。

A．评估　　B．评估复核　　C．评估咨询　　D．完全评估

（3）在下列引起资产评估的经济活动中，属于产权变动的经济行为有（　　）。

A．企业出售　　B．股权重组　　C．经营业绩评价　　D．企业兼并

（4）持续使用假设又可以细分为（　　）。

A．在用续用假设　　B．移地续用假设

C．转用续用假设　　D．中断后持续使用假设

（5）属于资产评估的经济技术原则的有（　　）。

A．贡献原则　　B．预期收益原则　　C．替代原则　　D．供求原则

（6）资产评估中的市场价值以外的价值包括（　　）。

A．投资价值　　B．最佳使用价值　　C．在用价值　　D．残余价值

（7）下列假设中属于资产评估假设的有（　　）。

A．交易假设　　B．持续使用假设　　C．公开市场假设　　D．币值不变假设

（8）资产评估程序通常包括的主要环节除明确资产评估业务基本事项、编制和提交资产评估报告、评定估算和资产评估工作底稿归档外，还应该包括（　　）。

A．签订资产评估委托合同　　B．编制资产评估计划

C. 评估报告备案审核　　D. 现场调查

（9）下列事项中属于资产评估委托合同基本内容的有（　　）。

A. 评估对象和评估范围　　B. 资产勘查方式

C. 资产评估报告使用范围　　D. 评估项目风险

（10）资产评估机构在明确资产评估基本事项的基础上，应当分析（　　），以确定是否承接资产评估项目。

A. 评估项目风险　　B. 价值类型　　C. 独立性　　D. 专业胜任能力

课后思考题

1. 资产评估的发展经历了哪几个阶段？各个阶段分别具有什么特点？
2. 什么叫资产评估？资产评估由哪些基本要素组成？
3. 资产评估具有哪些特点？
4. 资产评估具有哪些功能？
5. 按资产能否独立存在，可以将资产评估客体分成哪几种类型？
6. 市场价值以外的价值包括哪些价值类型？举例说明。
7. 列举常见的资产评估特定目的。
8. 资产评估得以进行的基本前提假设包括哪些？
9. 实施资产评估时应该坚持的经济技术原则有哪些？
10. 描述资产评估的程序及其作用。

业务练习题

1. 分析以下各个独立的案例，说明资产评估专业人员在实施资产评估业务时，应该选择何种价值类型。并说明理由。

（1）远航公司拥有一家江滨酒店，大宇公司拥有一个江滨浴场，两个企业位置相邻，现在远航公司要收购大宇公司，应该如何选择价值类型？

（2）大唐火力发电厂拥有一台 10 万千瓦的火力发电机组，按照国家产业政策的相关规定，需要关停该火力发电厂，发电机组不能异地使用。对该火电机组的评估应该如何选择价值类型？

（3）资产评估专业人员对宏大公司的一条生产线进行评估，该生产线是宏大公司的要素资产，如果在评估业务执行过程中只需要考虑以该生产线未来经营收益的方式来确定资产的价值，应该如何选择价值类型？

（4）宏大公司准备以一台设备作为出资在中国设立一家有限责任公司，需要对该设备的价值进行评估，应该选择何种价值类型？

2. 针对以下各个独立的案例，说明资产评估专业人员在实施资产评估业务时，应该适用何种评估假设。并说明理由。

（1）宏大公司因中外合资需要进行企业价值评估，资产评估专业人员了解到该公司因城市规划需要，将整体搬迁到新区生产。说明该项目所涉及的机器设备评估应该适用哪个评估假设。

（2）天远公司旗下甲、乙两个连锁商店停业准备评估。其中，甲商店是因为经营期限届满，并且不再准备续约；乙商店是因为经营不善破产。资产评估专业人员对甲、乙两个连锁商店进行评估时，分别适用于哪种评估假设？

3．宏大公司拟收购境外甲公司全部股权，委托国内资产评估公司为该经济行为进行资产评估。请指出双方订立的资产评估委托合同中约定内容的不当之处，并说明原因。

（1）由于甲公司的核心资产是其在当地的矿资产，为保证本次资产评估结论的可靠性，本次资产评估应当以资产基础法的结果作为评估结论。

（2）本次资产评估的专业服务费，在资产评估委托合同订立 7 日内支付合同款总额的 20%，提交资产评估报告征求意见稿 7 日内支付 50%，提交正式报告 7 日内支付 15%；如果宏大公司与甲公司签署了股权收购合同，宏大公司将在股权收购合同签署 7 日内支付评估合同款总额的 15%，并同时支付 25 万元专项奖励金；如果宏大公司与甲公司未能达成收购协议，宏大公司不再支付剩余评估合同款。

第2章　资产评估的基本方法

学习目标

知识目标	能力目标	思政育人目标
1．理解掌握资产评估方法的适用条件、应用前提、构成要素以及主要经济技术参数表达式等； 2．掌握市场法、收益法和成本法的基本原理、内容及参数指标的确定方法； 3．了解市场法、收益法和成本法之间的关系	1．能够正确认识市场法、收益法和成本法的适用条件和应用前提； 2．能够计算各类经济技术参数指标； 3．能够运用市场法、收益法和成本法对常见的资产进行评估	1．培养学生树立正确的价值观； 2．培养学生具体问题具体分析的辩证法思想； 3．提升学生的创新能力； 4．培养学生严谨治学的科学态度

章节导言

资产评估方法是评定估算资产价值的途径和手段。资产评估中所运用的各种方法，是在财务管理、会计学、统计学和工程技术等多种学科的技术方法基础上，按照资产评估自身的运作规律和行业特点所形成的一整套方法体系。从这个角度讲，资产评估方法是借用或利用其他学科中的技术方法，并非资产评估经济活动所独有。然而，资产评估是将其他学科的技术方法按照资产评估运作的内在要求，用资产评估的技术思路加以重组，从而构成了以资产评估途径为主线的各种评估技术方法的集合。因此，资产评估方法与其他学科的技术方法又具有一定的区别。目前，最具代表性的资产评估方法体系主要包括市场法、收益法和成本法三种基本方法及其衍生方法。

2.1　市场法

2.1.1　市场法的概念和应用前提

1．市场法的概念

市场法是指通过被评估资产与可比参照物的差异比较，以可比参照物的市场价格为基础调整确定评估对象价值的评估方法的总称。市场法是估测资产价值的一种评估技术思路，也是实现该评估技术思路的若干评估技术方法的集合。

市场法是根据替代原理，采用比较或类比的思路及方法以类似资产近期交易价格为基础估测资产价值的评估技术方法。由于任何一个正常的投资者在购置某项资产时，其所愿意支付的价格不会高于市场上具有相同功能或效用的替代品的现行市价。市场法要求充分利用类似资产成交价格信息，并以此为基础评判评估对象的价值。运用市场法评估资产的价值，直观明了，容易为资产交易各方当事人所理解和接受，故市场法是资产评估中常用的评估方法之一。

2. 市场法的应用前提

应用市场法进行资产评估需要满足以下两个基本前提条件。

（1）具有活跃的公开交易市场。所谓公开交易市场，是指一个充分竞争的市场，在市场上有自愿的买方和卖方，在交易信息公开的前提下，有相对充裕的营销时间，买卖双方进行平等交易，排除个别交易的偶然性，市场成交价格大致可以反映市场行情。通常地，在公开交易市场中的交易行为越活跃，与评估对象相同或相类似的资产价格越容易获得，按市场行情估测评估对象价值，评估结果会更加贴近市场，更容易被资产交易各方接受。

（2）相关交易信息可以收集到。运用市场法进行资产价值评估，重要的是能够找到与被评估资产相同或相类似的参照物。但是，与被评估资产完全相同的资产是很难获得的，通常可以对类似参照物资产的价格进行调整进而获得被评估资产的近似价值。其中，能否获得调整的相关指标、技术参数等信息，是决定市场法能否应用的关键。

2.1.2 市场法的基本步骤和可比因素

1. 市场法的基本步骤

（1）选择参照物。选择参照物是运用市场法进行评估的重要环节。无论评估对象是单项资产还是整体资产，运用市场法进行评估时首先需要选择参照物。选择参照物时需要重点关注资产的可比性和可选参照物的数量。资产的可比性强调，参照物与被评估资产在功能、市场条件及成交时间等方面要具有可比性。这是因为运用市场法进行评估时，被评估资产的评估值高低取决于参照物的成交价水平，但参照物成交价不仅是参照物自身功能的市场表现，它还受到买卖双方交易地位、交易动机、交易时限等因素的影响。同时，为了避免某个参照物个别交易中的特殊因素和偶然因素对成交价及评估值的影响，运用市场法评估资产时应尽可能选择多个参照物。无论参照物与被评估资产如何相似，通常应选择 3 个以上的参照物。

（2）选择比较因素。参照物确定后，需要在评估对象与参照物之间选择比较因素。无论什么资产，影响其价值的因素基本相同，如资产的性质和功能、市场条件和交易条件等。但具体到某一类资产时，影响资产价值的因素又存在差异。例如，影响房地产价值的主要因素包括一般因素（如经济因素、社会因素和行政因素）、区域因素和个别因素，而技术含量、规格型号和生产能力是机器设备评估中需要重点考虑的影响因素。如果评估对象是企业，则获利能力和生产能力是运用市场法评估企业价值时要选择的可比指标。总之，选择比较因素需要根据不同种类资产价值形成的特点，选择对资产价值影响较大的因素作为对比指标，在参照物与被评估资产之间进行比较。

（3）指标对比和量化差异。根据所选定的对比指标，在参照物与被评估资产之间进行比较，并量化两者的差异。例如，在不动产评估中要求参照物与被评估资产处于相同区域或近邻地区，但其交易情形、交易时间、建筑特征等方面可能存在差异；在机器设备评估中尽管要求资产功能指标，如规格型号、出厂日期等相同或相似，但在生产能力、产品质量以及资产运营过程中的各种耗费等方面可能存在不同程度的差异。将参照物与评估对象对比指标之间的差异数量化、货币化是市场法运用的重要环节。

（4）调整已量化对比指标差异。以参照物成交价格为基础，调整已经量化的对比指标差异，获得以每个参照物为基础的被评估资产的初评结果。初评结果的数量取决于评估人员选择的参照物的数量。

（5）综合分析确定评估结果。运用市场法评估资产价值，通常应选择 3 个以上参照物，由此也会形成相应数量的初评结果。但是，一项被评估资产最终的评估结果只能为一个确定的数值，这就需要评估人员对多个初评结果进行综合分析，以确定最终评估值。需要注意的是，最终评估值的确定，取决于评估人员对参照物的把握和对被评估资产的认识。如果参照物与被评估资产可比性都很好，评估过程中也没有明显的遗漏或疏忽，评估人员可以在对若干个初评结果进行分析的基础上，采用算术平均法或加权平均法等方法计算出平均结果作为最终的评估结果。

2．市场法的比较因素

通常，运用市场法评估资产应该考虑的比较因素有以下几个。

（1）时间因素。时间因素是指参照物交易时间与被评估资产评估基准日不一致所导致的差异。由于大多数资产的交易价格总是处于波动之中，不同时间条件下资产的价格会有所不同，故在进行资产评估时必须考虑时间因素。一般情况下，应当根据参照物价格变动指数将参照物实际成交价格调整为评估基准日的交易价格。若评估对象与参照物之间只有时间因素的影响，则被评估资产的价值可表示为：

评估值=参照物价格×时间因素修正系数

（2）功能因素。资产的功能是资产使用价值的主体，是影响资产价值的重要因素。在资产评估中强调资产的使用价值或功能，需要结合社会需求，从资产实际发挥效用的角度来考虑。即在社会需要的前提下，资产的功能越好，其价值越高；反之，资产的功能越差，则资产价值越低。当评估对象与参照物之间只有功能因素的差异时，被评估资产的价值可表示为：

评估值=参照物价格×功能因素修正系数

（3）区域因素。区域因素是指资产所在地区或地段条件对资产价值的影响差异。区域因素对房地产价格的影响尤为突出。当评估对象与参照物之间只有区域因素的影响时，被评估资产的价值可表示为：

评估值=参照物价格×区域因素修正系数

（4）交易情况。交易情况主要包括交易的市场条件和交易条件。其中，市场条件主要是指参照物成交时与评估时的市场条件及供求关系的变化情况。一般地，当市场供不应求时，交易价格会偏高；当市场供大于求时，交易价格会偏低。市场条件上的差异对资产价值的影响比较大，是评估人员需要关注的因素。交易条件主要包括交易批量、动机、时间等。交易批量不同，交易对象的价格可能会有差别。交易动机对资产交易价格也具有一定影响，当卖方急售，交易价格会偏低；当买方急买，交易价格往往会偏高。此外，在不同时间进行交易，资产的交易价格也会出现差异。当评估对象与参照物之间只有交易情况的差异时，被评估资产的价值可表示为：

评估值=参照物价格×交易情况修正系数

（5）个别因素。个别因素主要包括资产的实体特征和质量。资产的实体特征主要是指资产的外观、结构、规格型号等。资产的质量主要是指资产本身的建造或制造的工艺水平。当评估对象与参照物之间只有个别因素的差异时，被评估资产的价值可表示为：

评估值=参照物价格×个别因素修正系数

2.1.3 市场法常用的具体评估方法

市场法实际上是指在一种评估思路下的若干具体评估方法的集合。按照参照物与评估对象的差异程度，这些具体评估方法可分为直接比较法和间接比较法两大类。其中，直接比较法可以进一步细分为现行市价法、市价折扣法、功能价值类比法、价格指数法、成新率价格调整法、市场售价类比法等。市场法的具体评估方法如图 2-1 所示。

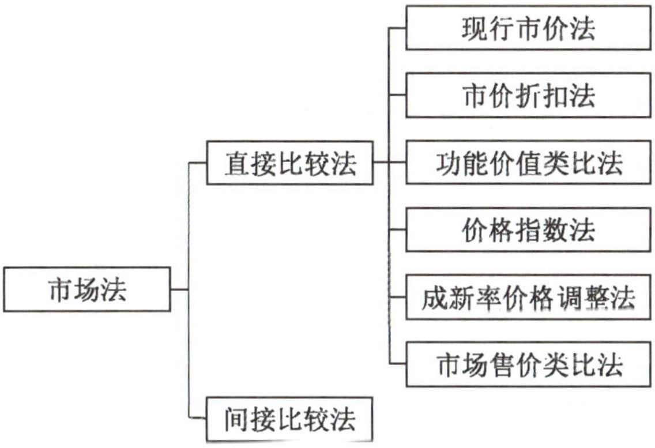

图 2-1　市场法的具体评估方法

直接比较法是指利用参照物的交易价格，将评估对象的某一项或若干特征与参照物的同一项及若干特征直接进行比较，得到两者的特征修正系数或特征差额，在参照物交易价格的基础上进行修正，从而得到评估对象价值的方法。

直接比较法直观简洁、便于操作，但通常对参照物与评估对象之间的可比性要求较高。参照物与评估对象要达到相同或基本相同的程度，或参照物与评估对象的差异主要体现在某几项明显的因素上，例如新旧程度、交易时间、功能、交易条件等。由于参照物与评估对象存在差异因素的不同，直接比较法的具体技术方法也不尽相同。

间接比较法是以资产的国家标准、行业标准或市场标准作为基准，分别将评估对象和参照物整体或分项对比打分从而得到评估对象和参照物各自的分值。然后，用参照物的市场交易价格乘以评估对象的分值与参照物的分值的比值求得评估对象价值的评估方法。这种方法并不要求参照物与评估对象必须一样或者基本一样。只要参照物与评估对象在大的方面基本相同或相似，通过评估对象和参照物与国家标准、行业标准或市场标准的对比分析，掌握参照物与评估对象之间的差异，在参照物成交价格的基础上调整估算评估对象的价值。由于间接比较法需要利用相关标准，具体应用时存在较多的局限，在资产评估实践中应用并不广泛。本节重点介绍直接比较法的具体方法。

1. 现行市价法

当评估对象本身具有现行市场价格或者与评估对象基本相同的参照物具有现行市场价格时，可以直接以评估对象或参照物在评估基准日的现行市场价格作为评估对象的评估价值。例如，可上市流通的股票和债券可以直接将评估基准日的收盘价作为股票或债券的评估价值；批量生产的设备、汽车等可分别以同品牌、同型号、同规格、同厂家、同批量的设备、汽车等的现行市场价格作为评估价值。计算公式为：

$$评估值=参照物成交价格$$

现行市价法是以成交价格为标准，在市场交易过程中，有的资产的报价或目录价与实际成交价之间会因交易对象、交易批量等原因存在差异。因此，在运用现行市价法时需要注意，评估对象或参照物在评估基准日的现行市场价格要与评估对象的价值内涵相同。

2. 市价折扣法

市价折扣法是指以参照物成交价格为基础，考虑到评估对象在销售条件、销售时限或销售数量等方面的差异，按照评估人员的经验或有关部门的规定，设定一个价格折扣率来估算评估对象价值的方法。此方法一般适用于清算假设前提下的资产评估。计算公式为：

$$评估值=参照物成交价格\times（1-价格折扣率）$$

【例 2-1】待评估资产为某快速变现的设备，在评估基准日与其完全相同的参照物正常变现价格为 20 万元，资产评估师分析后认为快速变现的折扣率为 35%，计算该设备的评估值。

解：评估值= 20×（1-35%）=13（万元）

3. 功能价值类比法

功能价值类比法是指利用资产功能与资产价值之间存在的相对稳定的数量关系，以参照物的功能及其成交价格为基础，根据参照物与评估对象之间的功能差异进行调整，以估算评估对象价值的方法。资产功能与资产价值之间的关系可以分为线性关系和指数关系两种情形。

（1）资产价值与其功能呈线性关系的情形，通常被称作生产能力比例法。计算公式为：

$$评估值=参照物成交价格\times\frac{评估对象生产能力}{参照物生产能力}$$

需要注意的是，功能价值类比法不仅表现在资产的生产能力方面，还可以通过对参照物与评估对象的其他功能指标的对比，利用参照物成交价格推算出评估对象价值。

【例 2-2】评估对象的年生产能力为 100 吨，参照资产的年生产能力为 150 吨，评估基准日参照资产的市场价格为 12 万元，计算评估对象的评估值。

解：$评估值=12\times\frac{100}{150}=8$（万元）

（2）资产价值与其功能呈指数关系的情形，通常被称作规模经济效益指数法。计算公式为：

$$评估值=参照物成交价格\times\left(\frac{评估对象生产能力}{参照物生产能力}\right)^x$$

式中，x 为规模经济效益指数。

【例 2-3】评估对象的年生产能力为 120 吨，参照资产的年生产能力为 160 吨，评估基准日参照资产的市场价格为 30 万元，该类资产的功能价值指数为 0.7，计算评估对象的评估值。

解：$评估值=30\times\left(\frac{120}{160}\right)^{0.7}=24.54（万元）$

4. 价格指数法

价格指数法是指以参照物成交价格为基础，考虑参照物的成交时间与评估对象的评估基准日之间的时间间隔对资产价值的影响，利用价格指数调整估算评估对象价值的方法。价格指数包括定基价格指数和环比价格指数。其中，定基价格指数是以某一年份的物价为基数确定的物价指数；环比物价指数是指逐年与前一年相比的物价指数。其计算公式为：

评估值=参照物成交价格×（1+价格变动指数）

根据价格指数差异，价格指数法可以分为定基价格指数法和环比价格指数法。

（1）定基价格指数法。如果能够获得参照物和评估对象的定基价格变动指数或定基价格指数，价格指数法的公式为：

$$\begin{aligned}评估值&=参照物成交价格\times\frac{1+评估基准日定基价格变动指数}{1+参照物交易日定基价格变动指数}\\&=参照物成交价格\times\frac{评估基准日定基价格指数}{参照物交易日定基价格指数}\end{aligned}$$

【例 2-4】与评估对象完全相同的参照资产 6 个月前的正常成交价格为 20 万元，半年间该类资产的价格上升了 8%，计算评估对象的评估值。

解：评估值=10×（1+8%）=10.8 （万元）

【例 2-5】被评估房地产于 2022 年 6 月 30 日进行评估，该类房地产 2022 年上半年各月月末的价格同 2021 年年末相比，分别上涨了 3.5%、6.7%、7.8%、8.3%、10．6%和 11.5%。其中，参照房地产在 2022 年 3 月底的正常成交价格为 7 800 元/平方米，计算 2022 年 6 月 30 日评估对象的评估值。

解：$评估值=7\,800\times\frac{(1+11.5\%)}{(1+7.8\%)}=8\,068（万元）$

（2）环比价格指数法。如果能够获得参照物和评估对象的环比价格变动指数或环比价格指数，价格指数法的公式为：

$$\begin{aligned}评估值&=参照物成交价格\times参照物交易日至评估基准日各期（1+环比价格变动指数）乘积\\&=参照物成交价格\times参照物交易日至评估基准日各期环比价格指数乘积\end{aligned}$$

【例 2-6】已知某参照资产在 2022 年 1 月初的交易价格为 300 万元，该种资产已不再生产，但该类资产的价格变化情况如下：2022 年 1 月至 5 月的环比价格指数分别为 102.8%、97.5%、103.9%和 105.7%，计算评估对象 2022 年 5 月初的评估值。

解：评估值=300×102.8%×97.5%×103.9%×105.7%＝330.2（万元）

5. 成新率价格调整法

成新率价格调整法是以参照物的成交价格为基础，考虑参照物与评估对象新旧程度上的差异，通过成新率调整估算出评估对象的价值。其计算公式为：

$$评估值 = 参照物成交价格 \times \frac{评估对象成新率}{参照物成新率}$$

$$资产成新率 = \frac{资产尚可使用年限}{资产已使用年限 + 资产尚可使用年限} \times 100\%$$

此方法一般运用于评估对象与参照物之间仅有成新程度差异的情形。

6. 市场售价类比法

市场售价类比法是指以参照物的成交价格为基础，考虑参照物与评估对象在功能、市场条件和销售时间等方面的差异，通过对比分析和量化差异，调整估算出评估对象价值的一种方法。其计算公式为：

评估值=参照物价格×功能价值修正系数 1×交易时间修正系数 2×…×交易情形修正系数 n

或

评估值=参照物价格±功能价值差异值 1±交易时间差异值 2±…±交易情形差异值 n

当参照物与评估对象的差异不仅仅体现在某一特征上时，现行市价法、市价折扣法、功能价值类比法、价格指数法和成新率价格调整法等的运用就可以演变成参照物与评估对象各个特征修正系数的计算。

2.2 收益法

2.2.1 收益法的概念和应用前提

1. 收益法的概念

收益法是通过将被评估资产的预期收益资本化或者折现，以确定其价值的各种评估方法的总称。收益法是基于“现值”规律，即任何资产的价值等于其预期未来收益的现值之和。收益途径技术评估思路认为，任何一个理智的投资者在购置或投资某一资产时，其所愿意支付或投资的货币数额不会高于所购置或投资的资产在未来给自己带来的回报，即收益额。收益法利用投资回报和收益折现等技术手段，把评估对象的预期获利能力和获利风险作为两个相辅相成的关键指标来估测评估对象的价值。根据评估对象的预期收益来评估其价值，容易被资产评估业务各方接受。所以，从理论上讲，收益法是资产评估中最为科学合理的评估方法之一。

2. 收益法的应用前提

收益法是根据未来预期收益通过折现和资本化处理来估测资产价值的，它涉及 3 个基本要素：一是评估对象的预期收益；二是折现率或资本化率；三是评估对象取得预期收益的持续时间。因此，能否把握上述三个要素是决定收益法能否运用的前提条件。从这个意义上来讲，应用收益法必须具备的前提条件有下列三个：

（1）评估对象的未来收益可以合理预期并用货币计量；

（2）预期收益所对应的风险能够度量；

（3）收益期限能够确定或者合理预期。

应用收益法的上述三个前提条件表明，首先，评估对象的预期收益能够被合理地估测。这就要求评估对象与其经营收益之间存在可预测的关系。同时，影响资产预期收益的主要因素、主观因素和客观因素也应该比较明确，资产评估专业人员可以据此分析和测算出评估对象的预期收益。其次，评估对象所具有的行业风险、地区风险及企业风险是可以比较和测算的，这是测算折现率或资本化率的重要参数。评估对象所处的行业不同、地区不同和企业差别都会不同程度地体现在资产拥有者的收益风险上。对于投资者来说，投资风险越大，回报率越高；投资风险越小，回报率越低。最后，评估对象获利期限的长短，即评估对象的寿命，也要能够通过一定的方法和手段合理预期。

2.2.2 收益法的基本步骤和主要参数

1. 收益法的基本步骤

根据收益法的概念，资产未来预期收益和风险的量化是收益法应用的主要工作。因此，采用收益法进行资产评估的基本步骤如下：

（1）收集或验证与评估对象未来预期收益有关的数据资料，包括经营前景、财务状况、市场形势以及经营风险等；

（2）分析测算评估对象的未来预期收益；

（3）确定折现率或资本化率；

（4）合理预期评估对象未来预期收益持续时间；

（5）用折现率或资本化率将评估对象未来预期收益折算成现值；

（6）分析确定评估结果。

2. 收益法的主要参数

运用收益法进行资产评估涉及许多经济技术参数，其中最主要的 3 个参数是收益额、折现率和收益期限。

（1）收益额。收益额是运用收益法评估资产价值的基本参数之一。在资产评估中，资产的收益额是指根据投资回报的原理，资产在正常情形下所能得到的归其产权主体的所得额。需要注意的是，资产评估中的收益额有两个比较明确的特点：①收益额是资产未来预期收益额，而不是资产的历史收益额或现实收益额；②用于资产评估的收益额通常是资产的客观收益，而不一定是资产的实际收益。

评估人员在执业过程中应切实注意收益额的特点，以便合理运用收益法评估资产的价值。此外，不同种类资产的收益额的表现形式不完全相同，比如企业的收益额通常表现为净利润或净现金流量，而房地产的收益额则通常表现为纯收益，等等。

（2）折现率。从本质上讲，折现率是一种期望投资报酬率，是投资者在投资风险一定的情形下，对投资所期望的回报率。折现率由无风险报酬率和风险报酬率组成。其中，无风险报酬率通常可以参照同期国债收益率或银行利率；风险报酬率是指超过无风险报酬率部分的投资回报率。在资产评估中，因资产的行业分布、种类、市场条件等存在差异，资产获取回报的风险不同，折现率也不同。此外，需要注意折现率与资本化率两个概念不同，通常把未来有限期预期收益折现成现值的比率称为折现率，而把未来永续性预期收益折算成现值的比率称为资本化率。折现率与资本化率在量上是否相等，主要取决于同一资产在未来长短不同时期所面临的风险是否相同。

（3）收益期限。收益期限是指资产具有获利能力持续的时间，通常以年为时间单位。它由评估人员根据被评估资产自身效能及相关条件，以及有关法律、法规、契约、合同等加以测定。

2.2.3 收益法常用的具体评估方法

收益法实际上是在预期收益还原思路下若干具体方法的集合。从不同角度可以将收益法中的具体方法分为不同种类：

一是针对评估对象未来预期收益有无限期的情况，分为有限期的评估方法和无限期的评估方法；

二是针对评估对象预期收益额的情况，分为等额收益评估方法和非等额收益评估方法。

为便于学习收益法常用的具体评估方法，将具体评估方法可能用到的字符含义定义如下：

P——评估值；

i——年序号；

P_n——未来第 n 年的预计变现值；

A——年金；

R_t——未来第 t 年的预期收益；

r——折现率或资本化率；

n——有确定收益的预期年限；

N——收益总年限。

1．年收益不变

（1）未来收益期有限，折现率大于 0。

此假设情况下，计算公式为：

$$P=\frac{A}{r}\left[1-\frac{1}{(1+r)^n}\right]=A(P/A,\ r,\ n)$$

这是评估实务中经常运用的计算公式。

上式成立条件：①净收益每年不变；②折现率固定且大于 0；③收益年期有限为 n。

【例 2-7】评估某生产线，经资产评估专业人员测定，该生产线尚能继续使用 5 年，经预测，该生产线未来 5 年的收益将会维持在 200 万元，折现率为 10%，请计算该生产线的评估价值。

解：$P=\frac{A}{r}\left[1-\frac{1}{(1+r)^{n}}\right]=\frac{200}{10\%}\left[1-\frac{1}{(1+10\%)^{5}}\right]$=758.16（万元）

（2）未来收益期有限，折现率等于 0。

此假设情况下，计算公式为：

$$P=A\times n$$

上式成立条件：①净收益每年不变；②折现率等于 0；③收益年期有限为 n 。

（3）收益期永续。

此种假设情况下，计算公式为：

$$P=\frac{A}{r}$$

上式成立条件：①净收益每年不变；②资本化率固定且大于 0；③收益年期无限。

【例 2-8】评估对象为一拟转让企业。假设该企业将持续经营下去，评估人员预测在未来无限年期企业所产生的年收益为 200 万元，资本化率为 10%，请估测该企业的价值。

解：$P=\frac{A}{r}=\frac{200}{10\%}=2\ 000$（万元）

2. 年收益在若干年后保持不变

（1）未来收益期无限。

此假设情况意味着，企业年收益在未来前若干年表现不稳定，若干年后开始保持不变。通常采用分段法对未来预期收益进行预测。首先，对未来前若干年的各年收益额进行预测；其次，预测从该年起以后各年预期收益额稳定不变；最后，对两阶段的收益额折现加总，即得到评估值。计算公式为：

$$P=\sum_{i=1}^{t}\frac{R_i}{(1+r)^i}+\frac{A}{r(1+r)^t}$$

上式成立条件：①净收益在 t 年（含第 t 年）以前有变化；②净收益在 t 年（不含第 t 年）以后保持不变；③收益年期无限；④ r 大于 0。

（2）未来收益期有限。

此种假设情况下，计算公式为：

$$P=\sum_{t=1}^{t}\frac{R_i}{(1+r)^r}+\frac{A}{r(1+r)^i}\left[1-\frac{1}{(1+r)^{n-t}}\right]$$

上式成立条件：①净收益在 t 年（含第 t 年）以前有变化；②净收益在 t 年（不含第 t 年）以后保持不变；③收益年期有限为 n；④ r 大于 0。

【例 2-9】某收益性资产预计未来 3 年收益额分别为 12 万元、15 万元、18 万元。假定从第 4 年开始，以后各年收益均为 20 万元，折现率和资本化率均为 10%，计算该收益性资产分别在永续经营条件下和 20 年收益期的评估值。

解：（1）永续经营条件下的评估过程

首先，计算未来 3 年收益额的现值。

$$\sum_{i=1}^{n}\frac{R_i}{(1+r)^i}=\frac{12}{1+10\%}+\frac{15}{(1+10\%)^2}+\frac{18}{(1+10\%)^3}=36.828\ 6(\text{万元})$$

其次，计算第4年以后的收益现值。

$$\frac{A}{r(1+r)^i}=\frac{20}{10\%\times(1+10\%)^3}=150.26(\text{万元})$$

最后，确定该资产评估值。

$$P=\sum_{i=1}^{n}\frac{R_i}{(1+r)^i}+\frac{A}{r(1+r)^n}=36.828\,6+150.26=187.088\,6(\text{万元})$$

（2）20年收益期的评估过程

$$\sum_{i=1}^{n}\frac{R_i}{(1+r)^i}+\frac{A}{r(1+r)^i}\left[1-\frac{1}{(1+r)^{n-t}}\right]$$

$$=\frac{12}{1+10\%}+\frac{15}{(1++10\%)^2}+\frac{18}{(1+10\%)^3}+\frac{20}{10\%\times(1+10\%)^3}\times\left[1-\frac{1}{(1+10\%)^{20-3}}\right]$$

$$=36.828\,6+150.26\times(1-0.197\,8)=157.367\,2(\text{万元})$$

3．年收益不等，未来收益期有限

此种假设情况下，计算公式为：

$$P=\sum_{i=1}^{n}\frac{R_i}{(1+r)^i}$$

上式成立条件：①每年预期收益不等；②收益年期有限为n；③折现率固定且大于0。

【例2-10】某收益性资产预计收益期为5年，每年预期收益分别为12万元、15万元、14万元、17万元和16万元，折现率为6%，计算该收益性资产的评估值。

解：$$P=\sum_{i=1}^{n}\frac{R_i}{(1+r)^i}=\frac{12}{1+6\%}+\frac{15}{(1+6\%)^2}+\frac{14}{(1+6\%)^3}+\frac{17}{(1+6\%)^4}+\frac{16}{(1+6\%)^5}$$

$$=12\times0.943\,4+15\times0.890\,0+14\times0.839\,6+17\times0.792\,1+16\times0.747\,3$$

$$=61.847\,7(\text{万元})$$

4．已知资产若干年后的预计变现值

此种假设情况下，计算公式为：

$$P=\frac{A}{r}\left[1-\frac{1}{(1+r)^n}\right]+\frac{P_n}{(1+r)^n}=A(P/A,\ r,\ n)+\frac{P_n}{(1+r)^n}$$

上式成立条件：①净收益在第n年（含n年）前保持不变；②预期资产在第n年的价格为P_n；③折现率固定且大于0。

【例2-11】评估某生产线，经资产评估专业人员测定，该生产线尚能继续使用5年，5年后资产变现价为10万元，现拟转让。经预测，该生产线5年的收益均为200万元，折现率为10%，请计算该生产线的评估值。

解：$$P=200\times(P/A,10\%,5)+\frac{10}{(1+10\%)^5}=796.068(\text{万元})$$

2.3　成本法

2.3.1 成本法的概念和应用前提

1．成本法的概念

成本法是指按照重建或者重置评估对象的思路，将重建或者重置成本作为确定评估对象价值的基础，扣除相关贬值，确定评估对象价值的评估方法的总称。成本法贯穿着重建和重置被评估资产的思路。在条件允许的情形下，任何一个潜在的投资者在决定投资某项资产时所愿意支付的价格不会超过该项资产的现行购建成本。如果被评估资产并非全新，投资者愿意支付的价格会在投资对象全新的购建成本基础上扣除实体性贬值；如果被评估资产存在功能或技术落后缺陷，投资者愿意支付的价格会在投资对象全新的购建成本基础上扣除功能性贬值；如果被评估资产及其产品面临市场困难或外部环境影响，投资者愿意支付的价格会在投资对象全新的购建成本基础上扣除经济性贬值。上述评估思路可用公式表述为：

$$资产评估值=重置成本-实体性贬值-功能性贬值-经济性贬值$$

由于评估对象的再取得成本的有关数据和信息来源较广泛，并且资产的重置成本与资产的现行市价及收益现值也存在内在联系和替代关系。因而，在市场发育不完善的条件下，成本法会被经常应用。

2．成本法的应用前提

成本法从再取得资产的角度反映资产价值，即通过资产的重置成本扣减各种贬值来反映资产价值。只有当评估对象处于继续使用状态下，再取得评估对象的全部费用才能构成其价值的内容。资产的继续使用不仅包含物理上继续使用，还包含着有效使用资产的经济意义。只有当资产能够继续使用并且在持续使用中为潜在所有者或控制者带来经济利益时，资产的重置成本才能为潜在投资者和市场所接受。从这个意义上讲，成本法主要适用于继续使用前提下的资产评估。对于非继续使用前提下的资产，如果运用成本法进行评估，须对成本法的基本要素做必要的调整。

采用成本法评估资产的前提条件包括以下三个：

（1）评估对象能够继续使用，即评估对象处于持续使用状态或被假定处于继续使用状态。

（2）评估对象能够通过重置途径获得。否则，从重置或者重建的角度计算评估对象的成本就没有意义。

（3）评估对象的重置成本以及相关贬值能够合理估算。

2.3.2 成本法的基本步骤和基本参数

1．成本法的基本步骤

资产评估专业人员运用成本法对评估对象进行评估时，应当遵循以下几个基本步骤：

（1）确定评估对象，并估算重置成本；

（2）确定评估对象的使用年限，包括实际已使用年限、尚可使用年限和全部使用年限；

（3）测算评估对象的各项损耗或贬值额，包括实体性贬值、功能性贬值和经济性贬值；

（4）估测评估对象的价值。

2. 成本法的基本参数

成本法的运用涉及重置成本、实体性贬值、功能性贬值和经济性贬值 4 个基本要素。在资产评估实践中，并非所有评估对象都同时存在上述 3 种贬值，具体评估过程中需要结合评估对象的具体情形确定。

（1）重置成本。资产的重置成本就是资产的现行再取得成本。重置成本的构成要素一般包括建造或者购置评估对象的直接成本、间接成本、资金成本、税费及合理的利润。重置成本可分为复原重置成本和更新重置成本。其中，复原重置成本是指采用与评估对象相同的材料、建筑或制造标准、设计、规格及技术等，以现时价格水平重新购建与评估对象相同的全新资产所发生的费用。更新重置成本是指采用新型材料、现代建筑或制造标准、新型设计、规格和技术等，以现时价格水平购建与评估对象具有同等功能的全新资产所需的费用。

选择重置成本时，在同时可获得复原重置成本和更新重置成本的情况下，应选择更新重置成本。在无更新重置成本时，可采用复原重置成本。一般来说，复原重置成本大于更新重置成本，原因在于更新重置成本采用的技术和材料方面的进步会导致替代资产的购建成本的减少，减少的成本通常反映了复原重置成本基础上的功能性贬值，即复原重置成本减去更新重置成本的差额就是功能性贬值。此外，选择更新重置成本还有两个方面的考虑，一是随着科学技术的进步，劳动生产率的提高，新工艺、新设计被社会普遍接受，与购建资产相关的材料及技术标准也会不断更新；二是采用新型设计、工艺制造的资产无论在其使用性能还是成本耗用方面，均会优于旧的资产。

（2）实体性贬值。资产的实体性贬值也称有形损耗，是指资产由于使用及自然力作用导致资产的物理性能损耗或下降而引起的资产价值损失。资产的有形损耗通常采用相对数计量，即：

$$实体性贬值率 = \frac{实体性贬值额}{重置成本} \times 100\%$$

通常实体性贬值的决定因素有以下 4 个：

①使用时间。资产的已使用时间越长，其实体性贬值就越大，剩余价值也就越小。

②使用率。使用率越高，资产贬值会越大。也有例外情况，部分资产闲置的时间越长，反而损耗越大。

③资产本身的质量。在相同使用时间和使用强度下，资产本身的质量越高，实体性贬值会越小。

④维修保养程度。资产在使用过程中保养得越好，实体性贬值越小。

（3）功能性贬值。资产的功能性贬值是指由于技术进步引起的资产功能相对落后而造成的资产价值损失，包括由于新工艺、新材料和新技术的采用，使原有资产建造成本超过现行建造成本的超支额以及原有资产超过体现技术进步的同类资产运营成本的超支额。因此，功能性贬值可以体现在两个方面：一是从运营成本角度看，在产出量相等的情形下，评估对象的运营成本要高于同类技术先进的资产；二是从产出能力角度看，在运营成本类似的情形下，评估对象的产出能力要低于同类技术先进的资产。估算功能性贬值时，主要根据资产的效用，生产加工能力，工耗、物耗、能耗水平等功能方面的差异造成的成本增加或效益降低，相应确定功能性贬值额。同时，还要重视技术进步因素，注意替代设备、替代技术、替代产品的影响以及行业技术装备水平现状和资产更新换代速度。

（4）经济性贬值。资产的经济性贬值是指由于外部条件变化引起资产闲置、收益下降等造成的资产价值损失。资产经济性贬值的表现形式有两种：一是资产利用率下降；二是资产的运营收益减少。

2.3.3 成本法基本参数的估算方法

成本法评估资产价值涉及评估对象的重置成本、实体性贬值、功能性贬值和经济性贬值四大要素。成本法中的各种具体方法实际上是基于成本法评估思路，围绕上述四大要素开展的。图 2-2 列示了成本法中基本参数测算的具体方法。

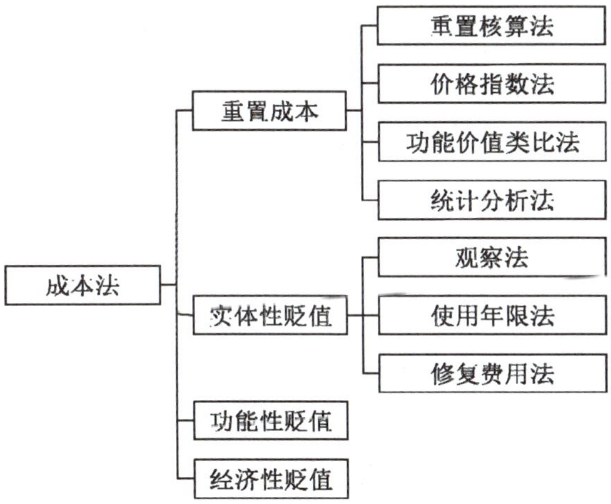

图 2-2　成本法中基本参数测算的具体方法

2.3.3.1 重置成本的估算

本节将对资产重置成本应用较为广泛的重置核算法、价格指数法、功能价值类比法和统计分析法进行介绍。

1. 重置核算法

重置核算法也称细节分析法，是利用成本核算的原理，根据重新取得资产所需的费用项目，逐项计算然后累加得到资产的重置成本。其实际测算过程又具体划分为两种类型，即购买型和自建型。购买型资产的重置成本由资产的买价、运杂费、安装调试费以及其他必要费用构成。自建型资产的重置成本包括重新建造资产所需的料、工、费及必要的资金成本和开发者的合理利润等。资产的重置成本应包括开发者的合理利润，原因在于：第一，重置成本是按现行市场条件下重新购建一项全新资产所支付的全部货币总额，包括资产开发和制造商的合理利润。第二，资产评估旨在了解评估对象在模拟条件下的交易价格，正常情形下，交易价格应该包含开发者或制造者的合理利润部分。资产重置成本中利润部分的确定，应以开发者或制造者所在行业平均资产利润水平为依据。

【例 2-12】重置购建一台设备，现行市场价格为每台 30 000 元，运杂费 1 000 元，直接安装成本 700 元，其中原材料 200 元，人工成本 500 元。安装成本中的间接成本为人工成本的 80%。请估算该机器设备的重置成本。

解：直接成本 = 30 000 + 1 000 + 700 =31 700（元）

间接成本 = 500×80% = 400（元）

重置成本 = 31 700 + 400 = 32 100 （元）

2. 价格指数法

价格指数法是指利用与资产有关的价格变动指数，将评估对象的历史成本（账面原值）调整为重置成本的一种方法。当既无法获得处于全新状态的评估对象现行市价，也无法获得与评估对象相类似的参照物现行市价时，可以利用与资产有关的价格变动指数计算评估对象的重置价值。其计算公式为：

$$\text{重置成本}=\text{账面原值}\times\text{价格指数}$$

或：

$$\text{重置成本}=\text{账面原值}\times(1+\text{价格变动指数})$$

式中，价格指数可以是定基价格指数或环比价格指数。

（1）定基价格指数修正。如果能够获得参照物和评估对象的定基价格变动指数或定基价格指数，价格指数法的公式为：

$$\begin{aligned}\text{重置成本}&=\text{被估资产账面原值}\times\frac{1+\text{评估基准日的定基价格变动指数}}{1+\text{资产构建日的定基价格变动指数}}\\&=\text{被估资产账面原值}\times\frac{\text{评估基准日的定基价格指数}}{\text{资产构建日的定基价格指数}}\end{aligned}$$

（2）环比价格指数修正。如果能够获得参照物和评估对象的环比价格变动指数或环比价格指数，价格指数法的公式为：

$$\begin{aligned}\text{评估值}&=\text{被估资产账面原值}\times\text{被估资产购建日至评估基准日各期}(1+\text{环比价格变动指数})\text{乘积}\\&=\text{被估资产账面原值}\times\text{被估资产购建日至评估基准日各期环比价格指数乘积}\end{aligned}$$

【例 2-13】某评估对象购建于 2022 年，账面原值为 50 000 元，当时该类资产的定基价格指数为 95%，评估基准日该类资产的定基价格指数为 160%，则该类资产的重置成本为多少？

解：重置成本 = 50 000×（160%÷95%）= 84 210.53（元）

又如，某评估对象历史成本（账面原值）为 20 000 元，2018 年建成，2023 年进行评估。已知同类资产环比价格变动指数分别为：2019 年 11.7%，2020 年 17%，2021 年 30.5%，2022 年 6.9%，2023 年 4.8%，则该类资产的重置成本为多少？

解：重置成本 = 20 000×（1+11.7%）×（1+17%）×（1+30.5%）×（1+6.9%）×（1+4.8%）= 38 213.65（元）

需要注意的是，该方法所依据的历史成本应当是原始购置所发生的支出，经评估调整后的价格以及二手交易价格均不能作为该方法使用的依据。

价格指数法与重置核算法是重置成本估算常用的方法，二者的区别在于：

第一，价格指数法估算的重置成本仅考虑了价格变动因素，因而估测的是复原重置成本；重置核算法既考虑了价格因素，也考虑了生产技术进步和劳动生产率的变化因素，故可以用来估算更新重置成本。

第二，价格指数法建立在不同时期的某一种或某类甚至全部资产的物价变动水平基础上；而重置核算法则建立在现行价格水平与购建成本费用核算的基础上。

价格指数法和重置核算法也有其相同点，即二者均是建立在利用历史资料的基础上。

明确价格指数法和重置核算法的区别，有助于在重置成本估算中判断和选择适宜的方法。一项科学技术进步较快的资产，采用价格指数法估算的重置成本往往会偏高。价格指数法通常适用于数量多、价值低的大宗资产的评估。

3. 功能价值类比法

功能价值类比法是指利用某些资产的功能（生产能力）的变化与其价格或重置成本的变化呈某种指数关系或线性关系，通过参照物的价格或重置成本以及功能价值关系估测被评估对象价格或重置成本的技术方法。当资产的功能变化与其价格或重置成本的变化呈线性关系时，功能价值类比法称为生产能力比例法。当资产的功能变化与其价格或重置成本的变化呈非线性关系时，功能价值类比法称为规模经济效益指数法。

（1）生产能力比例法。生产能力比例法应用的前提和假设是资产的成本与其生产能力呈线性关系。评估人员应用这种方法估测重置成本时，首先应该确定资产的成本与其生产能力之间存在线性关系，且呈正比例变化。否则，不可以应用该方法估测资产重置成本。本质上讲，生产能力比例法是寻找一个参照物，根据参照资产的重置成本及参照物与评估对象生产能力的比例，估算评估对象的重置成本。计算公式为：

$$资产重置成本 = 参照物重置成本 \times \frac{资产年产量}{参照物年产量}$$

【例 2-14】某参照物机器设备的重置成本为 30 000 元，年产量为 3 000 件。现知评估对象的年产量为 4 000 件，确定其重置成本。

解：重置成本 = 30 000×（4 000÷3 000）= 40 000（元）

（2）规模经济效益指数法。很多情况下，资产的成本与其生产能力之间不存在线性关系，而是呈一种指数关系，这是规模经济效益作用的结果。此情况下的计算公式为：

$$资产重置成本=参照物重置成本\times\left(\frac{资产年产量}{参照物年产量}\right)^{x}$$

式中的 x 为规模经济效益指数，实践中通常采用经验数据。在美国，这个经验数据一般为 0.4—1.2，该数据也会随着社会经济的发展和行业发展等而发生变化。我国到目前为止尚未有统一的经验数据，评估过程要谨慎使用这种方法。公式中参照物一般可选择同类资产中的标准资产。

【例 2-15】某参照物机器设备的重置成本为 30 000 元，年产量为 3 000 件。现知评估对象的年产量为 6 000 件，该类机器设备的规模经济效益指数为 0.7，确定其重置成本。

解：重置成本 = 30 000×（6 000÷3 000）$^{0.7}$= 48 735（元）

上述三种方法均可用于估测成本法中的重置成本，至于选用哪种方法，应根据具体的评估对象和可以收集到的资料来确定。这些方法对某项资产可能同时都可用，有的则不可以，具体应用时必须注意分析方法运用的前提条件，否则将得出错误的评估结论。

4. 统计分析法

应用成本法对企业整体资产及某相同类型资产进行评估时，为了简化评估业务，节省评估时间，还可以采用统计分析法确定某类资产的重置成本。运用统计分析法的基本步骤有如下几个。

（1）在核实资产数量的基础上，把全部资产按照适当标准划分为若干类别，如房屋建筑物按结构划分为钢结构、钢筋混凝土结构等；机器设备按有关规定划分为专用设备、通用设备、运输设备、仪器、仪表等。

（2）在各类资产中抽样选择适量具有代表性的资产，应用功能价值类比法、价格指数法或重置核算法等方法估算其重置成本。

（3）依据分类抽样估算资产的重置成本与账面历史成本，计算出分类资产的调整系数。

调整系数的计算公式为：

$$K=\frac{R'}{R}$$

式中：K 为资产重置成本与历史成本的调整系数；R' 为某类抽样资产的重置成本；R 为某类抽样资产的历史成本。

根据调整系数 K 估算评估对象的重置成本。计算公式为：

$$评估对象重置成本=\sum 某类资产账面历史成本\times K$$

某类资产账面历史成本可从会计记录中取得。

【例 2-16】评估企业某类通用设备，经抽样选择具有代表性的通用设备 10 台，估算其重置成本之和为 50 万元，而该 5 台具有代表性的通用设备历史成本之和为 40 万元，该类通用设备账面历史成本之和为 800 万元。请估测该类通用设备的重置成本。

解：$K=50\div40=1.25$

该类通用设备重置成本= 800×1.25 = 1 000（万元）

2.3.3.2 实体性贬值的估算

资产的实体性贬值亦称有形损耗，是指资产由于使用及自然力作用导致资产的物理性能损耗或下降而引起的资产价值损失。实体性贬值通常采用相对数计量，即资产实体性贬值率，用公式表示为：

$$实体性贬值率=\frac{实体性贬值额}{重置成本}\times 100\%$$

估算实体性贬值可以采用观察法、使用年限法和修复费用法等方法。

1. 观察法

观察法是指由具有专业知识和丰富经验的工程技术人员，对评估对象实体各主要部位进行现场勘查，并综合分析资产的磨损、维护、修理和物理寿命等因素，将评估对象与其全新状态相比较，判断评估对象的成新率以估算资产的实体性贬值。计算公式为：

实体性贬值额=重置成本×实体性贬值率=重置成本×（1-成新率）

【例 2-17】评估对象于 2022 年 1 月 1 日购进，购置成本为 80 万元。2023 年 12 月 31 日为评估基准日，设备的全新购置价格为 100 万元。经专家鉴定，该设备的成新率为 80%。在不考虑其他因素的条件下，估算设备的实体性贬值额。

解：实体性贬值额=100×（1-80%）= 20（万元）

2. 使用年限法

使用年限法是利用评估对象的实际已使用年限与其全部使用年限的比值来判断其实体贬值率，进而估测资产的实体性贬值。计算公式为：

$$实体性贬值率=\frac{实际已使用年限}{全部使用年限}\times 100\%$$

$$实体性贬值额=重置成本\times 实体性贬值率$$

$$实体性贬值额=重置成本\times\left(\frac{实际已使用年限}{全部使用年限}\times 100\%\right)$$

式中全部使用年限指的是实际已使用年限与尚可使用年限之和。其计算公式为：

全部使用年限=实际已使用年限+尚可使用午限

实际已使用年限=名义已使用年限×资产利用率

尚可使用年限是基于资产的有形损耗情况，预计资产的继续使用年限。名义已使用年限是指资产从购进使用到评估时的年限，可以通过会计记录、资产登记簿、登记卡片查询确定。实际已使用年限是指资产在使用中实际损耗的年限。由于资产在使用过程中负荷程度的影响，评估时需要将名义已使用年限调整为实际已使用年限。实际已使用年限与名义已使用年限的差异，可以通过资产利用率来调整。资产利用率的计算公式为：

$$资产利用率=\frac{截至评估日资产累计实际利用时间}{截至评估日资产累计法定利用时间}\times 100\%$$

当资产利用率>1时，表示资产超负荷运转，资产实际已使用年限长于名义使用年限；

当资产利用率=1时，表示资产满负荷运转，资产实际已使用年限等于名义已使用年限；

当资产利用率<1时，表示开工不足，资产实际已使用年限小于名义已使用年限。

评估实践中，评估人员需要考虑资产开工情形、修理间隔时间和工作班次等情况确定资产利用率。

【例 2-18】某资产于 2013 年 2 月购进，2023 年 2 月评估时，名义已使用年限是 10 年。根据该资产技术指标，在正常使用情形下，每天应工作 8 小时，该资产实际每天工作 7 小时，假设全年按 360 天计算。计算该资产利用率。

解：$资产利用率=\frac{10\times360\times7}{10\times360\times8}\times100\%=87.5\%$

实际已使用年限= $10\times87.5\%=8.75$（年）

由此可确定该资产实际已使用年限为 8.75 年。

在实际评估过程中，部分企业基础管理工作较差，再加上资产运转过程的复杂性，资产利用率的指标其实不容易确定。资产利用率的确定需要评估人员综合分析资产的运转状态，如资产开工情形、大修理间隔时间、材料供应情况、动力供应情形以及是否为季节性生产等诸多因素。

使用年限法的评估技术思路是一种应用较为广泛的评估技术。在资产评估实务中，评估人员还可以利用使用年限法的原理，根据评估对象设计的全部工作量和评估对象已经完成的工作量、评估对象设计行驶的里程等指标，利用使用年限法的技术思路测算资产的实体性贬值。

3. 修复费用法

修复费用法是指利用恢复资产功能所需支出的费用金额来直接估算资产实体性贬值的一种方法。修复费用包括资产主要零部件的更换或者修复、改造、停工损失等费用支出。如果资产可以通过修复恢复到其全新状态，可以认为资产的实体性损耗等于其修复费用。此方法下，实体性贬值率计算公式为：

$$实体性贬值率=\frac{修复费用}{重置成本}\times100\%$$

【例 2-19】某设备的原始价值为 5 万元，须修理后才能正常使用，修理后所带来的收益可以弥补修理费用，若修理费用为 1 万元，重置成本为 4 万元。计算设备的实体性贬值率。

解：$实体性贬值率=\frac{1}{4}\times100\%=25\%$

2.3.3.3 功能性贬值的估算

资产的功能性贬值是指由于技术相对落后造成的贬值。估算功能性贬值时，不仅要考虑资产功能方面的差异造成的成本增加或者效益降低，还要重视技术进步因素，替代设备、替代技术、替代产品的影响以及行业技术装备水平现状和资产更新换代速度。

如前文所述，功能性贬值的形成主要体现在超额运营成本和超额投资成本的增加两个方面。

1. 超额运营成本形成的功能性贬值的估算

超额运营成本是指新型资产运营成本低于陈旧的被评估资产运营成本的差额。估算超额运营成本形成的功能性贬值可以按下列步骤进行：

（1）将评估对象的年运营成本与功能相同但性能更好的新资产的年运营成本进行比较。

（2）计算两者的差异，确定净超额运营成本。由于企业支付的运营成本是在税前扣除，故企业支付的超额运营成本会引致税前利润下降。所得税额降低，使得企业负担的运营成本低于其实际支付额。因此，净超额运营成本是超额运营成本扣除其抵减的所得税后的余额。

（3）预计评估对象的剩余寿命。

（4）将评估对象在剩余寿命内每年的净超额运营成本折现值加总，即可得到评估对象的功能性贬值。

具体计算公式如下：

$$评估对象功能性贬值=\sum(评估对象年净超额运营成本\times折现系数)$$

【例 2-20】已知技术先进的设备比被评估设备不仅生产效率高，而且能够节约工资费用，有关资料及计算结果见表 2-1。

表 2-1　设备资料

项　目	技术先进设备	被评估设备
月产量	20 000 件	20 000 件
单件工资	1.2 元	1.6 元
月工资成本	24 000 元	32 000 元
所得税税率		25%
资产剩余使用年限		5 年
折现率		10%

解：（1）计算该设备年税后工资成本的超额支出：

年工资成本净超额支出=（被评估设备月产量×单件工资-
技术先进设备月产量×单件工资）×12×（1-所得税税率）
=（20 000×1.6－20 000×1.2）×12×（1-25%）=72 000（元）

（2）计算资产剩余使用年限工资成本超额支出的折现值，即被评估设备的功能性贬值额：

$$功能性贬值=年工资成本净超额支出\times(P/A,10\%,5)=72\ 000\times3.790\ 8=272\ 937.6（元）$$

需要注意的是，新老技术设备的对比，除生产效率影响工资成本超额支出以外，原材料消耗、能源消耗以及产品质量等指标都需要全面关注。

2. 超额投资成本形成的功能性贬值的估算

此外，功能性贬值的估算还可以通过对超额投资成本的估算进行，即超额投资成本可视为功能性贬值。其计算公式为：

功能性贬值=复原重置成本-更新重置成本

2.3.3.4 经济性贬值的估算

经济性贬值通常表现为资产利用率的下降和资产运营收益的减少，因此经济性贬值的计算也存在两个途径。当有确切证据表明资产已经存在经济性贬值时，可采用下面两种方法估测其经济性贬值率或经济性贬值额。

1. 间接计算法

该方法主要测算因资产利用率下降所导致的经济性贬值。

（1）当确定评估对象的生产能力与价值呈指数关系时，经济性贬值率计算公式为：

$$经济性贬值率=\left[1-\left(\frac{资产预计可被利用的生产能力}{资产原设计生产能力}\right)^{x}\right]\times 100\%$$

式中，x 为规模经济效益指数。实践中多采用经验数据，数值一般为 0.6—0.7。

（2）当确定评估对象的生产能力与价值呈线性关系时，经济性贬值率计算公式为：

$$经济性贬值率=\left(1-\frac{资产预计可被利用的生产能力}{资产原设计生产能力}\right)\times 100\%$$

2. 直接计算法

该方法主要测算因资产收益额下降所导致的经济性贬值。经济性贬值额计算公式为：

$$经济性贬值额=资产年收益损失额\times(1-所得税税率)\times(P/A，i，n)$$

【例 2-21】被评估生产线的设计生产能力为年产 10 000 件产品，因市场需求结构发生变化，在未来可使用年限内每年产量预计减少 4 000 件左右，假定规模经济效益指数为 0.7。根据上述条件，估测该生产线的经济性贬值率。

$$解：经济性贬值率=\left[1-\left(\frac{10\,000-4\,000}{10\,000}\right)^{0.7}\right]\times 100\%=(1-0.7)\times 100\%=30\%$$

假定每年减少 4 000 件产品，每件产品损失利润 200 元，该生产线尚可继续使用 3 年，企业所在行业的投资回报率为 10%，所得税税率为 25%。根据上述条件，估测该生产线的经济性贬值额。

$$解：经济性贬值额=4\,000\times 200\times(1-25\%)\times(P/A,10\%,3)$$

$$=600\,000\times 2.486\,9=1\,492\,140（元）$$

2.4 资产评估方法的选择

资产评估法第二十六条规定：“资产评估专业人员应当恰当选择评估方法，除依据评估执业准则只能选择一种评估方法的外，应当选择两种以上评估方法，经综合分析，形成评估结论，编制评估报告。”由此，资产评估专业人员恰当选择资产评估方法已上升为法律的要求。恰当选择评估方法是资产评估程序中不可或缺的关键步骤，资产评估程序准则也对资产评估方法的选择和运用做出了原则性规定。

资产评估方法主要包括市场法、收益法和成本法三种基本方法及各种具体的方法。评估方法的选择和运用是从事评估业务的重要环节，也是影响评估结论和评估报告质量的重要因素。对评估方法的选择、运用和披露进行规范，有利于促进资产评估机构和资产评估专业人员在评估执业实践中合理使用评估方法，提高评估执业质量。

2.4.1 评估方法选择的要求

资产评估专业人员在选择资产评估方法时，应当充分考虑影响评估方法选择的因素。这些因素主要包括评估目的、评估价值类型、评估对象、评估方法的适用条件、评估方法应用所依据数据的质量和数量以及影响评估方法选择的其他因素。当满足采用不同评估方法的条件时，资产评估专业人员应当选择两种以上评估方法，通过多种评估方法的综合分析，最终形成评估结论。评估方法选择的要求包括以下几个。

1. 应当与评估目的和评估价值类型相适应

评估方法作为获得特定资产价值的技术方法，需要与评估价值类型相适应。评估价值类型说明评什么，是对评估价值质的规定，具有排他性和对评估方法的约束性；评估方法说明如何评，是对评估价值量的规定，具有多样性和替代性，且服务于评估价值类型。评估价值类型的准确性和评估方法的科学性以及两者的匹配是评估价值科学有效的保证。

2. 应当与评估对象的类型和现实状态相适应

不同评估方法的条件要求和程序要求存在较大的差异。比如，收益法主要适用于持续使用前提下的资产评估，并且评估对象具有预期获利能力，资产运营相关的风险能够估测；市场法要求有一个完善的公开交易市场，公开交易市场上具有可比的交易案例，且评估对象与可比案例的价值影响因素差异可以合理比较和量化。成本法要求被评估资产将继续使用下去，且资产的重置成本及各种贬值因素能够估测。这就要求资产评估专业人员充分分析评估对象的类型和现实状态，考虑各种评估方法的适用性和局限性，恰当选择评估方法，避免在评估对象不具备合理条件的情况下滥用评估方法，得出错误的评估结论。

3. 应当与资料收集情况相适应

评估方法的应用会涉及若干特定的数据、指标和参数，只有评估过程中所收集的资料和确定的依据可靠、合理、有效、充分时，才能保证评估结果的合理性。在评估实践中，如果条件的制约导致某种评估方法所需资料的数量和质量达不到要求，资产评估专业人员则应当考虑采用其他替代方法进行评估。

2.4.2 可以采用一种评估方法的情形

根据《资产评估执业准则——资产评估方法》规定，在评估实践中，当存在下列情形时，可以采用一种评估方法：

（1）基于相关法律、行政法规和财政部门规章的规定。

（2）评估对象仅满足一种评估方法的适用条件时。

（3）因操作条件限制而采用一种评估方法。操作条件限制是资产评估行业通常的执业方式普遍无法排除的，而不得以个别资产评估机构或者个别资产评估专业人员的操作能力和条件作为判断标准。

2.4.3 评估方法选择的披露

资产评估专业人员应该在资产评估报告中对资产评估方法的选择及其理由进行披露，因适用性受限而选择一种评估方法的，应当在资产评估报告中披露其他基本评估方法不适用的原因；因操作条件受限而选择一种评估方法的，应当对所受的操作条件限制进行分析、说明和披露。

本章小结

本章介绍了资产评估的市场法、收益法和成本法三大方法体系及方法选择，重点从每个方法的概念、应用的前提条件、基本步骤和相关参数、具体方法应用等方面进行阐述。其中，市场法是指通过被评估资产与可比参照物的差异比较，以可比参照物的市场价格为基础调整确定评估对象价值的评估方法的总称。市场法的应用需要满足具有活跃的公开交易市场和相关交易信息可以收集到两个前提条件。市场法常用的方法包括现行市价法、市价折扣法、功能价值类比法、价格指数法、成新率价格调整法和市场售价类比法。收益法是通过将被评估资产的预期收益资本化或者折现，以确定其价值的各种评估方法的总称。收益法包括收益额、折现率和收益期限三大参数，该方法能否应用取决于这三大参数能否科学合理地预测和估计。针对评估对象未来预期收益和预期收益额的情况，分别采用不同的计算公式估测资产价值。成本法是指按照重建或者重置评估对象的思路，将重建或者重置成本作为确定评估对象价值的基础，扣除相关贬值，确定评估对象价值的评估方法的总称。评估对象能够继续使用、评估对象能够通过重置途径获得、评估对象的重置成本以及相关贬值能够合理估算是应用成本法的基本前提。成本法包括重置成本、实体性贬值、功能性贬值和经济性贬值四个参数，其中重置成本的估测可以采用重置核算法、价格指数法、功能价值类比法和统计分析法等方法；实体性贬值的估算可以采用观察法、使用年限法和修复费用法等方法。功能性贬值可以从超额运营成本和超额投资成本的增加两个方面加以估测。经济性贬值可以根据资产利用率的下降和资产运营收益的减少两个途径进行估测。

基本概念

评估方法　市场法　收益法　成本法　预期收益　折现率　资本化率　现行市价法　市价折扣法　功能价值类比法　价格指数法　成新率价格调整法　市场售价类比法　重置成本　复原重置成本　更新重置成本　实体性贬值　功能性贬值　经济性贬值　重置核算法　统计分析法　观察法　使用年限法　修复费用法

即测即评

1. 单项选择题

（1）市场法中交易情况修正是将参照物的交易价格修正为（　　）。

A. 评估基准日的价格　　B. 正常交易情况价格

C. 评估对象区域特征下的价格　　D. 评估对象自身状况下的价格

（2）运用市场法时选择 3 个或 3 个以上的参照物的目的是（　　）。

A. 使参照物具有可比性　　B. 便于计算

C. 排除参照物个别交易的偶然性　　D. 避免张冠李戴

（3）对某通用设备进行评估，其成新率为 50%，评估人员在市场上寻找到参照通用设备，市场成交价格为 6 万元，其实体贬值率为 30%，该通用设备的评估值最接近于（　　）万元。

A. 4.3　　B. 6　　C. 8.4　　D. 10

（4）用市场法评估资产的正常变现价值时，应当参照相同或类似资产的（　　）。

A. 重置成本　　B. 市场价格　　C. 清算价格　　D. 收益现值

（5）在现行市价法下，可上市流通的股票的评估值可以按其（　　）确定。

A. 评估基准日的开盘价　　B. 评估基准日的收盘价

C. 过去十日内平均成交价　　D. 当日成交价

（6）某企业经资产评估专业人员测定，其未来 5 年的预期收益分别为 100 万元、120 万元、100 万元、130 万元和 160 万元，并且在第 6 年之后的收益将保持在 200 万元不变，资本化率和折现率均为 10%，则该企业的评估值最接近于（　　）万元。

A. 1 241　　B. 1 541　　C. 1 695　　D. 2 472

（7）折现率本质上是（　　）。

A. 期望投资回报率　B. 无风险报酬率　　C. 超额收益率　　D. 风险报酬率

（8）某资产可以持续使用，年收益额为 50 万元，适用本金化率为 20%，则其评估值为（　　）万元。

A. 200　　B. 250　　C. 300　　D. 350

（9）实体性贬值率与实体成新率的关系为（　　）。

A. 实体性贬值率与实体成新率之和为 1　　B. 实体性贬值率与实体成新率之差为 1

C. 实体性贬值率与实体成新率之积为 1　　D. 二者没有联系

（10）更新重置成本是指重新构建与评估资产（　　）相同的全新资产所花费的成本。

A. 完全相同　　B. 功能相同　　C. 新旧程度相同　　D. 设计相同

2. 多项选择题

（1）应用市场法进行资产评估必须具备的前提条件有（　　）。

A. 需要一个充分发育活跃的资本市场

B．必须具备参照物
C．可以收集到被评估资产与参照物可以比较的指标和技术参数
D．必须有与被评估资产相同或者类似的全新资产
E．参照物与被评估资产的功能相同

（2）收益法涉及的基本要素包括（　　）。
A．被评估资产的实际收益　　B．被评估资产的预期收益
C．折现率或者资本化率　　D．被评估资产的总使用年限
E．被评估资产的预期获利年限

（3）运用收益法评估资产价值时，要求资产的收益额应该是资产的（　　）。
A．历史收益额　　B．未来预期收益额
C．现实收益额　　D．实际收益额
E．客观收益额

（4）收益法中的具体方法通常是按照（　　）划分的。
A．预期收益年限　　B．预期收益额的形式
C．预期收益额数量　　D．折现率的高低
E．折现率的构成

（5）构成折现率的因素包括（　　）。
A．超额收益率　　B．无风险报酬率
C．风险报酬率　　D．价格变动率
E．平均收益率

（6）成本法涉及的基本要素包括（　　）。
A．资产的重置成本　　B．资产的有形损耗
C．资产的功能性贬值　　D．资产的经济性贬值
E．资产的获利年限

（7）一般情况下，资产的实体性贬值的估测方法通常有（　　）。
A．使用年限法　　B．修复费用法
C．观察法　　D．统计分析法
E．价格指数法

（8）造成资产经济性贬值的主要原因有（　　）。
A．该资产技术落后　　B．该资产生产的产品需求减少
C．社会劳动生产率提高　　D．自然力作用加剧
E．政府公布淘汰该类资产的时间表

（9）下列关于折现率与资本化率关系的说法中，正确的有（　　）。
A．折现率和资本化率在数值上可能相同
B．折现率和资本化率都反映无风险报酬率和风险报酬率
C．资本化率是将未来有限期的预期收益转化成现值的比率
D．折现率是将未来永续性的预期收益折算为现值的比率
E．折现率与资本化率在本质上都是回报率

（10）资产评估专业人员在选择资产评估方法时，需要考虑的因素主要包括（　　）。

A．评估价值类型　　B．评估目的

C．评估程序繁简程度　　D．评估对象

E．评估资料收集情况

课后思考题

1．描述市场法、收益法和成本法的评估思路及应用的前提条件。

2．运用市场法评估资产包括哪些程序？

3．市场法有哪些常用的具体方法？

4．收益法包括哪些要素？

5．折现率就是资本化率吗？为什么？

6．成本法包括哪些要素？

7．重置成本常用的估测方法有哪些？实体性贬值常用的估测方法有哪些？

8．什么叫功能性贬值？什么叫经济性贬值？

9．阐述复原重置成本和更新重置成本的区别。

10．资产评估方法选择的要求包括哪些？

业务练习题

1．参照资产 A 与评估对象仅在时间因素方面存在差异，参照资产 A 在 2023 年 1 月初的正常交易价格为 10 万元，该类资产的价格变化情形为：2023 年 1—7 月的环比价格指数分别为 102.3%、98.6%、104.8%、101.5%、102.9%、103.7%，运用价格指数法估测评估对象在 2023 年 7 月初的价值。

2．甲公司待评估资产为一台机器设备，年生产能力为 300 吨。评估基准日为 2023 年 7 月 1 日。评估人员收集的信息有：（1）从市场上收集到一个类似设备近期交易案例，该设备的年生产能力为 400 吨，市场成交价格为 300 万元；（2）待评估设备与收集的参照设备相比，除了生产能力指标存在差异外，从参照设备成交日到评估基准日之间，该类设备的市场价格上涨了 5%，其他条件基本相同。请估测该设备的价值。

3．评估轿车甲时，资产评估师从市场上获得的参照轿车乙在型号、购置年限、发动机、底盘及各主要系统等方面的状况与轿车甲基本相同，区别在于：轿车甲加装了倒车雷达，原价为 2 000 元，市场现价为 1 000 元，已经使用了 2 年，尚可使用 3 年；轿车乙右后灯破损需要更换，更换费用为 300 元；轿车乙加装了 CD 音响一套，原价为 5 000 元，市场现价为 3 500 元，已经使用了 3 年，尚可使用 3 年。轿车乙的市场现价为 125 500 元，根据参照轿车乙估算轿车甲的价值。

4．评估对象在未来5年内的预期收益分别为20万元、22万元、24万元、25万元和26万元，资产从第6年到第10年每年的收益均保持在27万元，第10年年末资产拟转让，变现价约为120万元，假设折现率为10%。用收益法估测被评估资产的价值。

5．企业进行股份制改组，根据企业过去经营状况和未来市场形势，预测其未来5年的收益额分别为130万元、140万元、110万元、120万元和150万元。第6年以后每年的收益为160万元。根据银行利率及经营风险情况确定其折现率和资本化率分别为10%和11%。请确定该企业的评估值。

6．某项被评估资产需用10名工人进行操作，而同类先进设备只需要5名工人，据统计每名工人年工资福利等共约12 000元，据测算该被评估资产尚可使用5年，适用折现率为10%，该企业所得税税率为25%。请估测该设备的功能性贬值额。

7．被评估资产为宏远公司的A生产线，该生产线的生产能力为每年生产20 000台产品，因疫情影响，市场需求结构发生变化，在未来可使用年限内，每年产量估计要减少5 000台，每台产品损失利润120元，该生产线尚可继续使用3年，公司所在行业的投资回报率为10%，该企业所得税税率为25%。假定规模经济效益指数为0.6。要求：

（1）根据上述资料判断该生产线发生何种贬值，并说明理由。

（2）计算A生产线的贬值率。

（3）计算A生产线的贬值额。

8．评估对象为天宇公司2020年购进的一条生产线。账面原值为200万元，2023年进行评估。经调查分析确定，该生产线的价格每年比上一年增长11%，据估计，该资产还可使用7年，又知道目前市场上已经出现功能更先进的资产，并被普遍应用，新设备与评估对象相比，可节省3人，每人的月工资为2 650元。此外，由于市场竞争加剧，致使该设备开工不足，由此造成收益损失额每年为20万元，该企业所得税税率为25%，投资回报率为10%。根据上述资料，采用成本法对该资产进行评估。

第 3 章　机器设备评估

学习目标

知识目标	能力目标	思政育人目标
1．了解机器设备的概念，熟悉机器设备评估的特点； 2．熟悉机器设备分类的标准和方法； 3．理解并掌握影响机器设备评估值的因素； 4．重点掌握成本法在机器设备评估中的具体应用，掌握机器设备的重置成本、实体性贬值、功能性贬值、经济性贬值的估算方法； 5．掌握市场法在机器设备评估中的应用； 6．掌握收益法在机器设备评估中的应用	1．正确认识机器设备评估的特点； 2．能正确运用机器设备分类方法对机器设备进行分类； 3．学会运用市场法、成本法、收益法评估机器设备	1．培养学生对科学技术发展的憧憬，感知新技术、新材料、新工艺运用所带来的资产价值提升，培养学生科技报国的家国情怀和使命担当； 2．通过机器设备贬值内容的学习，激发大家节约能源、保护环境的意识，在具体评估中要坚持客观、独立、公平、公正原则，对资产价值做出客观合理的评定和测算

章节导言

本章首先对机器设备的评估进行总体描述，介绍了机器设备的概念、特点、分类评估特点和评估程序，并且对机器设备评估中常用的成本法、市场法和收益法进行了介绍。学完本章后，学生应掌握机器设备评估有哪些基本方法，每种方法的基本思路是什么，评估人员根据什么来选择最匹配的评估方法以及机器设备评估的各种方法如何具体操作。

3.1　概　述

3.1.1　机器设备的概念

机器设备是指一台、一套或一组由金属及其他材料制成，由若干零部件装配起来的，在一种或几种动力驱动下，能够完成生产、加工、化学反应、运行等功能或效用的装置，泛指所有代替人类体力劳动或辅助人类智力劳动的人造物。

《国际评估准则》对机器设备的描述为：设备、机器和装备，即用来为所有者提供收益的不动产以外的有形资产。其中，设备包括特殊的非永久性建筑物、机器和仪器在内的组合资产。机器包括单独的机器和机器的组合，是指使用或应用机器动力的器械装置，由具有特定功能的结构组成，用以完成一定的工作。装备是指用以支持企业功能的附属性资产。

从资产评估的角度来看，作为评估对象的机器设备是广义的概念，即除了金属切削设备（机床）、内燃机、金属熔炼设备、金属锻压加工设备、压力容器、锅炉、起重机械、运输设备（主要是汽车）等常见的机器设备外，还包括人们根据声、光、电技术制造的电气设备、电子设备、仪器仪表和装备等。除了单台设备外，还包括为了实现特定的功能，由若干独立单台设备组成的设备组合。就其组成来看，一般必须有外界输入的能量的动力部分、履行机器功能的工作部分、介于原动部分和工作部分之间的传动部分以及控制部分。

3.1.2 机器设备的分类

1. 按照国家固定资产分类标准分类

国家质量监督检验检疫总局于 2011 年 1 月 10 日批准发布的《固定资产分类与代码》（GB/T 14885—2010），被视为我国现行的机器设备分类的国家标准，具体是按资产的属性分类，并且兼顾行业管理的需要，其中七类为设备，具体分类如下。

（1）通用设备。锅炉及原动机、金属加工设备、起重设备、输送设备、给料设备、装卸设备、泵、风机、气体压缩机、气体分离及液化设备、制冷空调设备、真空获得及其应用设备、分离及干燥设备、减速机及传动装置、金属表面处理设备、包装及气动工具等通用设备。

（2）专用设备。探矿、采矿、选矿设备；炼焦和金属冶炼轧制设备；炼油、化工、橡胶及塑料设备；电力工业专用设备；非金属矿物制品工业专用设备；核工业专用设备；航空航天工业专用设备；兵器工业专用设备；工程机械；农业和林业机械；畜牧和渔业机械；木材采集和加工设备；食品工业专用设备；饮料加工设备；烟草加工设备；粮油作物和烟草加工设备；纺织设备；缝纫、服饰、制革和毛皮加工设备；造纸和印刷机械；化学药品和中成药制炼设备；医疗器械；其他行业专用设备；武器装备。

（3）交通运输设备。铁路运输设备；汽车、电车（含地铁车辆）、摩托车及非机动车辆；水上交通运输设备；飞机及其配套设备；工矿车辆。

（4）电气设备。电机；变压器、整流器、电抗器和电容器；生产辅助用电器；生活用电器和照明设备；电器机械设备；电工、电子专用生产设备。

（5）电子产品及通信设备。雷达和无线电导航设备；通信设备；广播电视设备；电子计算机及其外围设备。

（6）仪器仪表、计量标准器具及量具、衡器。仪器仪表；电子和通信测量仪器；专用仪器仪表；计量标准器具及量具、衡器等。

（7）文艺体育设备。文艺设备、体育设备、娱乐设备。

2. 按照现行会计制度规定分类

按照我国现行会计制度，机器设备根据其使用性质可分为以下六类。

（1）生产经营用机器设备。它是指直接为生产经营服务的机器设备，包括生产工艺设备、辅助生产设备、动力能源设备等。

（2）非生产经营用机器设备。它是指在企业所属的福利部门、教育部门等非生产部门使用的设备。

（3）租用机器设备。它是指企业出租给其他单位使用的机器设备，通常指经营性租赁。

（4）未使用机器设备。它是指企业未投入使用的新设备、库存的正常周转用设备、正在修理改造未投入使用的机器设备等。

（5）不需用机器设备。它是指已不适合本单位使用，待处理的机器设备。

（6）融资租入机器设备。它是指企业以融资租赁方式租入的机器设备，不同于一般租赁的设备对承租方而言只有使用权，融资租入机器设备在融资租赁期满并付清租赁费后，所有权可完全归承租方，即便在评估时租期未满、租赁费未付完，只要合同继续有效，融资租赁方也对该设备拥有相应部分的产权。因此，融资租赁方式实际是一种分期付款的商业信用型的设备购买方式，有关设备是全部或部分属于企业的资产。

3．按照其在再生产中的作用分类

（1）生产工艺类设备。它是指生产加工类企业的主力设备，它直接改变产品原材料的物理状况或化学性能，使其成为半成品或产成品。例如，机械加工设备中的车、铣、锻、镗、刨、磨、拉床等。

（2）辅助生产设备。它是指保护生产工艺设备完成生产任务的二线设备。譬如，空气压缩机、蒸汽锅炉、水泵、变压器等供风、供热、供水、供电设备。

（3）服务设备。例如通信设备、计算机、测试用仪器、仪表等。

4．按照机器设备的组合程度分类

机器设备在使用中通常将不同功用的设备进行分配组合，以完成某种生产工艺活动。按照其组合方式和程度划分，可以分为以下类别：

（1）单台设备（独立设备）；

（2）成套设备，又可分为机组（如组合机床、柴油发电机等）和生产线（由若干不同设备按生产工艺过程依次排序联结，形成一个完成全部或主要生产过程的机器体系，如合成氨成套设备、胶合板生产线等）。

注意，在进行资产评估时，单台设备和成套设备发挥作用的形式可能不同，评估时对于单台设备较为注重设备自身的获利能力，对于整体资产则可能更多强调其整体的获利能力，因此按照设备的组合程度对设备进行分类，有助于更好地进行资产评估。

5．按照机器设备的来源分类

机器设备按照来源分类，通常可分为自制设备和外购设备两种，后者又可分为国内购置设备和国外引进设备。

机器设备还有很多种分类方式，在此不一一列举。需要注意的是，上述分类并不独立存在，分类间可以有不同程度的关联，譬如外购设备可以是通用设备，或是专用设备；成套设备可以是自制或外购的，因此评估人员在资产评估中应根据评估目的、评估要求和评估对象的特点，选择适合的分类方法，灵活进行分类处理。

3.1.3 机器设备评估及其特点

机器设备评估是指资产评估专业人员依据相关法律、法规和资产评估准则，对单独的机

器设备或者作为企业资产组成部分的机器设备的价值进行分析、估算并发表专业意见的行为和过程。

1. 以单台、单件为评估对象

由于机器设备数量多、单价高、规格复杂、情况各异，所以为保证评估的真实性和准确性，客观上要求把机器设备作为单项独立评估对象进行评估，一般来说，应该逐台、逐件进行评估。

2. 以技术检测为评估基础

一方面，机器设备本身是一类技术含量较高的资产，自身蕴含的技术含量可以直接影响机器设备评估价值的高低，而技术检测是确定机器设备技术含量的重要手段。另一方面，机器设备使用时间长，工程技术性强，且又处于不断磨损过程中，磨损程度的大小又因机器设备使用、维修、保养等状况的不同造成一定的差异，因此，在评估时通常需要借助技术检测来判断机器设备的磨损状况，以评定机器设备的技术水平、实物状态和评估价值。

3. 针对不同设备特性采用不同的评估方法

作为固定资产的机器设备由于多次反复进入生产过程，实物状态与功能处于变化中，从而影响评估的因素十分复杂，物价、费用、尚可使用年限、成新率、国家经济政策、市场供需等情况均会对评估值产生一定的影响。此外，机器设备种类繁多，各类设备单台价值、经济寿命、性能千差万别，评估时不宜采用单一的评估方法，应对不同的机器设备选用不同的方法进行评估，即便是同一设备在条件许可的情况下也应选用不同的方法进行评估，以验证评估结果的准确性。

4. 要考虑被评估机器设备的存在形式、使用状态及使用方式

被评估机器设备在评估时是以单台、单件作为评估对象还是以整体资产中的要素资产作为评估对象，在评估时所处的状态或评估时所假设或依据的状态，是正在使用状态、最佳使用状态还是闲置状态，是按机器设备在评估基准日正在使用的方式继续使用下去，还是改变目前的使用方式换作其他方式继续使用下去，或是被移到异地继续使用，均直接影响机器设备的评估值。

5. 机器设备所包含的技术性无形资产应酌情考虑统一评估或分别评估

比较复杂或先进的机器设备，特别是成套设备、机组、检测设备等，其功能的正常发挥还需要有专利、专有技术或计算机软件等技术类无形资产的支持。一般来说，在无法将单台设备中包含的无形资产严格区分出来的情况下，可以将这些无形资产包含在设备价值中一起评估。而成套设备、机组和复杂的检测设备中含有的专用无形资产可分离时，也可考虑将设备与无形资产分开评估。

6. 与土地及建筑物不可分离的机器设备的评估

与土地及建筑物不可分离的机器设备，即分离机器设备会严重影响土地及建筑物使用价值和价值的，可将机器设备放到土地、建筑物中一并进行评估，如建筑物中的电梯、水、电、气、通信等机器设备。

7. 合理确定被评估机器设备贬值因素

机器设备的贬值因素比较复杂，包括实体性贬值、功能性贬值和经济性贬值。这些贬值因素在评估中应考虑全面，准确地予以计量。同时，技术的更新换代，国家有关的能源、环保政策，市场经济的状况等都可能影响机器设备的评估值。

3.1.4 机器设备评估的程序

机器设备评估的程序是指机器设备评估的过程或步骤。机器设备评估作为一种重要的专业评估领域，情况复杂，作业量大，在进行评估时应分步骤、分阶段实施，一般而言大致包括以下几个阶段。

1. 明确评估基本事项阶段

进行机器设备评估，首先，应了解机器设备评估结论的用途，明确评估目的。其次，要根据机器设备的预期用途，明确评估假设，机器设备评估的一般假设包括继续使用或者变现、原地使用或者移地使用、现行用途使用或者改变用途使用，应充分考虑上述假设对其价值产生的影响。最后，要根据评估目的、评估假设等条件，明确评估范围是否包括设备的安装、基础、附属设施，是否包括软件、技术服务、技术资料等无形资产。对于附属于不动产的机器设备，还需要合理划分不动产与机器设备的评估范围，避免重复或者遗漏。

2. 评估准备阶段

评估准备阶段的主要任务是收集整理有关资料和数据，具体包括以下 3 项。

（1）要求委托方填写和准备与评估事项有关的资料与文件。资产评估师首先要求委托方对委托评估的机器设备进行自查，查实机器设备的数量，做到账实相符。在此基础上，填写机器设备评估申报表，提供租出及融资租赁机器设备的合同、证明，新购设备、重点设备的购货合同、发票及运输、安装调试费用的收据，以及其他必要的经济技术资料。

（2）收集评估中所需数据资料。机器设备评估除委托方提供的资料外，在评估准备阶段应广泛地收集与评估工作有关的数据资料，包括机器设备的成本、市场价格、技术等资料，以及对机器设备价格产生影响的利率、税率、汇率等资料，这对于提高评估工作的效率十分重要。通常资料可通过市场调查或评估人员现场勘查获得。

（3）制订评估方案，落实人员安排，设计评估技术路线。

3. 现场勘查阶段

（1）清查核实评估对象。清查核实评估对象应根据委托方提供的机器设备评估申报表，通过核对企业的账面记录和盘点实物两个方面对评估对象进行核对，要尽可能对所有申报评估的机器设备逐台（件）核实。对数量较多的成批同型号设备可采用抽查的办法，以落实评估对象。要特别注意对未进账的机器设备、已摊销完设备、租入和租出设备、建筑附属设备的清查核实，避免重复评估或者漏评。因客观原因等因素限制而无法实施现场调查的，应当采取适当措施加以判断，并予以恰当披露。

（2）对待评估设备进行分类。当被评估设备种类、数量较多时，为突出重点以及发挥具有专长的评估人员的作用，可对待评估设备进行必要的分类。一种分类方法是依据设备的重要性划分，如用 ABC 划分法，把单位价值大的重要设备作为 A 类，把单位价值小且数量较多的设备作为 C 类，把介于 A 类和 C 类之间的设备作为 B 类。根据委托方对评估的时间要求，对 A、B、C 三类设备投入不同的力量进行评估。另一种分类方法可依据设备的性质将其分为通用设备和专用设备，以便有效地收集数据资料、合理地配备评估人员。

（3）设备鉴定。对设备进行鉴定是现场工作的重点，该鉴定包括对设备的技术状况、使用情况、质量以及磨损程度等进行鉴定。设备的生产厂家、出厂日期、设备负荷和维修情况等是进行鉴定的基本素材。

一是设备技术状况的鉴定。主要是对设备满足生产工艺的程度、生产精度和废品率，以及各种消耗和污染情况的鉴定，判断设备是否有技术过时和功能落后的情况存在。

二是对设备使用情况的鉴定。主要了解设备是处于在用状态还是闲置状态，使用中的设备的运行参数、故障率、零配件保证率，设备限制的原因和维护情况等。

三是对设备质量进行鉴定。了解的内容包括设备的制造质量、设备所处环境、条件对设备质量的影响，设备现时的完整性、外观和内部结构情况等。

四是对设备磨损程度的鉴定。应了解和掌握设备的有形损耗，如锈蚀、损伤、精度下降，以及无形损耗，如功能不足及功能过剩等。

现场工作要有完整的工作记录，特别是设备的鉴定工作更要有详细的鉴定记录。这些记录是评估机器设备价值的重要数据，也是工作底稿的重要组成部分。

4. 确定设备评估经济技术参数阶段

根据评估目的和评估项目对评估价值类型的要求，以及评估所选择的途径和方法，科学合理地确定评估所需要的各类经济技术参数。评估所需的经济技术参数不仅要在性质上与评估目的、评估价值类型、评估的假设前提保持一致，而且在量上也要合理确定。另外，产权受到某种限制的设备，包括已抵押或作为担保品的设备、将要强制报废的设备等，其有关数据资料要单独处理。

5. 评定估算阶段

在该阶段，评估人员根据评估目的、评估价值类型的要求，以及评估时的各种条件，选择适宜的评估途径及方法，运用恰当的经济技术参数对评估设备的价值进行评定估算。在评定估算过程中，评估人员要始终使评估目的、评估价值类型、评估假设前提、评估参数与评估结果保持内在联系，应尽可能选择高效、直接的评估途径和方法，使机器设备评估实现快速、合理、低成本、低风险。

6. 撰写评估报告及评估说明阶段

评估人员按照当前有关部门及行业管理组织对评估报告撰写的要求，在评定估算过程结束之后，应整理评估工作底稿，及时撰写评估报告和评估说明。

7. 评估报告的审核和报出阶段

评估报告完成以后，应有必要的审核，包括复核人的审核、项目负责人的审核和评估机构负责人的审核。在三级审核确认评估报告无重大纰漏后，再将评估报告送达委托方及有关部门。

3.1.5 机器设备评估方法的适用性

1．成本法的适用范围

成本法主要适用于继续使用前提下不具备独立获利能力的单台（件）设备。

在非继续使用前提下，若待估设备无市场参照物，也可使用成本法。

2．市场法的适用范围

市价法主要适用于单项设备的变现价或交易，但须注意市场前提和可比前提。

3．收益法的适用范围

收益法主要适用于可单独核算收益的生产流水线（成套设备）。

总之，须根据设备的使用状态、可获得的资料以及设备本身的特点选择最适宜的评估方法。

3.2　机器设备评估的成本法

机器设备评估的成本法，是指通过估算全新机器设备的重置成本，减去机器设备的各种贬值，即实体性贬值、功能性贬值和经济性贬值，以确定机器设备价值的一种方法，其计算公式为：

评估值=重置成本-实体性贬值-功能性贬值-经济性贬值

3.2.1 机器设备重置成本的测算

机器设备的重置成本是指按现行价格购建与被评估机器设备相同或相似的全新设备所需的成本，可分为复原重置成本和更新重置成本。复原重置成本是指按现行的价格购建一台实际上完全相同的设备所需的成本。更新重置成本则是指按现行的价格购建一台无论何种类型，但能提供同样服务和功能的新设备替代现有设备所需的成本。评估时通常技术进步因素对机器设备价格影响较大以及被评估设备已停产等情况下宜选择更新重置成本，如果是技术进步较慢或是刚购建的设备以及自制非标设备等情形下宜选择复原重置成本。

机器设备的重置成本包括购置或购建设备所发生的必要的、合理的直接成本、间接成本和因资金占用所发生的资金成本等。其中，直接成本是指设备的购置价或建造价，它构成设备重置成本的基础。设备的运杂费、安装调试费、基础费和必要的配套装置费也构成设备的直接成本。对于进口设备，直接成本还包括进口关税、银行手续费等有关税费；间接成本通常是指为购置、建造机器设备而发生的各种管理费用、设计费、工程监理费、保险费等。直接成本与每台机器设备直接对应，间接成本与资金成本有时不能对应到每一台设备上，它们是为整个项目发生的，在计算每一台设备的重置成本时一般按比例摊销。

机器设备取得的方式和渠道会直接影响其重置成本的构成。机器设备按照取得的方式可分为自制设备和外购设备，外购设备的重置成本包括设备自身的购置价格、运杂费和安装调试费等，如果是外购进口设备，还包括设备进口时的有关税费，如境外途中保险费、境外运杂费、进口关税、增值税、消费税、银行及其他手续费等。下面即按照自制设备、外购国产设备和外购进口设备分别阐述重置成本的测算方法。

3.2.1.1 自制设备重置成本的测算

自制设备通常是根据企业自身的特定需要，自行设计并建造或委托加工建造的设备。自制设备重置成本的测算通常采用重置核算法，即根据机器设备建造时所消耗的材料、工时及其他费用，按现行价格或费用标准计算设备现行的建造费用及安装调试费用，再加上合理的利息、利润来确定被评估机器设备的重置成本。自制设备的重置成本主要包括制造成本和相配比的期间费用（如应分摊的管理费用和财务费用）、大型设备的合理制造利润、其他必要的合理费用（如设计、论证等前期费用）以及安装调试费等。

自制设备可分为标准设备和非标准设备。标准设备的重置成本可参考专业生产厂家的标准设备的现行市场价格。由于自制的标准设备的质量一般不会高于专业生产厂家所生产的标准设备的质量，其重置全价应低于市场价格。自制非标准设备的市场价格资料一般难以获得，故经常采用重置核算法来计算其重置成本。如果以原来的材料、工艺重新制造同类型的设备，则计算得到的是复原重置成本；如果以新材料和新工艺重新制造同类设备，则计算得到的是更新重置成本。

【例 3-1】某企业一台自制设备成本为 50 万元，其中钢材占 40%，铸铁占 20%，人工费占 30%，管理费占 10%。按现行技术条件更新自制设备，钢材和铸铁均可节约 20%，人工费节省 10%。通过市场调查得知，自制设备自制造以来，钢材价格上升 80%，铸铁价格上升 50%，工时成本上升 100%，管理费按工时分摊的额度上升 40%。试计算该自制设备的重置成本。

钢材：50×40%×（1−20%）×（1+80%）=28.8（万元）

铸铁：50×20%×（1−20%）×（1+50%）=12（万元）

材料成本：28.8+12=40.8（万元）

人工成本：50×30%×（1−10%）×（1+100%）=27（万元）

管理费用：50×10%×（1−10%）×（1+40%）=6.3（万元）

该自制设备的更新重置成本 =40.8+27+6.3=74.1（万元）

3.2.1.2 外购国产设备重置成本的测算

外购国产设备是指企业购置的由国内厂家生产的各种通用设备及专用设备，其重置成本的测算应根据不同的情况采取相应的方法。

1. 重置核算法

对于能够取得设备现行购置价格的机器设备，可采取重置核算法确定被评估机器设备的重置成本。该方法通过市场调查从生产厂家或销售部门取得设备购买价格或建造费，在此基础上加上合理的运杂费、安装调试费及其他费用估测被评估机器设备的重置成本。由于市场价格的多样性，制造商与销售商不同，机器设备的售价可能是不同的。根据设备现行购买价格的替代性原则，在同等条件下，评估人员应该选择可能获得的最低售价。如果设备安装调试周期较长，则需要考虑设备购置所占用的资金成本。用购置设备所花费的全部资金总额乘现行相应期限的银行贷款利率计算出设备的资金成本。设备的运杂费、安装费、基础费等可以按下列方法估算：设备的运杂费一般可以根据设备的重量、体积、运输距离、运输方式确定，计费标准可以向有关运输部门，如铁路、公路、船运、航空等部门查询得到。对于设备的基础费、安装费，评估人员可以通过逐项估算基础和安装工程的人工费、材料费、机械费等来确定。对于一些大型工业企业，由于设备的数量较多，为了提高工作效率，评估人员有时按机器设备购置价的一定比例来计算设备的运杂费、基础费、安装费。

外购单台不需安装的国内设备重置成本，其计算公式为：

$$重置成本=全新设备基准日的公开市场成交价格+运杂费$$

或

$$重置成本=全新设备基准日的公开市场成交价格\times（1+运杂费率）$$

国产设备的运杂费是从生产厂家到安装使用地点所发生的装卸、运输、采购、保管、保险及其他有关费用。其计算方式有两种：一是根据设备的生产地点、使用地点以及重量、体积、运输方式，根据相应部门的运费计费标准计算得出；二是按照设备本体重置成本的一定比率计算得出。如需安装，则再加上安装调试费，即设备的安装工程所发生的所有人工费、材料费、机械费等费用。设备安装费也可以用设备的安装费率计算。设备安装费率按所在行业概算指标中规定的费率计算。

【例 3-2】某企业 2017 年购入一台设备，账面原值为 140 000 元，2023 年进行评估，经市场调查询价，该设备 2023 年市场销售价格为 145 000 元，运杂费为 800 元，安装调试费为 1 500 元，则该设备重置成本为多少？

解：重置成本=145 000+800+1 500=147 300（元）

2．功能价值类比法

在无法取得设备现行购置价格，但能够取得同类设备的现行重置成本时，评估人员可采取功能价值类比法确定被评估机器设备的重置成本。该方法根据被评估机器设备的具体情况，寻找现有同类设备的市价、建造费用，加上合理的运杂费和安装调试费，得到同类设备的现行重置成本，然后根据该同类设备与被评估设备的生产能力与价格的比例关系来确定被评估机器设备的重置成本。

采用此方法的重点是对被评估对象与所选择的同类机器设备的生产能力与重置成本之间的关系进行分析判断。当机器设备的生产能力变化与其重置成本的变化存在一定比例关系时，人们习惯把线性关系下的功能价值类比法称为生产能力比例法，而把非线性关系条件下的功能价值法称为规模经济效益指数法。

其中生产能力比例法的计算公式表示为：

$$被评估机器设备重置成本=参照物机器设备的重置成本\times\frac{被评估设备的生产能力}{参照物机械设备的生产能力}$$

【例 3-3】重置全新机器设备一台，其价值为 5 万元，年产量为 500 件，现知被评估机器设备年产量为 400 件，其重置成本为多少？

解：$重置成本=5\times\frac{400}{500}=4（万元）$

规模经济效益指数法的计算公式可表示为：

$$被评估机器设备重置成本=参照物机器设备的重置成本\times\left(\frac{被评估设备的生产能力}{参照物机器设备的生产能力}\right)^{x}$$

规模经济效益指数 x 是功能价值类比法的一个重要参数。当 x=1 时，机器设备的价格与生产能力呈线性关系；当 x>1 时，机器设备的价格与生产能力呈非线性关系，设备的价格上涨速度大于设备生产能力上涨速度；当 x<1 时，机器设备的价格与生产能力呈非线性关系，设备的价格上涨速度小于设备生产能力的上涨速度。目前，我国相对缺乏这方面的统计资料。在国外，经过大量数据的测算，x 的经验数据取值范围为 0.4—1.2。譬如，圆锥压碎机为 0.85；余热锅炉为 0.75；快装锅炉通常为 0.65。此外，在对不同类型设备的大量统计数据进行分析时，可以发现：

（1）有些设备的生产能力与设备价格的对应关系非常明确，x 值的离散性很小，对于这类设备，用规模经济效益指数法计算重置成本是比较准确的。

（2）有些设备 x 的取值有一定的区间性，如某种锅炉，生产能力在 5—20 蒸发吨/小时，x 为 0.6；在 20—50 蒸发吨/时，x 为 0.65；在 50—75 蒸发吨/时，x 为 0.72。

（3）有些机器设备，生产能力与设备价格的对应关系不明确，x 的离散性很大，这类设备不可以用规模经济效益指数法计算重置成本。

【例 3-4】重置全新机器设备一台，其价值为 6 万元，年产量为 600 件，现知被评估机器设备年产量为 400 件，设 x 值为 0.8，求其重置成本。

解：$被评估机器设备重置成本=\left(\frac{400}{600}\right)^{0.8}\times 6=4.3$（万元）

3．物价指数法

对于无法取得设备现行购置价格或建造成本，也无法取得同类设备重置成本的，可采用物价指数法确定被评估机器设备的重置成本。该方法以被评估机器设备的原始成本为基础，根据同类设备的价格上涨指数，按现行价格水平计算重置成本。物价指数可分为定基物价指数和环比物价指数。

（1）定基物价指数。定基物价指数是以固定时期为基数，通常用百分比来表示。以 100%为基础，当物价指数大于 100%时，表明物价上涨；当物价指数小于 100%时，表明物价下跌。计算公式为：

$$重置成本=原始成本\times\frac{评估基准日的定基物价指数}{设备购建时的定基物价指数}$$

【例 3-5】以 2017 年为基期，则 2017 年、2018 年、2019 年、2020 年、2021 年、2022 年、2023 年对应的定基物价指数分别为 100%、103%、106%、108%、110%、112%、115%。2018 年购置某设备，原始成本为 85 000 元。试计算 2023 年该设备的重置成本。

解：$2023年该设备的重置成本=85\,000\times\frac{115\%}{103\%}=94\,903$（元）

（2）环比物价指数。环比物价指数是指以上期为基期的指数。如果环比期以年为单位，则环比物价指数表示该类设备当年较上一年的价格变动幅度。

用环比物价指数计算机器设备重置成本的公式为：

$$设备重置成本 = 原始成本 \times (P_1^0 \times \cdots \times P_n^{n-1})$$

式中，P_n^{n-1}为第 n 年对第 n-1 年的环比物价指数。

【例 3-6】仍以例 3-5 中的定基物价指数表示为环比物价指数，即 2018 年、2019 年、2020 年、2021 年、2022 年、2023 年对应的环比物价指数分别为 103%、102.9%、101.9%、101.9%、101.8%和 102.7%。某设备 2020 年的历史成本为 80 000 元，试计算 2023 年该设备的重置成本。

解：重置成本=80 000×（101.9%×101.8%×102.7%）=85 228（元）

3.2.1.3 外购进口设备重置成本的测算

进口机器设备重置成本的估测在思路上与国产设备大致相同，询价是估测进口设备重置成本最直接的方法。但是，由于进口设备生产厂家在国外，询价相对困难。另外，由于企业拥有外贸进出口权，进口设备的渠道较多，进口设备的方式也不统一。加之国家对机器设备的进口有各种各样且处于调整和变化中的政策规定，使得进口设备重置成本的估测较国产设备更为复杂。

1. 进口机器设备重置成本构成

进口设备重置成本用公式表示为：

重置成本=现行国际市场的离岸价+国外运输保险费+境外运杂费+进口关税+消费税
+增值税+银行及其他手续费+国内运杂费+安装调试费

（1）现行国际市场的离岸价。离岸价（FOB）是指卖方在出口国家的装运港口交货的价格（包括运至指定船上的运费及装船费），买方则负责货物越过船舷之后的一切费用及风险；若把上述公式前三项成本构成加总（即离岸价+国外运输保险费+境外运杂费），则称为到岸价，用 CIF 来表示。

（2）国外运输保险费。

国外运输保险费=（设备离岸价+国外运费）×保险费率÷（1-保险费率）

保险费率可根据保险公司费率表确定，一般在 0.4%左右。

（3）境外运杂费。境外运杂费可按设备的重量、体积及海运公司的收费标准计算，也可按一定比例计取，取费基数为设备的货价，我国进口设备大部分采用海洋运输方式，小部分采用铁路运输方式，个别采用航空运输方式。计算公式为：

境外运杂费=离岸价×运费率

或

境外运杂费=运量×单位运价

运费率或单位运价参照有关部门或进出口公司的规定。计算进口设备抵岸价时，再将国外运费换算为人民币。若为海洋运输，海运费率远洋一般取 5%—8%，近洋一般取 3%—4%。

（4）进口关税。

进口关税=进口设备完税价格×关税税率

进口设备完税价格一般采用到岸价，关税税率按国家发布的进口关税税率表计取。

（5）消费税。如果进口设备属于消费税的征收范围，还要计算消费税。其计算公式如下：

消费税=（进口设备完税价格+关税）×消费税税率÷（1-消费税税率）

消费税税率按国家发布的消费税税率表计取。

（6）增值税。

增值税=（进口设备完税价格+关税+消费税）×增值税税率

（7）银行及其他手续费。一般包括银行财务费、外贸手续费等。如果进口的是车辆，还包括车辆购置税。

其中，银行财务费取费基数为货价人民币数，表示为：

银行财务费=离岸价×财务费率

我国现行银行财务费率一般为0.4%—0.5%。

外贸手续费也称为公司代理手续费，取费基数为到岸价人民币数，表示为：

外贸手续费=到岸价×外贸手续费率

目前，我国进出口公司的外贸手续费率一般在1%—1.5%。

车辆购置税用公式表示为：

车辆购置税=（到岸价人民币数+关税+消费税）×费率

（8）国内运杂费。进口设备的国内运杂费是指进口设备从出口国运抵我国后，从所到达的港口、车站、机场等地，将设备运至使用目的地现场所发生的港口费用、装卸费用、运输费用、保管费用、国内运输保险费用等各项运杂费，不包括运输超限设备时发生的特殊措施费。具体计算公式为：

进口设备国内运杂费=进口设备到岸价×进口设备国内运杂费率

其中，运杂费率分为海运方式和陆运方式两种，国家有相应的规定。

（9）安装调试费。进口设备安装调试费可用下列公式计算：

进口设备安装调试费=相似国产设备原价×国产设备安装调试费率

或

进口设备安装调试费=进口设备到岸价×进口设备安装调试费率

由于进口设备原价较高，进口设备的安装调试费率一般低于国产设备的安装调试费率。机械行业建设项目概算指标中规定：进口设备的安装调试费率可按相同类型国产设备的30%—70%选用，进口设备的机械化、自动化程度越高，取值越低，反之越高。在特殊情况下，如设备的价格很高，而安装调试很简单，应低于该指标；设备的价格很低，而安装较复杂，应高于该指标。

2. 进口设备重置成本测算方法的选择

（1）可查询到进口设备现行离岸价或到岸价的，可按下列公式估测：

重置成本=（现行国际市场的离岸价+国外运输保险费+境外运杂费）×现行外汇汇率+进口关税+消费税+增值税+银行及其他手续费+国内运杂费+安装调试费

或

重置成本=到岸价×现行外汇汇率+进口关税+增值税+消费税+银行及其他手续费+国内运杂费+安装调试费

【例 3-7】某企业对一套从美国进口的设备进行评估。评估人员经过调查了解到，现在该设备从美国进口的离岸价为 1 200 万美元，境外运杂费需 60 万美元，保险费费率为 0.4%，该设备现行进口关税税率为 16%，增值税税率为 13%，银行财务费率为 0.4%，公司手续费率为 1%，国内运杂费率为 1%，安装费率为 0.6%，设备基础费率为 1.7%。设备从订货到安装完毕投入使用需要两年时间，第一年投入的资金比例为 30%，第二年投入的资金比例为 70%。假设每年的资金投入是均匀的，银行贷款年利率为 5%，按复利计息。评估基准日美元与人民币的比价为 1∶6.8，试计算该设备的重置成本。

解：计算过程如下：

保险费=（1 200+60）×0.4%/（1−0.4%）=5.06（万美元）

到岸价=1 200+60+5.06=1 265.06（万美元）

到岸价人民币价格=1 265.06×6.8=8 602.408（万元）=86 024 080（元）

进口关税=到岸价×16%=13 763 852.8（元）

增值税=（到岸价+进口关税）×13%=12 972 431.264（元）

银行财务费=离岸价×0.4%=12 000 000×6.8×0.4%=326 400（元）

公司手续费=到岸价×1%=860 240.8（元）

国内运杂费=到岸价×1%=860 240.8（元）

安装费=到岸价×0.6%=516 144.48（元）

设备基础费=到岸价×1.7%=1 462 409.36（元）

到岸价+进口关税+增值税+银行财务费+公司手续费+国内运杂费+安装费+设备基础费=116 785 799.504（元）

资金成本 $= 116\,785\,799.504 \times 30\% \times [(1+5\%)^{1.5}-1] + 116\,785\,799.504 \times 70\% \times [(1+5\%)^{0.5}-1] = 4\,678\,439.128\,1$（元）

该设备的重置成本 = 116 785 799.504 + 4 678 439.128 1 = 121 464 238.632 1（元）

（2）功能价值类比法。对于无法查询进口设备的现行离岸价格或到岸价格的，如可以获取国外替代产品的现行离岸价格或到岸价格，则可采用功能价值类比法估测被评估进口设备的重置成本。对没有国外替代产品的现行离岸价格或到岸价格的，可利用国内替代设备的现行市价或重置成本推算出被评估进口设备的重置成本。

（3）物价指数法。对于无法查询进口设备的现行离岸价格或到岸价格，也无法获取国外替代设备的现行离岸价格或到岸价格的，则可以利用物价指数法估测被评估进口设备的重置成本。使用物价指数法估测进口设备重置成本需要注意以下几点：一是国外机器设备的技术更新周期较短，设备更新换代快，一旦旧型号设备被淘汰，其价格会大幅下降。对于技术已经更新的进口设备不宜采用物价指数法。二是运用物价指数法调整计算进口设备重置成本时，其中原来用外币支付的部分应使用设备生产国的价格变动指数，而不是国内的价格变动指数。但对于原来的国内费用（即进口关税、增值税、银行财务费、国内运杂费、安装调试费等）都应按国内的物价水平来调整。三是注意汇率核算时间的选择。四是关税税率也应以评估基准日为依据。这样，采用物价指数法测算进口设备重置成本的公式如下：

重置成本=账面原值中的到岸价÷进口时的外汇汇率×进口设备生产国同类资产价格变动指数×评估基准日外汇汇率×（1+现行进口关税税率）×（1+其他税费率）+账面原值中支付人民币部分的价格×国内同类资产价格变动指数

该公式假定进口设备的到岸价格全部以外汇支付，其余均为人民币支付。如实际情况与此假设不符，应进行调整。上式中，被评估进口设备的账面原值中的到岸价除以进口时的外汇汇率，相当于按进口时的汇率将以人民币计价的进口设备到岸价调整为以外币计价的设备到岸价。进口设备生产国同类资产价格变动指数，可根据设备生产国设备出口时的同类资产价格指数与评估时点同类资产的价格指数的比值求取。其他税费中的关税、增值税和消费税的税率按照进口设备的性质、种类的不同，按评估基准日海关的税收手册所规定的税率纳税。设备原值中支付人民币部分主要是指国内运杂费和安装调试费等项目。对于这部分费用可利用国内价格变动指数直接将其原值调整为现值。注意，在运用物价指数法对进口设备重置成本进行估测时，应尽量将支付外汇部分与支付人民币部分，或者说将受设备生产国物价变动影响部分与受国内价格变动影响部分分开，分别运用设备生产国的价格变动指数与国内价格变动指数进行调整。

【例 3-8】假设某被评估进口设备账面原值为 1 000 万元人民币，其中 80%为外汇支付，进口时的外汇汇率为 1 美元=8 元人民币，评估基准日外汇汇率为 1 美元=6.5 元人民币，进口设备生产国同类资产价格变动指数为 20%，国内配套部分价格变动指数为 30%，现行关税税率为 10%，其他税费率为 10%。根据上述资料，试计算该进口设备的重置成本。

解：重置成本=1 000×80%÷8×（1+20%）×6.5×（1+10%）×（1+10%）+1 000×20%×（1+30%）=1 203.8（万元）

3.2.2 机器设备实体性贬值的估算

机器设备的实体性贬值是指机械设备投入使用后，由于磨损和自然力的作用，导致其物理性能不断下降而引起的价值减少，又称有形损耗。

具体来说，机器设备在使用过程中，由于受到摩擦力、冲击力、振动力或交变载荷的作用而产生磨损、疲劳等破坏，其结果是资产的物理性能下降，物理寿命缩短。这种由于使用而引起的磨损称为第一种有形损耗；机器设备在闲置过程中，由于受到自然界有害环境的侵蚀，也会出现腐蚀、老化、生锈、变质等现象，从而引起其物理性能的下降，物理寿命的缩短。由于自然力的作用而引起的损耗称为第二种有形损耗。

机器设备实体性贬值的计算公式为：

实体性贬值=机器设备重置成本×实体性贬值率=机器设备重置成本×（1-成新率）

机器设备实体性贬值率是指由于使用磨损和自然损耗造成的贬值相对于机器设备重置成本的比率。全新设备的实体性贬值率为 0，完全报废设备的实体性贬值率为 100%。实体性贬值率用公式表示如下：

$$\text{实体性贬值率}=\frac{\text{实体性贬值}}{\text{重置成本}}\times 100\%$$

成新率是指反映评估对象现行价值与其全新状态重置成本的比率，也可以理解为机器设备的现时状态与设备全新状态的比率。所以，实体性贬值率与成新率是同一事物的两面，可以表示为：

$$成新率=1-实体性贬值率$$

或

$$实体性贬值率=1-成新率$$

机器设备实体性贬值的估测方法包括观察分析法、使用年限法和修复费用法。

3.2.2.1 观察分析法

观察分析法是指评估人员到评估现场对被评估机器设备进行现场观察和现场技术检测，并结合机器设备的实际使用情况，如使用时间、使用强度、技术状况、制造质量等经济技术参数，经综合分析估测设备的实体性贬值率的一种方法。

估测机器设备成新率时应主要观测分析以下主要指标：①机器设备的现时技术状态；②机器设备的实际已使用时间；③机器设备的正常负荷率；④机器设备的原始制造质量；⑤机器设备的维修保养状况；⑥机器设备重大故障（事故）经历；⑦机器设备大修、技改情况；⑧机器设备的工作环境和条件；⑨机器设备的外观和完整性等。

机器设备实体性贬值评估参考表 3-1 中所给定的经验数据，在实际评估时仅作为参考，不可作为唯一的标准生搬硬套。在实际判断机械设备实体性贬值率时，评估人员还应与操作人员、维修人员、设备管理人员进行沟通，听取他们的介绍和评价，加深对机器设备的了解。在可能的范围内尽量做好调查研究是估计机器设备实体性贬值的关键环节。对重要的、精密的、专业性很强的机器设备，应该聘请专家，听取意见，借鉴专家多年积累的经验，使估计的结果更准确。同时应将实体性贬值与功能性贬值和经济性贬值相区别，以免重复计算。

表 3-1　机器设备实体性贬值评估参考

类别	新旧情况	有形损耗率（%）	技术参数标准参考说明	成新率（%）
1	新设备及使用不久的设备	0—10	全新或刚使用不久的设备。在用状态良好，能按设计要求正常使用，无异常现象	100—90
2	较新设备	11—35	已使用 1 年以上或经过第一次大修恢复原设计性能使用不久的设备，在用状态良好，能满足设计要求，未出现过较大故障	89—65
3	半新设备	36—60	已使用 2 年以上或大修后已使用一段时间的设备，在用状态较好，基本上能达到设备设计要求，满足工艺要求，需经常维修以保证正常使用	64—40
4	旧设备	61—85	已使用较长时间或几经大修，目前仍能维持使用的设备。在用状态一般，性能明显下降，使用中故障较多，经维护仍能满足工艺要求，可以安全使用	39—15
5	报废待处理设备	86—100	已超过规定使用年限或性能严重劣化，目前已不能正常使用或停用，即将报废待更新	15 以下

3.2.2.2 使用年限法

使用年限法是从机器设备的使用寿命角度来估算贬值的，它是建立在假设机器设备在整个使用寿命期间，被评估机器设备的实体性贬值率与其已使用年限成正比，并且呈线性关系的基础上。其计算公式为：

$$\text{实体性贬值率}=\frac{\text{已使用年限}}{\text{总使用年限}}\times 100\%=\frac{\text{已使用年限}}{\text{已使用年限}+\text{尚可使用年限}}$$

或

$$\text{成新率}=\frac{\text{总使用年限}-\text{已使用年限}}{\text{总使用年限}}\times 100\%$$

确定机器设备的成新率关键是要了解机器设备的已使用年限和尚可使用年限。根据机器设备的投资是否一次完成，使用年限法分为简单年限法和综合年限法。

1. 简单年限法

简单年限法假定机器设备的投资是一次完成的，没有更新改造和追加投资等情况发生。运用简单年限法估测设备的成新率涉及机器设备的总使用年限、机器设备的已使用年限和机器设备的尚可使用年限三个基本参数。

（1）机器设备的总使用年限。机器设备的已使用年限与尚可使用年限之和为机器设备的总使用年限。机器设备的总使用年限即机器设备的使用寿命。机器设备的使用寿命，通常又可以分为物理寿命、技术寿命和经济寿命。

机器设备的物理寿命又称自然寿命，是指机器设备在规定的使用条件下，从开始使用到报废为止经历的时间。机器设备物理寿命的长短，主要取决于机器设备的制造质量、使用强度、使用环境、保养和正常维修情况。正常的使用、维护和修理可以延长其物理寿命；反之，不正确的使用、不当的维护和修理会缩短机器设备的物理寿命。

机器设备的技术寿命是指机器设备从开始使用到因技术落后而被淘汰所经历的时间。机器设备的技术寿命在很大程度上取决于社会技术进步和技术更新的速度和周期。设备通过现代化改造可以延长其技术寿命。

机器设备的经济寿命是指机器设备从开始使用到因继续使用经济上不合算而停止使用所经历的时间。所谓经济上不合算，是指维持机器设备继续使用所需要的维持费用大于机器设备继续使用所带来的收益。机器设备的经济寿命与机器本身的物理性能、物理寿命、技术进步速度、机器设备使用的外部环境的变化等都有直接的联系。

如何确定机器设备的使用寿命是一个较为复杂的问题，由于经济寿命一般小于物理寿命和技术寿命，且经济寿命能够被合理估算，因此国际上资产评估行业大多以机器设备的经济寿命作为其总使用年限，但与此同时，实践中也并不排除把机器设备的物理寿命或技术寿命作为机器设备总使用年限的可能。若将机器设备的物理寿命和技术寿命作为机器设备的总使用年限，应根据机器设备评估的总体思路和总体要求，在保证机器设备评估值的各经济技术参数前后一致、前后协调的前提下，将机器设备的物理寿命或技术寿命作为机器设备的总使用年限也是可行的。

（2）机器设备的已使用年限。机器设备的已使用年限是指机器设备从开始投入至评估基准日所经历的实际工作时间。在采用已使用年限确定机器设备的成新率或实体性贬值率时，应注意以下几点：第一，资产评估中的已使用年限是指实际使用年限，因此评估时应特别注意设备的实际已使用时间（而不是简单的日历天数）以及实际使用强度；第二，关于将已计提折旧年限作为估测成新率中的已使用年限问题。折旧年限是国家财务会计制度以法的形式规定的机器设备计提折旧的时间跨度。它综合考虑了机器设备的物理使用寿命、技术进步因素、企业的承受能力以及国家税收状况等因素，旨在促进企业加强经济核算，适时地实施机器设备技术更新。从理论上讲，机器设备的已计提折旧年限并不一定能全面地反映机器设备的磨损程度。已计提折旧年限并不完全等同于估测成新率中的设备已使用年限。所以，在使用已计提折旧年限作为设备的已使用年限求取成新率时，应既考虑已计提折旧年限，又考虑设备的实际耗损程度以及与机器设备评估的总体构思是否吻合，并注明使用前提和使用条件，公式表示为：

$$\text{实际已使用年限}=\text{名义使用年限}\times\text{设备利用率}$$

名义使用年限可从会计账目中查到（即已计提折旧年限），而设备利用率计算公式为：

$$\text{设备利用率}=\frac{\text{至评估基准日累计实际工作时间}}{\text{至评估基准日累计额定工作时间}}\times 100\%$$

（3）机器设备的尚可使用年限。机器设备的尚可使用年限是指从评估基准日开始到机器设备停止使用所经历的时间，即机器设备的剩余寿命。机器设备的已使用年限加上尚可使用年限就是机器设备总使用年限。换言之，如果机器设备总使用年限已确定，尚可使用年限就是总使用年限扣除已使用年限的余额。

机器设备的尚可使用年限受到已使用年限、使用状况、维修保养状况以及设备运行环境的影响，评估人员应对上述因素进行全面分析和审慎考虑，以便合理确定机器设备的尚可使用年限。确定尚可使用年限的方法主要有以下3种。

①法定年限法。该方法是参照国家规定的机器设备的折旧年限，扣除已使用年限即为机器设备的尚可使用年限。折旧年限是国家财务会计制度以法律形式规定的机器设备计提折旧的时间跨度。它是综合考虑了机器设备的物理使用寿命、技术进步因素、企业承受能力以及国家税收状况等因素确定的。法定年限法一般适用于较新的机器设备尚可使用年限及成新率的确定。对于国家明文规定限期淘汰禁止超期使用的设备，无论设备的现时技术状态如何，其尚可使用年限不能超过国家规定禁止使用的日期。

②预期年限法。该方法也称技术鉴定法，是应用工程技术手段现场勘查和技术鉴定，检测机器设备的各项性能指标，确定资产的磨损程度，并同现场操作人员和设备管理人员交谈，了解设备的使用状况、维修保养状况及运行环境状况，凭专业知识和经验判定机器设备的尚可使用年限。对于已使用时间较长、比较陈旧的机器设备以及超龄服役的机器设备，一般采用此方法确定其尚可使用年限。预期年限法主观性较强，难度也较大，需要评估人员具有较强的专业水平和丰富的评估经验，这也是评估人员必备的本领。

③寿命年限平均法。该方法是根据企业已退役的机器设备使用年限的记录，按加权平均

法确定机器设备的平均使用年限，并以此作为被评估机器设备的总使用年限，扣除已使用年限后即得尚可使用年限。该方法的运用前提是企业机器设备报废资料记录比较完整，且具有一定数量；企业的机器设备使用保养情况正常，或被评估对象与退役的机器设备使用情况、维修保养情况以及运行环境状况基本相同；被评估机器设备与退役的机器设备在类型、规格型号、制造质量等方面基本相同。

【例 3-9】评估企业一台普通金属切削机床的成新率：该机床已使用 6 年；查阅近 3 年设备退役记录，共报废该类机床 8 台，其中使用寿命 13 年的 1 台，使用寿命 15 年的 2 台，使用寿命 16 年的 3 台，使用寿命 17 年和 20 年的各 1 台。试估测该机器的成新率。（注：经分析被评估设备与退役设备的使用情况、维修保养情况及运行环境状况基本相同）

解：该类设备的平均使用年限为：

$$\frac{13\times1+15\times2+16\times3+17\times1+20\times1}{8}=16\text{（年）}$$

尚可使用年限=16-6=10（年）

$$\text{成新率}=\frac{10}{16}\times100\%=62.5\%$$

2. 综合年限法

综合年限法是根据机器设备投资是分次完成、机器设备进行过更新改造和追加投资，以及机器设备的不同构成部分的剩余寿命不相同等情况，经过综合分析判断，并采用加权平均计算法，确定被评估机器设备的成新率。简单年限法和综合年限法都同属于使用年限法，不同的是两种方法考虑的机器设备的状况不同。

（1）综合已使用年限的确定。一台机器设备由于分次投资、更新改造、追加投资等情况，不同部件的已使用年限不同，确定整个设备的已使用年限，应以各部件重置成本的构成作为权重，对各部件参差不齐的已使用年限进行加权平均，确定已使用年限。其计算公式可近似表示为：

$$\text{成新率}=\frac{\text{尚可使用年限}}{\text{加权投资年限}+\text{尚可使用年限}}\times100\%$$

其中

$$\begin{aligned}\text{加权投资年限}&=\sum(\text{已投资年限}\times\text{权重})\\&=\sum\left(\text{已投资年限}\times\frac{\text{原始投资的更新成本}}{\sum\text{更新成本}}\right)\times100\%\end{aligned}$$

【例 3-10】某企业 2012 年购入设备一台，账面原值为 30 000 元，2017 年和 2019 年进行两次更新改造，当年的投资分别为 3 000 元和 2 000 元。2022 年对该设备进行评估。假定从 2012 年到 2022 年每年的价格上涨率为 10%，经鉴定并检测该设备的尚可使用年限为 7 年，试估算设备的成新率。

解：计算步骤及过程如下：

第一步，调整计算更新成本。

表 3-2　某设备的现行成本

投资年份	原始投资额（元）	价格变动系数	原始投资的更新成本（元）
2012	30 000	$(1+10\%)^{10}=2.60$	78 000
2017	3 000	$(1+10\%)^{5}=1.61$	4 830
2019	2 000	$(1+10\%)^{3}=1.33$	2 660
合计	700 000		85 490

第二步，计算加权投资年限（即设备的综合已使用年限）。

$$加权投资年限=10\times\frac{78\ 000}{85\ 490}+5\times\frac{4\ 830}{85\ 490}+3\times\frac{2\ 660}{85\ 490}=9.5(年)$$

第三步，计算成新率。

$$成新率=\frac{7}{9.5+7}\times100\%\approx42.42\%$$

（2）综合尚可使用年限的确定。与已使用年限一样，一台设备各部件的尚可使用年限也可能有长有短，在评估时，可按重置成本对各部件的尚可使用年限进行加权平均，求得整个设备的尚可使用年限。各部件尚可使用年限可用简单年限法进行评估。

3.2.2.3 修复费用法

修复费用法适用于那些特定结构部件经常被磨损，但能够以经济上可行的办法修复的情形。如需定期更换易损件的纺织机械，需更换部分系统的机组、成套设备、生产线等的评估。

在使用这种方法时，应注意以下两点。

（1）机器设备的实体性贬值可分为可修复和不可修复两种，评估人员要尽量把实体性贬值中的可修复部分和不可修复部分区别开来。可修复的实体性损耗可以通过技术修复恢复其功能，且在经济上是划算的（即带来的经济利益大于修复支出）；而不可修复的实体性贬值是指通过技术修复并不能恢复其功能，或者是经济上不划算的。大多数情况下，机器设备的可修复损耗和不可修复损耗是并存的，因此，评估人员在操作中应通过区分这两种损耗，把机器设备分成两部分来分析，对可修复的实体性损耗以修复费用直接作为实体性贬值，对不可修复的实体性损耗采用前述观察分析法和使用年限法确定实体性贬值，这两部分之和就是被评估机器设备的全部实体性贬值。计算公式可表示为：

$$综合实体性贬值额=可修复部分的实体性贬值额+不可修复部分的实体性贬值额$$

$$综合实体性贬值率=\frac{可修复部分的实体性贬值额+不可修复部分的实体性贬值额}{设备重置成本}\times100\%$$

注意，在使用上述公式时，应注意分子与分母之间的配比。若分子部分为更新性质的实体性贬值额，则分母的设备重置成本应为更新重置成本；若分子部分为复原性质的实体性贬值额，则分母也应当为复原重置成本。

（2）修复费用是否包括了对设备技术更新和改造的支出。由于机器设备的修复往往同功能改进一并进行，这时的修复费用很可能不全部用在实体性损耗上，而有一部分用在功能性贬值因素上，因此评估人员应当将修复费用中用于修复设备实体的支出同用于设备技术更新和改造的支出区别开来，即在评估时注意不要重复计算机器设备的功能性贬值。

【例 3-11】某企业的一台加工炉，重置成本为 320 万元，该加工炉已经使用 6 年。现在需要对炉内的耐火材料、一部分管道及外围设备进行更换，更换后该加工炉能再运转 9 年。经与设备维修和技术部门讨论，可知更换耐火材料需投资 30 万元，更换管道及外围设备需投资 14 万元，修复费用合计 44 万元，其他部分工作正常。试计算该加工炉的实体贬值率。

解：设备的重置成本=320（万元）

可修复性损耗引起的贬值=44（万元）

不可修复性损耗引起的贬值=（320-44）$\times\dfrac{6}{6+9}$=110.4（万元）

实体性贬值额=44+110.4=154.4（万元）

实体性贬值率=$\dfrac{154.4}{320}$=48.25%

3.2.3 机器设备功能性贬值的估算

机器设备的功能性贬值主要是由于技术进步引起的。它具体存在两种表现形式：由超额投资成本引致的功能性贬值和由超额运营成本引致的功能性贬值。

1. 由超额投资成本引致的功能性贬值的估算

超额投资成本的产生是由于技术进步引起劳动生产率提高，使得重置与原设备功能相同设备所需成本降低，从而造成原有设备的价值贬值。从理论上讲，设备的超额投资成本应等于该设备的复原重置成本与其更新重置成本的差额，即表示为：

超额投资成本=复原重置成本-更新重置成本

在实际评估工作中，机器设备的复原重置成本往往难以直接获得。由上述公式可以看出，直接使用机器设备的更新重置成本，其实已经将被评估机器设备价值中所包含的超额投资成本剔除掉，而不必再去刻意寻求机器设备的复原重置成本，再减掉机器设备的更新重置成本去求得机器设备的超额投资成本。因此，选择重置成本时，在同时可得到复原重置成本和更新重置成本的情况下，应选用更新重置成本。

现实中被评估机器设备可能已停产，这样评估人员在评估时只能参照其替代机器设备。而这些替代机器设备的性能通常要比被评估机器设备更好，其价格通常也会高于被评估机器设备。在这种情况下，评估人员不应机械地套用超额投资成本计算公式去估测机器设备的超额投资成本，而应该利用替代机器设备的价格，采用功能价值类比法等估测被评估机器设备的更新重置成本，这样至少已经将被评估机器设备价值中的超额投资成本所形成的功能性贬值剔除了。

【例 3-12】甲同学于两年前购买某品牌手机，当时购置价格为 3 000 元。乙同学于评估时点购买同款手机，购买价格为 1 000 元。如果两年间的正常投资收益率为年利率 8%，试评估甲同学的超额投资成本。

解：根据公式及题意，

甲同学手机的超额投资成本$=3\,000\times(1+8\%)^2-1\,000=2\,499$（元）

2. 由超额运营成本引致的功能性贬值的估算

超额运营成本是被评估机器设备的运营成本高于功能相同但性能更好的新设备的运营成本的那部分。超额运营成本引起的功能性贬值也就是机器设备未来超额运营成本的折现值。

超额运营成本引起的功能性贬值通常按以下步骤测算。

（1）对被评估机器设备的运营报告和生产统计进行分析。重点分析操作人员数量、维修保养人员数量和材料、能源和水电消耗、产量等方面，为估测评估对象未来的运营成本提供依据。

（2）估测被评估机器设备的剩余使用年限。

（3）选择参照物，并将参照物的年运营成本与被评估机器设备的年运营成本进行对比，重点考虑参照物与被评估设备相比，生产效率是否提高，维修保养费用是否降低，材料消耗是否降低，能源消耗是否降低，操作人员数量是否减少等，找出两者之间的差别并计算年超额运营成本额。计算公式为：

年超额运营成本=评估对象的未来年运营成本−参照物的未来年运营成本

（4）按企业适用的所得税税率，计算被评估机器设备因超额运营成本而抵减的所得税，得出被评估机器设备的年超额运营成本净额。计算公式为：

年超额运营成本净额=年超额运营成本×（1−所得税税率）

（5）选择适当的折现率，将被评估机器设备在剩余使用年限中的每年超额运营成本净额折现，累加计算得到被评估机器设备的功能性贬值。计算公式为：

功能性贬值=年超额运营成本净额×年金现值系数

【例 3-13】某被评估对象是一生产控制装置，其正常运行需 7 名操作人员。目前同类新式控制装置所需的操作人员定额为 4 名。假定被评估控制装置与参照物在运营成本的其他项目支出方面大致相同，操作人员人均年工资约为 48 000 元，被评估控制装置尚可使用 3 年，该企业所得税税率为 25%，适用的折现率为 10%。要求：估测被评估控制装置的功能性贬值。

解：根据上述数据资料，被评估控制装置的功能性贬值测算如下：

（1）计算被评估生产装置的年超额运营成本额：

（7−4）×48 000=144 000（元）

（2）测算被评估控制装置的年超额运营成本净额：

144 000×（1−25%）=108 000（元）

（3）将被评估控制装置在剩余使用年限内的每年超额运营成本净额折现累加，估算其功能性贬值额：

108 000×（*P*/*A*，10%，3）=108 000×2.486 9≈268 585.2（元）

3.2.4 机器设备经济性贬值的估算

机器设备的经济性贬值是指机器设备外部因素引起的机器设备价值贬值。这些外部因素主要包括：由于市场竞争加剧，机器设备所生产的产品滞销导致机器设备利用率下降、闲置；原材料、能源等价格上升，使生产产品的成本提高，而产品售价没有相应提高，造成收益额减少；国家有关能源、环境保护等法律、法规使机器设备强制报废，缩短了机器设备的正常使用寿命等等。

1. 机器设备利用率下降造成的经济性贬值的估算

当个别或一组机器设备因外部因素影响出现开工不足，使设备的实际生产能力显著低于其额定或设计能力时，它的价值也就低于能充分利用时的价值。这种差别可以用经济性贬值率来表示，计算公式为：

$$经济性贬值率=\left[1-\left(\frac{实际使用生产能力}{额定生产能力}\right)^{x}\right]\times100\%$$

$$经济性贬值额=重置成本\times经济性贬值率$$

这里的经济性贬值率实际上就是资本投入的贬值率，造成这种情况的原因有很多，例如整个行业的额定生产能力过剩，由此带来的开工不足会造成整个行业特有的低效率。又如企业管理不善、产品落后、市场竞争激烈等，使企业生产能力不能充分利用等。注意：这里设备的预计生产能力是长时间闲置而非短期或临时闲置才可能会出现经济性贬值，临时性减产或生产能力调整不能算作经济性贬值因素。

上述公式实际是前述的规模经济效益指数法公式演变而来的，其中指数 x 因设备种类不同而存在差异，这种指数函数关系表明，设备的成本和规模不是线性关系，所以经济性贬值存在时设备的价值也不是按线性关系下降而是按指数关系下降。

【例 3-14】某发动机专用生产线，原设计生产能力为 30 000 台/年。该生产线已使用 10 年，根据其实体状态判断尚可使用 5 年。目前，由于新发动机产品的出现，市场对老产品的需求减少，造成开工不足。现在生产线的实际产量为 15 000 台，使用规模经济效益指数法求其经济性贬值率。

解：根据统计数据，这类型发动机生产线的规模经济效益指数为 0.68，则

$$经济性贬值率=\left[1-\left(\frac{15\,000}{30\,000}\right)^{0.68}\right]\times100\%=37.58\%$$

2. 因收益减少造成的经济性贬值的估算

如果机器设备由于企业外部的原因，虽然生产负荷并未降低，但出现原材料涨价、能源成本增加以及高污染、高能耗机器设备超限额加价收费等带来的生产成本提高得不到补偿，或是竞争必须使产品降价出售等情况时，则机器设备可能创造的收益减少、使用价值降低，进而引起经济性贬值。

如果机器设备由于外界因素变化，造成的收益减少额能够直接测算出来，评估人员可直接按机器设备继续使用期间每年的收益损失额折现累加得到机器设备的经济性贬值额。具体步骤为：

（1）对外界影响因素进行综合分析，估测和确定外界因素对机器设备经济性贬值的影响时间（收益损失年限）。

（2）估测在评估对象未来收益损失年限内，正常情况下（未受影响）年收益额和受外界因素影响情况下年收益额，并计算年收益损失额。计算公式为：

年收益损失额=正常情况下年收益额-受外界因素影响情况下年收益额

（3）将评估对象的年收益损失额扣减所得税得到年净收益损失额。计算公式为：

年净收益损失额=年收益损失额×（1-所得税税率）

（4）选择适当的折现率，将评估对象未来的年净收益损失额折现，即可得到经济性贬值额。计算公式为：

经济性贬值额=机器设备未来年净收益损失额×年金现值系数

【例 3-15】被评估生产线的设计生产能力为每年生产 2 000 吨产品，设备状况良好。由于市场供求的变化，使该生产线开工不足，年生产能力预计为 1 600 吨产品。如果该企业生产的产品销售价格为 620 元/吨，销售利润率为 10%，被评估生产线尚可继续使用 5 年，折现率为 12%，该企业所得税税率为 25%，则被评估生产线的经济性贬值额为多少？

解：经济性贬值额 =（2 000-1 600）×620×10%×（1-25%）×（P/A，12%，5）

= 67 049（元）

3．因环境保护限制引起的经济性贬值的估算

引起机器设备经济性贬值的外部因素，还包括国家有关能源、环境保护等方面的法律、法规的管制和惩罚。近年来，由于环境污染问题日益严重，国家对机器设备的环保要求越来越高，对落后的、高能耗的机电产品的生产实施管制和惩罚，具体方式包括以下几种。

（1）限制产生污染的设备的使用期限。例如规定只能使用到某年某月，这种强制性规定缩短了设备的尚可使用年限，从而造成了经济性贬值。

（2）产生污染的设备可以继续使用，但要缴纳罚金，这种处罚增加了运营成本，从而引发经济性贬值。

（3）必须立刻预防和治理污染，否则不准使用，这种情况下必须花费一笔设备改造费用，于是该设备的续用市场价值变成必须付出改造成本条件下的续用市场价值。

【例 3-16】某汽车已使用 5 年，按目前的技术状态还可以正常使用 10 年，按使用年限法，计算该汽车的贬值率。

解：不考虑外部因素时汽车的综合贬值率= 5÷（5+ 10）×100%= 33.33%

但由于环保、能源的要求，国家新出台的汽车报废政策规定该类汽车的最长使用年限为 10 年，因此该汽车 5 年后必须强制报废。在这种情况下，计算该汽车的贬值率。

解：考虑外部因素时汽车的综合贬值率= 5÷（5+ 5）×100%= 50%

汽车经济性贬值率=考虑外部因素时汽车综合贬值率-不考虑外部因素时汽车综合贬值率

该汽车的经济性贬值率=50%-33.33%=16.67%

3.3　机器设备评估的市场法

机器设备评估的市场法，又称市价法、现行市价法，它是指在市场上选择近期内交易的若干相同或近似的设备作为参照物，针对各项价值影响因素，将被评估设备分别与参照物逐个进行价格差异的比较调整，然后综合分析各项调整结果，从而确定设备评估值的一种方法。

3.3.1 市场法评估机器设备的基本前提

机器设备评估的市场法主要用于机器设备变现价格的评估，评估结果是否有效，最终要靠市场来检验。因此，应用市场法评估机器设备必须具备以下两个前提条件。

（1）要有一个充分发达活跃的机器设备公开交易市场。这是运用市场法估价的基本前提。如果被评估机器设备有成熟的市场，采用市场法估算设备的评估值与重置成本法相比要简单得多。由于该方法直接以市场价格为基础，充分反映了机器设备的现行市场评价，因此，其评估值具有较强的可靠性和说服力。该方法在市场经济发达的国家应用比较广泛。

（2）能够找到与被评估机器设备相同或类似的可比参照物设备。在设备市场中与被评估对象完全相同的资产很难找到，一般选择与被评估机器设备类似的机器设备作为参照物，参照物与被评估机器设备不仅在用途、性能、规格、型号、新旧程度方面具有可比性，而且在交易背景、交易时间、交易目的、交易数量、付款方式等方面具有可比性，这是决定市场法运用与否的关键。

3.3.2 市场法评估机器设备的基本步骤

1. 收集有关机器设备交易资料

评估人员应收集与被评估对象相同或类似的机器设备交易实例资料。所收集的资料一般包括机器设备的交易价格、交易日期、交易目的、交易方式，交易双方情况，机器设备的类型、功能、规格型号、已使用年限实际状态等。

2. 选择参照物

在市场中选择参照物，最重要的是参照物与被评估机器设备间要具有可比性，同时参照物的成交价格应具有代表性。对于机器设备而言，可比因素具体包括以下四个方面。

（1）个别因素。机器设备的个别因素一般指反映机器设备在结构、形状、尺寸、性能、生产能力、安装、质量、经济性等方面差异的因素。不同的机器设备，差异因素也不同。在评估中，常用于描述机器设备的指标一般包括：①名称；②型号规格；③生产能力；④制造厂家；⑤技术指标；⑥附件；⑦机器设备的出厂日期；⑧役龄；⑨安装方式；⑩实体状态。

（2）交易因素。机器设备的交易因素是指交易的动机、背景对价格的影响，不同的交易动机和交易背景都会对机器设备的出售价格产生影响。交易数量也是影响机器设备售价的一个重要因素。譬如，以清偿、快速变现为目的或带有一定优惠条件的出售，其售价往往低于正常的交易价格。

（3）时间因素。不同交易时间的市场供求关系、物价水平等都会不同，评估人员应选择与评估基准日最接近的交易案例，并对参照物的时间影响因素做出调整。

（4）地域因素。由于不同地区市场供求条件等因素的异同，机器设备的交易价格也会受到影响，如评估对象与参照物存在地区差异，则需要做出调整。

3. 对差异因素进行比较、量化和调整

机器设备的交易价格会受到交易情况、功能、新旧程度、交易日期等因素的影响。因

此，需要将被评估机器设备与参照物的可比因素进行比较，量化差异因素，调整被评估机器设备的价格。

以交易日期为例，差异调整的公式可表示为：

$$资产评估值=参照物资产交易价格\times\frac{评估基准日价格指数}{参照物交易期日价格指数}$$

4．确定被评估机器设备的评估值

在分析比较的基础上，对参照物的市场交易价格进行调整，确定评估值。评估时所选择的参照物一般不止一个，因而会出现若干个评估值，这就需要资产评估师结合每个评估值及其参照物的情况，采用算术平均法或加权平均法分析给出最终评估结论。

3.3.3 采用市场法评估机器设备的具体方法

评估机器设备可选用的具体评估方法包括直接比较法和因素调整法等。

1．直接比较法

直接比较法是指利用二手机器设备市场上已成交的相同机器设备的交易资料，通过与被评估机器设备的直接对比、调整得出被评估机器设备价值的方法。此方法运用的前提是，市场上有与被评估机器设备相同且已经成交的参照物交易数据和资料，与被评估机器设备相同的参照物指的是参照物的规格、型号、结构、性能、制造商、出厂年代、成新率等与被评估机器设备几乎一样，需要调整的项目较少，差异不大且差异对价值的影响可以确定。在这种情况下，被评估机器设备的评估值，一般可以直接使用参照物的价格。这种方法可用公式表示为：

被评估机器设备的评估值=参照物的市场价值±差异调整

【例 3-17】假设在评估一辆汽车时，评估人员在旧车市场上找到一辆参照物，其在生产厂家、型号、出厂日期、附属装置、行驶里程等方面与被评估车辆完全相同。但参照物的前大灯已破损，若更换需支付费用 300 元；另外被评估汽车加装音响一套，价值为 1 500 元。若该参照物的市场销售价格为 100 000 元，试确定被评估对象的价值。

解：被评估对象的价值=100 000+300+1 500=101 800（元）

2．因素调整法

因素调整法是通过比较分析相似的市场参照物与被评估机器设备的可比因素差异，并对这些因素逐项做出调整，由此确定被评估机器设备的价值。

【例 3-18】被评估对象为一台某型号锅炉，评估人员经过市场调查，原生产厂家已不再生产该种型号的锅炉，评估人员选择本地区近几个月已经成交的其他厂家生产的该型号锅炉的 3 个交易实例作为比较参照物，被评估对象及参照物情况如表 3-3 所示。

评估人员经过对市场信息进行分析得知，3 个交易实例都是在公开市场条件下销售的，不存在受交易状况影响价格偏高或偏低的现象，影响售价的因素主要是生产厂家（品牌）、交易时间和锅炉成新率。

（1）生产厂家（品牌）因素的分析和修正。经分析参照物 A 和参照物 C 是上海一家机械厂生产的名牌产品，其价格与被评估对象、参照物 B 等一般厂家生产的锅炉相比要高出20%左右。

（2）交易时间因素的分析和修正。假设2021年物价指数为100，经分析近几个月该类设备的销售价格每月定基上升4%。

（3）成新率因素的分析和修正。成新率修正系数根据公式“成新率修正系数=被评估对象成新率/参照物成新率”计算得出。

表 3-3　被评估对象及参照物情况

评估项目	被评估对象	参照物 A	参照物 B	参照物 C
交易价格/元		100 000	60 000	95 000
交易状况	公开市场	公开市场	公开市场	公开市场
生产厂家	南京	上海	大连	上海
交易时间	2022 年 6 月	2021 年 12 月	2022 年 1 月	2022 年 5 月
已使用年限/年	5	3	7	4
尚可使用年限/年	15	17	13	16

要求：

（1）根据上述资料列出各交易实例的修正系数（见表3-4）。

表 3-4　各交易实例的修正系数

	参照物 A	参照物 B	参照物 C
品牌			
交易时间			
成新率			

（2）计算参照物 A、参照物 B、参照物 C 修正后的比准价格。

（3）若考虑参照物 A、参照物 B、参照物 C 与评估对象情况的接近程度，分别赋予参照物 A、参照物 B、参照物 C 比准价格 20%、50%和 30%的权重，加权平均计算该锅炉的评估值。

解：具体解题思路如下：

（1）根据上述资料列出各交易实例的修正系数（见表3-5）。

表 3-5　各交易实例的修正系数

	参照物 A	参照物 B	参照物 C
品牌	100/120	100/100	100/120
交易时间	124/100	124/104	124/120
成新率	15/17	15/13	15/16

（2）参照物 A、参照物 B、参照物 C 修正后的比准价格：

P_A=100 000×（100/120）×（124/100）×（15/17）=91 176.470 6（万元）
P_B=60 000×（100/100）×（124/104）×（15/13）=82 544.378 7（万元）
P_C=95 000×（100/120）×（124/120）×（15/16）=76 692.708 3（万元）
（3）该锅炉的评估值：
91 176.470 6×20%+82 544.378 7×50%+76 692.708 3×30%=82 515.30（万元）

3.4　机器设备评估的收益法

收益法是指把一个特定期间内的固定或变化的经济收益流量进行折现，以其收益折现值作为评估值的方法。由于机器设备通常只能在有限年限内获得收益，因此，评估人员运用收益法评估其价值时，应合理估测其尚可使用年限。该方法需要预测收益和收益年限，并确定合理的折现率。

因此，适用收益法的前提条件是：首先，被评估机器设备具备独立的生产能力和获利能力，以及能够确定被评估机器设备的获利能力、净现金流量或净利润；其次，能够确定被评估机器设备合理的折现率和获利时间。如上所述，通常单台机器设备难以单独经营和核算，一般不宜用收益法评估。生产线、成套设备等具有独立获利能力的机器设备则可以运用收益法进行评估。

对于租赁的机器设备，其租金即收益通常是稳定的。为估测租金，评估人员可以进行市场调查，分析可比的租赁设备的租金，经调整后得到被评估机器设备的预期收益。调整的因素可包括时间、地点、规格和役龄等。同时，评估人员根据可比的机器设备，估计被评估机器设备的尚可使用年限。为求得折现率（或资产收益率），评估人员必须调查和分析类似租赁资产的价格，把市场调查得到的折现率调整到适用于被评估机器设备的水平，然后代入下式得出评估值：

$$P=\frac{A}{r}\left[1-\frac{1}{(1+r)^n}\right]$$

式中，P 为评估值；A 为收益年金；n 为收益年限；r 为折现率。

【例 3-19】试用收益法估测某租赁机器设备的市场价值。评估基准日为 2023 年 1 月，收益期限为 10 年，无残值。

评估人员由租赁市场了解到的被评估机器设备的三个参照物的年租金信息如表 3-6 所示。

表 3-6　三个参照物的年租金

参照物	租赁日期	租金/（元/年）
1	2023 年 1 月	50 000
2	2023 年 1 月	50 000
3	2022 年 1 月	47 200

三个参照物和被评估资产是相同的机器设备，参照物 1、参照物 2 和被评估机器设备是同期租赁，参照物 3 是前一年同期租赁，其间物价上涨 6%。经调查被评估机器设备的客观投资收益率为 15%。

解：参照物 3 租金=47 200×（1+6%）=50 032（元/年）

所以预期年租金收益为 50 000 元是合理的。

根据该机器设备的当前状况，估测其尚可使用年限为 10 年，10 年后残值为 0。

该租赁机器设备的评估值=50 000×（*P*/*A*，15%，10）=250 940（元）

本章小结

本章首先阐述机器设备的概念和分类，继而分析机器设备评估的概念、特点和程序，在此基础上重点阐述机器设备评估方法中的成本法、市场法和收益法。由于大多数机器设备不具备综合获利能力，其收益计量有困难，因此采用收益法评估机器设备受到一定限制，所以机器设备评估实践中主要的评估方法是成本法和市场法。机器设备因取得方式不同（通常包括自制机器设备、外购国产机器设备和外购进口机器设备）和类型不同，故而成本构成、市场环境和技术参数等也存在差异，学习者应更多地关注方法应用中各技术参数的获得和分析。

基本概念

机器设备　设备　机器　装备　成套设备　（机器设备的）直接成本　（机器设备的）间接成本　自制设备　外购国产设备　FOB　CIF　（机器设备的）实体性贬值　第一种有形损耗　第二种有形损耗　观察分析法　使用年限法　简单年限法　物理寿命　技术寿命　经济寿命　已使用年限　尚可使用年限　法定年限法　预期年限法　寿命年限平均法　综合年限法　（不）可修复的实体性损耗　（机器设备的）功能性贬值　（机器设备的）经济性贬值　直接比较法　因素调整法

即测即评

1．单项选择题

（1）甲设备作为被评估企业的要素资产，在持续使用前提下，其评估值应该是（　　）。

A．它的最佳使用价值　　B．它的正常变现价值

C．它对企业的贡献价值　　D．它的快速变现价值

（2）机器设备本体的重置成本（直接成本）通常是指设备的（　　）。

A．购买价+运杂费　　B．建造价+安装费

C．购买价+运杂费+安装费　　D．购买价或建造价

（3）机器设备评估中的直接比较法是确定（　　）重置成本最常用的方法。

A．非标准设备　　B．专用设备　　C．通用设备　　D．自制设备

（4）下列关于运用物价指数法估测设备重置成本的说法中，正确的是（　　）。

A．一般应采用综合物价指数　　B．对进口设备应采用国内物价指数

C．所得重置成本一般反映更新重置成本　　D．所得重置成本一般反映复原重置成本

（5）使用年限法估测机器设备的实体有形损耗率，是假设机器设备在整个寿命期间，其有形损耗是随时间呈（　　）关系变化的。

A．指数　　B．代数　　C．线性　　D．递减

（6）运用物价指数法评估机器设备的重置成本仅考虑了（　　）。

A．技术因素　　B．功能因素　　C．地域因素　　D．时间因素

（7）某机器设备年金收益额为 8 500 元，剩余使用年限为 20 年，假定折现率为 10%。其评估值为（　　）元。

A．85 000　　B．72 366　　C．12 631　　D．12 369

（8）下列关于实体性贬值测算中的可修复损耗和不可修复的实体性损耗说法正确的是（　　）。

A．大多数情况下，可修复的实体性损耗和不可修复的实体性损耗是并存的，应分别进行计算

B．大多数情况下，两项损耗中要重点考虑其中一项损耗，须着重计算

C．大多数情况下，只存在一种损耗

D．以上说法都不对

（9）在机器设备评估中，市场法较适用于（　　）。

A．专用设备　　B．拟报废的设备

C．受地域、环境等严格限制的设备　　D．通用性较强的设备

（10）机器设备类资产一般不具备独立的获利能力，所以在进行机器设备评估时，（　　）的使用受到了很大的限制。

A．市场法　　B．收益法　　C．成本法　　D．以上答案均不对

2．多项选择题

（1）在用市场法评估机器设备时，需要进行比较调整的个别因素包括（　　）。

A．技术指标　　B．役龄　　C．设备生产能力　　D．交易时间

（2）下列属于收益法的基本参数是（　　）。

A．收益额　　B．折现率　　C．重置成本　　D．收益期限

（3）在机器设备评估中，重置核算法经常适用于（　　）设备重置成本的核算。

A．通用　　B．进口　　C．非标准　　D．自制

（4）造成机器设备经济性贬值的主要原因有（　　）。

A．该机器设备所生产的产品供过于求

B．该机器设备的技术落后

C．该机器设备被过度使用

D．该机器设备所生产的产品存在污染问题，产量受国家环保政策限制

（5）机器设备的功能性贬值通常表现为被评估机器设备出现了（　　）。

A．超额投资成本　　B．超额重置成本

C．超额运营成本　　D．超额更新成本

（6）设备的实体性贬值率相当于（　　）。

A．设备实体损耗程度与全新状态的比率

B．设备实体损耗额与全新状态的比率

C．设备实体损耗程度与重置成本的比率

D．设备实体损耗额与重置成本的比率

（7）设备成新率的估测通常采用（　　）进行。

A．使用年限法　　B．修复费用法　　C．功能价值法　　D．观察分析法

（8）进口设备增值税的计税基数为（　　）。

A．关税完税价　　B．关税　　C．消费税　　D．海外运输费

（9）进口设备从属费用确定正确的有（　　）。

A．海运费=货价×海运费率

B．关税=到岸价×关税税率

C．消费税=（关税完税价+关税）×消费税率÷（1-消费税率）

D．国外运输保险费=（货价+关税）×保险费率

（10）适用抽样核查方法的机器设备包括（　　）。

A．在企业生产过程中，起决定性作用的主要设备

B．机器设备单台价值量较低

C．数量繁多

D．规格型号及使用环境相同或类似

课后思考题

1．按照我国现行财会制度，机器设备根据其使用性质通常分为哪几类？

2．简述机器设备评估的特点。

3．简述机器设备评估的程序。

4．机器设备评估准备阶段的工作主要包括哪些方面？

5．简述对设备的鉴定主要包括哪几个方面。

6．机器设备评估的成本法中的规模经济效益指数 x=1、x<1 和 x>1 分别代表的含义是什么？

7．使用物价指数法估测进口设备重置成本时通常需要注意哪些方面？

8．使用观察分析法估测设备成新率时通常应观测哪些指标？

9．应用市场法评估机器设备必须具备哪两个前提条件？

10．简述市场法评估机器设备的基本步骤。

业务练习题

1. 被评估成套设备购建于 2014 年 12 月，账面价值为 100 万元。2019 年 12 月，对设备进行技术改造，追加投资 20 万元。2022 年 12 月，对该设备进行评估，经评估人员调查分析，得到下列数据：

（1）从 2014 年到 2019 年，每年该类设备价格上升率为 10%，而从 2019 年到 2022 年，设备价格维持不变；

（2）该设备的月人工成本，比其替代设备超支 2 000 元；

（3）被评估设备所在企业的正常投资报酬率为 10%，规模经济效益指数为 0.7，该企业所得税税率为 25%；

（4）该设备在评估前使用期间的实际利用率为正常利用率的 80%，经技术检测，该设备尚可使用 5 年，在未来 5 年中，设备利用率能达到设计要求。

要求：（1）计算被估设备的重置成本及各项损耗；

（2）计算该设备的评估值。

2. 某被评估设备计划长期用于租赁。根据该设备当前的状况，估测其尚可使用年限为 10 年；根据市场调查，估测该设备的预期年收益为 7 500 元。另外，收集了 3 个类似于被评估设备的参照物的销售和租金信息，见表 3-7。

表 3-7　3 个类似被评估设备的参照物的销售和租金信息

参照物	日期	售价/元	年租金收入/元
1	上周	44 300	6 200
2	上周	42 500	6 800
3	上周	57 300	8 600

要求：试用收益法评估该设备的价值。

3. 某企业从美国进口一台设备，离岸价格为 30 万美元，国外运杂费为 1 万美元，途中保险费为 1.5 万美元。增值税税率为 13%，关税税率为 20%。该设备在企业已使用 3 年，尚可继续使用 7 年，假定外汇汇率为 1 美元=8 元人民币。进口过程中，银行及外贸手续费为 2 万元人民币，国内运杂费为 4 万元，安装调试费为 5 万元。

要求：试评估该设备的价值。

4. 某企业有一套自制生产设备，原值 100 万元，其中材料费 70 万元，安装费用 22 万元，其他费用 8 万元。这台设备到 2022 年 12 月 31 日使用了 6 年，预计尚可使用 5 年。这台设备的设计能力为年产量 1 000 吨，从开始使用到 2022 年年底，材料费用上涨指数分别为 25%、20%、15%、12%、10%、11%；安装费和其他费用平均上涨指数分别为 9%、12%、10%、14%、18%、20%。同时预计 2022 年 12 月 31 日自制同样设备的生产能力会达到 1 200 吨。由于受国民经济的影响，正常开工率为 80%，规模经济效益指数取 0.6。

要求：试评估该设备 2022 年 12 月 31 日的价格。

第 4 章　房地产评估

学习目标

知识目标	能力目标	思政育人目标
1．了解房地产的特征、分类，不动产评估中的常用术语，房地产价格的种类； 2．熟悉房地产评估清查核实的目的、内容、方法和手段，以及房地产价格的影响因素； 3．熟悉市场法、收益法、成本法的基本思路、适用范围和前提条件； 4．掌握市场法、收益法、成本法的应用，剩余法、基准地价系数修正法的应用	1．能够正确说明房地产的整体概念，描述房地产价格类型、房地产评估原则； 2．能够正确认识房地产评估的必要性； 3．能够结合评估实务，掌握房地产评估方法的应用，分析和解决房地产评估实际问题	1．增强学生认识房地产业在国民经济中的支柱地位； 2．根植独立、公正、依法服务社会经济活动的法治理念； 3．培育学生诚实守信、勤勉尽责、谨慎从业的职业道德品质

章节导言

房地产评估作为资产评估的重要分支，既是政府部门管理经济的必要基础，又服务于社会经济活动的各个领域。什么是房地产？房地产价格有哪些种类？为什么要进行房地产评估？实施房地产评估需要遵循哪些原则？房地产评估主要有哪些技术方法，如何应用？通过本章学习，可以对房地产评估的这些内容有充分了解。

4.1　概　述

4.1.1　我国房地产评估的发展历程

房地产评估能够为房地产交易、征收补偿、抵押贷款、司法鉴定、损害赔偿以及税收等提供价值参考依据，在促进房地产公平交易、维护社会稳定、防范金融风险等方面起着举足轻重的作用。《中华人民共和国城市房地产管理法》等法律法规规定，国家实行房地产价格评估制度和房地产价格评估人员资格认证制度；取得房地产评估师资格要通过国家职业资格考试。1993 年 5 月，建设部和人事部认定了首批中国注册房地产评估师 140 名，在此基础上开始在全国范围内实行房地产评估师资格考试和注册制度。1994 年建设部起草制定了《房地产评估师考试和注册办法》，规定了我国房地产评估师资格取得的条件和程序。1994 年 8 月成立了中国房地产评估师学会（CIREA）。1999 年 2 月，建设部会同国家质量技术监督局联合发布《中华人民共和国国家标准房地产评估规范》，自 1999 年 6 月 1 日起施行，其内容包括总则、术语、评估原则、评估程序、评估方法、不同评估目的下的评估、评估结果、评估报告、职业道德等。2013 年国家标准《房地产估价基本术语标准》（GB/T 50899—2013）发布。2015 年新国家标准《房地产估价规范》（GB/T 50291—2015）发布。2017 年人力资源和社会保障部正式发布《国家职业资格目录清单》，房地产估价师被列入专业技术人员职业资格中的准入类资格。2021 年 10 月，住房和城乡建设部、自然资源部发布《关于印发〈房地产估价师职业资格制度规定〉〈房地产估价师职业资格考试实施办法〉的通知》，房地产估价师职业资格制度首次由住房和城乡建设部、自然资源部共同组织实施。

如今，我国房地产估价行业快速发展，行业规模日益壮大，估价机构综合实力不断增强，房地产估价在促进房地产交易公平、保障金融安全、维护司法公正、保障社会稳定等方面发挥着重要作用。目前，我国房地产估价机构有 5 500 余家，取得房地产估价师资格的有 6.3 万人。与此同时，房地产估价服务的领域也不断拓展，已从服务于房地产交易、税收和房屋征收，扩展到服务于金融、司法、保险以及资本市场、海外市场，并逐渐成为政府决策的重要智库。随着行业规模的壮大，房地产估价服务能力和服务水平不断提升，除了房地产抵押估价，传统估价业务不断创新，各类估价业务不断新兴，如土地储备专项债券、土地二次开发、国际仲裁、司法鉴定、房地产税收、历史建筑保护、房地产价值管理、金融资产管理中的估价服务等正在成为房地产评估领域全新的发展方向。

4.1.2 房地产评估的必要性

一种资产只有具备了下列两个条件才真正需要专业评估：（1）独一无二性；（2）价值量较大。具体就房地产来讲，由于房地产具有不可移动性、独一无二性和价值高大性，房地产市场是典型的“不完全市场”。房地产评估的重要性在于，它是为了建立合理的房地产交易秩序，也是促进房地产公平交易的基本保障，有助于将房地产价格导向正常化。

现实中对房地产进行评估的需要：①房地产交易的需要。②房地产抵押的需要。③房地产典当的需要。④房地产保险和损害赔偿的需要。⑤房地产税收的需要。⑥房地产征用拆迁补偿的需要。⑦处理房地产纠纷和有关法律案件的需要。⑧企业合资、合作、合并、兼并、分立、买卖、租赁经营、承包经营、改制、上市、破产清算等的需要。⑨房地产管理的需要。比如确定定期公布的基准地价、标定地价和各类房屋的重置价格，需要评估；如何调整土地使用权出让金，需要评估。⑩其他方面的需要。比如把房地产的购买价格在土地和建筑物之间进行分配，就需要进行房地产评估。

对于土地估价而言，常见的土地估价目的有以下几种。

（1）以国有土地使用权出让、转让、租赁、收回、收购储备、作价入股、清产核资等为目的的土地估价，包括国有土地使用权招标、拍卖、挂牌出让价格评估。

（2）以集体土地所有权征收补偿、集体土地使用权作价入股和转让等为目的的土地估价。

（3）以土地使用权抵押为目的的土地估价。

（4）以企业设立、重组、改制、上市、增资扩股、产权交易、资产置换、合并、分立产、关闭、清算等经济活动为目的的土地估价。

（5）以确定和更新城镇基准地价、标定地价为目的的土地估价。

（6）以城市地价动态监测为目的的土地估价。

（7）以农用地分等定级和划分农用地综合区片价为目的的土地估价。

（8）以土地增值税等有关不动产税费征收为目的的土地估价。

（9）以司法鉴定为目的土地估价。

4.1.3 房地产及房地产评估的概念

1. 房地产概念

房地产也称不动产，2008 年 7 月 1 日发布的《资产评估准则——不动产》中定义的不动产是指土地、建筑物及其他附着于土地上的定着物，包括物质实体及其相关权益。其中，土地是指地球表面及其上下一定范围的空间。建筑物是指人工建筑而成，由建筑材料、建筑构配件和设备等组成的整体物。其他地上定着物是指固定在土地或建筑物上，与土地、建筑物不能分离，或者能够分离，但是分离不经济，或者分离后会破坏土地、建筑物的完整性、使用价值或功能，或者使土地、建筑物的价值受到明显损害的植物或人工建筑等。例如为了提高土地或建筑物的使用价值或功能，种植在地上的树木、花草，埋设在地下的管线、设施，在地上建造的庭院、花园、假山、围墙等。而在地上临时搭建的帐篷、戏台等则不属于房地产。

（1）土地。土地一般是指地球表层的陆地部分，包括内陆水域和滩涂。广义的土地是指陆地及其空间的全部环境因素，是由土壤、气候、地质、地貌、生物和水文、水文地质等因素构成的自然综合体。评估中土地最简单的情形是一块无建筑物的空地。此外，即使土地上有建筑物，有时也需要将它单独看待，只评估其中的土地价值。例如，为征收土地税费或者确定划拨土地使用权进入市场需要补交的土地使用权出让金等的数额，就只单独评估土地的价值。而对于有建筑物的土地，在具体评估中如何单独看待土地，有两种做法：一是无视建筑物的存在，即将其设想为无建筑物的空地；二是考虑建筑物存在对土地价值的影响。

（2）土地权利。根据我国的相关法律，我国土地的权利不是孤立的一种权利，而是一个权利束，这个权利束主要包括土地的所有权、使用权、租赁权、抵押权、典权、地役权和空间利用权等。

所有权是指房地产所有权人对自己的房地产，依照法律规定享有占有、使用、收益和处分的权利，在法律规定的范围内自由支配自己的房地产，不受他人的干涉。使用权主要指土地的使用权，土地使用权是指土地使用权人依法对国有土地或者集体土地享有占有、使用、收益和部分处分的权利。相对于所有权来说，使用权在权利大小方面低于所有权。地役权是指土地所有权人或土地使用权人为使用自己土地的便利而使用他人土地的权利。最典型的地役权是在他人土地上通行的权利，这种地役权有时被称为通行权。土地使用权是土地使用者依法对土地进行使用或依法对其使用权进行转让、出租、抵押、投资等的权利。

（3）建筑物。从建筑学的角度来看，建筑物是指人工建筑而成的东西，包括房屋和构筑物两大类。房屋是指能够遮风避雨并供人居住、生产、储藏物品或进行其他活动的工程建筑，一般由基础、墙、门、窗、柱和屋顶等主要构件组成；构筑物则是指除房屋以外的建筑，如道路、桥梁、水坝、水井、水塔、隧道、烟筒等，通常不能直接在构筑物内进行生产和生活。从资产评估的角度来看，建筑物不仅包括房屋和构筑物，而且包括与其不可分离的部分及其附带的各种权利。

建筑物虽然必须建造在土地上，在实物形态上与土地连为一体，但在某些情况下需要将它单独看待，只评估其中的建筑物价值。例如，在房地产投保火灾险时评估其保险价值，灾害发生后评估其损失，为计算建筑物折旧服务的评估等，都只单独评估建筑物的价值。在具体评估中如何单独看待建筑物，有两种做法：①无视土地的存在，即将其设想为“空中楼阁”；②考虑土地存在对建筑物价值的影响。

当实物形态上土地与建筑物合成一体，评估时也把它们作为一个整体来看待。

概括起来，从实物角度来看，现实中的房地产评估对象有下列几种：①空地；②有建筑物（包括尚未建成的建筑物）的土地；③地上建筑物；④土地与建筑物（已建成的建筑物）的合成体；⑤在建工程（土地与尚未建成的建筑物的合成体）；⑥未来状况下的房地产；⑦已经消失的房地产；⑧现在状况下的房地产与过去状况下的房地产的差异部分，如后来增加的装修；⑨房地产的局部，如某幢公寓中的某套房；⑩包含有其他资产的房地产；⑪作为企业整体的一部分的房地产。

2. 房地产评估概念

房地产评估是指资产评估机构及其资产评估专业人员遵守法律、行政法规和资产评估准则，根据委托对评估基准日特定目的下的房地产价值进行评定和估算，并出具资产评估报告的专业服务行为。房地产评估包括单独的房地产评估和企业价值评估中的房地产评估。对于房地产评估的称谓，不同领域、不同国家和地区有不同的称谓：我国资产评估领域称房地产评估，房地产领域称房地产估价；美国称 real estate appraisal；英国称 property valuation；日本和韩国称不动产鉴定评价，简称不动产鉴定；我国台湾地区称不动产评估，也称为不动产鉴定或不动产鉴价；我国香港地区通常称为物业评估。

土地使用权出让价格评估是依据相关法律法规，对土地使用权出让底价进行评估。国有土地使用权出让价格是指在政府土地使用权出让市场上形成的价格。开展国有建设用地使用权出让地价评估，目的是为出让方通过集体决策确地出让底价，或核定应该补缴的地价款提供参考依据。

4.1.4 房地产的类型

1. 按用途划分

（1）居住房地产：包括普通住宅、高档公寓、别墅等。

（2）商业房地产：包括百货商场、购物中心、商业店铺、超级市场、批发市场等。

（3）办公房地产：包括商务办公楼（写字楼）、政府办公楼等。

（4）旅馆房地产：包括饭店、酒店、宾馆、旅店、招待所、度假村等。

（5）餐饮房地产：包括酒楼、美食城、餐馆、快餐店等。

（6）娱乐房地产：包括游乐场、娱乐城、俱乐部、夜总会、影剧院、高尔夫球场等。

（7）工业和仓储房地产：包括工业厂房、仓库等。

（8）农业房地产：包括农地、农场、林场、牧场、果园等。

（9）特殊用途房地产：包括车站、机场、医院、学校、教堂、寺庙、墓地等。

（10）综合房地产：是指具有两种或两种以上用途的房地产。

2．按开发程度划分

（1）生地：指不具有城市基础设施的土地，如荒地、农地。

（2）毛地：指具有一定城市基础设施，但地上有待拆迁房屋的土地。

（3）熟地：指具有完善的城市基础设施、土地平整，能直接在其上进行房屋建设的土地。

（4）在建工程：指地上建筑物已开始建设但尚未建成，不具备使用条件的房地产。该房地产不一定正在建设，也可能停工了多年。

（5）现房（含土地）：指地上建筑物已建成，可直接使用的房地产。它可能是新的，也可能是旧的。

3．按是否产生收益划分

（1）收益性房地产：指能直接产生租赁或其他经济收益的房地产，如商店、商务办公楼、公寓、旅馆、餐馆、影剧院、游乐场、加油站、厂房、农地等。

（2）非收益性房地产：指不能直接产生经济收益的房地产，如私人宅邸、未开发的土地、政府办公楼、教堂、寺庙等。

4．按经营使用方式划分

（1）出售型房地产。

（2）出租型房地产。

（3）营业型房地产。

（4）自用型房地产。

这种分类对于选用评估方法特别有用，例如出售型房地产可以采用市场法评估，出租型或营业型房地产可以采用收益法评估，自用型房地产可以采用成本法评估。

4.1.5 房地产价格体系

1．房地产价格种类

（1）使用价值和交换价值。一种商品的使用价值，是指该种商品能满足人们某种需要的效用。交换价值，是指该种商品同其他商品相交换的量的关系或比例，通常用货币来衡量，即交换价值表现为一定数量的货币或其他商品。人们在经济活动中一般所说的价值是指交换价值，在房地产评估中一般所说的价值也是指交换价值。作为商品的房地产，既有使用价值也有交换价值。房地产评估所评估的是房地产的交换价值。

（2）投资价值和市场价值。某一房地产的投资价值，是该房地产对于某个具体的投资者（广义，包括消费者）的经济价值，是该投资者基于个人需要或意愿，对该房地产所估计的价值或做出的评价。而该房地产的市场价值，是该房地产客观的、非个人的价值。在某一时点，市场价值是唯一的，而投资价值因投资者的不同而不同，建立在主观的、个人的因素基础上。一般房地产评估所评估的是房地产的市场价值。

（3）原始价值、账面价值和市场价值。原始价值简称原值、原价，也称历史成本、原始购置成本，是一项资产在当初购置时的价格或发生的支出。原始价值是始终不变的。

账面价值又称账面净值、折余价值，是该资产的原始价值减去已计提折旧后的余额。账面价值随着时间的推移而减少。

市场价值是指该资产现时在市场上实际所值的价格。市场价值随着时间的推移而变化，有时高，有时低。市场价值很少等于账面价值。

房地产由于具有保值增值性，通常虽然经过了若干年的使用，但其市场价值有时还比过去的购置价格高出很多。一般来说，房地产评估所评估的是房地产的市场价值。

（4）土地价格、建筑物价格和房地价格。土地价格简称地价，如果是一块无建筑物的空地，此价格即指该块土地的价格；如果是一块有建筑物的土地，此价格是指该宗房地产中土地部分的价格，不含建筑物的价格。土地价格有生地价格、毛地价格、熟地价格之说。

建筑物价格是指建筑物部分的价格，不含建筑物所占用的土地的价格。

房地价格又称房地混合价，是指建筑物连同其占用的土地的价格，它往往等同于人们平常所说的房价。对于同一宗房地产而言，房地价格=土地价格+建筑物价格；土地价格=房地价格-建筑物价格；建筑物价格=房地价格-土地价格。

（5）总价格、单位价格和楼面地价。总价格简称总价，是指某一宗或某一区域范围内的房地产整体的价格。总价一般不能反映房地产价格水平的高低。

单位价格简称单价，对于土地来说，是指单位土地面积的土地价格；对于建筑物来说，是指单位建筑物面积的建筑物价格；对于房地来说，是指单位建筑物面积的房地价格。单价一般可以反映价格水平的高低。

楼面地价又称单位建筑面积地价，即单位建筑面积平均分摊的土地价格。楼面地价是房价的主要组成部分之一，与建造成本、开发利润、相关税费等共同构成商品房的市场价值。在现实生活中，楼面地价往往比土地单价更能反映土地价格水平的高低。楼面地价与土地总价的关系为：

楼面地价=土地总价÷规划建筑总面积

由此公式可以推算出楼面地价、土地单价、规划容积率三者之间的关系，即

楼面地价=土地单价÷规划容积率

【例 4-1】2021 年 12 月在某市拍卖的宗地，土地面积为 13 145 平方米，容积率为 3.2，建筑密度≤25%，绿地率≥25%，建筑高度≤80 m。最后成交价为 4.63 亿元。请问其楼面地价是多少？

解：楼面地价=463 000 000÷（13 145×3.2）=11 007（元/平方米）

容积率又称建筑面积毛密度，是项目用地范围内地上总建筑面积与项目总用地面积的比值，即容积率=地上总建筑面积÷总用地面积。对于开发商来说，容积率决定地价成本在房屋中所占的比例，而对于住户来说，容积率直接涉及居住的舒适度。同时，容积率根据城市的不同特点有所差别。

【例 4-2】有一项目用地 6 500 平方米，规划容积率为 3.6。请问该项目地上总建筑面积为多少？

解：总建筑面积（地上）=用地面积×容积率=6 500×3.6=23 400（平方米）

建筑密度是与容积率相关的概念，又称建筑覆盖率，是指在一定范围内，建筑物的基底面积总和与总用地面积的比例。它是建筑物的覆盖率，具体为项目用地范围内所有建筑的基底总面积与规划建设用地面积之比，它可以反映一定用地范围内的空地率和建筑密集程度。

建筑密度=建筑物的基底面积总和÷规划建设用地面积

【例 4-3】一块地为 100 000 平方米，其中建筑底层面积之和为 3 000 平方米，计算该地的建筑密度。

解：这块用地的建筑密度=3 000÷10 000 = 30%。

建筑密度一般不会超过 50%，用地中还需要留出部分面积用作道路、绿化、广场、停车场等。有时还采用建筑物的最大水平投影面积占土地总面积的比例来表示建筑密度。

城市规划一般要求建筑物四周留有一定的空地，用作建筑物的绿地和交通，以满足建筑物的通风、采光、防火以及居住者的隐私权等要求。如果各层建筑面积均相同，则有

容积率=建筑密度×建筑层数

因为　　总建筑面积=土地总面积×建筑密度×建筑层数

（6）所有权价格、使用权价格和其他权益的价格。所有权价格是指房地产所有权的价格。房地产所有权价格还可依据其是否完全再细分。所有权为占有权、管理权、享用权、排他权、处置权（包括出售、出租、抵押、赠与、继承）等诸项个别权利的总和。但如果在所有权上设定了他项权利，则所有权变得不完全，因此价格会降低。

使用权价格是指房地产使用权的价格。以土地为例，中国大陆目前有偿出让和转让土地的价格都是使用权价格，土地使用权又有出让土地使用权和划拨土地使用权两种。

其他权益的价格泛指所有权价格、使用权价格以外的各种权益的价格，如租赁权价格、典权价格等。

（7）起价、标价、成交价和均价。起价是指所销售的商品房的最低价格。起价通常不能反映所销售商品房的真实价格水平。这个价格通常是最差的楼层、朝向、户型的商品房价格，甚至这种价格的商品房不存在，仅是为了广告作用，吸引人们对所销售商品房的关注而虚设的价格。所以，起价不能反映所销售商品房的真实价格水平。

标价又称报价、表格价，是指商品房出售者在其价格表上标注的不同楼层、朝向、户型的商品房的出售价格。一般情况下，买卖双方会在这个价格的基础上讨价还价，最后出售者可能做出某种程度的让步，按照一个比这个价格低的价格成交。

成交价是指商品房买卖双方的实际交易价格，是商品房买卖合同中写明的价格。

均价是指所销售商品房的平均价格，具体有标价的平均价格和成交价的平均价格。这个价格一般可以反映所销售商品房的价格水平。

（8）拍卖价格、招标价格和协议价格。拍卖价格是指采用拍卖方式交易（或出让）房地产的成交价格。

招标价格是指采用招标方式交易（或出让）房地产的成交价格。

协议价格是指采用协议方式交易（或出让）房地产的成交价格。

在通常情况下，采用协议方式出让的地价最低，其次是招标价格，拍卖价格最高。

2. 土地价格体系

我国的土地所有权归国家所有，因此我国土地资产交易市场实际上是土地使用权让渡市场，土地资产的价格实际上是土地使用权价格。目前我国土地使用权价格体系包括以下地价类型：

（1）基准地价。基准地价是指一定时期的区域性土地使用权平均单价，属于基础性地价，是市场地价运动的基准线。基准地价评估以城市为单位进行。

（2）标定地价。标定地价是指在基准地价的基础上，按土地使用年限、面积大小、形状、容积率、微观区位、市场行情条件，修订评估出的具体地块某一时期的价格。标定地价应当定期公布，以适应不同时期市场行情变化的需要。

（3）出让底价。出让底价是指政府根据土地具体情况结合其出让年限、用途、地产市场行情等因素确定的待出让宗地或成片土地的某一时点的底价或起叫价格，若低于此价则不出让。

（4）转让价格。转让价格是指土地使用权人将已取得的土地使用权在二级地产市场上再转让、再出租的价格。土地在改良、开发过程中实现增值。

（5）其他价格。其他价格主要有抵押价格和课税价格。

基准地价、标定地价及出让底价均属于一级地产市场价格范畴，其定价权最终由政府控制。

转让价格、抵押价格等属于二级地产市场价格范畴，通常随行就市。中介机构的房地产评估主要是为二级地产市场中的产权变动和产权交易服务的。

4.1.6 房地产价格影响因素

影响房地产价格的因素有很多，通常可以分为一般因素、区域因素和个别因素。各因素对房地产价格的影响机制较复杂，影响程度大小不一。

1. 一般因素

一般因素是指影响定区域范围内所有房地产价格的一般的、普遍的、共同的因素。这些因素主要是宏观性的，会对房地产价格产生全局性的影响。

（1）经济因素。经济发展水平是影响房地产价格最基本的因素。国民生产总值、居民收入水平、物价指数等都会影响房地产价格。房地产业的发展与国民经济发展步调基本一致，房地产价格水平与地区经济发展状况存在正相关关系。财政金融方面因素，如存贷款利率和税率的变化也会影响房地产的供求关系，进而影响房地产价格。

（2）社会因素。人口数量直接影响房地产的需求。人口数量和人口密度与房地产价格存在正相关关系。家庭结构和社会治安状况也对房地产价格有着密切的影响。在人口总量不变的情况下，家庭规模的小型化会增加房地产的需求。

（3）行政因素。行政因素主要是指影响房地产价格的制度、政策、法规、行政措施等方面的因素。例如，政府规定的土地使用制度、住房制度、地价政策等直接决定房地产的定价基础。城市规划、城市发展战略、土地利用规划直接对房地产的区位造成影响。

2. 区域因素

区域因素是指在特定区域内自然条件和社会、经济、行政、技术等因素相结合产生的区域特性，对该区域内各块土地的价格水平产生影响的因素。具体表现为区域商业繁华程度、道路通达情况、交通便利状况、城市设施建设状况和区域环境状况等。例如，商业程度繁华，通常会带动该地区房地产价格的上升。城市设施建设状况较好的地区，房地产价格通常会高于城市设施建设状况较差的地区。

3．个别因素

土地个别因素又称宗地因素，主要有土地区位因素、土地形状与规模因素、土地地形地势因素、容积率因素、用途因素和土地使用年限因素。建筑物个别因素主要是指建筑物自身的特性，如建筑物的规模结构及建造成本、建筑物设计是否合理、是否与周围环境相协调、建筑物质量的高低。

4.1.7 房地产评估原则

由于房地产价格本身的特点及产业性质，房地产评估不仅要遵循资产评估的一般工作原则，而且必须遵循特定的经济性原则和专业性原则。

1．合法原则

合法原则要求房地产评估要在法律规定的条件下进行。房地产评估应以评估对象的合法权益为前提进行。两宗实物状况相同的房地产，如果权益不同，价值可能有很大的不同。但是在评估时，评估对象的权益不是委托人或评估人员可以随意假定的，必须有合法的依据。合法权益包括合法产权、合法使用、合法处分等方面。遵循合法原则，具体来说应当做到以下几点。

（1）在合法产权方面，应以房地产权属证书和有关证件为依据，如不动产权证书。

（2）在合法使用方面，应以城市规划、土地用途管制等为依据。如果城市规划规定了某宗土地的用途、建筑高度、容积率、建筑密度等，那么，对该宗土地进行评估就必须以其使用符合这些规定为前提。西方所谓的城市规划创造土地价值，在一定程度上反映了这一要求。

（3）在合法处分方面，应以法律、行政法规或合同等允许的处分方式为依据。处分方式包括买卖、租赁、抵押、典当、抵债、赠与等。

（4）在其他方面，评估出的价格必须符合国家的价格政策。

2．房地合一原则

房屋建筑物不能脱离土地而存在，土地的使用价值需通过房屋建筑物反映出来，房屋建筑物的价格受到其他地理位置及区域的影响。由于两者在使用价值上的相互依存和价格形成中的内在联系，在用市场法进行评估时要把两者作为相互联系的综合体进行估价。对于建筑物来说，它总是依托于一定的土地，土地的开发成本往往隐含在房屋建筑物价值之中，土地使用价值此时可通过房产来反映。建筑物环境质量的区别是由土地产生的，它在很大程度上影响建筑物的价格。环境质量的好坏不取决于房屋建筑物本身，而是与土地的不可位移性相关。房地产的总收益是土地和建筑物等因素共同作用的结果。

3．替代原则

房地产价格同样遵循替代规律。特别是商品化房地产，如商品化住宅、别墅、写字楼等，其价格受其他具有相同使用价值的同类型建筑物价格所牵制。替代原则要求房地产估价结果不得偏离类似房地产在同等条件下的正常价格。由于房地产的独一无二特性，使得几乎没有完全相同的房地产，但在同一市场上具有相近效用的房地产，其价格是相近的。在现实房地产交易中，任何理性的买者和卖者，都会将其拟买或拟卖的房地产与类似房地产进行比较，任何买者不会接受过高于市场上正常价格的价格，任何卖者也不会接受过低于市场上正常价格的价格，最终结果是同一市场上类似的房地产，价格相互牵掣、相互接近。

4．最高最佳使用原则

评估房地产价格时，应结合预期原则考虑何种情况下房地产才能达到最佳使用及实现的可能，以最佳使用权所能带来的收益评估房地产的价格。最高最佳使用原则要求房地产估价应以估价对象的最高最佳使用为前提进行。最高最佳使用是指法律上许可、技术上可能、经济上可行，经过充分合理的论证，使评估对象的价值达到最大的一种最可能的使用。寻找最高最佳使用的方法，是先尽可能地设想出各种潜在的使用方式，然后从以下 4 个方面依序筛选。

（1）法律上的许可性。对于每一种潜在的使用方式，首先检查其是否为法律所允许。如果是法律不允许的，应被淘汰。

（2）技术上的可能性。对于法律所允许的每一种使用方式，要检查它在技术上是否能够实现，包括建筑材料性能、施工技术手段等能否满足要求。如果技术上达不到，应被淘汰。

（3）经济上的可行性。对于法律上允许、技术上可能的每一种使用方式，还要进行经济可行性检验。只有收入现值大于支出现值的使用方式才具有经济可行性，否则应被淘汰。

（4）价值是否最大。在所有具有经济可行性的使用方式中，能使评估对象的价值达到最大的使用方式，才是最高最佳的使用方式。

4.1.8 房地产评估程序

房地产评估程序是指房地产评估作业按其内在联系，所形成的各个具体操作步骤和环节。一般而言，评估一宗房地产主要包括 7 个基本步骤。

1．明确评估的基本事项

（1）明确评估对象。

①评估实体的确定。即要明确评估对象是什么、范围如何，评估的是土地，还是建筑物，或是房地合一，包括坐落位置、面积、用途、结构等。如评估的是写字楼，是否包括其中配备的设备；如评估的是酒店，是否包括其中的家具等。

②评估对象权利状态的确定。首先要明确所评估的是何种物权，是所有权还是使用权或抵押权等。在我国，尤其要注意所评估的是通过有偿出让方式获得的土地使用权，还是土地使用权的批租年限，已使用年限、剩余使用年限是否受到限制、是否完整等。如评估对象是否已设定了租赁权、抵押权和典权、地役权等，其年限如何。

（2）明确评估目的。评估目的可具体分为买卖、交换、租赁、入股、抵押、典当、保险、课税、征用、拆迁补偿、投资决策、清产核资、区域规划、分析等。不同的评估目的对于估价方法的选择和估价结果是有一定影响的，因此，必须明确评估目的。明确了评估目的，也就相应地确定了所要评估的价格类型，如买卖价格、租赁价格、入股价格、抵押价格、征用价格、课税价格等。

（3）明确评估基准日。房地产价格受多种因素影响，是不断变化的。对于同一宗房地产来说，在不同的时点上，其价格可能有较大的差别。我们通常所说的某宗房地产的价格是指该房地产在某个特定时点上的时价，我们所要评估的也正是这种时价。评估基准日一般以年、月、日来表示，其详略程度一般是由房地产市场的稳定程度及评估的价格种类所决定的。

2. 签订评估合同

在明确评估基本事项的基础上，估价方与委托估价方应签订委托评估合同或协议。评估合同应包括评估目的、评估对象、评估时点、评估收费、评估日期、双方责任和评估报告等。

3. 拟订评估作业方案

为保证评估工作高效率、有秩序地进行，根据评估目的、待评估房地产基本情况及合同条款，估价方应及时拟订合理的评估作业方案，其主要内容包括：拟采用的评估技术路线和评估方法；拟调查收集的资料及其来源渠道；预计所用的时间、人力、经费；拟定作业步骤和作业进度。

4. 实地勘查，收集所需资料

实地勘查是评估过程中必不可少的环节。评估人员只有亲临评估对象所在的现场，对房地产进行实地调查，才能充分了解房地产的特性和所处区域环境。通过实地勘查收集并形成现场资料一方面可以核实委托方提供资料的准确性，另一方面还可以在现场获得书面资料难以描述或者遗漏的信息。评估过程中需要收集的资料主要有评估对象的基本状况资料，如房屋所有权证、建设工程规划许可证、规划图、建筑图、建造成本、租售价格所处地段与环境等；评估对象所在地区的市场交易、交通条件、基础设施、建筑物造价、环境质量资料等；类似房地产的交易、成本、收益实例资料；影响房地产价格的宏观层面资料，如产业政策的变化、货币政策的调整、房地产市场行情等。

评估资料是为应用评估方法、做出评估结论及撰写评估报告书提供依据的。评估资料是否全面、真实、详细，直接关系到评估结果的可靠性和准确性。

5. 选定评估方法计算

在前述工作的基础上，根据待评估房地产评估对象、评估目的和资料的详细程度，结合评估对象自身的特点、用途等确定恰当的评估方法。在评估实务工作中，一般以一种评估方法为主，同时以另外几种评估方法为辅，以利于对照和修正。

6. 确定评估结果

评估结果的确定过程，是使评估价格不断接近客观实际的过程。不同的评估方法是从不同的角度考虑对房地产进行估价的。因此，用不同评估方法对同一宗房地产进行评估，其计算结果自然会不同。评估人员应对这些结果进行分析、处理，以确定最终估价额。

7. 撰写评估报告

评估人员在确定了最终的估价额后，应撰写正式的评估报告。评估报告是房地产评估机构履行委托评估合同的成果，也是评估机构所承担法律责任的书面文件，同时是房地产评估管理部门对评估机构评定质量和资质等级的重要依据。

4.2　房地产评估的市场法

4.2.1　市场法含义

市场法又称市场售价类比法、交易案例比较法等，是指在求取一宗被评估房地产价格时，依据替代原理，将被评估房地产与类似房地产的近期交易价格进行对照比较，通过交易情况、交易日期、区域因素和个别因素等修正，得出被评估房地产在评估基准日的可能实现的合理价值的估计值。理论依据是房地产价格形成的替代原理，评估对象的未知价格可以通过类似房地产的已知成交价格来求取。

$$\text{待评估房地产评估值}=\text{可比实例交易价值}\times\frac{\text{正常交易情况}}{\text{可比实例交易情况}}\times\frac{\text{待评估房地产区域因素值}}{\text{可比实例区域因素值}}\times\frac{\text{待评估房地产市场状况因素值}}{\text{可比实例市场状况因素值}}\times\frac{\text{待评估房地产状况因素值}}{\text{可比实例状况因素值}}$$

4.2.2　市场法的适用对象和前提条件

只要有适合的类似房地产交易实例即可应用市场法，适用的对象是具有交易性的房地产，如房地产开发用地、普通商品住宅、高档公寓、别墅、写字楼、商场、标准工业厂房等。因此，在房地产市场比较发达的情况下，市场法得到广泛应用。在同一地区或同一供求范围内的类似地区中，与被评估房地产类似的房地产交易越多，市场法应用越有效。对于某些类型很少见或交易实例很少的房地产，以及那些很少发生交易或很难成为交易对象的房地产，如特殊工业厂房、古建筑用地、教堂、寺庙、风景名胜区、图书馆、体育馆、学校、纪念馆用地等不适合使用市场法。

4.2.3　市场法操作步骤

（1）收集交易实例；
（2）选取可比实例；
（3）建立价格可比基础；
（4）进行交易情况修正；
（5）进行交易日期修正；
（6）进行房地产状况修正；
（7）求取比准价格；
（8）计算评估值。

4.2.4 参照物交易实例的选取

（1）收集交易实例主要有以下几种途径：

①查阅政府有关部门的房地产交易等资料。如房地产权利人转让房地产时申报的成交价格资料、交易登记资料，政府出让土地使用权的地价资料，政府确定、公布的基准地价、标定地价和房屋重置价格资料等。

②查阅报刊上有关房地产出售、出租的广告、信息等资料。

③参加房地产交易展示会，了解房地产价格行情，收集有关信息，索取有关资料。

④向房地产交易当事人、四邻、经纪人、金融机构、司法机关等调查了解有关房地产交易的情况。

⑤假装成房地产购买者，与房地产出售者如房地产开发商、经纪代理商等洽谈，取得真实的房地产价格资料。

⑥同行之间相互提供。评估机构或评估人员可以约定相互交换所收集的交易实例和经手的评估案例资料。

（2）在收集交易实例时，需要收集的内容一般应包括：①交易双方的基本情况和交易目的；②交易实例房地产的状况，如坐落位置、用途、土地状况、建筑物状况、周围环境、景观等；③成交日期；④成交价格；⑤付款方式；⑥交易情况，如交易税费的负担方式，有无隐价瞒价、急卖急买、人为哄抬、亲友间的交易等特殊交易情况。

（3）可比实例

用于参照比较的交易实例，称为可比实例。可比实例选取得恰当与否，直接影响到比较法评估出的价格的准确性，因此应特别慎重。选取的可比实例应符合以下 8 个方面的要求。

①应是在邻近地区或同一个供需圈内的类似地区中的交易实例。

②属于同一交易类型，且用途相同。大类用途一般分为居住、商业、办公、旅馆、工业和农业等。

③可比实例的建筑结构应与评估对象的建筑结构相同。大类建筑结构一般分为钢结构、钢筋混凝土结构、砖混结构、砖木结构和简易结构。

④可比实例的规模应与评估对象的规模相当。

⑤与待评估房地产的区域特征、个别特征相近。

⑥与待评估房地产必须有相同的交易目的（价格类型）。交易类型主要有土地使用权协议出让、一般买卖、租赁、征用等。

⑦与待评估房地产的评估日期接近。交易实例的成交日期与估价时点相隔一年以上的不宜采用，因为难以进行交易日期修正，即使修正也可能出现较大偏差。

⑧参照物的交易应属于正常交易或可修正为正常交易。

4.2.5 参照物交易实例与待评估房地产之间差异修正

1. 市场交易情况修正

在进行房地产买卖时，由于房地产价格的个别性比较明显，在采用交易实例时需要考虑其中交易情况的个别差异，需要对选取的交易实例进行交易情况修正。将交易实例调整为正常交易。正常交易是指交易应该是公开、平等、自愿的，即在公开市场、信息畅通、交易双方自愿、没有私自利益关系的情况下的交易。在实际的房地产交易中存在的特殊情况比较多，常见的特殊情况主要有以下几种。

①有特别利害关系人之间的交易，如亲友间、有利害关系的单位之间交易，通常价格偏低。

②有特殊动机的交易，如急于脱手的价格往往偏低，急于购买的价格往往偏高。

③政府为了对某种产业进行鼓励、扶植或控制，在政策上给予某些优惠或限制，甚至对一些房地产交易进行干预和管制。

④买方和卖方不了解市场行情，盲目购买或出售，使交易价格偏高或偏低。

⑤招标、拍卖的房地产由于一般购买者不能参加，通常价格较低。

⑥购买相邻房地产。由于该房地产与原有房地产合并后，会增加原有房地产的效用，所以购买价格有时要高于该房地产单独存在时的正常价格。

⑦其他特殊情况。如房地产增值税本应由买方负担，却转移给卖方。

确定了交易情况影响因素后，需要测定各因素对价格的影响程度，并量化为具体的修正比例或系数。采用百分率法进行交易情况修正的一般公式为：

正常价格=可比实例的成交价格×交易情况修正系数

在百分率法中，交易情况修正系数应以正常价格为基准来确定。假设可比实例的成交价格比其正常市场价格高低的百分率为±S%（当可比实例的成交价格比其正常市场价格高时，为 S%；低时，为-S%），则：

$$正常市场价格=可比实例成交价格\times\frac{100}{100\pm S}$$

交易情况的具体修正，需要测定交易中的一些特殊因素使其成交价格偏离正常价格的程度，但由于缺乏客观、统一的尺度，这种测定有时非常困难。因此，在哪种情况下应当修正多少，只能由评估人员凭经验加以判断。不过，评估人员平常就应收集整理交易实例，并加以分析，在积累了丰富经验的基础上，把握适当的修正系数也是不难的。

2. 交易日期修正

在选用可比交易实例时，交易实例的交易日期应该与待评估房地产的估价日期较接近为好。一般情况下，交易实例的交易日期与待评估房地产的评估基准日会存在不一致的情况，因此，需要对选取的交易实例进行交易日期修正。

（1）采用百分率法进行交易日期修正的一般公式为：

在评估时点时的价格=可比实例在成交日期时的价格×交易日期修正系数

其中，交易日期修正系数应以成交日期时的价格为基准来确定。假设从成交日期到评估时点时，可比实例价格涨跌的百分率为±T%（当可比实例的价格上涨时，为 T%；下跌时，为-T%），则：

$$在评估时点时的价格=可比实例在成交日期时的价格\times\frac{100\pm T}{100}$$

修正的具体方法，可通过价格指数或价格变动率进行调整，也可采用时间序列分析。

采用定基价格指数进行交易日期修正的公式为：

$$交易日期修正后的可比价格=可比实例成交价格\times\frac{评估基准日价格指数}{可比实例交易日价格指数}$$

采用环比价格指数进行交易日期修正的公式为：

在评估时点时的价格=可比实例在成交日期时的价格×成交日期的下一时期的价格指数×再下一时期的价格指数×…×评估时点时的价格指数

【例 4-4】某地区某类房地产 2022 年 4 月至 10 月的价格指数分别为 79.6、74.7、76.7、85.0、89.2、92.5、98.1（以 2022 年 1 月为 100）。其中某宗房地产在 2022 年 6 月的价格为 18 000 元/平方米，对其进行交易日期修正，修正到 2022 年 10 月的价格为多少？

解：18 000×98.1 ÷ 76.7=23 022（元/平方米）

【例 4-5】某地区某类房地产 2022 年 4 月至 10 月的价格指数分别为 99.6、94.7、96.7、105.0、109.2、112.5、118.1（均以上个月为 100）。其中某宗房地产在 2022 年 6 月的价格为 20 000 元/平方米，对其进行交易日期修正，修正到 2020 年 10 月的价格为多少？

解：20 000×1.05×1.092×1.125×1.181=30 468（元/平方米）

（2）采用房地产价格变动率进行交易日期修正。

房地产价格变动率有逐期递增或递减的价格变动率和期内平均上升或下降的价格变动率两种。其中，采用逐期递增或递减的价格变动率进行交易日期修正的公式为：

$$在评估时点时的价格=可比实例在成交日期时的价格\times（1\pm价格变动率）^{期数}$$

采用期内平均上升或下降的价格变动率进行交易日期修正的公式为：

在评估时点时的价格=可比实例在成交日期时的价格×（1±价格变动率×期数）

【例 4-6】评估某宗房地产 2022 年 9 月末的价格，选取了下列可比实例：成交价格 30 000 元/平方米，成交日期 2021 年 10 月末。另调查获知该类房地产价格 2021 年 6 月末至 2022 年 2 月末平均每月比上月上涨 1.5%，2022 年 2 月末至 9 月末平均每月比上月上涨 2%。对该可比实例进行交易日期修正，修正到 2022 年 9 月末的价格为多少？

解：30 000×（1+1.5%）^{4}×（1+2%）^{7}=36 580（元/平方米）

3．进行房地产状况修正

对于土地来说，实物状况因素主要包括面积大小、形状、基础设施完备程度（属于评估对象之内的部分）、土地平整程度、地势、地质水文状况等影响房地产价格的因素；对于建筑物来说，主要包括新旧程度、建筑规模、建筑结构、设备、装修、平面布置、工程质量等影响房地产价格的因素。一般情况下，交易实例的状况与待评估房地产的状况会存在差异，因此，需要对选取的交易实例进行房地产状况因素修正。

首先列出对评估对象价格有显著影响的房地产状况因素，如区位、权益、实物等，判定评估对象和可比实例在这些因素方面的状况；其次将可比实例与评估对象在这些因素方面的状况进行逐项比较，找出它们之间的差异造成的价格差异程度；最后根据价格差异程度对可比实例价格进行调整。房地产状况修正的方法有百分率法、差额法和回归分析法。采用百分率法进行房地产状况修正的一般公式为：

在评估对象房地产状况下的价格=可比实例在其房地产状况下的价格×房地产状况修正系数

采用差额法进行房地产状况修正的一般公式为：

在评估对象房地产状况下的价格=可比实例在其房地产状况下的价格±房地产状况修正额

在百分率法中，房地产状况修正系数应以评估对象的房地产状况为基准来确定。假设可比实例在其房地产状况下的价格比在评估对象房地产状况下的价格高低的百分率为±*R*%（当可比实例在其房地产状况下的价格比在评估对象房地产状况下的价格高时，为 *R*%；低时，为-*R*%），则

$$在评估对象房地产状况下的价格=可比实例在其房地产状况下的价格\times\frac{1}{1\pm R\%}$$

或者：

$$在评估对象房地产状况下的价格=可比实例在其房地产状况下的价格\times\frac{100}{100\pm R}$$

上式中，$\frac{1}{1\pm R\%}$或$\frac{100}{100\pm R}$是房地产状况修正系数。

对于土地来说，土地使用年限因素和容积率因素也属于个别因素，由于它们的重要性和对评估值的影响程度较大，通常要单独进行修正。

（1）土地使用年限因素修正公式：

可比实例修正为评估对象土地使用年限下的价格=可比实例交易价格×土地使用年限修正系数

土地使用年限修正系数的计算公式为：

$$y=\left[1-\frac{1}{(1+r)^n}\right]\div\left[1-\frac{1}{(1+r)^N}\right]$$

式中，y 为年限修正系数；N 为参照物土地使用权剩余年限；n 为待评估土地使用权剩余年限；r 为折现率。

（2）容积率因素修正公式：

可比实例修正为评估对象容积率下的价格=可比实例交易价格×容积率修正系数

$$容积率修正系数=\frac{评估对象容积率地价指数}{可比实例容积率地价指数}$$

容积率地价指数是指随着容积率的差异而表现出的地价变化的相对程度，一般用百分率来表示。

【例 4-7】评估对象土地使用年限为 30 年，可比实例土地使用年限为 20 年，假设折现率为 8%，则土地使用年限修正系数为：

$$y=\left[1-\frac{1}{(1+8\%)^{30}}\right]\div\left[1-\frac{1}{(1+80\%)^{20}}\right]=1.466$$

具体进行房地产状况修正的方法，有直接比较修正法和间接比较修正法两种。

（1）直接比较修正法。直接比较修正法一般是采用评分的办法（见表 4-1），以评估对象的房地产状况为基准（通常定为 100 分），将可比实例的房地产状况与它逐项比较打分。如果可比实例的房地产状况劣于评估对象的房地产状况，打的分数就低于 100；相反，打的

分数就高于 100。然后将所得的分数转化为修正价格的比率。采用直接比较修正法进行房地产状况修正的表达式为：

$$在评估对象房地产状况下的价格=可比实例在其房地产状况下的价格\times\frac{100}{(\quad)}$$

上式括号内应填写的数字，为可比实例房地产相对于估价对象房地产的得分。

表 4-1　房地产状况直接比较修正

房地产状况	权重	评估对象	可比实例 A	可比实例 B	可比实例 C
因素 1	F1	100			
因素 2	F2	100			
因素 3	F3	100			
…	…	…			
…	…	…			
因素 n	Fn	100			
	1	100			

（2）间接比较修正法。间接比较修正法与直接比较修正法相似，所不同的是设想一个标准的房地产状况，以此标准的房地产状况为基准，将评估对象及可比实例的房地产状况与它逐项比较打分，然后将所得的分数转化为修正价格的比率，见表 4-2。

表 4-2　房地产状况间接比较修正

房地产状况	权重	标准状况	评估对象	可比实例 A	可比实例 B	可比实例 C
因素 1	F1	100				
因素 2	F2	100				
因素 3	F3	100				
…	…	…				
…	…	…				
因素 n	Fn	100				
	1	100				

采用间接比较修正法进行房地产状况修正的表达式为：

$$评估对象房地产状况下的价格=可比实例在其房地产状况下的价格\times\underset{\text{标准化修正}}{\frac{100}{(\quad)}}\times\underset{\text{房地产状况修正}}{\frac{(\quad)}{100}}$$

式中，位于分母的括号内应填写的数字，为可比实例房地产相对于标准房地产的得分；位于分子的括号内应填写的数字，为评估对象房地产相对于标准房地产的得分。

4.2.6 确定比准价格

经过交易情况修正后，就将可比实例的实际而可能不是正常的价格变成了正常价格；经过交易日期修正后，就将可比实例在其成交日期时的价格变成了在评估时点时的价格；经过房地产状况修正后，就将可比实例在其房地产状况下的价格变成了在评估对象房地产状况下的价格。这样，经过这三大方面的修正后，就把可比实例房地产的实际成交价格变成了评估对象房地产在评估时点时的客观合理价格。如果把这三大方面的修正综合起来，计算公式如下：

评估对象价格=可比实例价格×交易情况修正系数×交易日期修正系数×房地产状况修正系数

$$\text{评估对象价格} = \text{可比实例价格} \times \underset{\text{交易情况修正}}{\frac{100}{(\quad)}} \times \underset{\text{交易日期修正}}{\frac{(\quad)}{100}} \times \underset{\text{房地产状况修正}}{\frac{100}{(\quad)}}$$

式中，交易情况修正的分子为 100，表示以正常价格为基准；交易日期修正的分母为 100，表示以成交日期时的价格为基准；房地产状况修正的分子为 100，表示以评估对象的房地产状况为基准。

仍然假设交易情况修正中可比实例的成交价格比其正常市场价格高低的百分率为±S%，交易日期修正中从成交日期到评估时点时可比实例价格涨跌的百分率为±T%，房地产状况修正中可比实例在其房地产状况下的价格比在评估对象房地产状况下的价格高低的百分率为±R%，则：

$$\text{评估对象价格} = \text{可比实例价格} \times \frac{1}{1 \pm S\%} \times (1 \pm T\%) \times \frac{1}{1 \pm R\%}$$

$$\text{评估对象价格} = \text{可比实例价格} \times \frac{1 \pm T\%}{(1 \pm S\%)\quad(1 \pm R\%)}$$

4.2.7 确定最终评估值

对交易情况、交易日期和房地产状况进行修正以后，每个交易实例的调整后成交价格可能不完全一致。为了获得最终房地产评估值，要将所有交易实例调整后价格通过统计学方法，如简单算术平均数法、加权算术平均数法、众数法、中位数法、混合法等，计算出房地产评估值。

4.2.8 市场法应用举例

有一待评估宗地 X 需评估，剩余使用年限为 40 年，还原利率为 6%。现收集到若干交易实例并从中选出与待评估宗地相似的 5 宗地，具体情况如表 4-3 所示。

表 4-3　5 宗地情况比较

宗地	成交价格（元/平方米）	交易时间	交易情况	容积率	土地状况	剩余年限（年）
A	1 000	2018 年	1%	1.3	+1%	40
B	950	2019 年	0	1.2	+2%	40
C	1 150	2021 年	3%	1.5	−1%	40
D	1 200	2020 年	1%	1.4	−1%	38
E	1 050	2021 年	0	1.4	−4%	40
X		2022 年	0	1.1	0	40

该城市地价指数如表 4-4 所示。

表 4-4　地价指数

年份	2015	2016	2017	2018	2019	2020	2021	2022
地价指数	100	103	105	108	107	110	112	113

根据调查，该市此类用地容积率与地价的关系为：当容积率为 1—1.5 时，容积率每增长 0.1，单位地价比容积率为 1 时的地价增加 3%。对交易情况、土地状况的修正，都是案例宗地与被评估宗地相比较得出的，负号表示案例宗地比被评估宗地差，正号表示案例宗地优于被评估宗地，数值代表对被评估宗地的修正幅度。根据以上条件，评估该宗地 2022 年的价值。

解：①建立容积率地价指数表，如表 4-5 所示。

表 4-5　容积率地价指数

容积率	1.0	1.1	1.2	1.3	1.4	1.5	1.6	1.7
地价指数	100	105	110	115	120	125	128	131

②对交易实例进行修正。

宗地 D 土地使用年期修正为：

$$K=\left[1-\frac{1}{(1+6\%)^{40}}\right]\div\left[1-\frac{1}{(1+6\%)^{38}}\right]=1.0135$$

$$\text{修正后的价格}=\text{成交价格}\times\frac{\text{评估基准日价格指数}}{\text{可比实例交易时价格指数}}\times\frac{\text{正常交易情况指数}}{\text{可比实例交易情况指数}}\times$$

$$\frac{\text{待评估宗地容积率地价系数}}{\text{交易实例容积率地价系数}}\times\frac{\text{待评估对象房地产状况指数}}{\text{可比实例房地产状况指数}}\times\text{土地使用年期修正系数}$$

从而

$$A:1000\times\frac{113}{108}\times\frac{100}{101}\times\frac{105}{115}\times\frac{100}{101}=936.49$$

$$B:950\times\frac{113}{107}\times\frac{100}{100}\times\frac{105}{110}\times\frac{100}{102}=938.89$$

$$C:1150\times\frac{113}{110}\times\frac{100}{103}\times\frac{105}{125}\times\frac{100}{99}=955.80$$

$$D:1200\times\frac{113}{110}\times\frac{100}{101}\times\frac{105}{120}\times\frac{100}{99}\times1.0135=1093.30$$

$$E:1050\times\frac{113}{113}\times\frac{100}{100}\times\frac{105}{120}\times\frac{100}{96}=957.03$$

③评估结果。宗地 D 的值为异常值，应予以剔除。其他结果较为相近，取其平均值作为评估结果。故宗地 X 的评估结果为：

（936.49 +938.89+955.80+957.03）÷4=947.05（元/平方米）

4.2.9 基准地价修正系数法

基准地价修正系数法的基本原理是替代原理，即在正常的市场条件下，具有相似土地条件和使用功能的土地，在正常的房地产市场中，应当具有相似的价格。基准地价修正系数法是我国土地估价中重要的估价方法之一，它是利用城镇基准地价和基准地价修正系数等评估成果，将待评估宗地的区域条件和个别条件等与其所处区域的平均条件相比较，并对照修正系数表选取相应的修正系数对基准地价进行修正，从而求取待评估宗地在估价基准日价格的一种估价方法。

1. 基准地价的概念与特点

城市基准地价是以一个城市为对象，在该城市一定区域范围内，根据用途相似、地块相连、地价相近的原则划分地价区段，调查评估出的各地价区段在某一时点的平均价格。基准地价是某级别或均质地域内分用途的土地使用权平均价格。基准地价相对应的土地条件，是土地级别或均质地域内该类用途土地的平均条件。基准地价由 3 个部分组成：土地出让金、基础设施配套费、土地开发及其他费用，包括平整土地费用、征地拆迁费用等。

基准地价一般具有以下几个特点。

（1）基准地价是一种区域性的价格。基准地价总是以某一个区域为单位进行评估，此区域就叫作基准地价的评估区域。基准地价的评估区域一般有级别、区片和区段 3 种形式，相应地，基准地价通常也有 3 种表现形式：级别基准地价、区片基准地价和区段基准地价。

（2）基准地价是一种分用途的价格。城镇基准地价通常包括三大类，即商业用地基准地价、住宅用地基准地价、工业用地基准地价。

（3）基准地价是一种平均价格。它反映的只是各区域各类用地的平均价格水平。在某一区域中，具体某一宗地的价格可能稍高于或稍低于此平均价格。基准地价一般都要覆盖整个城市建成区。

（4）基准地价是有限年期的价格。就城镇而言，不同用途土地使用权的出让最高年限不同，不同用途基准地价的年期也不同。

（5）基准地价具有时效性。基准地价反映的只是一定时期的地价标准。为了保持基准地价的现实性，每隔一定时期应对基准地价进行更新。

（6）基准地价是一种控制性的价格。基准地价是国家调控土地市场的一种价格，不是市场交易价格。市场上最终达成的价格，是以基准地价为依据根据市场行情而确定的。

2. 基准地价的作用

（1）具有政府公告作用。

（2）是宏观调控地价水平的依据。

（3）是国家征收城镇土地税收的依据。

（4）是政府参与土地有偿使用收入分配的依据。

（5）是进一步评估宗地地价的基础。

（6）引导土地资源在行业间的合理配置。

3．基准地价修正系数法的前提条件与适用范围

基准地价修正系数法实质上是市场途径中的一个具体方法。采用基准地价修正系数法的前提条件是：当地政府已公布基准地价；可以取得基准地价修正体系；在评估基准日所取得的基准地价及其修正体系是有效的，并且基准地价的评估基准日距离评估对象评估基准日在3年以内。

评估人员通过被评估宗地条件与级别或区域内同类用地平均条件的比较，并根据两者在区域条件、个别条件按照因素修正系数表选取适宜的修正系数、使用年期、容积率和价格期日等方面的差异，对基准地价进行修正，即可得到被评估宗地地价。基准地价修正系数法的基本公式如下：

被评估宗地地价=被评估宗地所处级别（地段）的基准地价×区域因素修正系数×个别因素修正系数×年期修正系数×期日修正系数×容积率修正系数×其他因素修正系数

基准地价修正系数法适用于完成基准地价评估的城镇的土地估价，即该城市具备基准地价成果图和相应修正体系成果。基准地价修正系数法可在短时间快速方便地进行大面积的、数量众多的土地价格评估，基准地价修正系数法估价的精度取决于基准地价及其修正系数的精度。因此，该方法一般在宗地地价评估中不作为主要的评估方法，而作为一种辅助方法。

4．基准地价修正系数法评估的程序

（1）收集、整理土地定级估价成果资料。土地定级估价成果资料是采用基准地价修正系数法评估宗地地价必不可少的基础性资料。在估价前必须收集的当地土地定级估价成果资料主要包括土地级别图、基准地价图、样点地价分布图、基准地价表、基准地价修正系数表和相应的因素条件说明表等。

（2）确定修正系数表。评估人员根据待评估宗地的位置、用途、所处的土地级别、所对应的基准地价，确定相应的因素条件说明表和因素修正系数表，以确定地价修正的基础和需要调查的影响因素项目。

（3）调查宗地地价影响因素的指标条件。评估人员按照与待评估宗地所处级别和用途相对应的基准地价修正系数表和因素条件说明表中所要求的因素条件，确定宗地条件的调查项目，调查项目应与修正系数表中的因素一致。

（4）制定待评估宗地因素修正系数。评估人员根据每个因素的指标值，查看相对应用途土地的基准地价影响因素指标说明表，确定因素指标对应的优劣状况；按优劣状况再查看基准地价修正系数表，得到该因素的修正系数。对所有影响宗地地价的因素都同样处理，即得到宗地的全部因素修正系数。

（5）确定待评估宗地使用年期修正系数。基准地价对应的使用年期，是各用途土地使用权的最高出让年期，而具体宗地的使用年期可能各不相同，因此评估人员必须进行年期修正。

（6）确定期日修正系数。基准地价对应的是基准地价评估基准日的地价水平，随着时间的推移，土地市场的地价水平会有所变化，因此评估人员必须进行期日修正，把基准地价对应的地价水平修正到宗地地价评估基准日时的地价水平。期日修正一般可以根据地价指数的变动幅度进行。

（7）确定容积率修正系数。基准地价对应的是该用途土地在该级别或均质地域内的平均

容积率，各宗地的容积率可能各不相同，并且在同一个级别区域内，各宗地的容积率也可能差异较大，所以必须将区域的平均容积率下的地价修正到宗地实际容积率水平下的地价。

（8）评估宗地地价。评估人员根据以上分析和计算得到的修正系数，按前面给出的基准地价修正系数法的基本公式，求出待评估宗地的地价水平。

4.2.10 路线价法

路线价法是根据土地价值高低随距街道距离增大递减的原理，对面临特定街道、接近性相等的城镇土地，设定标准深度，求取在该深度上数宗地块的平均单价并附设于该特定街道上，此单价称为路线价，然后据此路线价，再配合深度指数表，求算出临街该街道的其他各宗土地价格。从本质上讲，路线价法是一种市场比较法。路线价是标准宗地的单位地价，标准宗地类似于参照物。所要求取和评估的面临同一街道的某宗土地的单位地价，便是以路线价为基准，考虑深度、形状、位置和宽度等因素，调整修正而得。路线价法适用于同时对同一大量土地评估，尤其是征地拆迁、土地课税、土地重划等。该方法仅适用于城市土地评估。

路线价法的理论依据是市区内各宗土地的价值与其临街深度大小关系很大，土地价值随临街深度而递减，离街道远价值就会递减。路线价法实质上也是市场法的一种，因此路线价法的理论基础也是替代原理。路线价是标准宗地的单位地价，可看作比较实例，对路线价进行的各种修正可视为因素修正。

1. 路线价法的计算公式

$$宗地总价=路线价\times累计深度百分比\times临街宽度$$

采用此方法评估时，如果街道两边的土地另有特殊条件存在，如街角地、两面临街地、不规则形地等，则还要进行因素的加减修正，数学表达式为：

$$宗地价格=路线价\times深度指数\times宗地面积\pm修正额$$

路线价法适宜同时对大量土地进行评估，特别适宜于土地课税、土地重划、征地拆迁等需要在大范围内对大量土地进行评估的场合。

2. 路线价法的评估步骤

（1）划分路线价区段。一个路线价区段是指具有同一路线价的地段。地价相等、地段相连的地段一般划分为同一个路线价区段。对同一路线价地段求取该段内标准宗地的平均地价，附设于该路线段上。路线价区段一般为带状地段。原则上以地价有显著差异的地点为界区，一般从十字路或丁字路中心处划分，两路口之间为一路线价区段。街道两侧接近性基本相等的地段长度称为路线段长度。路线价区段一般以路线价显著增减的地点为界。但较长的繁华街道，有时需要将两个路口之间的地段划分为两个以上的路线价区段，分别附设不同的路线价。而某些不很繁华的街道，同一个路线价区段可延长至数个路口。另外，在同一条街道上，如果两侧的繁华程度、地价水平有显著差异的，应以街道中心为分界线，将该街道的两侧各自视为一个路线价区段，分别附设不同的路线价。

（2）设定标准深度。标准深度是指标准宗地的临街深度。标准宗地则是指从城市一定区域中沿主要街道的宗地中选定的深度、宽度和形状标准的宗地。路线价是标准宗地的单位价格，路线价的设定必须先确定标准宗地的面积。从理论上讲，标准深度是街道对地价影响的转折点：由此接近街道的方向，地价受街道的影响逐渐增大；由此远离街道的方向，地价可视为基本不变。但在实际评估中，设定的标准深度通常是路线价区段内临街各宗土地的临街深度的众数。如在某路线价区段内各临街宗地大部分深度为 15 米，则标准深度应设为 15 米。临街深度是指宗地离开街道的垂直距离。

（3）确定路线价。通常是同一路线价区段内若干标准宗地单位地价的平均或众数。可用市场法或收益法评估。

（4）制定深度指数表和其他修正率表。深度指数（深度百分率）是指假定某宗地沿平行街道的方向，以单位深度将地块细分，地价随地块各部分距临街的深度而相应变化的相对程度，是地价随着临街深度长短变化的比例。这种随深度的深浅而引起的相对价格关系，如果编制成一张表，则称为深度百分率表。一般而言，深度越深，可及性越差，土地利用价值越小。

深度价格修正率表的制作形式有单独深度价格修正率（深度价格递减率）、累计深度价格修正率和平均深度价格修正率 3 种，见表 4-6。

表 4-6　深度价格修正率表

	临街深度（英尺）							
	25	50	75	100	125	150	175	200
“四三二一”法则（%）	40	30	20	0	9	8	7	6
单独深度价格修正率（%）	40	30	20	0	9	8	7	6
平均深度价格修正率（%）	160 （40）	140 （35）	120 （30）	100 （25）	87.2 （21.8）	78.0 （19.5）	70.8 （17.7）	65.0 （16.25）

表 4-6 中的平均深度价格修正率，是将上述临街深度 100 英尺的平均深度价格修正率 25%乘以 4 转换为 100%，同时为保持与其他数字的相对关系不变，其他数字也相应乘 4 得出的。这也是利用平均深度价格修正率修正单价的需要。平均深度价格修正率与累计深度价格修正率的关系还可用以下公式表示：

$$平均深度价格修正率=累计深度价格修正率\times\frac{标准深度}{所给深度}$$

制作深度价格修正率的要领：①设定标准深度；②将标准深度分为若干等份；③制定单独深度价格修正率，或将单独深度价格修正率转换为累计深度价格修正率或平均深度价格修正率。计算三角形等形状的土地价格，还需要制作相应的价格修正率表。

（5）计算宗地价值。依据路线价和深度百分率及其他条件修正率表，运用路线价法计算公式，计算得到宗地价值。

3．路线价法法则介绍

（1）“四三二一”法则。最简单且最容易理解的深度价格递减率是“四三二一”法则。该法则是以国外资料为例，将临街深度 100 英尺的普通临街土地，划分为与街道平行的四等份，各等份由于离街道的远近不同，价值有所不同。从街道临街面方向算起，第一个 25 英尺等份的价值占整块土地价值的 40%，第二个 25 英尺等份的价值占整块土地价值的 30%，第三个 25 英尺等份的价值占整块土地价值的 20%，第四个 25 英尺等份的价值占整块土地价值的 10%。如果超过 100 英尺，则以“九八七六”法则来补充，即超过 100 英尺的第一个 25 英尺等份的价值为临街深度 100 英尺的土地价值的 9%，第二个 25 英尺等份的价值为临街深度 100 英尺的土地价值的 8%，第三个 25 英尺等份的价值为临街深度 100 英尺的土地价值的 7%，第四个 25 英尺等份的价值为临街深度 100 英尺的土地价值的 6%（1 英尺=0.304 8 米）。

（2）苏慕斯法则。100 英尺深的土地价值，前 50 英尺的价值占宗地价值的 72.5%，后 50 英尺的价值占宗地价值的 27.5%，若再深 50 英尺，则该宗地所增加的价值仅为 15%。

（3）霍夫曼法则。深度 100 英尺的宗地，最初的 25 英尺价值占全宗地价值的 37.5%，最初的 50 英尺价值占全宗地价值的 2/3（67%），75 英尺价值占全宗地价值的 87.7%，100 英尺价值等于 100%。

（4）哈柏法则。宗地价值与其深度的平方根成正比。

4. 路线价法应用举例

【例 4-8】某临街深度 30.48 米（即 100 英尺）、临街宽度 20 米的矩形土地，总价为 121.92 万元。试根据“四三二一”法则，计算其相邻临街深度 15.24 米（即 50 英尺）、临街宽度 20 米的矩形土地总价。

解：该相邻临街土地的总价为 121.92×（40%+30%）=85.34（万元）

【例 4-9】上例中如果相邻临街土地的临街深度为 45.72 米（即 150 英尺），其他条件不变，则该相邻临街土地的总价为多少？

解：该相邻临街土地的总价为 121.92×（40%+30%+20%+10%+9%+8%）

=121.92×（100%+9%+8%）=142.65（万元）

【例 4-10】某片临街宗地 A、B、C、D、E，这些宗地都和街道垂直，且呈长方形。深度分别为 30 米、60 米、90 米、120 米 和 150 米，宽度分别为 5 米、5 米、10 米、10 米、15 米。路线价为 4 000 元，设标准深度为 120 米，试运用“四三二一”法则，估算各宗土地的价值。

解：路线价 4 000 元，可以理解为单位宽度 1 米的宗地单价是 4 000 元（标准深度 120 米）。

宗地总价=标准深度下每单位宽度的路线价×累计深度百分率×临街宽度

A：30÷120=25%，累计深度百分率是 0.4

B：60÷120=50%，累计深度百分率是 0.7

C：90÷120=75%，累计深度百分率是 0.9

D：120÷120=100%，累计深度百分率是 1.0

E：150÷120=125%，累计深度百分率是 1.09

A=4 000×0.4×5=8 000（元）

B=4 000×0.7×5=14 000（元）

C=4 000×0.9×10=36 000（元）

D=4 000×1.0×10=40 000（元）

E=4 000×（1.0 +0.09）×15=65 400（元）

4.3 房地产评估的收益法

4.3.1 运用收益法评估房地产价格的理论前提及适用范围

收益法的理论前提是被评估房地产能够在未来时期内形成现金流和收益。若将评估时点视为现在，那么现在购买一宗有一定期限收益的房地产，预示着其在未来的收益期限内可以源源不断地获取净收益，如果现有一笔资金与这未来一定期限内的净收益的现值之和等值，则这笔资金就是该宗房地产的价格。收益性房地产的价值就是其未来净收益的现值之和。

收益法适用的对象是有收益或有潜在收益的房地产，如写字楼、住宅（公寓）、商店、旅馆、餐馆、游乐场、影剧院、停车场、加油站、标准厂房（用于出租的）、仓库（用于出租的）、农地等。它不限于评估对象本身现在是否有收益，只要评估对象所属的这类房地产有获取收益的能力即可。收益法适用的条件是房地产的收益和风险都能够较准确地量化。

4.3.2 收益法评估房地产的计算公式

1. 净收益每年不变的公式

净收益每年不变的公式具体有两种：一是收益年限为有限年；二是收益年限为无限年。

（1）收益年限为有限年的公式。

$$P=\frac{A}{r}\times\left[1-\frac{1}{(1+r)^n}\right]$$

此公式的假设前提是：①净收益每年不变为 A；②报酬率不等于 0 为 r；③收益年限为有限年 n。

【例 4-11】某宗房地产是在政府有偿出让的土地上开发建设的，当时获得的土地使用年限为 50 年，至今已使用了 6 年；预计利用该宗房地产正常情况下每年可获得净收益 8 万元；该宗房地产的报酬率为 8.5%。试计算该宗房地产的收益价格。

解：该宗房地产的收益价格为

$$P=\frac{8}{8.5\%}\times\left[1-\frac{1}{(1+8.5\%)^{50-6}}\right]=91.52（万元）$$

【例 4-12】某砖混结构的三层住宅，宅基地面积为 180 平方米，建筑面积为 400 平方米，建筑物还原利率为 9%，建筑物评估时剩余使用年限为 10 年，经测算，该建筑物的年纯收益为 50 000 元。试用收益法评估该建筑物的单方价格。

解：50 000×（P/A，9%，10）÷ 400 = 50 000×6.417 7 ÷ 400 = 802.21（元/平方米）

（2）收益年限为无限年的公式。

$$P=\frac{A}{r}$$

此公式的假设前提是：①净收益每年不变为 A；②报酬率大于 0 为 r；③收益年限 n 为无

限年。

【例 4-13】某宗房地产预计未来每年的净收益为 8 万元，收益年限可视为无限年，该类房地产的报酬率为 8.5%。试计算该宗房地产的收益价格。

解：$P=\dfrac{8}{8.5\%}=94.12$（万元）

2. 净收益在前若干年有变化的公式

净收益在未来的前若干年有变化的公式具体有两种情况：一是收益年限为有限年；二是收益年限为无限年。

（1）收益年限为有限年的公式。

$$P=\sum_{i=1}^{t}\frac{a_i}{(1+r)^t}+\frac{A}{r(1+r)^t}\left[1-\frac{1}{(1+r)^{n-t}}\right]$$

式中，t 为净收益有变化的年限。

此公式的假设前提是：①净收益在未来的前 t 年（含第 t 年）有变化，在 t 年以后无变化为 A；②报酬率不等于 0 为 r；③收益年限为有限年 n。

【例 4-14】有一宗地，出让年期为 40 年，资本化率为 6%，预期未来前 5 年的净收益分别为 40 万元、42 万元、45 万元、43 万元、48 万元，从第 6 年开始，大约稳定在 50 万元，试用收益法评估该宗地价格。

解：$P=\dfrac{40}{1+6\%}\times\dfrac{42}{(1+6\%)^2}\times\dfrac{45}{(1+6\%)^3}\times\dfrac{43}{(1+6\%)^4}\times\dfrac{48}{(1+6\%)^5}\times\dfrac{50}{6\%\times(1+6\%)^5}$

$\times\left[1-\dfrac{1}{(1+6\%)^{40-5}}\right]$

=37.735 8+37.379 9+37.783 4 +34.059 4+35.869 1+541.699 9

=724.527 5（万元）

（2）收益年限为无限年的公式。

$$P=\sum_{i=1}^{t}\frac{a_i}{(1+r)_i}+\frac{A}{r}$$

此公式的假设前提是：①净收益在未来的前 t 年（含第 t 年）有变化，在 t 年以后无变化为 A；②报酬率大于 0 为 r；③收益年限 n 为无限年。

4.3.3 收益法在房地产评估中的应用步骤

1. 测算净收益

收益性房地产获得收益的方式主要有两种：出租和营业。因此，净收益测算的途径也可以分为两种：一是基于租赁收入来测算净收益，它适用于可租赁的房地产。例如住宅、公寓、写字楼、商铺、标准厂房、仓库等。二是基于营业收入来测算净收益，它适用于有经营行为的房地产。例如旅馆、影剧院、娱乐场所、加油站、餐馆等。

可用于收益法中转换为价值的未来收益主要有以下 4 种：

一是潜在毛收入。它是假定房地产在充分利用、无空置（即100%出租）情况下的收入。

二是有效毛收入。它是由潜在毛收入扣除空置等造成的收入损失后的收入。空置等造成的收入损失是因空置、拖欠租金（延迟支付租金、少付租金或不付租金）以及其他原因造成的收入损失。

三是净运营收益。通常简称净收益，是由有效毛收入扣除运营费用后得到的归属于房地产的收入。运营费用是维持房地产正常使用或营业所必须支出的费用。

四是税前现金流量，它是是从净收益中扣除抵押贷款还本付息额后的数额。

基于租赁收入测算净收益的收益法是收益法的典型形式。

（1）基于租赁收入的出租型房地产净收益测算。

出租型房地产的净收益=潜在毛收入-空置等造成的收入损失-运营费用=有效毛收入-运营费用

其中：

净运营收益：由有效毛收入扣除运营费用后得到归因于房地产的收益。

潜在毛收入：房地产在充分利用、无空置状况下所能获得的归因于房地产的收入。写字楼等出租型房地产的潜在毛收入，一般是潜在毛租金收入加其他收入。

潜在毛租金收入=全部可出租面积×最可能的租金水平

其他收入=租赁人保证金或者押金的利息收入+其他营业外收入

其中：

收租损失：出租的面积因拖欠租金，包括延迟支付租金、少付租金或者不付租金所造成的损失。

有效毛收入：从潜在毛收入中扣除空置和收租损失以后得到的归因于房地产的收入。

运营费用：维持房地产正常生产、经营或使用必须支出的正常费用。是由出租人负担的费用，如房地税费、折旧费、租金损失准备费、维修费、管理费、保险费、利息支出等。运营费用是从估价角度出发的，与会计上的成本费用有所不同，不包含房地产抵押贷款偿还额、房地产折旧费额、房地产改扩建费用和所得税。

以上公式中，潜在毛收入、有效毛收入、运营费用、净收益通常以年度计，并假设在年末发生。空置等造成的收入损失一般是以潜在毛收入的某一百分率来计算。需要强调的是，只有正常收益才能作为评估的依据。实际收益是指在现状下土地实际获得的收益。在房地产评估中一般不把实际收益用于评估，因为它包含了个别人及个别企业在地产经营中的个别因素，并不能完全反映房地产本身的获利能力。例如市区空地或不合理利用地无收益或收益极低，通常不能直接用于评估。正常收益由正常收入扣除正常费用求得。

（2）基于营业收入的营业型房地产净收益测算。营业型房地产最大的特点是业主与经营者合一，租金与经营者的利润没有分开。当业主自行经营时，该收益性房地产的净收益按营业收入来测算。按营业收入测算净收益与按租赁测算净收益的区别主要是：潜在毛收入变成了经营收入；要扣除归属于其他资本或者经营的收益，如商业、餐饮、工业、农业等经营者正常的利润（是由劳动创造的，而不是房地产产生的）。净收益应是房地产本身产生的收益。

商业经营型房地产的净收益求取。商业经营型房地产的净收益为商品销售收入扣除商品销售成本、经营费用、商品销售税金及附加、管理费用、财务费用和商业利润。

工业生产型房地产的净收益求取。工业生产型房地产的净收益为产品销售收入扣除生产成本、产品销售费用、产品销售税金及附加、管理费用、财务费用和厂商利润。

2．收益期限的确定

收益期限是评估对象自评估时点起至未来可以获取收益的时间，一般是根据建筑物的剩余经济寿命和土地使用权的剩余期限来确定的。建筑物的剩余经济寿命是自评估时点起至建筑物经济寿命结束的时间。土地使用权剩余期限是自评估时点起至土地使用权期限结束的时间。收益期限应在房地产的自然寿命、法律规定（如土地使用最高年限）、合同约定（如租赁合同）等的基础上，结合房地产剩余经济寿命来确定。一般情况下，评估对象的收益期限为房地产的剩余经济寿命，其中土地的收益期限为土地使用剩余年限。对于土地与建筑物同体的评估对象，建筑物经济寿命晚于或者与土地使用年限一起结束的，应根据土地使用权剩余年限确定收益年限，并可选用收益期限为有限年的公式计算。建筑物经济寿命早于土地使用年限结束的，可先根据建筑物剩余经济寿命确定收益期限，并选用收益期限为有限年的公式计算，然后加上建筑物经济寿命结束后，剩余土地使用权在评估时点时的价值。

3．测算报酬率

报酬率也称回报率、收益率，是一种折现率。报酬率是与投资及投资回报有关的概念。投资回报是指投入资本全部回收之后所获得的额外资金，即报酬。与投资回报相对应的是投资回收。投资回收是指投入资本的回收，即保本。以银行存款为例，收回本金即为投资回收，利息即为投资回报。报酬率的计算公式为：

$$报酬率=投资回报\div所投入的资本$$

在一个完善的市场中，要想获得较高的收益，就要承担较大的风险。从全社会来看，报酬率与投资风险正相关，风险越大，报酬越高；反之亦然。

报酬率的求取方法主要有以下 3 种。

（1）累加法。累加法是指将报酬率视为无风险报酬率和风险报酬率两大部分，然后分别求出每一部分的报酬率，再加总得到报酬率的方法。无风险报酬率又称安全利率，是无风险投资的报酬率；风险报酬率是指承担额外风险所要求的补偿，即超过无风险报酬率以上部分的报酬率。选择市场上无风险的资本投资的收益率作为安全利率，通常选择银行一年定期利率或一年期国债利率作为安全利率，然后根据影响待评估房地产的社会经济环境、变现难易程度、投资风险程度等，确定一个调整率值，把它与安全利率相加得到折现率或资本化率。

（2）市场提取法。市场提取法是指利用与评估对象房地产具有类似收益特征的可比实例房地产的价格、净收益等资料，选用相应的报酬资本化公式，反算出报酬率的方法。

评估人员收集市场上若干近期交易的且与待评估房地产相同或相似的房地产的正常租金，以及交易价格等资料。运用参照物实际租金与市场价格之比求出一组市场租价比（折现率或资本化率），可以通过加权平均值法或简单算术平均法来消除各种偶然因素的干扰，具体可以根据实际情况选择。市场提取法求出的报酬率是对过去风险的判断，而非对未来风险的判断，可能不是评估对象未来各期收益风险。

【例 4-15】在房地产市场中收集到 5 个与待估房地产类似的交易实例，见表 4-7。

表 4-7 纯收益与售价交易实例

可比实例	租金（元/年·平方米）	价格（元/平方米）	资本化率（%）
1	100	1 000	10
2	180	1 500	12
3	99	900	11
4	299	2 600	11.5
5	223	2 100	10.6

解：对以上 5 个可比实例的资本化率进行简单算术平均就可以得到资本化率为：

$$R=（10\%+12\%+11\%+11.5\%+10.6\%）\div 5=11\%$$

（3）投资报酬率排序插入法。具体步骤如下：

①调查、收集评估对象所在地区的房地产投资、相关投资及其报酬率和风险程度的资料。例如各类存款利率、债券利率、公司债券利率、股票报酬率等。

②将收集到的各种报酬率从低到高排序，制成坐标图。

③确定评估对象的风险等级或者程度。

④依据确定的风险程度，从坐标图上查找对应的报酬率。

【例 4-16】某宗房地产的未来净收益见表 4-8，假设报酬率为 10%，求资本化率。

表 4-8 房地产未来净收益

年份	2019	2020	2021	2022
净收益（元）	5 000	5 250	5 600	5 850

解：先将各年份的净收益值折现，再求和计算该宗房地产的收益价格。

所用公式为：

$$P_i=\frac{a_i}{(1+r)^i}$$

其中 r=10%，计算结果见表 4-9。

表 4-9 收益价格

年份	2019	2020	2021	2022	2023	合计
现值（元）	4 545.45	4 338.84	4 207.36	3 995.63	40 359.89	57 447.17

用房地产的收益价格和第一年的净收益，计算资本化率：

$$R=\frac{5\,000}{57\,447.17}=8.70\%$$

4.3.4 剩余技术在房地产评估中的应用

剩余技术是当已知整个房地产的净收益，以及其中某一构成部分的价值和各构成部分的资本化率或报酬率时，从整个房地产的净收益中扣除归属于已知构成部分的净收益，求出归属于另一构成部分的净收益，再将它除以相应的资本化率或选用相应的报酬率折现，得出房地产中未知构成部分价值的方法。此外，把求得的未知构成部分的价值加上已知构成部分的价值还可得到整个房地产的价值。剩余技术主要有土地剩余技术和建筑物剩余技术，另外还有自有资金剩余技术和抵押贷款剩余技术。

剩余技术评估思路是将房屋建筑物与其土地合并评估计算其纯收益，从中扣除土地的纯收益，即可得到房屋建筑物的纯收益，再将此残余收益按建筑物还原利率还原，求得房屋建筑物的收益价格。

1. 适用前提

①房地产整体收益能够估测；

②能用收益途径以外的方法和技术估测出土地或建筑物的价值；

③土地和建筑物的局部折现率或资本化率能够得到。

2. 适用范围

①存在大量商业房屋出租（房地合一状态），但难以运用市场法和收益法评估的商业用地（如商场、写字楼、宾馆、公寓等），对于政府机关、学校及公园等公用、公益性用地则不适用。

②附有旧建筑物的土地的价值评估。

③检验建筑物相对于土地在使用强度及其价值构成方面是否合理时的建筑物的价值评估。

④为估测建筑物贬值程度时的建筑物的价值评估。

3. 剩余技术在房地产评估中的应用

（1）土地剩余技术。土地剩余技术是土地与地上建筑物共同产生收益，但如果采用收益法以外的方法（如成本法）能求得建筑物的价值时，则可利用收益法公式求得归属于建筑物的净收益，然后从土地与地上建筑物共同产生的净收益中扣除归属于建筑物的净收益，得到归属于土地的净收益，再除以土地资本化率或选用土地报酬率折现，即可求得土地的价值。

①直接资本化法的土地剩余技术公式。

$$\text{土地价值}=\frac{\text{房地产净收益}-\text{建筑物价值}\times\text{建筑物资本化率}}{\text{土地资本化率}}$$

②报酬资本化法的土地剩余技术公式。

在净收益每年不变、收益年限为有限年情况下的土地剩余技术公式为：

$$\text{土地价值}=\frac{\text{房地产净收益}-\text{建筑物价值}\times\text{建筑物资本化率}}{\text{土地资本化率}}\times\left[1-\frac{1}{(1+\text{土地资本化率})^{\text{土地收益年期}}}\right]$$

另外，如果将土地价值与建筑物价值相加，还可得到整个房地产的价值。

【例 4-17】某宗房地产每年净收益为 50 万元，建筑物价值为 200 万元，建筑物资本化率为 12%，土地资本化率为 10%。试计算该宗房地产的价值。

解：该宗房地产的价值计算如下：

土地价值=（50−200×12%）÷10%=260（万元）

该宗房地产价值=土地价值+建筑物价值 =260+200 =460（万元）

土地剩余技术在土地难以采用其他评估方法评估时是有效的方法。例如城市商业区内的土地，有时没有可参照的土地交易实例，难以采用市场法评估，成本法往往也不适用，但存在大量的房屋出租、商业经营行为，此时可以采用土地剩余技术评估。

（2）建筑物剩余技术。建筑物剩余技术是土地与地上建筑物共同产生收益，但如果采用收益法以外的方法（如市场法）能求得土地的价值时，则可利用收益法公式求得归属于土地的净收益，然后从土地与地上建筑物共同产生的净收益中扣除归属于土地的净收益，得到归属于建筑物的净收益，再除以建筑物资本化率或选用建筑物报酬率折现，即可求得建筑物的价值，其公式为。

①直接资本化法的建筑物剩余技术公式。

$$建筑物价值=\frac{房地产净收益-土地价值\times土地资本化率}{建筑物资本化率}$$

$$建筑物价值=\frac{房地产净收益-土地价值\times土地资本化率}{建筑物资本化率}\times\left[1-\frac{1}{(1+建筑物资本化率)^{建筑物收益年期}}\right]$$

②报酬资本化法的建筑物剩余技术公式。

在净收益每年不变、收益年限为有限年情况下的建筑物剩余技术公式为：

$$建筑物价值=\frac{建筑物的纯收益}{建筑物资本化率}\times\left[1-\frac{1}{(1+建筑物资本化率)^{建筑物收益年期}}\right]$$

另外，将建筑物价值与土地价值相加，可得到整个房地产的价值。

建筑物剩余技术对于检验建筑物相对于土地是否规模过大或过小很有用处。

4．剩余技术应用举例

某物业公司出租的一座写字楼，建筑面积为2 000平方米，用地面积为600平方米，楼房为砖混结构，评估时土地使用权尚有40年有效期。该楼出租经营面积占建筑面积的70%，月租金60元/平方米，空房率平均为15%，每年经营管理费占年租金的6%，土地使用费每年 2元/平方米，房产税为年租金的12%，其他税费占年租金的8%，保险费按建筑物现值的0.3%交付，修缮费按其 1.5%计提，房租损失费按半个月租金计算。采用成本法得知建筑物现价为170万元。经测算，土地还原利率取10%，建筑物还原利率为12%。试求该楼用地40年期总价及单价。

解：（1）房地合一的总收益：2 000×70%×（1−15%）×60×12=856 800（元）

（2）年总费用：

管理费：856 800×6%=51 408（元）　　土地使用费：2×600=1 200（元）

房产税：856 800×12%=102 816（元）　　其他税费：856 800×8%=68 544（元）

保险费：1 700 000×0.3%=5 100（元）　　修缮费：1 700 000×1.5%=25 500（元）

房租损失费：856 800÷12×1/2=35 700（元）

年总费用=290 268（元）

（3）房地合一的年纯收益：856 800−290 268=566 532（元）

（4）房屋纯收益：1 700 000×12%=204 000（元）

土地纯收益：566 532－204 000=362 532（元）

（5）土地 40 年期总价：362 532×（P/A，10%，40）=9.779 1×362 532
=3 545 236.681 2（元）

土地单价：3 545 236.681 2÷600=5 909（元/平方米）

4.4　房地产评估的成本法

4.4.1 成本法概述

成本法是依据开发被评估房地产所耗各项费用，包括合理的利息、利润、税费等来确定房地产评估值的一种评估方法。成本法概念中的“成本”，并不是人们通常所认为的成本，而是价格。从卖方的角度来看，成本法理论依据是生产费用价值论，即房地产的价格是基于其“生产费用”，重在过去的投入，具体地讲，是卖方愿意接受的最低价格，不能低于他为开发建造该房地产已花费的代价，如果低于该代价，他就要亏本。从买方的角度来看，理论依据是替代原理，即买方愿意支付的最高价格，不能高于他所预计的重新开发建造该房地产所需花费的代价，如果高于该代价，他还不如自己开发建造（或者委托另外的人开发建造）。由此可知，一个是不低于开发建造已花费的代价，一个是不高于预计重新开发建造所需花费的代价，买卖双方可接受的共同点必然是等于正常的代价（包含正常的费用、税金和利润）。由此，我们就可以根据开发建造评估对象所需的正常费用、税金和利润之和来估算其价格。

成本法主要应用于下列条件的房地产评估：

（1）房地产市场狭小，房地产交易实例较少，难以运用市场法和收益法的房地产评估；

（2）开发后供公益事业使用（如学校、公园、医院等）的房地产评估；

（3）新近开发房地产的评估；

（4）具有特殊性用途，缺乏比较实例的房地产评估，如工业用房地产等。

成本法的基本数学表达式为：

房地产评估值=房地产的重置成本-实体有形损耗-功能性贬值-经济性贬值

4.4.2 成本法在土地使用权评估中的使用

用成本法评估地价必须分析地价中的成本因素。土地是一种稀缺的自然物，即使未经开发，由于土地所有权的垄断，相关人员在使用土地时也必须支付地租。同时，开发土地投入的资本及利息也构成地租的部分。因此，成本法的基本公式为：

土地使用权价值=土地取得成本+土地开发成本+投资利息+投资利润+土地增值收益

1. 计算土地取得成本

土地取得费是为取得土地而向原土地使用者支付的费用。土地取得成本通常在开发前全部付清，开发完成销售后才能收回。土地取得成本的构成，根据房地产开发取得土地的途径分为下列 3 种：

①通过征用农地取得，包括土地补偿费、地上附着物和青苗补偿费及安置补助费等。

②通过城市房屋征收取得，包括城市房屋征收补偿安置费和土地使用权出让金等。

③通过市场上购买取得，如购买政府出让或其他开发商转让的已完成征用拆迁的熟地，包括购买土地的价款和在购买时应由买方缴纳的税费（如交易手续费、契税）等。

2. 计算土地开发成本

按待评估宗地设定开发程度下应投入的各项客观费用计算。评估人员根据评估目的和投资主体不同，确定是否计入宗地红线内各类开发费用；按照待评估宗地的条件、评估目的和实际已开发程度，确定待评估宗地的开发程度。属于建成区内已开发完成的宗地，评估设定的开发程度最少应为宗地红线外通路、通水、通电和宗地红线内土地平整，即达到“三通一平”。土地开发费用在开发期内逐步投入，开发后收回。

3. 计算投资利息

投资利息与会计上的财务费用不同，它包括土地取得成本、土地开发成本的利息，无论它们的来源是借贷资金还是自有资金，都应计算利息。因为借贷资金要支付贷款利息，自有资金要放弃可得的存款利息。另外，从评估的角度来看，开发商自有资金应得的利息也要与其应获得的利润分开，不能算作利润。

4. 计算投资利润

现实中的开发利润是一种结果，是由销售收入（售价）减去各种成本、费用和税金后的余额。而在成本法中，“售价”是未知的、需要求取的，开发利润是要先估算的，所以，运用成本法评估需要先估算出开发利润。以土地取得费和土地开发费之和为基数，按行业平均投资利润率计算。

5. 确定土地增值收益

土地开发改变用途后超过土地成本价格的增值额，由政府收取。可理解为土地所有权收益。其计算基数是土地取得费、土地开发费、税费和利息。目前，土地增值收益率通常为10%—25%。

土地增值收益=（土地取得成本+土地开发成本+投资利息+投资利润）×增值收益率

6. 求取评估值

【例 4-18】某市经济技术开发区内有一块土地面积为 3 000 平方米，该地块的土地征地费用（含安置、拆迁、青苗补偿费和耕地占用税）为每亩 30 万元，土地开发费为每平方千米 4 亿元，土地开发周期为 2 年，第 1 年投入资金占总开发费用的 35%，开发商要求的投资回报率为 10%，当地土地出让增值收益率为 15%，银行贷款年利率为 6%，按复利计息。试评估该土地的价值（注：1 公顷=15 亩=10 000 平方米）。

解：该土地的各项投入成本均已知，可用成本法评估。

（1）计算土地取得费。土地取得费=30 万元/亩=450（元/平方米）

（2）计算土地开发费。土地开发费=4 亿元/平方千米=400（元/平方米）

（3）计算投资利息。土地取得费的计息期为 2 年，土地开发费为分段均匀投入，则：

土地取得费利息=450×［（1+6%）^{2}−1］=55.62（元/平方米）

土地开发费利息=400×35%×［（1+6%）$^{1.5}$−1］+400×65%×［（1+6%）$^{0.5}$−1］

=12.78+7.68=20.46（元/平方米）

（4）计算开发利润。开发利润=（450+400）×10%=85（元/平方米）

（5）计算土地价值。

土地单价=（450+400+55.62+20.46+85）×（1+15%）=1 162.74（元/平方米）

土地总价=1 162.74×3 000=3 488 220（元）

该宗地单价为 1 162.74 元/平方米，总价为 3 488 220 元。

4.4.3 成本法在新建房地产评估中的使用

如果评估基准日为新建房地产建成日，则不用考虑折旧因素，直接用购建成本计算。新建房地产价格成本评估的基本计算公式为：

新建房地产价格=土地取得费用+开发成本+管理费用+投资利息+销售税费+开发利润

（1）土地取得费用。土地取得的途径有征收、拆迁改造和购买等，需要针对取得费用的不同途径来测算。土地取得费用应包括土地取得时的相关手续费及税金。

（2）开发成本。开发成本是在取得开发用地后进行土地开发和房屋建设所需的直接费用、税金等，在理论上可以将其划分为土地开发成本和建筑物建造成本。在实际中主要包括以下几方面。

①勘查设计和前期工程费：可行性研究、规划、勘查、设计及“三通一平”等工程前期所发生的费用。

②基础设施建设费：由开发商承担的红线内外的自来水、雨水、污水、煤气、热气、供电、电信、道路、绿化、环境卫生、照明等建设费用。

③建筑安装工程费：包括建造房屋及附属工程所发生的土建费和安装费。

④公共配套设施建设费：房地产开发商承担的非营业性公共配套设施建设费用，包括居委会、派出所、锅炉房、中小学、社区活动室等。便民超市等营业性网点不包括在内。

⑤开发过程中的税费及其他间接费用。

（3）管理费用。包括开发商的人员工资、办公费、差旅费等，在评估时管理费用通常可按土地取得成本与开发成本之和乘一定比率来估算。

（4）投资利息。包括土地取得成本、开发成本和管理费用的利息，无论它们的来源是借贷资金还是自有资金，都应计算利息。

（5）销售税费。销售开发完成后的房地产所需的费用及应由开发商（卖方）缴纳的税费：

①销售费用，包括广告宣传、销售代理费；

②销售税金及附加，包括营业税、城市维护建设税和教育费附加；

③其他销售税费，包括应由卖方负担的交易手续费等。

上述三类销售税费，通常是售价的一定比率，特别是销售税金及附加，所以，在评估时通常是按售价乘这一比率来估算。

（6）开发利润。根据开发类似房地产的平均利润率来确定。

4.4.4 成本法在旧房地产评估中的应用

采用成本法评估旧房地产时，由于建筑物是过去建造完成的，在评估时需要考虑到建筑物的折旧和贬值，不能再使用房地产的建造成本，而应该采用房地产的重新购建价格。

旧房地产价格=土地重新取得价格或重新开发成本+建筑物的重新购建价格-建筑物的折旧

1．重新购建价格及估算

重新购建价格是假设在评估时点重新取得或重新开发、重新建造全新状况的评估对象所需的一切合理、必要的费用、税金和应得的利润之和。

土地的重新购建价格，通常是假设土地上的建筑物不存在，再采用比较法、基准地价修正法等评估方法求取其重新取得价格。该方法特别适用于城市建成区内的土地难以求取其重新开发成本时的情形。求取土地的重新购建价格，也可以采用成本法求取其重新开发成本。

建筑物的重新购建价格可采用成本法、市场法来求取，或通过政府确定公布的基准房屋重置价格扣除其中包含的土地价格后的比较修正来求取，也可以按照工程造价估算的方法来求取。具体方法有单位比较法、分部分项法、工料测量法。

（1）单位比较法。

【例 4-19】某建筑物的建筑面积为 3 000 平方米，该类建筑结构和用途的建筑物的单位建筑面积造价为 12 000 元/平方米，估测该建筑物的重新购建价格。

解：该建筑物的重新购建价格为：3 000×12 000=3 600（万元）

【例 4-20】某建筑物的体积为 500 立方米，该类建筑结构和用途的建筑物的单位体积造价为 6 000 元/立方米，估测该建筑物的重新购建价格。

解：该建筑物的重新购建价格为 500×6 000=300（万元）

在现实房地产评估中，往往将建筑物划分为不同的建筑结构、用途或等级，制作不同时期的基准重置价格表，以供求取某个具体建筑物的重置价格时使用。

（2）分部分项法。

以建筑物的各个独立构件或工程的单位价格或成本为基础来估算建筑物重新购建价格的方法，即先估算各个独立构件或工程的数量，然后乘以相应的单位价格或成本，再相加，具体见表 4-10。

表 4-10　分部分项法

项目	数量	单位成本	成本（元）
基础工程	150 立方米	200 元/立方米	30 000
墙体工程	160 平方米	400 元/平方米	64 000
楼地面工程	150 平方米	200 元/平方米	30 000
屋面工程	150 平方米	300 元/平方米	45 000
给排水工程			25 000
供暖工程			15 000
电气工程			20 000
合计			229 000
税费利息和管理费	20%		45 800
重新购建价格	274 800		

（3）工料测量法。工料测量法是先估算建筑物所需各种材料、设备的数量和人工时数，然后逐一乘评估时点时相应的单价和人工费标准，再将其相加来估算建筑物重新购建价格的方法。这种方法与编制建筑概算或预算方法相似，即先估算工程量，再结合概（预）算定额的单价和取费标准来估算。它主要用于具有历史价值的建筑物评估。

2．建筑物折旧及估算

（1）物质折旧——实体性损耗。物质折旧又称物质磨损、有形损耗，是建筑物在实体方面的损耗所造成的其价值损失。进一步可以归纳为以下 4 个方面：自然经过的老朽、正常使用的磨损、意外的破坏损毁、延迟维修的损坏残存。

自然经过的老朽主要是由于自然力的作用引起的，如风吹、日晒、雨淋等引起的建筑物腐朽、生锈、老化、风化、基础沉降等，与建筑物的实际经过年数（建筑物从建成之日到评估时点时的日历年数）正相关，同时要考虑建筑物所在地区的气候和环境条件，如酸雨多的地区，建筑物的损耗就大。

正常使用的磨损主要是由于人工使用引起的，与建筑物的使用性质、使用强度和使用年数正相关。如居住用途的建筑物的磨损要低于工业用途的建筑物的磨损。工业用途的建筑物又可分为有腐蚀性的和无腐蚀性的，有腐蚀性（如在使用过程中产生对建筑物有腐蚀作用的废气、废液）的建筑物的磨损要高于无腐蚀性的建筑物的磨损。

意外的破坏损毁主要是由于突发性的天灾人祸引起的，包括自然方面的，如地震、水灾、风灾；人为方面的，如失火、碰撞等意外的破坏损毁。

延迟维修的损坏残存主要是由于没有适时地采取预防、保养措施或修理不够及时，造成不应有的损坏或提前损坏，或已有的损坏仍然存在，如门窗有破损、墙或地面有裂缝或孔洞等。

物质折旧额通常通过有形损耗率或成新率指标来确定。

房地产有形损耗额=房地产重置成本×房地产有形损耗率=房地产重置成本×（1-成新率）

建筑物的成新率可以根据建筑物的建成年代、新旧程度等确定。评估人员可以采用年限法成新率和打分法成新率，再通过加权平均确定综合成新率。

1）年限法成新率的确定。在实务中，评估人员常常对于单价价值较小、结构相对简单的房屋建筑物采用年限法，计算公式如下：

成新率=尚可使用年限÷（尚可使用年限+已使用年限）×100%

已使用年限根据房屋建筑物建造年月计算得出。尚可使用年限按有关部门关于房屋建筑物耐用年限标准确定。

2）打分法成新率的确定。依据建设部门有关鉴定房屋新旧程度的参考依据、评分标准，根据现场勘查技术测定，评估人员结合有关工程资料并现场勘查结构部分（地基基础、承重结构、非承重结构、屋面、楼地面）、装修部分（门窗、内粉饰、外粉饰、顶棚等）、设备部分（水卫、电气、消防设施、通风通暖），根据勘查状况来确定各部分的完好分值，并对各部分赋予权重，最终确定建筑物的打分法成新率。计算公式如下：

成新率=（结构打分×评分修正系数+装修打分×评分修正系数+设备打分×评分修正系数）÷100×100%

3）综合成新率的确定。

综合成新率=（年限法成新率×权数+打分法成新率×权数）÷总权数×100%

一般地，年限法权数取 0.4，打分法权数取 0.6。

【例 4-21】评估人员对某建筑物进行现场打分，结构部分得分为 70 分，装修部分得分为 80 分，设备部分得分为 60 分。这三部分的修正系数分别为 0.8、0.15、0.05。试求该建筑物的有形损耗率。

解：成新率=（结构部分合计得分×G+装修部分合计得分×S+设备部分合计得分×B）÷100×100%=（70×0.8+80×0.15+60×0.05）÷100×100% = 71%

有形损耗率=1-成新率=1-71%=29%

（2）功能折旧。功能折旧又称精神磨损、无形损耗，是指由于消费观念变更、规划设计更新、技术进步等原因导致建筑物在功能方面的相对残缺、落后和不适用所造成的其价值损失。

（3）经济折旧。经济折旧又称外部性折旧，是指建筑物本身以外的各种不利因素所造成的其价值损失，包括供给过量、需求不足、自然环境恶化、噪声、空气污染、交通拥挤、城市规划改变、政府政策变化等。在一个高级住宅区的附近建设一座工厂，该住宅区的住宅价值会下降，这也是经济折旧。在经济不景气时期，以及高税率、高失业率等，也会使房地产的价值降低，在评估上也应考虑这种折旧，但这种现象不会永久存在，当经济复苏后这方面的折旧就会消失。

评估房地产功能折旧、经济折旧的常用公式为：

房地产功能、经济折旧=房地产年租金损失额×（1-所得税税率）×剩余年期年金现值系数

3．求取评估值

【例 4-22】对某旧住宅进行测算，其重置价格为 40 万元，地面、门窗等破旧引起的物质折旧为 3 万元，因户型设计不好、没有独用厕所和共用电视天线等导致的功能折旧为 8 万元，由于位于城市衰落地区引起的经济折旧为 7 万元。试求取该旧住宅的折旧总额和现值。

解：该旧住宅的折旧总额=3+8+7=18（万元）

该旧住宅的现值=重置价格-折旧=40-18=22（万元）

【例 4-23】某宗房地产土地总面积为 2 500 平方米，是 6 年前通过征用农地取得的，当时费用为 800 元/平方米，现时取得该类土地，每平方米需 1 000 元，地上建筑总建筑面积为 6 000 平方米，两年前建成交付使用，当时建筑造价为 800 元/平方米，现时建造同类建筑物每平方米为 1 100 元，估计该建筑物有八成新。试评估该房地产现时总价和单价。

解：（1）土地价格：2 500×1 000=250（万元）

（2）建筑物价格：①建筑物重置价格=6 000×1 100=660（万元）

②建筑物价格=660×80%=528（万元）

（3）房地产总价=250+528=778（万元）

（4）房地产单价=778÷6 000=1 296.67（元/平方米）

4.4.5 假设开发法在房地产评估中的应用

1．假设开发法含义及基本公式

假设开发法是将待评估土地预期开发后的全部建筑物的租售价格减去建造费用、利息、

利润、税金、租售费用等，最后得到的剩余值即为土地的价格。假设开发法在形式上是评估新建房地产价格的成本法的倒算法。成本法中的土地价格为已知，需要求取的是开发完成后的房地产价格；而假设开发法中开发完成后的房地产价格已事先通过预测得到，需要求取的是土地价格。

2．假设开发法的适用对象

（1）待开发土地的评估。

（2）改造的再开发房地产的评估，是公式中的建筑费用，还包括拆迁费用。

（3）土地整理或房地产整理成可供直接利用的土地或房地产评估。

（4）现有新旧房地产中地价的单独评估，即从房地产价格中扣除房屋价格，剩余额为地价。

3．假设开发法的计算公式

地价=房地产总价-建筑费-专业费用-利息-利润-税费-租售费用

（1）房地产总价。为土地建设后的房地混合价，包括售楼或租楼价，一般是通过预测来求取。对于销售的房地产，通常是采用市场法，并考虑类似房地产价格的未来变动趋势，或采用市场法与长期趋势法相结合，即根据类似房地产过去和现在的价格及其未来可能的变化趋势来推测。比较的单位通常是单价而非总价。对于出租和营业的房地产，如写字楼、商店、旅馆、餐馆，预测其开发完成后的价值，可以先预测其租赁或经营收益，再采用收益法将该收益转换为价值。

（2）建筑费。为开发建设待评估房地产所支出的建筑安装费用，包括直接工程费、间接成本费、建筑承包商利润及由发包商负担的建筑附带费用等，可采用市场比较法和重置核算法确定，即通过同类建筑物当前市场的建筑费水平推算；也可根据建筑设计图纸，按照国家规定的建筑工程预算定额和取费标准来测算。

（3）专业费用。为开发建设待评估土地所需要的测量费、建筑师的建筑设计费、工程预算编制费、评估费、咨询费、公证费等专业技术费用，一般采用建筑费用的一定比例估算。即：

专业费用=建筑费×专业费用率

（4）利息。它是指全部预付资本的资金成本，全部预付资本包括买地价、建筑费和专业费用。计息期的长短，预付地价款的利息额应以全部预付地价款按整个开发建设周期计算。开发建设费、专业费用的计息期应以其实际投入期（通常假定均匀投入）的中间时点至整个开发建设周期末为止。开发建设费、专业费用在建筑竣工后的空置和销售期内应按全额全期以复利计息。即：

利息=（地价+建筑费+专业费用）×利息率

（5）利润。为开发商全部投资的正常投资利润；开发商利润一般以不动产销售总价或预付总资本的一定比例计算，比例的高低随地区和项目类型不同而有所不同。具体根据全部预付资本的多少乘适当的利率、利润率计算，即：

利润=（地价+建筑费+专业费用）×利润率

（6）税费。包括土地开发产品的租售费用；开发建设过程中及完成后应缴纳的各种税费，如土地使用税、土地增值税、营业税、城市建设维护税、教育费附加。应根据当前政府的税收政策估算。估算从获得土地至出售房地产期间可能发生的税费额度，也可根据过去或其他类似开发经营活动所需支付的税费情况来估算。

（7）开发完成后不动产租售费用。租售费用是指建成后不动产销售或出租的中间代理费、市场营销广告费、交易手续费等。一般以建筑物总售价的一定比例计算。

4．假设开发法应用举例

（1）评估对象概况。待评估地块为七通一平的空地，面积为 1 000 平方米，且土地形状规则，允许用途为商住混合，允许建筑容积率为 7，覆盖率为≤50%，土地使用年限为 50 年。出售时间为 2022 年 11 月 8 日。

（2）评估要求。需要评估出该地块 2024 年 11 月 8 日出售时的市场价值。

（3）评估过程。选取最佳开发方式。根据规划的要求和市场调查，该地块最佳开发方式为建造商业居住混合楼。该建筑为框架结构，共 14 层，总建筑面积为 7 000 平方米，单层建筑面积均为 500 平方米，其中 1—2 层为商业用房，共 1 000 平方米，3—14 层为住宅，共 6 000 平方米。

预计建设期。预计共 2 年完成，即 2022 年 11 月完成。

预计售楼价。预计建造完成后，其中的商业楼即可全部售出，住宅楼的 80%在建造完成后可售出，20%半年后才能售出。预计当时售价，商业楼为 4 000 元/平方米，住宅楼为 2 500 元/平方米，折现率为 10%。评估过程如下：

$$楼价=\frac{4\,000\times1\,000}{(1+10\%)^2}+\frac{2\,500\times6\,000}{(1+10\%)^2}\times\left[\frac{80\%}{(1+10\%)^0}+\frac{20\%}{(1+10\%)^{0.5}}\right]$$

=330 575+12 281 312=15 587 097（万元）

估计开发费用及应获得的利润。总建筑费为 600 万元；专业费用为建筑费的 6%；利息率为 8%；利润率为 20%；税费估计为楼价的 4%。

$$建筑费=\frac{6\,000\,000\times60\%}{(1+10\%)^{0.5}}+\frac{6\,000\,000\times40\%}{(1+10\%)^{1.5}}=3\,432\,465+2\,080\,282=5\,512\,747(元)$$

在未来 2 年的建设期内，开发费用的投入情况为：第一年投入 60%的建筑费及相应的专业费，第二年投入 40%的建筑费及相应的专业费。则：

专业费用=5 512 747×6%=330 765（元）

税费=15 587 097×4%=623 484（元）

利润=（地价+建筑费用+专业费用）×20%

=（地价×20%）+（5 512 747+330 765）×20%

=（地价×20%）+1 168 702

由于在估算建筑费、专业费用以及售楼价时均考虑了货币的时间价值，上述各种费用都表现为现值，这其中已经包含了投资利息的因素，因此，不必再单独计算投资利息。

求取地价。

地价=15 587 097−5 512 747−330 765−623 484−（地价×20%）−1 168 702

地价=7 951 399÷1.2=6 626 166（元）

单位地价=6 626 166÷1 000=6 626（元/平方米）

本章小结

本章主要介绍了房地产的整体概念、界定了房地产评估对象；介绍并分析了土地及房地产的价格体系及价格影响因素。阐述了房地产评估的必要性、房地产评估的程序，对房地产评估的合法原则、房地合一原则、替代原则、最高最佳使用原则进行了分析。重点介绍了市场法、收益法、成本法在房地产价格评估中的应用和实践，另外介绍了基准地价修正系数法、路线价法、剩余法、假设开发法等特殊方法的评估思路及具体应用。

基本概念

房地产　建筑物　构筑物　房地产评估　合法原则　最高最佳使用原则　替代原则　土地使用权　基准地价　标定地价　所有权价格　使用权价格　单位地价　楼面地价　容积率　可比实例　修正系数　净收益　折现率　收益年期　重新购建价格　成新率　物质折旧　功能折旧　经济折旧　路线价　标准深度

即测即评

1. 单项选择题

（1）某一宗土地用于住宅开发时的价值为 300 万元，用于商业大楼开发时的价值为 500 万元，用于工业厂房开发时的价值为 280 万元。城市规划确认该土地可用于住宅或工业。该宗土地的价值应评估为 300 万元。这体现了房地产评估的（　　）。

A. 供求原则　　B. 替代原则
C. 最高最佳使用原则　　D. 贡献原则

（2）在房地产评估中，当无参照物和无法预测未来收益时，应运用（　　）评估。

A. 收益法　　B. 成本法　　C. 市场法　　D. 剩余法

（3）一宗土地 4 000 平方米，建筑物的建筑面积为 20 000 平方米，则容积率为（　　）。

A. 2　　B. 5　　C. 10　　D. 20

（4）某宗土地 4 000 平方米，建筑物的建筑底面积为 2 000 平方米，则覆盖率为（　　）。

A. 10%　　B. 20%　　C. 20%　　D. 50%

（5）某宗土地 4 000 平方米，建筑物的建筑面积为 20 000 平方米，每层的建筑面积都是 2 000 平方米，则该建筑物的楼层为（　　）。

A. 5 层　　B. 8 层　　C. 10 层　　D. 12 层

（6）某宗土地 4 000 平方米，建筑物的建筑面积为 20 000 平方米，土地总价为 1 亿元，则该宗土地的楼面地价为每平方米（　　）元。

A. 5 000　　B. 10 000　　C. 15 000　　D. 2 5000

（7）某待评估住宅建筑物与参照住宅建筑物相比而言，室内格局更加合理，由此引起待评估住宅的价格比参照交易住宅的价格高 15%，室内格局因素修正系数为（　　）。

A．100/115　　B．85/100　　C．115/100　　D．100/85

（8）被评估土地的剩余使用年限为 30 年，参照物剩余使用年限为 25 年，假定折现率为 8%，被评估土地的年限修正系数最接近于（　　）。

A．0.965 9　　B．0.948　　C．1.152　　D．1.054

（9）某评估机构采用市场法对一房地产进行评估，评估中共选择了 3 个参照物，并分别得到 127 万元、142 万元、151 万元 3 个评估结果，它们的权重依次为 25%、40%、35%，则被评估房地产的价值最接近（　　）万元。

A．140　　B．157　　C．141　　D．148

（10）某宗地年金收益额为 8 500 元，剩余使用年限为 20 年，假定折现率为 10%，其评估价值最有可能为（　　）元。

A．85 000　　B．12 631　　C．72 369　　D．12 369

（11）待评估房地产年总收入为 18 万元，年总费用为 10 万元，剩余使用年限为 10 年，折现率为 10%，则其评估值最接近于（　　）万元。

A．110　　B．61　　C．80　　D．49

（12）假定被评估房地产可以永续利用，预计前 3 年的纯租金收入分别为 3 万元、2 万元、1 万元，从第 4 年开始年纯收益保持在 3 万元水平，折现率为 10%，该房地产的评估值最接近于（　　）万元。

A．28　　B．32　　C．25　　D．30

（13）待评估建筑物账面原值为 100 万元，竣工于 2018 年年底，假定 2018 年的价格指数为 100%，从 2019 年到 2023 年的价格指数每年增长幅度分别是 11.7%、17%、30.5%、6.9%、4.8%，则 2023 年年底，该建筑物的重置成本最有可能是（　　）元。

A．1 048 000　　B．1 910 000　　C．1 480 000　　D．1 910 000

（14）被评估建筑物历史建造成本为 80 万元，2020 年建成，要求评估该建筑物 2023 年的重置成本。调查得知，被评估建筑物所在地区的建筑行业价格环比指数分别为 103%、103%、102%，该建筑物的重置成本最接近于（　　）万元。

A．86　　B．85　　C．90　　D．87

（15）如果某房地产的售价为 1 000 万元，其中建筑物价格为 600 万元，地价为 400 万元；该房地产的年客观收益为 72 万元，建筑物的资本化率为 8%，那么土地的资本化率最接近于（　　）。

A．8%　　B．7.5　　C．6%　　D．5%

2．多项选择题

（1）房地产的评估对象有（　　）。

A．土地　　B．建筑物　　C．房地合一的房地产　　D．构筑物

（2）下列属于我国土地地价体系的有（　　）。

A．基准地价　　B．标定地价　　C．交易底价　　D．市场交易价

（3）下列属于土地使用权出让方式的有（　　）。

A. 协议　　B. 抵押　　C. 招标　　D. 拍卖

（4）征用农村集体土地而支付给集体经济组织的费用包括（　　）。

A. 土地补偿费　　B. 地上附着物补偿费

C. 青苗补偿费　　D. 安置补助费

（5）假设开发法中的投资利润是以（　　）为计算基础的。

A. 专业费用　　B. 楼价　　C. 地价　　D. 建筑费用

（6）下列（　　）难以采用市场法估价。

A. 寺庙　　B. 写字楼　　C. 古建筑　　D. 学校用地

（7）在运用市场法进行房地产价值评估时，选取可比实例应符合的要求包括（　　）。

A. 市场变化较快的，宜选取1年以上交易实例

B. 是评估对象的类似不动产

C. 交易类型与评估目的吻合

D. 成交价格为正常价格

（8）在用市场法评估房地产时，求取资本化率的方法包括（　　）。

A. 市场提取法　　B. 累加法

C. 投资收益率排序插入法　　D. 可比交易案例法

（9）运用基准地价修正法评估房地产价值时，在对基准地价修正的过程中，需要利用的主要修正系数包括（　　）。

A. 年期修正系数　　B. 日期修正系数　　C. 宽度修正系数　　D. 容积率修正系数

（10）下别选项中属于不动产清查核实的内容有（　　）。

A. 实物状态　　B. 权利状态

C. 区位及交易状况　　D. 会计核算情况

课后思考题

1. 如何理解房地产的整体概念？
2. 对于土地估价而言，常见的土地估价目的有哪些？
3. 市场法中，在收集交易实例时，需要收集哪些内容？
4. 基准地价有哪些特点？
5. 假设开发法的适用对象有哪些？

业务练习题

1. 某公司欲将其位于商业区的一栋自建4层厂房，转让给某集团改建为购物超市。根据该公司提供的房地产权证，该厂房为框架结构，建设面积为6 000平方米，竣工日期为 2020

年 5 月。现委托某评估公司评估其转让价格，请问该公司应收集哪些资料？

2．房地产投资者现有甲、乙两块土地进行选择。甲地容积率为 5，单价为 1 000 元/平方米；乙地容积率为 3，单价为 800 元/平方米，两块土地其他条件相同。请问投资者应选择哪一块土地进行投资更为经济？

3．某房地产公司于 2018 年 10 月以有偿出让方式取得一块土地 50 年使用权，并于 2020 年 10 月在此地块上建成一座砖混结构办公楼，当时造价为每平方米 5 000 元，经济耐用年限为 55 年，残值率为 2%。评估时，该类建筑重置价格为每平方米 6 000 元。该建筑物占地面积为 1 000 平方米，建筑面积为 2 000 平方米，现用于出租，每月平均实收租金为 15 万元。另据调查，当地同类办公楼出租租金一般为每月每建筑平方米 100 元，空置率为 10%，每年须支付的管理费为年租金的 3.5%，维修费为建筑重置价的 1.5%，土地使用税及房产税为每建筑平方米 20 元，保险费为重置价的 0.2%，土地资本化率为 7%，建筑物资本化率为 8%。根据以上资料评估该办公楼土地 2023 年 6 月的土地使用权价值。

4．东南沿海某市沿江经济技术开发区内有一块土地，面积为 45 000 平方米，该地块的土地征地费用（含安置、拆迁、青苗补偿费和耕地占用税）为每亩 50 万元，土地开发费为每平方千米 8 亿元。土地开发周期为 2 年，第 1 年投入资金占总开发费用的 40%，开发商要求的投资回报率为 10%。当地土地出让增值收益率为 25%，银行贷款年利率为 6%。根据以上资料评估该宗地的土地使用权价值。

5．现有一城市的待评估宗地为待开发建设的熟地，面积为 4 000 平方米，允许用途为商住混合，允许容积率为 6，覆盖率为≤50%，土地使用权年限为 50 年，2023 年 8 月出售。用途规划 1—4 层为商业用房，其余为住宅。预计共需 2 年时间才能建筑完成，第 1 年投入总建筑费的 70%，第 2 年投入总建筑费的 30%。预计总建筑费为 6 000 万元，专业费用为总建筑费的 8%，年利息率为 10%，利润率为 20%，租售费用及税金综合为售楼价的 6%。建造完成后，假定商业用房即可全部销售，预计售价为 15 000 元/平方米。住宅部分 60%在建成时售出，预计售价为 8 000 元/平方米；40%在 1 年后售出，预计售价为 9 000 元/平方米。折现率为 10%。根据以上资料评估该地块 2023 年 8 月的土地使用权价值。

第 5 章　长期投资性资产评估

学习目标

知识目标	能力目标	思政育人目标
1. 熟悉长期投资性资产评估的概念、特点与评估程序； 2. 重点掌握长期债权投资的评估方法； 3. 了解股票的票面价格、发行价格、账面价格、清算价格、内在价格和市场价格的关系； 4. 重点掌握固定红利型、红利增长型和分段型股利分配政策假设前提下的股票价值评估方法； 5. 了解其他长期投资性资产评估的特点	1. 能对非上市股票进行评估； 2. 能对非上市债券进行评估	1. 由于长期投资性资产独有的特征，应挖掘章节内容中正确的财富与价值观元素，引导学生形成正确的财富观与价值观； 2. 长期投资是风险投资，因此在评估中应特别强调长期投资的风险性，培养学生良好的金融素养

章节导言

通过本章的学习，应了解长期投资性资产评估的特点，了解长期投资性资产评估涉及的债券评估和股票评估中的基本特点、基本方法和须考虑的各种因素。掌握运用市场法评估上市债券、上市股票的价值。掌握运用收益法评估非上市债券、非上市股票的价值。

5.1 概　述

5.1.1 长期投资性资产的概念

长期投资性资产是指不准备随时变现，持有时间超过 1 年的投资性资产，这种投资一般不以短期获利为目的，它的目的主要在于：①为了积累供特定用途需要的资金而进行的投资；②为了达到控制其他企业的业务以配合本企业的经营或对其他企业实施重大影响而进行的投资；③出于其他长期的战略性考虑进行的投资。

5.1.2 长期投资性资产的分类

按投资性质的不同，长期投资性资产可分为长期股权投资、持有至到期投资和混合性投资等。

1. 长期股权投资

长期股权投资是指为了获取其他企业的权益或净资产所进行的投资，如对其他企业的股票投资、为获取其他企业股权的联营投资等。表 5-1 给出了长期股权投资内容的细化形式。

表 5-1 长期股权投资内容的细化

股权投资分类	股权投资方式	股权投资内容
直接投资	以实物资产投资	投资方以实物资产方式，如厂房、机器设备、材料等作为资本投入或参与其他企业运营或组成联营企业
	以无形资产投资	投资方以自身拥有的无形资产，如专利技术、商标、土地使用权等作为资本投入其他企业或组成联营企业
	以现金投资	以现金或现金等价物方式进行股权投资
间接投资	投资证券资产	通过证券市场购买其他企业的股票或债券，以期达到投资于其他企业的目的

2. 持有至到期投资

持有至到期投资是指企业的长期债权，如购买的其他公司的债券、国库券、金融债券等，债权投资一般属于长期的确定性收益投资（永久性债券和可转换债券除外）。

3. 混合性投资

混合型投资是指兼具股权和债权双重性质的投资。这种投资通常表现为混合性证券投资，如购买的优先股股票、可转换公司债券等。

5.1.3 长期投资性资产评估的特点

长期投资性资产评估具有以下几个特点。

1. 长期股权投资评估是对被投资企业资本的评估

这与一般资产的评估目的是不同的。长期股权投资是投资者在被投资企业所享有的权益。从出资形式来看，用于长期股权投资的资产可以是货币资金、实物资产、无形资产等。但无论其原始投资的资产形式如何，一旦投资资产被转移到被投资企业，即作为资本的象征。因此，对长期股权投资的评估实质上是对被投资企业资本的评估，这是长期股权投资的一个显著特点。

2. 长期投资性资产评估是对被投资企业的偿债能力和获利能力的评估

投资于长期投资性资产的根本目的在于获取投资收益，长期投资性资产的价值主要体现在其获利能力的大小上。同时，获利能力的大小，一是取决于投资的数量；二是取决于投资风险，而投资风险在很大程度上又取决于被投资者的获利能力和偿债能力。企业的获利能力和偿债能力与企业自身的管理、经营状况和财务状况紧密相关。因此，对于债券的评估，主要应考虑债券发行方的偿债能力；股票评估除了参照股市行情外，主要是对被投资者的获利能力的评估。从这个意义上说，对长期投资性资产的评估是对被投资企业的偿债能力和获利能力的评估。

5.1.4 长期投资性资产评估的程序

1．明确评估的具体内容

在进行长期投资性资产的评估时，首先应明确长期投资性资产的基本信息，如投资种类、原始投资额、评估基准日余额、投资收益计算方法、历史收益额、长期投资性资产占被投资企业实收资本的比例和所有者权益的比例以及相关的会计核算方法等。

2．进行必要的职业判断

判断长期股权投资投出和收回金额计算的正确性和合理性，判断被投资企业资产负债表的准确性。这事实上属于审计的专业判断，如果被评估单位的资产负债表经审计，且审计的目的与资产评估的目的相符，则通常可以直接利用会计报表数据。但多数情况下，被投资企业的资产负债表未经审计，或经审计，但审计目的与资产评估目的大不相同，此时，需要资产评估师进行职业判断，必要时可以利用专家的工作。

3．选择适当的评估方法

根据股票和债券能否在证券市场上进行自由交易，可将其分为上市和非上市两类。对于上市交易的股票和债券，主要采用市场法对其进行价值评估，通常按评估基准日的收盘价确定评估值；对于非上市的股票和债券，一般采用收益法，根据综合因素确定合理的折现率，确定评估值。

4．测定评估值，得出评估结论

根据待评估长期投资性资产的自身特点，选择恰当的评估方法，通过分析判断，得出相应的评估结论。

5.2　长期债权投资的评估

5.2.1 长期债权投资的概念

长期债权投资是指对在 1 年内（含 1 年）不能变现或不准备随时变现的债券和其他长期债权的投资。本书中的长期债权投资，主要以债券投资为例加以介绍，其他长期债权投资，是指在长期债权投资中，除长期债券投资以外的其他债权投资，如企业委托银行或其他金融机构向其他单位贷出的款项。

债券是政府、企业、银行等债务人为筹集资金，按照法定程序发行的并向债权人承诺于指定日期还本付息的有价证券。按照发行主体的不同，债券可以分为政府债券、公司债券和金融债券 3 种类型。对于发行主体而言，债券是一种筹资工具；对于购买主体而言，债券是一种融资工具。

5.2.2 债券投资的特点

债券投资与股权投资相比，具有以下 3 个特点。

1．投资风险较小，安全性较强

相对于股权投资而言，债券投资的风险较小，因为国家对发行债券有严格的规定，发行债券必须满足国家规定的基本要求。例如，政府发行国库券由国家担保；银行发行债券要以其信誉及一定的资产作为后盾；企业发行债券也有严格的限定条件，通常以其实力及发展潜力作为保证。当然，债券投资也有一定的风险，一旦债券发行主体出现财务困难，债券投资者就有可能发生损失。但是，即使债券发行企业破产，在破产清算时，债券持有者也有优先受偿权。所以，相对于股权投资，债券投资具有较高安全性。

2．收益相对稳定

债券收益主要受两大因素制约：一是债券面值；二是债券票面利率。而且这两大因素都是事前约定的，债券利率通常比较稳定，在正常情况下通常会高于同期存款利率。只要债券发行主体不发生较大变故，债券的收益是相对稳定的。

3．流动性较强

在发行的债券中有相当部分是可流通债券，这类债券可随时到证券市场上流通变现，这反映出债券资产较强的流动性。

5.2.3 债权投资的评估

1．已上市交易债券的评估

上市交易的债券是指可以在证券市场上交易、自由买卖的债券，对此类债券一般采用现行市价法进行评估，按照评估基准日的收盘价确定评估值。

当长期投资中的债券作为评估对象时，如果该种债券可以在市场上流通买卖，并且市场上有该种债券的现行价格，那么相对于投资方而言，即便不准备将这些债券短期内兑现（短时期内变现的债券归属短期投资），该种债券的现行市价仍然是确定该种债券评估值的最重要依据。

在正常情况下，上市债券的现行市场价格可以作为它的评估值。当然，在某些特殊情况下，如证券市场投机严重、债券价格严重扭曲、债券价格与其收益现值严重背离等，对上市债券的评估才可以抛开债券的市场价格进行客观的评价，具体评估方法可参照非上市债券的评估方法。注意：采用市场法评估债券价值时，评估人员应在评估报告中说明所选用的评估方法和评估结论与评估基准日的关系，并说明该结论应随债券市场价格的变化予以调整。

可上市流通债券的现行市价，一般是以评估基准日的收盘价为准。评估人员需在评估报告中说明可上市流通债券的评估方法、评估依据，以及评估结果的时限性。

【例 5-1】2021 年 5 月 10 日，甲企业购入乙企业的上市债券，购买价为 10 万元（1 000 张，100 元/张）。2023 年 4 月 2 日，甲公司欲转让该上市债券，资产评估师经调查，发现

2023 年 4 月 2 日该债券的收盘价为 120 元/张。试评估该债券 2023 年 4 月 2 日的价值。

解：该债券的评估值 $=1\,000\times120=120\,000$（元）

2．非上市交易债券的评估

债券作为有价证券或资本证券的一种，从理论上讲，它的市场价格是其收益现值的市场反应。如上文所述，当债券可以在市场上自由买卖、贴现，债券的现行市价就可以作为债券的评估值。但是，如果有些债券不能在市场上自由流通、交易，无法直接通过市场判断其价值，这种情况下就需要通过其他的途径和方法来评估。

通常对距评估基准日 1 年内到期的债券，可以采用成本法，根据本金加上持有期利息确定其评估值；超过 1 年的债券，可以采用收益法评估，根据本利和折现确定评估值，即在考虑债券风险的前提下，按适用的本金化率将债券预期收益折算成现值，计算出本利和现值作为债券的评估值。其中，根据债券付息方法，超过 1 年的债券又可分为到期一次还本付息债券和分次付息、到期一次还本债券两种，评估时应采用不同的方法计算。此外，对于不能按期收回本金和利息的债券，资产评估师应在调查取证的基础上，通过分析预测回收风险，合理确定其评估值。

（1）距评估基准日 1 年内到期的债券——成本法。这种债券可以忽略货币的时间价值，通常采用成本法评估，即本金加上持有期利息确定评估值。

其中，采用单利计息时，债券的评估值 $F=A\times(1+mr)$

采用复利计息时，债券的评估值 $F=A\times(1+r)^m$

式中，A 为债券面值；m 为计息期限；r 为债券利率。

【例 5-2】A 企业持有 2019 年 1 月 1 日政府发行的 5 年期国债，每张面值为 100 元，购入 5 000 张，年利率为 3.65%。假定评估基准日为 2023 年 6 月 30 日，试评估该债券的价值（我国国家债券通常为单利计息）。

由于该债券距到期日不足 1 年，且属于未上市债券，故选择成本法进行评估。

解：债券评估值 $F=A\times(1+mr)=100\times5\,000\times(1+4.50\times3.65\%)=582\,125$（元）

（2）到期后一次性还本付息债券的评估——收益法。这类债券是指平时不支付利息，到期后连本带利一次性支付的债券。评估时应将债券到期时一次性支付的本利和折现，求得评估值。其计算公式为：

$$P=F\times(1+i)^{-n}$$

式中，P 为债券的评估值；F 为债券到期时本金和利息之和；n 为评估基准日到债券还本付息的期限；i 为折现率。

如上文所述，债券利率是采用单利还是复利计算，所计算出的本利和 F 是不同的。采用单利和复利计息时 F 仍分别表示为 $F=A\times(1+mr)$ 和 $F=A\times(1+r)^m$，符号含义同上。

在这里，债券利率 r 会受其产业环境的特定条件和特定的债券合约本身附加条款的影响，因而，既需要通过对企业收入模式的仔细分析和预期业绩的预测来对发行者的支付能力进行评估，也需要考虑债券契约的不同形式，譬如，抵押债券由于发行企业以特定资产提供担保，其附息利率低于无担保的债券利率，投资者承担的风险也低。可转换债券的持有者拥有将债券按照预定的价格转换为普通股的权限，普通股的潜在市场增值机会可对投资者形成新的吸引力，使得其附息利率低于一般债券。

当然，通常债券利率和还本期都是事先规定好的，计算债券的预期收益并不困难。而债券评估的折现率由无风险报酬率和风险报酬率两部分构成。无风险报酬率通常以银行储蓄利率、国库券利率及国家公债利率为准。而风险报酬率的高低则取决于债券发行主体的具体情况。如债券发行主体是企业，那么企业的经营情况和业绩、企业的竞争能力、企业的财务状况以及企业所在行业的风险都是影响债券风险报酬率的因素。就我国企业债券发行情况来看，企业发行债券需要国家批准，而且国家对发行债券的企业有着较为严格的条件约束。所以，发行债券的企业一般是信誉好、经营效益较高、风险较小的企业。就债券评估而言，只要评估人员认为债券发行主体有足够的偿还能力和付息能力，债券的风险并不太大。

【例 5-3】A 企业持有 B 企业发行的年利率为 5%的非上市，到期一次性还本付息、3 年期债券 30 万元，评估时离债券到期日还有 2 年。经资产评估师分析，认为 B 企业经营业绩良好，财务状况稳健，到期后具有还本付息能力，取折现率为 6%，试按单利和复利两种思路评估 A 企业的债券价值。

解：按单利计息：

到期本利和：$F = A\times(1+mr) = 300\,000\times(1+3\times5\%) = 345\,000$（元）

评估值 $P = F\times(1+i)^{-n} = 345\,000\times(1+6\%)^{-2} = 307\,050$（元）

按复利计息：

到期本利和：$F = A\times(1+r)^m = 300\,000\times(1+5\%)^3 = 347\,280$（元）

评估值 $P = F\times(1+i)^{-n} = 347\,280\times(1+6\%)^{-2} = 309\,079.2$（元）

零息债券不需要任何周期性支付利息，而是将到期价值和购买价格之间的差额作为投资者得到的利息，因此零息债券价格的计算公式为：

$$P = A\times(1+i)^{-n}$$

这里 A 为到期日面值，其余符号含义如上。

（3）每年（期）支付利息，到期还本债券的评估——收益法。每年支付利息、到期还本债券的评估，采用有限期的收益现值法，用公式表示为：

$$P = \sum_{t=1}^{n}\frac{R_t}{(1+i)^t} + \frac{A}{(1+i)^n}$$

式中，P 为债券的评估值；R_t 为第 t 年的预期利息收益；A 为债券面值；i 为折现率；t 为评估基准日距收取利息日的期限；n 为评估基准日距到期还本日的期限。

【例 5-4】某被评估企业拥有债券 100 000 元，期限为 3 年，年息为 10%，按年付息，到期还本。评估时债券购入已满 1 年，第 1 年利息已作为投资收益入账。评估时，国债年利率为 4%。考虑到债券为非上市债券，不能随时变现，经测定公司财务状况等因素，确定风险报酬率为 5%，因此测定该种债券的折现率为 9%。评估过程如下：

解：评估值 $= \dfrac{10\,000}{1+9\%} + \dfrac{10\,000}{(1+9\%)^2} + \dfrac{100\,000}{(1+9\%)^2} = 101\,759$（元）

若 1 年分为 m 期计息，则公式表示为：

$$P=\sum_{t=1}^{n\cdot m}\frac{R_t\cdot\frac{1}{m}}{\left(1+\frac{i}{m}\right)^t}+\frac{A}{\left(1+\frac{i}{m}\right)^{n\cdot m}}$$

5.3　长期股权投资的评估

5.3.1 股票投资的评估

5.3.1.1 股票投资的概述

1. 股票投资的概念

股票是股份公司发给股东的所有权凭证，是股东借以取得股利的一种有价证券。股票持有者即为该公司的股东，对该公司财产有要求权（股票的划分标准及分类如表 5-2 所示）。股票投资是指投资者通过购买股票，借以获得被投资企业收益的行为。股票投资是一种没有期限的长期投资，股票一经买入，只要股票发行公司存在，任何股票持有者都不能退股，即不能向股票发行公司要求抽回本金。

表 5-2　股票的划分标准及分类

序号	分类标准	股票分类
1	票面是否记名	记名股票和无记名股票
2	有无票面金额	面值股票和无面值股票
3	股利分配和剩余财产分配顺序	普通股、优先股和后配股
4	股票是否上市	上市股票和非上市股票
5	投资主体	国家股、法人股、个人股和外资股

2. 股票投资的特点

股票投资有以下几个特点。

（1）收益的不确定性。股票持有人作为公司的股东，有参加股东大会、参与公司经营管理活动和利润分配的权利。投资者获得收益的数量取决于发行者的获利情况及其股利分配政策。这些未知因素的存在，使得股票投资收益具有不确定性。

（2）风险性较大。与债券投资相比，股票投资风险较大。股票投资的收益由“收入收益”和“资本利得”两部分构成。收入收益是指股票投资者以股东身份，按照持股的份额，在公司盈利分配中得到的股息和红利的收益；资本利得是指投资者在股票价格的变化中所得到的收益。所以，股票投资收益不仅受到股票发行公司业绩的影响，还受到经济、政治、社会甚至人为等诸多因素的影响，而且处于不断变化中，大起大落时有发生。

（3）流动性较强。在股票市场上，股东所持的股票可以按一定的规则交易转让，也可以作为抵押品上市交易，这使得股票在某种程度上具有较强的流动性。这种流动性既有利于社会资金的有效配置和高效利用，又有利于股票发行企业的资本保持长期的稳定性。

（4）股票交易价格与面值的不一致性。股票的交易价格通常受到企业经营情况、国内外政治、经济、社会、心理等多方面因素的影响，往往使得股票的交易价格与账面价值产生一定差异。这种差异的产生是不可避免的，它在促使企业不断提高经济效益的同时，也使得更多的投资者面临资本选择。

（5）具有一定的决策性。普通股的持有者根据其享有的权利，可以参加股东大会、参与董事长的选举，并且可以根据其持股份额参与公司的经营管理决策，持股数量达到要求的比例时甚至可居于公司的权力控制地位。

3. 股票的价格

股票本身是没有价值的，仅是一种凭证，它之所以有价格，可以买卖，是因为它可以给持有人带来预期收益。股票的价格种类包括票面价格、发行价格、账面价格、清算价格、内在价格、市场价格等。

（1）票面价格。票面价格是指股份公司在所发行的股票票面上标明的票面金额，通常以元/股为单位，其作用是用来表明每一张股票所包含的资本数额。在我国上海和深圳证券交易所流通的股票的面值均为每股 1 元。

（2）发行价格。发行价格是指股份公司在发行股票时的出售价格，主要有面额发行、溢价发行和折价发行。一般同一种股票只能有一种发行价格。

（3）账面价格。账面价格又称股票净值，也称每股净资产，是指股东持有的每单位股票在公司财务账单上所表现出来的净值，是证券分析师和财会人员通常关注的概念。用公司的净资产（包括注册资金、各种公积金、累积盈余等，不包括债务）除以总股本，得到的就是每股净值。股份公司的账面价值越高，股东实际拥有的资产就越多。由于账面价值是财务统计计算的结果，数据较精确且可信度较高，因此其成为股票投资者评估和分析上市公司实力的重要依据之一。

（4）清算价格。清算价格是指股份公司清算时，每股股票所代表的实际价格，是公司净资产与公司股票总数的比值。公司在清算情况下或由于经营不善等原因被清算时，应使用股票的清算价格。股票的清算价格取决于其账面价格、资产出售损益、清算费用高低等因素。

（5）内在价格。内在价格主要代表一种理论依据，是根据证券分析人员对未来收益的预测而折算出来的股票现时价格。股票内在价格的高低，主要取决于公司的发展前景、财务状况、管理水平以及获利风险等因素。

（6）市场价格。股票的市场价格是证券市场上买卖股票的价格。在证券市场比较完善的情况下，股票的市场价格基本上是市场对公司股票的客观评价，此时可以将市场价格作为股票的评估值。但是，在证券市场发育不健全、股票市场的投机成分较大时，股票的市场价格就不能完全代表其内在价值。因此，在对股票进行价值评估时，应当具体情况具体分析，不可盲目地将市场价值作为股票的评估值。

4. 股票的价值

股票的价值是股票期望提供的所有未来收益的现值，也正是本节所涉及的股票的评估值。通常，股票的评估值与股票的票面价格、发行价格和账面价格关系不大，而与股票的内在价格、市场价格和清算价格有着密切的联系。

5.3.1.2 股票投资评估的方法

股票按能否在公开市场上自由交易，分为上市股票和非上市股票。通常而言，上市股票采用现行市价法和市盈率法进行评估，非上市股票采用收益现值法进行评估，而对于破产清算中的股票则采用清算价格法进行评估。其中，现行市价法和收益现值法是股票评估的主流方法，而市盈率法和清算价格法是评估股票价值所特有的方法，在下文叙述中，我们将其归为其他评估方法介绍。

1．上市股票的评估——现行市价法

上市股票是指企业公开发行的，可以在股票市场上自由交易的股票。在股市发育健全、不存在非法炒作现象、股票正常交易的情况下，可以认为股票价格就代表股票的内在价值。因此，可以采用市场法评估上市股票的价值。具体来说，可以按照评估基准日的收盘价确定评估值，计算公式为：

上市股票评估值=股票股数×评估基准日该股票市场收盘价

【例 5-5】被评估企业拥有某上市公司股票 5 000 股，评估基准日该股票的收盘价为每股 10.5 元，试计算该股票的评估值。

解：上市股票评估值 = 5 000×10.5 = 52 500（元）

如果股票市场发育不健全，存在非法炒作现象，则应采用非上市交易股票的评估方法。

2．非上市股票的评估——收益现值法

（1）优先股的评估。优先股是股份公司发行的在分配红利和剩余财产时比普通股具有优先权的股份，是一种兼具股票和债券特征的混合证券。优先股也是一种没有期限的所有权凭证，优先股股东一般不能在中途向公司要求退股（少数可赎回优先股例外）。正常情况下，优先股在发行时就已经规定了股息率。

优先股评估主要考虑两大因素：一是优先股的风险；二是按优先股的性质和条款确定预期收益，主要是判断发行主体是否有足够的税后利润用于优先股的股息分配。如果被投资企业资本构成合理，企业盈利能力强，具有很强的支付能力，资产评估师可以根据事先确定的股息率，计算出优先股的年收益额，然后进行折现计算，即可得出评估值。其计算公式如下：

$$P=\sum_{i=1}^{\infty}\frac{R_i}{(1+r)^i}=\frac{A}{r}$$

式中，P 为优先股的评估值；R_i 为第 i 年的优先股收益；r 为折现率；A 为优先股的等额股息收益。

【例 5-6】被评估企业持有另一家股份公司优先股 1 000 股，每股面值 10 元，年股息率为 10%。评估时，资产评估专业人员经过调查分析，确定该优先股的折现率（资本化率）为 8%。根据上述资料，评估结果如下：

$$P=\frac{A}{r}=\frac{1\,000\times10\times10\%}{8\%}=12\,500\text{（元）}$$

如果非上市优先股有上市的可能，持有人又有转售意向，此类优先股可按照下列公式评估：

$$P=\sum_{i=1}^{n}\frac{A_i}{(1+r)^i}+\frac{R_{n+1}}{(1+r)^n}$$

式中，P 为评估值；A_i 为持有期第 i 年的定额股息；R_{n+1} 为转让市价；r 为折现率。

（2）普通股的评估。普通股是指在公司的经营管理和盈利及财产的分配上享有普通权利的股份，代表满足所有债权偿付要求及优先股东的收益权与求偿权要求后对企业盈利和剩余财产的索取权，它构成公司资本的基础，是股票的一种基本形式，也是发行量最大、最为重要的股票。由此可见，普通股股息和红利的分配是在优先股收益分配之后进行的，实际上是对公司剩余收益的分配。因此，对普通股预期收益的预测也就是对发行主体剩余权益的预测。对非上市普通股的评估，即预测普通股的预期收益并折算到评估基准日，所以最主要的是确定普通股的预期收益和折现率。若要对股票发行企业有一个客观、全面、准确的了解与分析，具体内容包括以下几方面：

股票发行企业的经营历史，包括盈利水平、收益分配情况等。

股票发行企业的发展前景，包括资产负债表结构状况、资产质量、创利能力、市场竞争力、管理人员素质和创新能力等。

股票发行企业所在行业和宏观经济的现状、前景、经营风险，这有助于折现率的确定。

股票发行企业的股利分配政策。

股票发行企业的股利分配政策通常划分为固定红利模型、红利增长模型和分段式模型，股利分配政策直接影响被评估股票的价值，不同类型的分配政策的评估具体方法也不同。

①固定红利模型。固定红利模型是针对经营比较稳定的普通股的评估设计的。它根据企业经营及股利分配政策较稳定的特点，以假设的方式认定企业今后分配的红利将保持在一个固定的水平上，即假设未来股利不变。它的股利支付过程实际上是一个永续年金。股票价值的基本计算公式为：

$$P=\frac{D_t}{r}$$

式中，P 为评估值；D_t 为被评估股票下一年的红利额；r 为折现率。

【例 5-7】被评估企业甲持有机械厂乙发行的非上市股票 30 万股，每股面值 1 元。甲持股期间，每年股票收益率保持在 12%左右的水平。资产评估专业人员经过调查分析，判断机械厂乙生产经营比较稳定，在可预见的年份中，保持 10%的红利分配水平是可行的。同时，考虑到该股票为非上市流通股，加之机械行业技术进步较快、竞争较为激烈，在选用国债利率 3%的基础上确定无风险报酬率为 5%，则折现率为 8%。根据上述资料，评估过程和结果如下：

每股股票价格为：

$$P_0=\frac{D_t}{r}=\frac{1\times10\%}{3\%+5\%}=1.25\text{（元）}$$

被评估企业持有的股票价值为：

$$P=1.25\times300\,000=375\,000\text{（元）}$$

②红利增长模型。红利增长模型是对成长型企业股票的评估。通常而言，成长型企业的发展前景好、潜力大，追加投资能带来较高的利益。该模型假设股票发行企业预留一部分收益用于追加投资，扩大生产经营规模，增加企业的获利能力，最终使得股东的潜在获利能力增大，红利呈增长趋势。根据成长型企业股票红利分配的特点，可按红利增长模型评估股票的价值。其计算公式为：

$$P=\sum_{t=1}^{\infty}\frac{D_t}{(1+r)^t}=\sum_{t=1}^{\infty}\frac{D_0(1+g)^t}{(1+r)^t}$$

该式为无穷等比数列求和，其公比为$\frac{1+g}{1+r}$，当 $r>g$ 时，运用等比数列求和公式可得出股利增长模型的简化形式为：

$$P=\frac{D_0(1+g)}{r-g}=\frac{D_1}{r-g}$$

式中，P 为股票的评估值；D_1 为股票下一年的股利额；r 为折现率；g 为股利年增长率。

根据这一模型，如果 g 不变，D_1 不变，则 r 越高，股票的内在价值越小；如果 r 不变，D_1 不变，则 g 越高，股票的内在价值越大；如果其他因素不变，D_1 越大，股票的内在价值越大。但是无论如何，这里都不可以出现 $g>r$ 的情况，因为这意味着股票的价值会无穷大，这在现实中是不可能存在的。

g 的测定有两种方法：第一种是历史数据分析法，该方法是在历年红利分配数据的分析基础上，利用算术平均法、几何平均法等统计方法，计算出股票红利历年的平均增长速度，作为确定 g 的基本依据；第二种是发展趋势分析法，即根据发行单位的股利分配政策，以企业剩余收益中用于再投资的比率与企业净资产利润率的乘积确定 g。

【例 5-8】甲公司持有乙公司股票 100 000 股，乙公司上年支付的股利为每股 2 元。评估人员调查了解到，乙公司每年只用 75%的税后利润用于股利发放，另 25%用于扩大再生产。经过分析，从总体的趋势看，今后几年乙公司净资产利润率将保持在 15%左右，风险报酬率为 2%，无风险报酬率以国库券利率 8%为依据，试确定该股票的评估值。

解：$g=25\%\times15\%=3.75\%$

$$r=8\%+2\%=10\%$$

$$P=\frac{100\,000\times2\times(1+3.75\%)}{10\%-3.75\%}=3\,320\,000（元）$$

③分段式模型。在前述分析中，我们假设公司股利或固定不变或固定增长，处于非常理想的状态。而在现实生活中，无论是固定股利模型还是固定增长率模型都是极端的、不常见的，而是会随着公司生命周期的变化呈现一定的阶段性。对于这种股票，由于在不同时期有不同的增长率，未来股利的预期增长率不是一个，而是多个，这种情况下评估人员只有分段计算，采用阶段性成长模型才能确定股票的价值，现以两阶段增长为例，即将股票的预期收益分为两段：第一段是能够较为客观预测股票收益的期间，即连续不断取得股利的持股期；第二阶段为不易清晰预测股票收益的期间，即第一段期末以后的全部收益期。评估时，分别计算两段的收益现值，相加后得出评估值。

【例 5-9】被评估企业持有甲公司股票面值 100 000 元，持股期间，该股票的年收益率为 12%。评估人员调查分析后认为，该股票前 4 年的收益率可保持在 12%，从第 5 年起，收益率可提高到 16%，并将持续下去。评估时使用的折现率为 10%，试计算该股票的评估值。

解：股票的评估值=前 4 年收益的折现值+第 5 年后收益的折现值

$$=100\,000\times12\%\times(P/A,10\%,4)+100\,000\times\frac{16\%}{10\%}\times(P/F,10\%,4)$$

$$=12\,000\times3.169\,9+160\,000\times0.683\,0$$

$$=147\,318.8（元）$$

我们还可建立三阶段、四阶段甚至更多阶段的增长模型，其原理和计算方法与两阶段增长模型类似。增长阶段划分得越细，股利就越接近于实际，评估人员可以根据自己的实际需要加以考虑。

④其他评估方法。在股票的估价中常常还会用到的一种方法是市盈率法。所谓市盈率，就是每股价格与每股收益的比，其计算公式为：

$$市盈率=\frac{每股价格}{每股收益}=\frac{P}{E}$$

式中，P 为每股价格；E 为每股收益；P/E 为市盈率。

反过来，当我们利用市盈率评估股票价值时，则有：

$$股票价格（V）=市盈率（P/E）\times每股收益（E）$$

如果我们能分别估计出股票的市盈率和每股收益，那么就能由上述公式估算出股票价值。

在评估股票价值时，评估人员应研究拟投资股票市盈率的长期变化，估计其正常值，作为分析的基础。确定市盈率时，应考虑以下几个因素。

a．经济周期。一般来说，经济高涨时期要比经济衰退时期的市盈率高些。

b．企业周期。当公司处于增长阶段，预期公司的发展前景良好，利润增长较快，则其市盈率可相对高一些；而处于饱和或衰退阶段的公司的市盈率则要低一些。

c．历史水平。有些公司的市盈率虽高，但却能长期维持，这样的股票股价即便下跌，一般来说也是短暂的，会很快反弹；而市盈率一贯较低的股票，其股价在高位是不会长久的。

普通股的评估方法还包括清算价格法，该方法适用于公司破产或倒闭后进行清算时，评估其股票所代表的实际价值。利用清算价格法评估股票的内在价值的计算公式为：

$$普通股每股净值=\frac{股东权益}{流通在外的普通股股数}$$

【例 5-10】现对某企业投资于 A 公司的 1 万股股票进行评估，A 公司由于经营不善，连年亏损，无力偿还到期债务，已有债权人申请破产，并进入破产程序。A 公司可供分配的普通股股东权益为 3 000 万元，而流通在外的普通股股数为 10 万股，确定其评估值。

解：普通股每股净值=3 000÷10=300（元/股）

A 公司持有股票的评估值=1×300=300（万元）

5.3.2 股权投资的评估

股权投资是指通过协议或合同，规定投资方和被投资方的权利、责任、义务以及投资收益的分配形式，是组建联合企业、合资经营企业或合作经营企业等所进行的直接投资。股权投资的投资期限一般较长。

5.3.2.1 股权投资的形式及本金处置

对股权投资进行评估，应根据不同的投资形式、收益获取方式和投资占被投资企业实收资本或所有者权益的比重，采用不同的评估方法。

1. 股权投资的形式

（1）按投资额占被投资企业实收资本的比例，参与被投资企业净收益的分配。

（2）按被投资企业销售收入或利润的一定比例提成。

（3）按投资方出资额的一定比例支付资金使用报酬。

2. 股权投资本金的处置

对投资本金，一般按照投资协议或合同的约定进行处置。

如协议或合同规定了投资的期限，则在协议期满后，可选择以下处置方式。

（1）按投资时的作价金额以现金形式退还。

（2）返还实投资产。

（3）按协议期满时，实投资产的变现价格或续用价格作价，以现金等形式返还。

（4）如协议或合同未规定投资期限，则不存在投资本金的处置问题。

5.3.2.2 股权投资的评估方法

对于股权投资，无论采取什么样的投资和收益分配形式，其评估方法一般应选用收益法。

（1）对于合同、协议明确约定了投资报酬的，可将按规定应获得的收益折为现值作为评估值；

（2）对到期收回的实物资产，按约定或所预测的收益折为现值，再加上到期收回资产的价值作为评估值；

（3）对于不是直接获取资金收入，而是取得某种权利或其他间接经济利益的，可尝试测算相应的经济收益，折现计算评估值，或根据剩余的权利或利益所对应的重置价值确定评估值；

（4）明显没有经济利益，也不能形成任何经济权利的，按零值计算。

【例 5-11】机械厂 A 以其机器设备向食品厂 B 投资，协议联合生产经营期限为 10 年，双方按各自投资比重分配食品厂 B 的利润。机械厂 A 投资 100 万元，占食品厂 B 资本总额的 25%。双方约定投资期届满时，食品厂 B 按机械厂 A 投入机器设备折余价值返还 A，确定年折现率为 5%。评估时，双方联营期已届 5 年。经调查分析，资产评估专业人员预测今后 5 年食品厂 B 经营规模和财务状况相对稳定，每年预计分得红利 8 万元。经测定折现率为 10%，其评估结果如下：

$$
\begin{aligned}
P &= \sum_{t=1}^{n}\frac{R_i}{(1+r)^i}+\frac{P_0}{(1+r)^n}=80\,000\times(P/A,10\%,5)+500\,000\times(P/F,10\%,5)\\
&=80\,000\times3.790\,8+500\,000\times0.620\,9\\
&=613\,714\text{（元）}
\end{aligned}
$$

直接投资由于投资比重不同，可以分为全资投资、控股投资和非控股投资。资产评估专业人员在进行评估时，应查阅协议章程等文书，根据规定评定其评估值。

（1）对全资企业和控股企业的直接投资，应对被投资企业进行整体评估，资产评估专业人员现场实地核查其资产和负债情况，并采用整体企业评估方式评估确定其净资产额。将全资企业的净资产额作为对该企业直接投资的评估值。对于控股企业，应按投资股权比例计算其应分得的净资产额，即为对该企业直接投资的评估值。如果被投资企业经过评估，净资产额为零或负值，对该企业的直接投资的评估值为零。

（2）对非控股的直接投资，一般应采用收益法进行评估，即根据历史上的投资收益和被投资企业的未来经营情况及风险预测长期投资的未来收益，继而用适当的折现率将其折算为现值，再根据直接投资所占的份额，计算确定评估值。

（3）对投资份额较小，或直接投资发生时间不长，被投资企业资产账实基本相符的，则可根据被评估企业经过注册会计师审计的资产负债表上的净资产额，以及投资方应占的份额，确定评估值。

5.4 其他长期性资产的评估

5.4.1 其他长期性资产的定义

其他长期性资产是指除了流动资产、金融资产、固定资产、无形资产以外的各种资产，主要包括具有长期性质的长期待摊费用和其他长期资产。长期待摊费用是指企业已经支出，但摊销费用在 1 年以上（不含 1 年）的各项费用，如固定资产的大修理支出、股票发行费用、筹建期间费用（开办费）等。其他长期资产是指除了长期待摊费用以外的资产。

5.4.2 其他长期性资产的评估方法

由于企业的其他长期性资产除了特准储备物资、被冻结的存款、被冻结的物资及涉及诉讼的财产外，主要是指已经发生的费用的摊余价值，其实质只是一种预付费用。由于这种摊余价值不具有物质实体，因此不能单独对外交易或转让。只有当企业发生整体产权变更时，才会涉及对其价值的评估。它的价值并不取决于它在评估基准日前已支付了多少数额，而是取决于它在评估基准日后能够为企业新的产权主体带来多大的利益。也就是说，只有它能为新的产权主体形成某些新的资产和带来经济利益时，才能成为资产评估的对象。

评估实务中，首先要了解其他资产评估对象的合法性、合理性、真实性和准确性，认真检查核实，了解费用支出摊销和结余情况，了解形成新资产和权利的尚存情况。其他资产的评估值，要根据评估目的实现后资产占有者还存在的且与其他评估对象没有重复的资产和权利的价值确定。例如经过大修、装饰性改良的固定资产，因修理、装修所增加的价值已经在固定资产中得到体现，那么这部分预付费用应该按零值处理。

1. 其他长期性资产评估的依据

如上文所述，其他长期性资产的判别标准是在评估基准日后，只有能为新的产权主体产生利益时，才能界定为其他长期性资产的评估对象。因此，对其他长期性资产评估的主要依据有以下几点。

（1）其他长期性资产未来可产生效益的时间，应作为对其评估的主要依据，如果在评估基准日后，没有尚存的资产和权利时，只是因为数额过大才采用分期摊销的办法，不应计算其评估值。

（2）其他资产在未来单位时间内（每年、月）可产生的效益或可节约的货币支出额，取决于其他资产发生时预付费用的数额、预付费用取得某项服务权利持续的时间和评估基准日后该项服务权利尚剩余的时间。

（3）其他资产在评估基准日后所能产生的效益，是否需要考虑其货币时间价值，主要应根据新的产权主体在未来受益期的长短来确定。一般来说，在 1 年以内的不予考虑；超过 1 年的，视其具体内容、数额大小，以及市场行情变化趋势而定。

2. 具体资产的评估

（1）开办费。开办费是指企业在筹建期间发生的、不能计入固定资产或无形资产的各项费用。主要包括筹建期间人员的工资、筹措资本的费用、员工培训费、企业注册登记的费用等。根据现行会计制度的规定，企业筹建期间的费用，应于开始生产经营起一次性计入开始生产经营当期的损益。因此，如果企业不是在筹建期间评估，就不存在开办费的问题；如果是在企业筹建期间进行评估，则可按开办费的账面价值确定其评估值。

（2）其他长期待摊费用。其他长期待摊费用，如租入资产的改良支出、股票发行费用，对企业的影响可能延续到以后若干年。对这类资产的评估，应根据企业的收益状况、收益时间、货币时间价值及会计制度的规定等因素来确定。其中，货币的时间价值因素应根据新的产权主体未来收益时间的长短来确定，1 年以内的通常不予考虑，超过 1 年的要根据具体内容、数额大小及市场行情的变化趋势加以确定。但从实践的角度来讲，由于这些费用对未来产生收益的能力和状况并不能准确界定，如果物价总水平波动不大，可以将其账面价值作为评估值或按其发生额的平均数计算。

【例 5-12】A 企业因产权变更需要对长期待摊费用进行评估。评估基准日长期待摊费用的账面余额为 80 万元，其中租入固定资产改良支出 32 万元，租赁协议中规定设备租期为 4 年，始租时间为 2 年前，已摊销 20 万元，尚有 2 年使用期。预付销售门市部房租 48 万元，已摊销 26 万元，账面余额 22 万元，租期 2 年，始租期为 1 年前，尚有 1 年使用期限。评估人员经过对企业具体情况的分析，以评估基准日后能否产生经济效益为评估标准，假设评估中使用的折现率为 10%，试计算该企业长期待摊费用的评估值。

解：根据租入设备期限为 4 年、改良支出总额为 32 万元、尚有 2 年使用期限可知，每年摊销额为 8 万元。根据预付 2 年房租共 48 万元、尚有 1 年使用期限可知，每年的租金为 24 万元。

$$\text{长期待摊费用评估值}=8\times(1+10\%)^{-1}+8\times(1+10\%)^{-2}+24\times(1+10\%)^{-1}=35.70\text{（万元）}$$

本章小结

本章在阐述长期投资性资产概念和类别的基础上，介绍了长期投资性资产评估的特点和程序。长期投资性资产的评估包括债券、股票等有价证券评估和股权类投资的评估。长期投资性资产是企业的一项资产，反映的是被投资企业的特定权益价值。上市债券、股票可按照评估基准日收盘价估算评估值，而非上市债券、股票的价值可采用收益法进行评估。收益法的具体应用需注意其收益分配情况以及收益法的具体应用形式。其他长期性资产主要是指长期待摊费用和其他长期资产，应根据其评估基准日后能够为企业主体带来的利益评估其价值。

基本概念

长期投资性资产　长期股权投资　持有至到期投资　混合性投资　长期债权投资　债券　上市交易的债券　到期一次还本付息债券　分次付息、到期一次还本债券　股票　股票投资　票面价格　发行价格　账面价格　清算价格　内在价格　市场价格　股票的价值　上市股票　优先股　普通股　固定红利模型　红利增长模型　分段式模型　市盈率　其他长期性资产　开办费　其他长期待摊费用

即测即评

1. 单项选择题

（1）股票的（　　）是公司清算时每一股份代表的实际价值。

A. 账面价值　　B. 清算价值　　C. 内在价值　　D. 票面价值

（2）股票的未来收益的现值是（　　）。

A. 账面价格　　B. 内在价格　　C. 票面价格　　D. 清算价格

（3）在股市发育不全、交易不规范的情况下，作为长期投资中的股票投资的评估值应以（　　）为基本依据。

A. 市场价格　　B. 发行价格　　C. 内在价格　　D. 票面价格

（4）下列选项中，与股票价值评估关系不紧密的价格是（　　）。

A. 清算价格　　B. 市场价格　　C. 票面价格　　D. 内在价格

（5）固定红利模型是评估人员对被评估股票（　　）。

A. 预期收益的一种假设　　B. 预期收益的客观认定

C. 历史收益的一种客观认定　　D. 预期收益的一种估计

（6）上市交易的债券最适合运用（　　）进行评估。

A. 价格指数法　　B. 市场法　　C. 收益法　　D. 成本法

（7）被评估债券 2005 年发行，面值为 100 元，年利率为 10%，5 年期。2008 年评估时，债券市场上同种同期债券、面值 100 元的交易价格为 105 元，该债券的评估值最接近于（　　）元。

A. 110　　B. 98　　C. 100　　D. 105

（8）非上市债券的风险报酬率主要取决于（　　）。

A. 债券购买方的具体情况　　B. 债券市场的状况

C. 发行主体的具体情况　　D. 股票市场的状况

（9）在非上市债券价值评估中，对于距离评估基准日 1 年内到期的债券，可以根据（　　）确定评估值。

A．债券面值　　B．本金与持有期间利息之和

C．本利和折现值　　D．本金与持有期间利息之差

（10）下列各项中不属于债券投资特点的是（　　）。

A．投资风险小　　B．具有较强的流动性

C．收益相对稳定　　D．安全性较低

2．多项选择题

（1）非上市债券作为一种投资工具，和股票投资相比，具有（　　）的特点。

A．投资报酬率高　　B．投资风险较小　　C．收益相对稳定　　D．流动性强

（2）股票的评估值通常与股票的（　　）有关。

A．账面价格　　B．内在价格　　C．清算价格　　D．市场价格

（3）股票评估的红利增长模型中，股利年增长率 g 的计算方法有（　　）。

A．历史数据分析法　　B．市场法

C．重置核算法　　D．发展趋势分析法

（4）非上市债券的评估类型可分为（　　）。

A．固定红利模型　　B．红利增长模型

C．每期支付利息、到期还本型　　D．到期后一次还本付息型

（5）用发展趋势分析法评估红利增长型股票的股利年增长率时，需要考虑的因素有（　　）。

A．企业以往年度利润水平　　B．企业剩余收益中的分红比率

C．企业剩余收益中的再投资比率　　D．企业净资产利润率

（6）下列关于股票投资评估的表述中，错误的有（　　）。

A．一般情况下，优先股都要按事先确定的股利率支付股利

B．优先股是在股利分配和剩余财产分配上优先于普通股的股票

C．债券的利息是在所得税后支付

D．优先股的股利是在所得税前支付

（7）债券评估的折现率包含的内容有（　　）。

A．无风险报酬率　　B．企业收益率　　C．风险报酬率　　D．债券利息

（8）债券评估时的风险报酬率，其高低与（　　）有关。

A．投资者的竞争能力　　B．发行者的竞争能力

C．投资者的财务能力　　D．发行者的财务能力

（9）以下关于上市债券的评估方法，说法正确的有（　　）。

A．如果该种债券可以在市场上流通买卖，并且市场上有该种债券的现行市价，则在正常情况下，上市债券的现行市场价格可以作为它的评估值

B．当证券市场投机严重、债券价格严重扭曲、债券价格与其收益现值严重背离时，对上市债券的评估，可参照非上市债券的评估方法

C．上市交易的债券的现行价格，一般是以评估基准日的收盘价确定评估值

D．评估人员应在评估报告中说明所用评估方法和结论与评估基准日的关系，并申明该评估结果应随市场价格变动而予以调整

（10）非上市普通股评估的模型主要有（　　）。

A．收益增长型　　B．固定红利型　　C．红利增长型　　D．分段式型

课后思考题

1．长期投资性资产的概念以及投资长期投资性资产的目的是什么？

2．长期投资性资产包括的主要内容有哪些？

3．长期投资性资产评估的特点有哪些？

4．简述长期投资性资产评估的程序。

5．简述债权投资的特点。

6．债券评估使用的折现率通常由哪两部分构成？

7．股票按不同的标准，通常分为哪些类别？

8．相对于其他投资，股票投资的特点有哪些？

9．股票价格通常包括哪些含义的价格？

10．通常确定股票的市盈率时会考虑哪几个方面的因素？

业务练习题

1．某资产评估机构受托对甲公司的资产进行评估。甲公司拥有乙公司发行的非上市普通股股票 100 万股，每股面值 1 元。评估人员经过调查分析认为，甲公司在持有该股票期间，每年每股收益率均在 8%左右，评估基准日后预计该股票第 1 年每股收益率为 8%，第 2 年每股收益率为 9%，第 3 年每股收益率为 10%。从第 4 年起，乙公司研发的新产品上市，每股收益率可达到 15%，并将持续下去。通过与乙公司管理层的沟通，评估人员了解到乙公司将从第四年起每年年终将税后利润的 80%用于股利分配，另 20%用于公司扩大再生产。评估时无风险报酬率为 5%，预计风险报酬率为 3%。评估基准日为 2023 年 12 月 31 日。要求：

（1）根据所给资料，估算本项目所选用评估方法中的各项参数指标。

（2）估算甲公司拥有的乙公司股票的价值（结果以万元为单位，小数点后保留两位）。

2．某资产评估机构以 2023 年 1 月 1 日为评估基准日对甲企业进行评估，甲企业账面有 4 项长期投资，账面原值共计 8 500 万元，其中：

第一项为向 A 企业投资，投资时间为 2014 年 12 月 31 日，账面原值为 200 万元，占 A 企业总股本的 15%。根据投资合同，全部以现金投入，合同期共 10 年，合同约定甲企业按投资比例对 A 企业每年的净利润进行分红。根据 A 企业提供的资产评估机构出具的资产评估报告，A 企业至评估基准日的净资产为 -1 200 万元。经调查得知，A 企业由于产品陈旧、管

理不善，连续几年亏损，已于两年前完全停产，无法继续经营。

第二项为向 B 企业投资，投资日期为 2020 年 1 月 1 日，账面原值为 500 万元，占 B 企业总股本的 8.5%。根据投资合同，甲企业全部以现金投入，合同期共 15 年。合同约定 B 企业每年按甲企业投资额的 16%作为甲企业的投资报酬，每年支付一次，合同期满后 B 企业不再向甲企业返还投资本金。根据 B 企业提供的审计报告，B 企业至评估基准日账面净资产为 8 200 万元，企业每年净利润保持在 650 万元左右的水平上，企业经营稳定。

第三项为向 C 企业投资，投资日期为 2019 年 1 月 1 日，账面原值为 5 800 万元，占 C 企业总股本的 70%。C 企业是由甲企业发起设立的，根据合同规定，只要 C 企业不出现连续 3 年亏损，就一直经营下去。根据企业提供的财务报表，至评估基准日 C 企业净资产为 9 200 万元，2022 年度的净利润为 600 万元，在过去的 4 年中每年的净利润一直稳步递增。评估人员调查得知，C 企业为一家高新技术企业，产品的销售前景较好，预计评估基准日之后第 1 年至第 5 年的净利润分别在前一年的基础上递增 10%，从第 6 年起，每年将在上一年的基础上以 2%的速度递减。

第四项为向 D 企业投资，投资日期为 2009 年 12 月 31 日，账面原值为 2 000 万元。D 企业为股份公司，并于 2021 年上市。经调查得知，在甲企业初始投资时，按每 1 元折合 1 股，共计 2 000 万股，为企业法人股。D 企业上市时进行了缩股，缩股前的 1.25 股在缩股后变为 1 股。半年前 D 上市公司进行了股改，法人股股东又将所持股数的 20%作为法人股获得流通权利对原流通股股东的补偿支付给原流通股股东，至评估基准日该法人股已允许上市交易。评估基准日时 D 企业股票开盘价为 7 元/股，最高价为 7.6 元/股。最低价为 6.9 元/股，收盘价为 7.5 元/股。

在上述资料的基础上，不再考虑其他因素（其中包括少数股权折价和控股股权溢价因素），假设折现率及资本化率均为 12%。

要求：对甲企业的长期投资进行评估。

3．P 公司为评估公司，2023 年发生的具体业务如下：

（1）P 公司受托对甲企业的持有至到期投资进行评估，该持有至到期投资账面余额为 66 万元（购买债券 6 600 张、面值 100 元/张），年利率为 10%，期限为 5 年，已上市交易。在评估前，该债券未计提减值准备。根据市场调查，评估基准日的收盘价为 360 元/张。

（2）P 公司受托对乙企业拥有的 A 公司债券进行评估，被评估债券面值为 80 000 元，系 A 公司发行的 3 年期到期一次还本付息债券，年利率为 10%，单利计息，评估基准日距离到期日 2 年，当时国债利率为 4%。经资产评估专业人员分析调查，发行企业经营业绩尚好，财务状况稳健。2 年后具有还本付息的能力，投资风险较低，风险报酬率为 2%，以国债利率作为无风险报酬率。

（3）P 公司受托对丙企业拥有的 B 公司债券进行评估，被评估债券面值为 80 000 元，系 B 公司发行的 3 年期分期付息、到期一次还本的债券，年利率为 10%，单利计息，评估基准日距离到期日 2 年，当时国债利率为 4%。经资产评估专业人员分析调查，发行企业经营业绩尚好，财务状况稳健。2 年后具有还本付息的能力，投资风险较低，风险报酬率为 2%，以国债利率作为无风险报酬率。

根据上述资料，计算甲、乙、丙三个企业的债券的评估值。

第 6 章　流动资产评估

学习目标

知识目标	能力目标	思政育人目标
1．熟悉流动资产的构成、分类及特点； 2．熟悉流动资产评估的程序和特点； 3．理解货币类流动资产的内容与评估思路； 4．掌握实物类和债权类等流动资产的内容与评估方法	1．能够运用市场法对各类流动资产进行评估； 2．能够运用成本法对各类流动资产进行评估	1．培养学生树立正确的价值观； 2．培养学生细心、耐心和谨慎的优良品质； 3．提升学生的创新意识

章节导言

流动资产是指企业可以在 1 年或者超过 1 年的一个营业周期内变现或者耗用的资产，是企业资产中必不可少的组成部分。流动资产在周转过渡中，从货币形态开始，经过储备资金形态和固定资金形态，到达产成品资金形态，最后经过销售环节又回到货币形态。各种形态的资金与生产流通紧密结合，周转速度快，变现能力强。加强对流动资产业务的评估，有利于确定流动资产业务的合法性和合规性，有利于检查流动资产账务处理的正确性，揭示流动资产管理的弊端，提高流动资产的使用效益。由于流动资产形态复杂，评估清查核实的工作量很大，许多专案往往会结合审计工作的开展进行评估。由于流动资产的形态具有多样性，清查核实的方法及确定评估值时须考虑的问题也各不相同。通过本章知识学习，可以掌握不同类型流动资产的内容和评估方法，实现流动资产价值估测。

6.1　概　述

6.1.1　流动资产概述

1．流动资产及其构成

流动资产是指企业在生产经营活动中，在 1 年或超过 1 年的一个经营周期内变现或耗用的资产。流动资产包括货币资金、交易性金融资产、应收及预付款项、存货、待摊费用及其他流动资产等。

货币资金包括库存现金、银行存款及其他货币资金。其中，库存现金是指企业内部各部门用于周转使用的备用金。银行存款是指企业各种不同类型的存款。其他货币资金是指除库存现金和银行存款以外的其他货币资金，包括外埠存款、银行本票存款、银行汇票存款、存出投资款、信用卡存款、信用证保证金存款等。

交易性金融资产是指企业为了近期内出售而持有的债券投资、股票投资和基金投资，以赚取差价为目的从二级市场购买的债券、股票、基金等均属于交易性金融资产。

应收及预付款项包括应收账款、应收票据、其他应收款及预付账款。其中，应收账款是指企业因销售商品、提供劳务等应向购货单位或受益单位收取的款项，是购货单位所欠的短期债务。预付账款是指企业按照购货合同规定预付给供货单位的购货订金或部分货款。

存货是指企业在日常活动中持有以备出售的产成品或商品、处于生产过程中的在产品、在生产过程或提供劳务过程中耗用的材料或物料等，包括各类材料、在产品、半成品、产成品或库存商品以及包装物、低值易耗品、委托加工物资等。

待摊费用是指已经支出但应由本期和以后各期分别负担的各项费用，如低值易耗品摊销、一次支出数额较大的财产保险费、排污费、技术转让费、广告费、固定资产经常修理费、预付租入固定资产的租金等。

其他流动资产是指企业除上述流动资产以外的流动资产，如 1 年内到期的长期投资。

2. 流动资产的分类

从资产评估的角度，一般将企业的流动资产按照其存在形态分为实物类流动资产、货币类流动资产、债权类流动资产 3 种类型。

（1）实物类流动资产。实物类流动资产是指企业在生产经营过程中为销售或使用而准备的具有实物形态的流动资产，包括库存材料、在产品、产成品、库存商品和低值易耗品等。

（2）货币类流动资产。货币类流动资产是指企业持有的货币资金及各项具有现金等价物性质的流动资产，包括库存现金、银行存款和其他货币资金等。

（3）债权类流动资产。债权类流动资产是指企业持有的不具有实物形态的、具有债权性质的流动资产，包括应收账款、应收票据、其他应收款及预付账款。

3. 流动资产的特点

与固定资产相比，企业的流动资产主要具有以下显著特点。

（1）周转速度快。流动资产的实物形态通常只经历一个生产周期（包装物和低值易耗品除外），便会改变原有的实物形态，转移到产品价值中，构成产品成本的重要组成部分，在产品销售后回收。因此，周转速度快是流动资产的显著特征。

（2）占用形态多样化。流动资产的存在形式多种多样，在企业的一个生产周期中，流动资产相继经过采购、生产和销售三个环节，由货币形态转换为储备形态、生产形态、成品形态，最后又转换为货币形态，不断地循环往复于企业生产经营的各个阶段。

（3）变现能力强。各种形态的流动资产都可以在较短的时间内被耗用、变卖或出售，是企业对外支付和偿还债务的重要保证。但是由于存在形态的不同，导致各项流动资产的变现速度存在差异。流动资产变现能力由强到弱依此为货币资金、交易性金融资产、应收及预付款项、存货以及其他流动资产。企业拥有的流动资产越多，其对外支付和偿债的能力就越强，企业面临的财务风险也就越小。

（4）存量波动大。由于企业经常不断地购买、耗用和出售流动资产，使得流动资产的存量和结构呈现较大的波动性。市场供求和生产消费的季节性变化是影响流动资产存量波动的重要因素。此外，流动资产存量波动还可能受到外部经济环境、经济秩序等因素的制约。

6.1.2 流动资产评估的特点

流动资产自身的特点决定了其价值评估的特点。由于流动资产的周转速度快、变现能力强、其账面价值与市场价格较为接近，导致流动资产价值评估具有以下几个特点。

1．合理选择评估基准日

由于流动资产的流动性和价值波动性，其存量和形态随时发生变化，而评估是确定其在某时点的价值，这就要求评估人员必须选择合理的评估基准时间。评估实践中，选择的评估基准日要尽可能接近评估结论使用时点，同时要求评估人员在规定的时点进行资产清查、登记和确定流动资产的数量和账面价值，避免发生重复和遗漏的现象。

2．分类清查和评估

由于流动资产具有数量大、种类多的特点，清查工作量大，所以流动资产清查应考虑评估的时间要求和评估成本。对流动资产评估往往需要根据不同企业的生产经营特点和流动资产分布的情况，对流动资产分清主次，选择不同的方法进行清查和评估，做到突出重点、兼顾一般。

3．历史成本可以作为评估值

由于流动资产周转速度快、变现能力强，在物价水平相对稳定的情况下，流动资产的账面价值基本可以反映其现值，所以一般不需要考虑功能性贬值，其有形损耗的计算只适用于低值易耗品和呆滞流动资产的评估。在某些特定情况下，可以采用历史成本作为其评估值。

4．对企业会计核算资料依赖程度高

企业在生产经营过程中，流动资产处于周转循环状态，其评估会影响企业的正常运转，因此通常需要企业配合，在相对静止状态下进行清查盘点和检测。由于流动资产种类繁多，许多价格信息要通过会计资料获得，故流动资产评估的一个重要特点就是对企业会计资料进行可用性判断，以便正确利用会计信息。如前文所述，在特定的情况下，对流动资产较适合采用历史成本法评估，这也说明了流动资产评估对企业会计核算资料的依赖程度较高。

6.1.3 流动资产评估的程序

1．确定评估对象和评估范围

确定流动资产的评估对象和评估范围，这是保证流动资产评估质量的重要条件之一。评估对象和评估范围应依据企业经济活动所涉及的资产范围而确定。首先，评估人员要明确流动资产的范围，分清流动资产与非流动资产的界限，既要防止将非流动资产划入评估范围，又要防止将流动资产误作为非流动资产，以免重复和漏评。其次，评估人员应当核实该资产的产权，对于存放在被评估企业的外单位委托加工材料、代为保管的材料物资等，尽管存放于该企业中，但由于其产权不属于该企业，均不应将其计入流动资产的评估范围。最后，评

估人员还要抽查核实被评估流动资产，验证基础资料，必要时进行全面清查，以确保流动资产清单的记录数量与库存实际数量一致。

2．对实物类流动资产进行质量检测和技术鉴定

对材料、半成品、产成品等实物类流动资产进行质量检测和技术鉴定，目的是了解资产的质量情况，以便确定其是否还具有使用价值，同时核对其技术情况的等级与被评估资产清单的记录是否一致。对于评估流动资产的检测鉴定工作可由被评估企业的有关技术人员、管理人员与评估人员合作完成，也可参考独立第三方的专业报告，再由评估人员进行专业判断。

3．分析企业的债权情况

对于应收账款、应收票据和其他应收款等债权类流动资产，评估人员应当调查被评估企业的债务人在双方经济活动中的资信情况，以了解每项债权类资产的经济内容、发生时间及未清理原因等，综合分析确定各项债权回收的可能性、回收时间、回收费用和相关风险。

4．合理选择评估方法

评估人员需要根据评估目的和不同种类流动资产的特点合理选择评估方法。实物类流动资产评估通常采用市场法或成本法。对于存货类流动资产评估，如果价格波动较大，则以市场价格为基础；价值量较低的存货，按现行市价进行调整；价值量较高的存货，除了考虑现行市场价格外，还要分析最终产品价格是否能够相应提高，或者存货本身是否具有按现行市价出售的可能性。对于货币类流动资产评估，其清查核实后的账面价值本身就是现值，无须采用特殊方法进行评估，只是对外币存款应按评估基准日的外汇汇率进行折算。对于债权类流动资产评估，应采用可变现净值进行价值评估。对于其他流动资产，应区别不同情况，采用不同的评估方法。

5．进行评定估算，出具评估结论

经过上述评估程序对有关流动资产进行评估后，即可得出相应的评估结论，评估人员应完成评估报告的撰写工作。在流动资产评估说明中，应对流动资产的清查程度和评估中的价格依据情况予以说明。

6.2　实物类流动资产的评估

企业实物类流动资产包括各种库存材料、在产品、产成品、库存商品、包装物、低值易耗品等。实物类流动资产评估是流动资产评估的重要内容。本节将对各类实物类流动资产的评估方法进行介绍。

6.2.1　库存材料的评估

企业材料可以划分为库存材料和在用材料两种。由于在用材料在生产过程中已经形成在产品或半成品，不再作为单独的材料存在，故本节材料评估主要针对企业库存材料的评估。企业库存材料主要包括各种主要材料、辅助材料、燃料、修理用备件以及外购半成品等。企

业库存材料具有品种、规格繁多，性质、计量单位、购进时间和批次以及自然损耗各不相同的特点，这就要求评估人员在对库存材料进行评估时，需要结合评估目的和库存材料的特点，选择成本法和市场法进行评估。

1．近期购进库存材料的评估

近期购进的材料由于库存时间较短，在市场价格变化不大的情况下，其账面价值与现行市价基本接近。评估时，可以采用成本法，也可以采用市场法。

【例 6-1】某企业对库存甲材料进行价值评估，材料明细账的记载为：数量 3 000 千克，单价 600 元/千克，运杂费 900 元。根据材料消耗的原始记录和清查，评估时甲材料尚有 700 千克。经质量检测和技术鉴定，材料质量没有发生变化。根据上述资料，确定甲材料的评估值。

$$\text{解：评估值}=700\times\left(600+\frac{900}{3\,000}\right)=420\,210\text{（元）}$$

对于购进时发生运杂费的材料，如果运杂费数额较大，评估时应将由被评估材料分担的运杂费计入评估值；如果运杂费数额较小，评估时可以不予考虑。

本例中材料质量没有发生变化。如果因企业管理不善等原因导致材料变质，在计算评估值时，相应地要考虑材料的贬值，此时材料的评估值为扣除材料失效、变质等相应的贬值额后的价值。

【例 6-2】某企业对库存甲材料进行价值评估，材料明细账的记载为：数量 3 000 千克，单价 600 元/千克，运杂费 900 元。根据材料消耗的原始记录和清查，评估时甲材料尚有 700 千克。经质量检测和技术鉴定，因保管不善甲材料发生变质，贬值率为 10%。根据上述资料，确定甲材料的评估值。

$$\text{解：评估值}=700\times\left(600+\frac{900}{3\,000}\right)\times(1-10\%)=378\,189\text{（元）}$$

2．购进批次间隔时间长、价格变化较大的库存材料的评估

对于此类材料，评估时可以直接以库存材料的市场价格作为评估值，也可以采用最接近市场价格的账面成本作为评估值。

【例 6-3】企业要求 2023 年 7 月 1 日对库存乙材料进行价值评估。据材料明细账记载，该材料分两批购进：第一批购进时间为 2022 年 9 月，购进数量为 6 000 千克，单价为 2 000 元/千克；第二批购进时间为 2023 年 6 月，购进数量为 5 500 千克，单价为 2 400 元/千克。经盘点核实，乙材料尚有 600 千克库存，且质量完好。试计算乙材料的评估值。

解：乙材料的评估值 $=2\,400\times600=1\,440\,000$（万元）

例 6-3 中，因评估基准日 2023 年 7 月 1 日与 2023 年 6 月购进时间较近，故直接采用 6 月购进材料价格作为评估值。如果近期内该材料价格变动很大，或者评估基准日与最近一次购进时间间隔期较长，其价格变动较大时，应以评估基准日的市场价格作为评估值。另外，由于材料分期购进，且购进价格不相同，同时存货计价方法也有可能不相同，故会计核算的账面余额就会不一样。需要注意的是，存货计价方式的差异不应该影响评估结果，评估时关

键是核查库存材料的实际数量，并按最接近市场的价格估算其评估值。

3．缺乏明确市价的库存材料的评估

企业库存的某些材料可能由于购进时间早，市场已经脱销，评估时无明确的市价可供参考或者使用。对这类材料的评估，可以通过寻找替代品的价格变动资料以修正材料价格；也可以基于市场供需分析，根据材料的供需关系修正材料价格；还可以通过市场同类商品的平均物价指数进行评估。

【例 6-4】企业 2022 年 1 月购进 200 吨丙材料，单价为 1 500 元/吨。2022 年 10 月评估时，市场上已经脱销。经清查核实，该材料的库存尚存 15 吨，因保管不善等原因造成材料减损 5%。根据以下三种情况，分别估测企业丙材料的价值。

（1）若市场上有另一种丁材料与企业丙材料的功能相似，可作为丙材料的替代品，丁材料现行市价为 1 200 元/吨，根据历史数据可知丁材料与丙材料的价格之比是 0.8∶1。

（2）通过市场供求趋势分析，明确目前丙材料价格基本稳定，但总体需求略有下降，价格约降低 3%。

（3）据调查，企业丙材料同类商品 2022 年 1 月的物价指数为 100%，2022 年 10 月的物价指数为 102%。

解：(1) $评估值=1\,200\times15\times\dfrac{1}{0.8}-1\,500\times15\times5\%=21\,375$（元）

(2) $评估值=1\,500\times15\times(1-3\%)-1\,500\times15\times5\%=20\,700$（元）

(3) $评估值=1\,500\times15\times\dfrac{102\%}{100\%}-1\,500\times15\times5\%=21\,825$（元）

4．呆滞材料的评估

呆滞材料是指从企业库存材料中清理出来，需要进行处理的材料。一般地，呆滞材料积压时间较长，可能会因为自然力作用或保管不善等原因导致使用价值降低。因此，对此类材料进行评估时，要对材料的数量和质量进行核实和鉴定，并区别不同情况进行评估。对已经失效、变质、残损、报废和无用的材料，需要扣除相应贬值数额后确定评估值。

6.2.2 在产品的评估

在产品包括生产过程中尚未加工完毕的在制品和已加工完毕但不能单独对外销售的半成品（可对外销售的半成品视同产成品评估）。在产品的评估可以采用成本法或市场法。

6.2.2.1 成本法

成本法是根据技术鉴定和质量检测的结果，按评估时的相关市场价格及费用水平重置同等级在产品及半成品所需投入的合理的料、工、费估算评估值。这种评估方法主要适用于生产周期较长的在产品的评估。对于生产周期较短的在产品，主要以其实际发生的成本作为价值评估的依据。在没有变现风险的情况下，可根据其账面价值进行调整。具体方法包括以下几种。

1．价格变动系数调整法

这种方法主要适用于生产经营正常、会计核算水平较高的企业在产品的评估。根据价格变动系数调整成本主要是以实际发生的原始成本为基础，将评估基准日的市场价格调整成重置成本。具体评估的方法和步骤如下：

（1）对被评估在产品进行技术鉴定，从总成本中剔除不合格在产品的成本。

（2）分析原成本的构成，将不合理的费用从总成本中剔除。

（3）分析原成本构成中材料成本从其生产准备开始到评估基准日止的市场价格变动情况，并测算出价格变动系数。

（4）分析原成本中的工资、燃料、动力费用以及制造费用从开始生产到评估基准日有无大的变动，是否需要进行调整，如需调整，测算出调整系数。

（5）根据技术鉴定、成本构成分析及价格变动系数测算，调整成本，确定评估值，必要时从变现的角度修正评估值。

评估值基本计算公式为：

在产品评估值=原合理材料成本×（1+价格变动系数）+
原合理工资、费用×（1+合理工资、费用变动系数）

需要说明的是，在产品成本包括直接材料、直接人工和制造费用三部分。其中，制造费用属于间接费用，直接人工尽管是直接费用，但与间接费用一样比较难测算，因此评估时可将直接人工和制造费用合并为一项费用进行测算。

【例 6-5】企业待评估在产品相关资料如下：

（1）在产品至评估基准日的账面总成本为 288 万元。其中，材料成本为 172 万元，工资成本为 100 万元，制造费用为 16 万元。

（2）根据质检资料和核查，发现这批在产品中有废品 200 件。账面单位成本为 120 元，其中材料成本为 72 元，工资成本为 42 元，制造费用为 6 元。废品处理估计每件可收回净残值 20 元。

（3）经查材料市场价格资料，自生产准备至评估基准日止，该在产品使用的材料价格已上涨 8%，其间人工工资、制造费用上调 10%。

根据上述资料，估测在产品的评估值。

解：原合理材料成本= 1 720 000 − 72×200 = 1 705 600（元）

原合理工资、费用成本=（1 000 000 +160 000）−（42+6）×200 =1 150 400（元）

废品净残值= 20×200 = 4 000（元）

在产品评估值= 1 705 600×（1+8%）+ 1 150 400×（1+10%）+ 4 000= 3 111 488（元）

2. 消耗定额市价法

这种方法主要适用于定额成本资料齐全、可靠的在产品的价值评估。该方法是按重置同类资产的社会平均成本确定被评估资产的价值。采用此方法对在产品进行评估时需要掌握以下资料：

（1）被评估在产品的完工程度；

（2）被评估在产品有关工序的工艺定额；

（3）被评估在产品耗用物料的近期市价；

（4）被评估在产品在正常生产经营情况下的合理工时及单位工时的费用标准。

评估值计算公式为：

在产品评估值=在产品实有数量×（该工序单件材料工艺定额×单位材料现行市价+该工序单件工时定额×正常工资费用）

对于工艺定额的选取，有行业平均物料消耗标准的，可按行业标准计算；没有行业统一标准的，按企业现行的工艺定额计算。

【例 6-6】企业处于某一生产阶段的在产品 500 件，已知每件在产品铝材消耗量为 300 千克，铝材单价为 6 元/千克；在产品累计单位工时定额 60 小时，每小时的燃料和动力费定额 0.6 元、工资及附加费定额 12 元、车间经费定额 4 元、企业管理费用定额 5 元。根据以上资料评估该在产品的价值。

解：原材料成本=500×300×6 = 900 000（元）

工资成本=500×60×12 =360 000（元）

燃料和动力成本=500×60×0.6=18 000（元）

费用成本=500×60×（4 + 5）=270 000（元）

该项在产品的评估值=900 000 + 360 000 + 18 000 + 270 000=1 548 000（元）

3. 约当产量法

由于在产品的最高形式为产成品，故可以在估测产成品重置成本的基础上，按在产品完工程度计算确定在产品的评估值。评估值计算公式为：

在产品约当产量 = 在产品数量 × 在产品完工程度

$$\text{某道工序在产品完工程度}=\left(\frac{\text{上道工序累计单位工时定额}+\text{该道工序单位工时定额}\times 50\%}{\text{产成品单位工时定额}}\right)$$

在产品评估值=产成品重置成本 × 在产品约当产量

在产品约当产量、完工率可以根据其完成工序与全部工序比例、生产完成时间与生产周期比例确定。当然，确定时应分析完成工序、完成时间与其成本耗费的关系。另外，采用约当产量评估在产品价值时，需要注意在产品的材料成本。一般来说，许多工业企业的主要原料往往是在生产过程的第一道工序一次投入，所以材料成本是按照在产品的实际数量而不是约当产量计算。若在产品的原材料不是一次投入，而是随着生产过程陆续投入，则应将原材料成本调整为约当产量进行计算。

【例 6-7】企业有某在产品 500 件。该在产品的材料已投入 60%，完工程度为 40%，该产品的单位定额成本资料为材料定额 3 000 元，工资定额 2 000 元，制造费用定额 1 600 元。试估测该在产品的评估值。

解：在产品材料的约当产量=500×60%=300（件）

在产品工资和制造费用的约当产量=500×40%=200（件）

在产品评估值= 300×3 000+200×（2 000+1 600）=1 620 000（元）

6.2.2.2 市场法

市场法是按同类在产品或半成品的市价，扣除销售过程中预计发生的费用后计算评估值。一般情况下，如果被评估在产品的通用性能好，能作为产成品的部件或用于维修更换，其评估值会比较高。对于不能继续用于生产，又无法通过市场调剂出去的专用配件等，则只能按废料回收价格进行评估。在产品评估的计算公式为：

在产品评估值=在产品实有数量×市场可接受的不含税单价−预计销售过程中发生的费用

如果在调剂过程中有一定的变现风险，还需要考虑风险调整系数。在产品评估的计算公式为：

在产品评估值=可回收废料的重量×单位重量现行的回收价格

【例 6-8】宏远公司被兼并面临全面停产，有关的评估资料如下：

（1）在产品 L 已从仓库中领出，但尚未进行加工处理，共有 1 000 件，账面价值为 20 000 元，经调查，该在产品如完好无损地出售，单位不含税市价为 25 元/件。

（2）在产品 M 已加工完成，共有 500 件，账面价值为 1 000 元，可通过市场调剂且流动性比较好，据调查了解，该在产品的市场可接受不含税价格为 15 元/件，调剂费用为 250 元，但调剂存在风险，预计能够有 85%的在产品通过市场调剂。

（3）在产品 N 已加工完成，账面价值为 5 000 元，但是对于兼并后的企业来说，在产品 N 已经没有继续加工的价值，且也无法调剂出去，经分析，该在产品只能作为报废的在制品处理，可回收的价格为 700 元。

要求：根据市场法确定该公司在产品的评估值。

解：在产品 L 可以按照现行市场价格计算评估值：1 000×25 = 25 000（元）

在产品 M 根据市场可接受价格、调剂费用、调剂风险系数来确定评估值：

500×15×85%−250= 6 125（元）

在产品 N 应按照报废品进行处理，可收回价值为 700 元。

该公司在产品的评估值= 25 000 + 6 125 + 700 = 31 825（元）

6.2.3 产成品和库存商品的评估

产成品及库存商品是指企业已完工入库和虽未办理入库手续但已完工并经过质量检验合格的产品，以及商品流通企业购入但尚未销售的商品等。对此类存货，评估人员应依据其变现能力和市场可接受的价格进行评估，通常采用成本法和市场法。

6.2.3.1 成本法

采用成本法对生产及加工工业的产成品进行评估，主要根据生产该项产成品全过程所发生的成本、费用确定评估值。应用成本法评估产成品和库存商品，可分以下两种情况进行：

1. 评估基准日与产成品完工时间接近

当评估基准日与产成品完工时间较接近，成本变化不大时，可以直接按产成品的账面成本确定其评估值。计算公式为：

产成品评估值=产成品数量×产成品单位成本

2. 评估基准日与产成品完工时间间隔较长

当评估基准日与产成品完工时间间隔较长，产成品成本变化较大时，产成品价值可按以下两种方法估测。

（1）价格变动系数调整法。

产成品评估值=产成品实际成本×（材料成本比例×材料综合调整系数+工资、费用成本比例×工资、费用综合调整系数）

【例 6-9】企业产成品实有数量为 60 台，每台实际成本为 1 200 元，根据会计核算资料，生产该产品的材料费用与工资、其他费用的比例为 6∶4。根据目前价格变动情况和其他相关资料，确定材料综合调整系数为 1.15，工资、费用综合调整系数为 1.25。计算该公司产成品的评估值。

解：产成品评估值=60×1 200×（60%×1.15 + 40%×1.25）=85 680（元）

（2）消耗定额市价法。

产成品评估值=产成品实有数量×（合理材料工艺定额×单位材料现行价格+合理工时定额×单位小时合理工时工资、费用）

【例 6-10】经评估人员核查，企业产成品实有数量为 3 500 件，根据该企业的成本资料，结合同行业成本耗用资料分析，合理材料工艺定额为 60 千克/件，合理工时定额为 8 小时。评估时，生产该产品的材料价格上涨至 155 元/千克，单位小时合理工资、费用标准为 45 元/小时。计算该公司产成品的评估值。

解：产成品评估值= 3 500×（60×155 +8×45）= 3 381（万元）

6.2.3.2 市场法

市场法是指按不含价外税的可接受市场价格扣除相关费用后评估产成品价值的评估方法。在选择市场价格时，应考虑以下因素。

（1）产成品的使用价值。评估人员应根据对产品的质量考察和技术鉴定，确认产品是否具有使用价值及产品的实际等级，以便选择合理的市场价格。

（2）分析市场供需状况和被评估产成品的前景。

（3）所选择的价格应该是公开市场的近期交易价格，非正常交易价格不能作为评估依据。

（4）对存在不同程度残缺的产成品，可根据其损坏程度，通过调整系数予以修正。

采用市场法对产成品进行评估，现行市场价格中包含了成本、税金和利润等因素，如何处理待实现的利润及可能要缴纳的税金，应根据产成品评估目的和评估性质确定。

举例来讲，以库存商品出售为目的，应直接以现行市场价格作为其评估值，而无须考虑扣除为实现销售而发生的销售费用和相关税金。对于缴纳增值税的产成品，如果市场价格包括增值税，需换算成不含增值税的价格。在对企业以投资为目的的进行产成品评估时，由于产成品在新的企业中按市价销售后，流转税金和所得税等要流出企业，追加的销售费用也应得到补偿，产成品评估值折价后作为投资者权益，是分配收益的依据。因此，在这种情况下，市价中扣除各种税费和利润后，才能作为产成品评估值。

6.2.4 低值易耗品的评估

低值易耗品是指单项价值在规定限额以下或使用期限不满 1 年，但能多次使用而基本保持其实物形态的劳动资料。尽管财务制度规定了划分固定资产和低值易耗品的一般标准，但不同行业对两者的划分标准不同。在评估过程中，评估人员判断某项劳动资料是否为低值易耗品，原则上视其在企业中的作用而定，一般可尊重企业原来的划分方法。同时，低值易耗品又是特殊流动资产，与典型流动资产相比，它具有周转时间长、不构成产品实体等特点。掌握低值易耗品的特点是做好低值易耗品评估的前提。低值易耗品种类较多，为了满足评估需要，通常按其用途和使用情况进行分类。按用途不同，可以将低值易耗品分为一般工具、专用工具、替换设备、管理用具和劳动保护用品等。按使用情况不同，可以将低值易耗品分为在库低值易耗品和在用低值易耗品两类。上述按用途分类的目的在于可以按大类进行评估，有利于简化评估工作，而根据低值易耗品使用情况分类将直接影响评估方法的选用。

对于在库低值易耗品的评估，可以根据具体情况，采用与库存材料评估相同的方法。

对于在用低值易耗品的评估，可以采用成本法进行评估。计算公式为：

$$评估值=全新低值易耗品重置价值\times成新率$$

上式中全新低值易耗品重置价值，在价格变动不大的情况下，可以直接采用其账面价值，也可以采用现行市场价格确定。在价格变动较大时，可以在账面价值基础上利用物价变动指数进行调整。

由于低值易耗品的使用期限较短，所以一般不考虑其功能性损耗和经济性损耗。其成新率计算公式为：

$$成新率=\left(1-\frac{低值易耗品实际已使用月数}{低值易耗品可使用月数}\right)\times100\%$$

评估中对低值易耗品采用摊销的方式将其价值转入成本、费用，摊销的目的在于计算成本、费用。但是，企业在进行会计核算时，对低值易耗品一般采用了一次摊销法或五五摊销法。一次摊销法是指低值易耗品价值在使用时一次计入费用或成本的方法。五五摊销法是指在低值易耗品领用时，摊销其价值的一半，在报废时摊销其价值的另一半并注销其总成本的一种摊销方法。会计上的这类较为简化的摊销方法并不能真实反映低值易耗品的实际耗损程度。因此，在确定低值易耗品的成新率时，应根据实际损耗程度确定，而不能完全按照会计摊销方法确定。

【例 6-11】企业对某项低值易耗品进行价值评估。资料显示，该项低值易耗品原价为 800 元，预计使用 1 年，现已使用 9 个月，该低值易耗品现行市价为 1 000 元，试计算其评估值。

解：评估值=1 000×（1−9÷12）= 250（元）

6.3 非实物类流动资产的评估

本节主要介绍货币类流动资产与债权类流动资产的评估。

6.3.1 货币类流动资产的评估

货币资金不会因为时间的变化而发生差异，只存在不同币种的换算和不同货币资金形态的转换，因此不存在价值估算，而仅仅需要核实数额。对现金的评估主要是对现金的清查和盘点并与现金日记账和现金总账核对，实现账实相符；对各项银行存款的评估，实际上是通过与银行核对，确认银行存款的实有数额，最后以核实后的实有数额作为评估值。如果有外币存款，则应按评估基准日的汇率折算成等值人民币。

6.3.2 债权类流动资产的评估

6.3.2.1 应收款项的评估

应收款项属于债权类资产，是指企业债权已经成立，应向有关债务人收取的各种款项的总称，包括应收账款和其他应收款。

应收款项的经济特点是债权以明确的货币金额量化，无论是否约定偿债期，到期偿还的债务额都是事前形成或约定的。需要注意的是，评估不是对债权金额的重新估计或确定。因为债务人的信用和还款能力，应收款项存在一定的回收风险，故应收款项评估是通过对债务人的信用和还款能力的分析，估算应收款项的“风险损失”额。此外，应收款项不是现金，也非实际可用于企业经营的资产，而是在未来回收后才能作为实际资产，故应收款项评估的是“未来现金资产”。基于上述分析可以看出，应收款项评估的本质是对款项回收的“风险损失”和“未来回收价值现值”的确定，而不是对应收款项账面记录的重新估计。应收款项价值评估的计算公式为：

应收款项评估值=应收款项账面余额-已确定的坏账损失-预计可能发生的坏账损失

应收款项具体评估的程序和方法如下。

1．确定应收款项的账面余额

在对企业的应收款项进行评估时，除了进行账证核对、账表核对外，还应尽可能要求被评估单位按客户名单发函核对，查明每笔应收款项发生的时间、金额、债务人的基本情况，作为预计坏账损失的重要依据。此外，对集团内部独立核算单位之间的往来，必须进行双向核对，以避免重复和漏记。

2．确认已发生的坏账损失

已发生的坏账损失是指评估基准日时债务人已经死亡或破产，以及有足够证据表明确实无法收回的应收款项。对于已确认的坏账损失，在评估时应从应收款项价值中扣除。通常情况下，企业应收款项符合下列条件之一的，确认为坏账：

（1）因债务人死亡或者依法被宣告失踪、死亡，其财产或者遗产清偿后仍然无法收回；

（2）因债务人依法宣告破产、关闭、解散、被撤销，或者被依法注销、吊销营业执照后，其财产清偿后仍然无法收回；

（3）债务人较长时期内（如超过 3 年）未履行偿债义务，并有其他足够的证据表明无法收回或收回的可能性极小；

（4）与债务人达成债务重组协议或法院批准破产重整计划后，无法追偿的；

（5）因自然灾害、战争等不可抗力导致无法收回的。

3．预计可能发生的坏账损失

根据被评估企业应收款项收回的可能性进行判断，预计可能发生的坏账损失。可以根据企业与债务人的业务往来和债务人的信用情况将应收款项分为以下几类：

第一类，业务往来较多，债务人结算信用好。这类款项通常能够如期收回。

第二类，业务往来较少，债务人结算信用一般。这类款项收回来的可能性较大，但收回时间不能完全确定。

第三类，偶然发生业务往来，债务人结算信用不明。这类款项可能只会收回一部分。

第四类，有业务往来，但债务人信用状况较差，有长期拖欠的不良记录。

在评估工作中，可以按类分析坏账损失发生的可能性及数额，从而估算出应收款项的评估值。

对预计坏账损失的评估方法主要有坏账比例法和账龄分析法两种。

（1）坏账比例法。此方法是按坏账占全部应收款项的比例来判断不可收回的应收款项，从而确定坏账损失的数额。可以根据被评估单位以前若干年（一般为3—5年）的实际坏账损失额占其应收款项发生额的百分比来确定坏账比例，然后用核实后的应收款项数额乘坏账比例，得出坏账损失额。其计算的基本公式为：

$$坏账损失额=核实后的应收款项数额\times 坏账比例$$

$$坏账比例=\frac{评估前若干年发生的坏账数额}{评估前若干年应收款项余额}$$

如果一个企业的应收款项多年未清理，账面找不到处理坏账的依据，难以估算出坏账比例，这种方法就会受到限制。

【例 6-12】企业进行整体资产评估，经核实，截至评估基准日企业应收账款的账面余额为 600 万元。企业前 5 年的应收账款余额为 1 150 万元，实际发生的坏账损失为 50 万元。试估测企业应收账款的评估值。

解：$坏账比例=\frac{50}{1\,150}\times 100\%=4.35\%$

$坏账损失=600\times 4.35\%=26.1$（万元）

$应收账款评估值=600-26.1=573.9$（万元）

（2）账龄分析法。账龄分析法是根据应收款项的时间长短估计坏账损失的一种方法。采用账龄分析法时，将不同账龄的应收款项进行分组，并根据前期坏账实际发生的有关资料，确定各个账龄组的估计坏账损失百分比，再将各个账龄组的应收款项金额乘对应的估计坏账损失百分比，计算出各组的估计坏账损失额之和，即为当期的坏账损失预计金额。

【例 6-13】企业进行整体资产评估时，经核实该企业应收账款实有金额为 858 000 元，具体发生情况以及由此确定坏账损失情况如表 6-1 所示。

表 6-1 坏账损失计算分析

账龄		应收金额（元）	预计坏账损失率（%）	坏账金额（元）
未到期		458 000	1	4 580
已到期	半年	204 500	10	20 450
	1 年	96 800	15	14 520
	2 年	66 400	25	16 600
	3 年及以上	38 000	45	17 100
合计		863 700	—	73 250

解：根据表 6-1 计算的应收账款评估值为 863 700 – 73 250=790 450（元）

除了坏账损失外，应收款项的评估还应考虑“坏账准备”科目的处理。一般来说，应收款项评估以后，账面上的“坏账准备”科目按零值计算，评估结果中没有此项目。对应收款项评估时，是按照实际可收回的可能性进行的。因此，应收款项评估值就不需要再考虑坏账准备数额了。

6.3.2.2 应收票据

票据是由付款人或收款人签发，由付款人承兑，到期无条件付款的一种书面凭证。应收票据是企业因销售商品、提供劳务而收到的尚未兑现的各种票据，是指企业持有的经债务人书面承诺，具有法定形式和已确定收款期限的债权凭证。目前我国企业所使用的应收票据主要是商业汇票，按承兑人的不同可分为商业承兑汇票和银行承兑汇票。商业汇票可依法背书转让，也可以向银行申请贴现。票据贴现，是指票据持有人在票据到期前向银行申请贴付一定利息，把票据债权转让给银行的信用活动。按是否带息，商业汇票可分为带息和不带息两种。其中，不带息票据的评估值等于其票面金额；带息票据的评估值等于本金（票面金额）加利息。对应收票据的评估可以采用以下两种方法。

1. 按票据的本利和计算

票据价值就是票据到期值，对不带息票据而言，票据价值为票据面值；对带息票据而言，票据价值为票据到期的本利和金额。基本计算公式为：

$$评估值=应收票据本金\times(1+利率\times时间)$$

【例 6-14】企业拥有一张付款期限为 6 个月的商业汇票，出票日期为 2022 年 4 月 10 日，本金 180 万元，月息为 0.8%，评估基准日为 2022 年 9 月 10 日。试计算应收票据的评估值。

解：评估值=180×（1+0.8%×5）=187.2（万元）

2. 按应收票据的贴现值计算

在票据单独转让的情况下，应收票据的评估值为按评估基准日到银行申请贴现的贴现值。基本计算公式为：

$$评估值=票据到期价值-贴现息$$

$$贴现息=票据到期价值\times贴现率\times贴现期$$

【例 6-15】宏远公司向甲企业销售一批商品，货款金额为 800 万元，采用商业汇票结算，付款期限为 9 个月。宏远公司于 2023 年 3 月 10 日开出汇票，并经甲企业承兑。汇票到期日为 2023 年 12 月 10 日。现对宏远公司应收票据进行价值评估，评估基准日为 2023 年 9 月 10 日。由此确定贴现期为 90 天，贴现率按月息 0.5%计算。试计算宏远公司应收票据的评估值。

解：$贴现息=800\times0.5\%\times\dfrac{90}{30}=12$（万元）

$评估值=800-12=788$（万元）

如果被评估的应收票据为在规定的时间内尚未收回的票据，会计处理上将不能如期收回的应收票据转入应收账款账户，此时按应收账款的评估方法进行价值评估。

6.3.3 待摊费用和预付费用的评估

1. 待摊费用

待摊费用是指企业已经支付或发生，但应由本月和以后各月份负担的费用。待摊费用主要包括以下几类：

（1）预付费用性质的，如预付保险费用和租金等。

（2）均衡成本性质的，如一次大量领用的低值易耗品，按受益期摊销。

（3）无形资产性质的，如职工技术培训费用无相应的无形资产科目，也反映在待摊费用中。

（4）特殊性质的，如融资租赁费用需要分期摊入成本。

待摊费用本身不是资产，而是已耗用资产的反映，故其本身并不是评估对象。但是，待摊费用的支出可以形成一定形式的实物资产、享用服务的权利及其他无形资产，这种有形或无形的资产只要存在，已付出的费用就有价值。因此，对于待摊费用的评估，一般是按其形成的具体资产价值分析确定。

例如，企业待摊费用中，发生的待摊修理费用为 8 000 元，而在机器设备评估时，由于发生大修理费用会延长机器设备寿命或增加其功能，使机器设备评估值增大，因此，待摊费用 8 000 元已在机器设备价值中得以体现，而在待摊费用中不应重复体现。

待摊费用价值只与资产和权益的存在相关，与摊余价值没有本质的联系。如果待摊费用所形成的资产和权益已经消失，无论摊余价值有多大，其价值都应该为零。

2. 预付费用

预付费用与待摊费用类似，只是这类费用在评估基准日之前已经支付，但在评估基准日之后才能发挥作用，产生效益。因此，如果预付费用的效益已经在评估基准日之前全部体现，只因发生的数额过大而采用分期摊销的办法，那么这种预付费用评估一般为零。只有那些在评估基准日之后仍将发挥作用的预付费用，才有相应的评估值。

【例 6-16】对企业待摊费用和预付费用进行单项评估，评估基准日为 2023 年 3 月 31 日。相关资料如下：

（1）预付 1 年的保险金 12 万元，已摊销 3 万元。

（2）尚待摊销的低值易耗品余额 38 万元，现行市场价格为 42 万元。

（3）预付的房租租金 30 万元，已摊销 6 万元。根据租约，起租时间为 2022 年 3 月 31 日，租约终止期为 2027 年 3 月 31 日。

根据上述资料对企业待摊费用和预付费用进行评估。

解：（1）预付保险金的评估。

根据保险金全年支付数额计算每月应分摊数额 $=12\div12=1$（万元）

剩余保险金评估值 $=1\times9=9$（万元）

（2）未摊销的低值易耗品的评估。

根据实物数量和现行市场价格评估低值易耗品价值，评估值为 42 万元。

（3）租入房屋租金的评估。

租入房屋的预付租金价值按租约规定的租期以及 5 年总租金评估。租赁的房屋尚有 4 年使用权。

评估值 $= 6 \times 4 = 24$（万元）

评估结果为 $9 + 42 + 24 = 75$（万元）

本章小结

本章介绍了流动资产评估的特点和程序，分析了库存材料、在产品、产成品和低值易耗品等实物类流动资产的评估方法，阐述了货币类流动资产、债权类流动资产以及预付费用和待摊费用等非实物类流动资产的评估方法。对于库存材料、在产品、产成品和库存商品以及在库低值易耗品，需要结合评估目的和存货实物的特点，选择成本法和市场法进行评估，对于在用低值易耗品，一般采用成本法评估。对应收款项的评估需要遵循三大评估程序：确定应收款项的账面余额、确认已发生的坏账损失和预计可能发生的坏账损失，其中预计可能发生的坏账损失可以采用坏账比例法和账龄分析法。对应收票据的评估可以采用按票据的本利和计算和按应收票据的贴现值计算两种方法。对于待摊费用和预付费用的评估，一般是按其形成的具体资产价值分析确定。

基本概念

流动资产　库存材料　在产品　产成品　低值易耗品　应收账款　应收票据　待摊费用　预付费用

即测即评

1．单项选择题

（1）不应列入流动资产评估范围的是（　　）。

A．存放于其他企业委托加工的材料　　B．存放于其他企业代保管的存货

C．企业中存放的外单位委托加工的材料　　D．存放于其他企业寄售的存货

（2）对被评估流动资产进行抽查核实，验证基础资料时，被评估资产的清单应以（　　）为依据。

A．账面记录数量　　B．库存实际数量

C．账面记录和实存数量的平均数　　D．以上说法都不正确

（3）某项在用低值易耗品，原价 1 000 元，按五五摊销法账面余额为 500 元，该低值易耗品使用寿命为 1 年，评估时点已使用了 4 个月，该低值易耗品的现行市场价格为 1 200

元，由此确定该在用低值易耗品价值为（　　）元。

A．1 000　　B．1 200　　C．800　　D．600

（4）评估人员对企业库存材料进行评估。该材料共分三批购入：第一批购入 100 吨，材料价款共计 320 000 元，运输费用为 1 500 元；第二批购入 100 吨，材料价款共计 350 000 元，运输费用为 2 000 元；第三批于评估基准日当天购入，数量为 150 吨，材料价款共计 510 000 元，运输费用为 3 300 元。经清查，评估基准日企业库存材料 200 吨且保存完好，企业采用加权平均法核算材料，则企业库存材料的评估值最接近于（　　）元。

A．677 219　　B．684 400　　C．689 300　　D．691 340

（5）关于在用低值易耗品，评估中成新率的确定原则的说法中，正确的是（　　）。

A．按 50%确定　　B．按残值率确定

C．根据实际损耗程度确定　　D．根据会计摊销方式确定

（6）某企业向甲企业售出材料，价款为 500 万元，商定 6 个月后收款，采取商业承兑汇票结算。该企业于 4 月 10 日开出汇票，并由甲企业承兑，汇票到期日为 10 月 10 日。现对该企业进行评估，基准日定为 6 月 10 日，由此确定贴现日期为 120 日，贴现率按月以 0.6%计算，因此该应收票据的评估值为（　　）万元。

A．12　　B．500　　C．488　　D．以上答案都不对

（7）某被评估企业截至评估基准日，经核实后的应收账款余额为 146 万元，该企业前 5 年的有关资料如表 6-2 所示。该企业的应收账款评估值为（　　）元。

表 6-2　企业前 5 年的应收项目坏账情况

年份	处理坏账额（元）	应收项目余额（元）
第 1 年	180 000	1 200 000
第 2 年	50 000	1 480 000
第 3 年	100 000	1 400 000
第 4 年	80 000	1 600 000
第 5 年	200 000	1 520 000
合　计	610 000	7 200 000

A．1 336 306　　B．7 200 000　　C．36 000　　D．以上答案都不对

（8）对于应收款项评估的说法，正确的是（　　）。

A．对债权的重新认定　　B．需要确认已发生的坏账损失

C．对债权账面金额的重新估计　　D．不考虑预计发生的坏账损失

（9）企业持有一张期限为 1 年的票据，本金为 40 万元，月息率为 1%，截至评估基准日，票据距离到期日还有两个半月，则该应收票据的评估值为（　　）万元 。

A．43.8　　B．40　　C．48　　D．以上答案都不对

（10）企业产成品实有数量为 80 台，每台实际成本为 94 元，该产品的材料费与工资、其他费用的比例为 70∶30，根据目前有关资料，材料费综合调整系数为 1.20，工资、其他费用综合调整系数为 1.08。该产品的评估值应接近于（　　）元。

A．9 745　　B．8 800　　C．8 753　　D．7 520

2. 多项选择题

（1）流动资产评估的程序包括（　　）。

A. 确定评估对象和评估范围

B. 对实物类流动资产进行质量检测和技术鉴定

C. 分析企业的债权情况

D. 合理选择评估方法

E. 进行评定估算，出具评估结论

（2）评估应收账款时，其坏账的确认方法有（　　）。

A. 坏账比例法　　B. 毛估法　　C. 账面余额法　　D. 账龄分析法

E. 财务制度规定的 0.3%—0.5%

（3）对流动资产评估无须考虑功能性贬值的原因有（　　）。

A. 周转速度快　　B. 变现能力强　　C. 形态多样化　　D. 库存数量少

E. 获利能力强

（4）流动资产的实体性贬值可能会体现在（　　）。

A. 在产品　　B. 应收账款　　C. 货币资金　　D. 在用低值易耗品

E. 呆滞、积压物资

（5）对产成品与库存商品进行评估适用的方法有（　　）。

A. 现值法　　B. 成本法　　C. 市场法　　D. 分类评估法

E. 收益法

（6）用市场法对产成品进行评估，应考虑的主要因素有（　　）。

A. 市场价格　　B. 有形损耗　　C. 变现费用　　D. 账面价值

E. 管理费用

（7）在产品采用成本法评估时，下列各项费用中构成在产品重置成本的有（　　）。

A. 材料　　B. 销售税金　　C. 制造费用　　D. 工资费用

E. 销售费用

（8）对库存材料进行评估时，应根据材料购进情况的不同，选择适宜的评估方法，并考虑其数量和质量，合理确定评估值。下列相关说法正确的有（　　）。

A. 库存材料计价方式的差异不应影响评价结果

B. 购进时间长、市场价格变化大的库存材料，可采用市场法

C. 失效、变质、残损、报废、无用的库存材料，应扣除相应的贬值额

D. 购进时间短、市场价格变化大的库存材料，可采用成本法

E. 购进时间短、市场价格变化不大的库存材料，可采用成本法

（9）关于库存材料的评估，下列说法正确的有（　　）。

A. 近期购进库存材料，可以采用成本法，也可以采用市场法

B. 购进批次间隔时间长、价格变化大的库存材料，采用最接近市场价格的材料价格或直接以市场价格作为其评估值

C. 购进时间早，市场已经脱销，没有准确市场现价的库存材料，可以通过寻找替代品

的价格变动资料来修正材料价格；可以在市场供需分析的基础上，确定该项材料的供需关系，并以此修正材料价格；也可以通过市场同类商品的平均物价指数进行评估

D．对于呆滞材料，应对其数量和质量进行核实和鉴定，然后区分不同情况进行评估

E．呆滞材料长期积压，时间较长，但是使用价值并不会下降

（10）对于带息应收票据可以采用（　　）进行评估。

A．先进先出法　　B．票据本利和的方法

C．票据贴现值的方法　　D．后进先出法

E．加权平均法

课后思考题

1．描述流动资产评估的特点。

2．如何进行流动资产评估？

3．如何进行实物类流动资产评估？

4．债权类流动资产包括哪些？如何进行评估？

5．预计可能发生的坏账损失通常用哪些方法进行评估？

6．如何进行待摊费用和预付费用的评估？

业务练习题

1．企业对库存的一种燃料进行评估。燃料库存量为 100 吨，经现场技术鉴定，没有发生质量变化，仍能满足生产需要，只是保管中自然损耗 2%。市场调查表明，该燃料近期市场交易价格为 5 000 元/吨，运费为 200 元/吨，整理入库费为 45 元/吨。要求：估测此库存燃料的评估值。

2．企业拟与其他经济组织合营，需要对在产品、产成品进行评估。具体资料如下：

（1）A 在产品实有数量为 2 000 件。根据行业平均定额标准资料，A 在产品该工序单件材料定额为 20 千克/件，该工序单件工时定额为 6 小时。根据市场调查，A 在产品耗用材料的近期市场价格为 12 元/千克，相同工种正常工资为 8 元/小时。

（2）B 在产品实有数量为 1 000 件。该工序在产品的材料已投入 80%，完工程度为 40%，该产品的单位定额成本资料为：材料定额为 2 800 元，工资定额为 3 200 元，制造费用定额为 1 250 元。

（3）C 产成品实际成本为 200 元/台，材料费与工资、其他费用的比例为 6∶4，评估基准日材料费综合调整系数为 1.1，工资、其他费用综合调整系数为 1.05。

要求：分别估测上述资料中在产品和产成品的评估值。

3．企业与其他机构联营，需要对以下商业票据进行评估，相关资料如下：

（1）企业向恒大公司售出一批材料，采用商业汇票结算，价款为 1 500 万元，期限为 6

个月。企业于 2023 年 3 月 20 日开出汇票，并由恒大公司承兑，汇票到期日为 2023 年 9 月 20 日。评估人员于 2023 年 5 月 20 日对企业进行评估，由此确定贴现期为 120 天，贴现率按月息 0.8%计算。试计算该应收票据的价值。

（2）企业拥有一张期限为 9 个月的应收票据，本金为 200 万元，月息为 0.6%。截至评估基准日，距离付款期还有 2.5 个月的时间。

4．某企业截至评估基准日预付费用账面余额为 76 200 元，各具体项目的发生情况与内容如下：

（1）年初预付 1 年期的财产保险金 48 000 元，账面已摊销 14 800 元，账面余额为 33 200 元，评估基准日距年终尚有 5 个月。

（2）预付 3 年设备租金 60 000 元，账面已摊销 20 000 元，账面余额为 40 000 元，评估基准日距离设备租约期满尚有 1.5 年。

（3）尚未摊销的低值易耗品余额为 3 000 元，现行市价为 3 200 元。

根据上述资料，确定该企业基准日的预付费用评估值。

5．评估人员对企业部分存货进行评估，经清查核实及市场调查后，获得以下资料：

（1）企业已经停产 2 年，本次评估后将恢复产品生产。

（2）企业库存材料为 100 吨，账面余额为 220 000 元，购入时间距评估基准日为 3 年。

（3）600 件产成品完工日期的账面价值为 120 000 元。经现场鉴定，有 100 件产成品由于保管不善按报废处理，根据评估基准日的废品价格，预计报废产品处理后可获得净收入 10 000 元。假设产成品所用材料为上述库存材料同批购入的同种材料。

（4）在产品为 1 000 件，原材料在开始时一次性投入，如果按已完成工时与该种在产品全部工序所需工时的比例计算分类，有 400 件已完成 50%，有 600 件已完成 80%。假设在产品所用材料为上述库存材料同批购入的同种材料。

（5）产成品完工日期与在产品停止加工日期均距评估基准日 2 年。

（6）根据会计资料，在产成品成本中，原材料占 60%，人工费占 30%，能耗占 4%，其他费用占 6%。

（7）经市场调查，在评估基准日前 3 年内，库存材料的价格每年比上一年上涨 5%，自企业停产后，同行业人工费用每年比上一年上涨 6%，能耗价格每年比上一年上涨 2%，其他费用每年比上一年上涨 3%。

假设产品加工过程中，每个工时所包含的人工费用、能耗费用及其他费用相同，且不再考虑其他因素。

要求：估测企业上述库存材料、产成品及在产品的价值。

第7章　无形资产评估

学习目标

知识目标	能力目标	思政育人目标
1．掌握无形资产评估的基本理论，包括无形资产的分类和特点、无形资产价值的影响因素，以及无形资产评估的特点和程序等； 2．掌握收益法、市场法和成本法在无形资产评估中的应用，特别是掌握专利权、非专利技术、商标权以及商誉等无形资产的评估方法	1．掌握无形资产评估的程序； 2．理解并学会专利权、非专利技术、商标权以及商誉的评估； 3．理解并学会无形资产评估报告的编制； 4．具有更新知识的能力、适应无形资产评估改革发展需要的能力	1．引导学生加强知识产权保护意识； 2．在专利权、非专利技术等无形资产评估的学习中，引领学生对工匠精神的理解和传承

章节导言

自20世纪80年代以来，随着经济金融化的不断发展和深入，无形资产评估作为一个新兴领域，无论是理论还是方法都被学术界和实务界高度重视。什么是无形资产评估？无形资产评估的具体特征是什么？如何将收益法、市场法和成本法等资产评估的常用方法运用于专利权、非专利技术、商标权以及商誉等具体无形资产的评估？学习无形资产评估，需要对这些问题充分了解。

7.1　概　述

7.1.1 无形资产的概念和特征

7.1.1.1 无形资产的定义

无形资产是一个在会计学、经济学、资产评估等学科和专业里均被广泛使用的概念，不同专业领域对无形资产有不同的说明和范围界定。关于无形资产的定义，尽管表述各有所异，但对其实质的认识日趋一致。《国际评估准则》将无形资产定义为“一种能通过经济属性来证明其自身价值的非货币性资产。它不具有实物形态，但能为所有者产生经济效益”，包括营销相关类、客户或供应商相关类、技术相关类、艺术相关类等可辨认无形资产和商誉这一不可辨认无形资产。我国资产评估准则《资产评估执业准则——无形资产》（中评协〔2017〕37 号）则将无形资产定义为“特定主体拥有或者控制的，不具有实物形态，能持续发挥作用并且能带来经济利益的资源”，包括专利权、商标权、著作权、专有技术、销售网络、客户关系、特许经营权、合同权益、域名等可辨认无形资产和商誉这一不可辨认无形资产。国内外在概念界定中均强调无形资产不具实物形态和能给其拥有者带来经济效益这两项显著特征。

7.1.1.2 无形资产的特征

无形资产作为一类特殊的资产，有其自身的特殊性，归纳起来可以概括为以下几个方面。

1. 非实体性

无形资产看不见、摸不着，是隐性存在着的，没有实物形态，通常以某一法定的凭证如资料、表格、文件、图表、软盘、目录、合同等有形的形式来表现。由于无形资产的非实体性，因而它一般只存在无形损耗，不存在有形损耗。

2. 排他性

排他性是指无形资产被特定主体排他拥有，才能为特定主体带来超额利润。若不能排他拥有或不需要任何代价即可获得的，不能算作无形资产，如技术由于保护不当成为公知的技术，则不应当再作为无形资产进行评估。无形资产的这种排他性可以分别通过特定主体自身保护取得、获得法律保护取得和获取社会公认的信誉取得。

3. 共益性

无形资产区别于有形资产的一个重要特征是，它可以作为共同财富，由不同的主体同时共享，即通过合法程序一项无形资产可以同时为不同的权利主体所共同享有，也可以在其所有者继续使用的前提下，多次转让其使用权。因此，无形资产价值评估包括所有权价值评估和使用权价值评估。

但限于市场的有限性和竞争性，当无形资产的使用者超出一定规模时会引起市场实现困难，妨碍特定主体取得垄断利润和高额利润，所以在评估时应当结合无形资产所附着的有形资产的广度来正确确定无形资产的价值；同时，对于转让无形资产的一方也应充分考虑由于其转让无形资产而形成的机会成本或维持市场占有率而增加的运营成本。

4. 附着性

无形资产的作用是巨大的，但其作用的发挥须借助于有形资产，而且无形资产作用的大小与其依附的有形资产的质量、规模等密切相关。例如，专利权和非专利技术作用的发挥，须借助于专门的设备和生产企业，专门设备的数量和质量以及企业的生产规模都会影响专利权和非专利技术作用的发挥。

5. 积累性

知识型无形资产、关系型无形资产及结合型无形资产，往往通过资产主体长期的研究开发或生产经营活动的积累而逐渐形成，其价值也会随着资金、劳动、管理等各类资本投入的积累而日益增加。

6. 替代性

无形资产的替代性是指当一项技术或工艺被另一项技术或工艺取代时，其特性不是共存或积累，而是替代和更新。一项无形资产总会被另一项更新的无形资产取代，因此在评估中必须考虑它的作用期间，尤其是尚可使用年限。

7. 成本的弱对应性

无形资产在研发过程中发生的费用支出与无形资产的获利能力往往并不成正比，因而在用成本法评估无形资产的价值时，通常需要对人类的劳动进行加倍计算。即便如此，往往也会出现评估值过低的问题，鉴于该特征，无形资产评估中多采用收益法，根据其效用的高低评估其价值的大小。

8. 收益的不稳定性

无形资产能为所有者或占有者带来的未来经济利益具有一定的不确定性，这种不确定性与企业有形资产的规模和状况、市场竞争状况、国家宏观调控政策、技术与经营服务更新、产品性能与质量等诸多因素直接有关。因此，在用收益法进行评估时，切不可用现在的收益代表未来收益，也不可将某一时期的收益视作不变的收益套用公式，而应当进行具体的分析。

7.1.2 无形资产的分类

对无形资产进行合理的分类，不仅有利于识别无形资产，使我们了解无形资产的性质和作用范围，而且有利于确定评估范围并选择适当的评估方法，以提高评估的科学性。常见的无形资产分类方式包括以下几种。

（1）按取得的渠道，无形资产可分为企业自创（或自身拥有）的无形资产和外购的无形资产，前者是由企业自己研制创造获得的以及由于客观原因形成的，如自创专利、非专利技术、商标权等；后者则是企业以一定代价从其他单位购入的，如外购专利权、商标权等。

（2）按是否独立存在，无形资产可分为可确指的无形资产和不可确指的无形资产。凡是那些具有专门名称，可单独地取得、转让或出售的无形资产，称为可确指的无形资产，如专利权、商标权、著作权等；那些不可特别辨认，不可单独取得，离开企业就不复存在的无形资产，称为不可确指的无形资产，如商誉。

（3）按有无法律保护，无形资产可分为有法律保护的无形资产和无法律保护的无形资产，前者如专利权和商标权，后者如专有技术。

（4）按性质和内容，无形资产可划分为知识型无形资产、权利型无形资产、关系型无形资产和其他无形资产。其中知识型无形资产主要是指依靠高度密集的知识、智力、技术和技巧及其可能带来的高附加值，如专利技术、专有技术、计算机软件等；权利型无形资产主要是指有契约或政府授权形成的无形资产，如特许权，包括物权（如土地使用权、矿产开采权、租赁权等）和行为权利（如烟草专卖等专营权、进出口许可证等）；关系型无形资产主要是指企业在长期经营过程中形成的可以获得盈利条件的关系，如雇员关系、顾客关系等；其他无形资产是指除上述三类以外的无形资产，如商誉。

（5）按作用的领域，无形资产可分为促销型无形资产（如商标、顾客名单、特许权等）、金融型无形资产（如优惠融资、不竞争合同条款、租赁权等）和制造型无形资产（如配方、非专利技术、经营秘密等）。

7.1.3 无形资产评估的前提

在评估无形资产前应首先明确什么情况下可能会出现无形资产的评估，即确定它的价值前提。从我国目前的市场条件及人们对无形资产的认识水平来看，无形资产评估一般应以产权变动为前提，通常分为两种情况：一种情况是当无形资产的拥有者或者控制者以其拥有或控制的无形资产作为投资品或交易对象对外投资或交易时，需要对无形资产进行评估；另一种情况则是当企业整体发生产权变动时，企业资产中所包含的无形资产随企业产权变动而产生评估的需求。

7.1.4 影响无形资产评估值的主要因素

（1）获利能力因素。获利能力因素主要是指无形资产的预期收益能力，无形资产的价值是由未来收益期限内无形资产可以实现的收益额折现而成的。一项无形资产，在环境、制度允许的条件下，获利能力越强，其评估值就越高；获利能力越弱，其评估值就越低。

（2）技术因素。技术因素主要影响技术型无形资产的评估值。一般地，如果技术更新换代的速度越快，则该种无形资产被替代的速度就越快，其发挥效用的期限也就越短。另外，无形资产的技术成熟度对无形资产的价值影响很大，通常越不成熟的技术被其他成熟技术超越或替代的速度越快，使得评估值越低。

（3）风险因素。无形资产从开发到受益会遇到多种类型的风险，包括开发风险、转化风险、实施风险、市场风险等，该类风险因素的存在使得无形资产价值的实现存在一定的不确定性，进而影响无形资产的评估值。在用收益法评估无形资产时，风险因素可以在折现率中得以体现。

（4）成本因素。无形资产的成本包括取得及维持成本和机会成本。取得及维持成本主要是指能转化为生产力的研究开发费用，专利权申请费用，商标注册和登记费用，其他与取得该项无形资产有关的人员、资金、物资及法律保护成本，发行推广成本等方面的耗费。一般来说，一项无形资产成本越高，其价值越高，这是运用成本法计算无形资产价值的理论基础。但是这个规律并非绝对，在很多情况下无形资产的取得成本高，尤其是开发成本高，并不一定能够为持有者带来更高的收益，因此无形资产的取得及维持成本并不是影响无形资产价值的重要因素。

机会成本是指该项无形资产转让、投资、出售后失去市场而损失收益的大小。失去的市场越大，企业在转让无形资产时必然要求越高的价格。

（5）使用寿命因素。任何一项无形资产都有一定的使用寿命。无形资产的价值与其使用寿命密切相关。通常使用寿命越长，表示获利时间越长，则获利能力就越强，无形资产的价值就越高。无形资产的使用寿命，除应考虑法律保护期外，更主要的是要考虑其具有实际超额收益的期限。例如，某项专利权保护期为20年，但由于无形损耗较大，拥有该项专利实际能够获得超额收益期限为10年，则这10年即为评估该项专利时所应确定的使用寿命。

（6）转让内容因素。无形资产的转让内容是指无形资产所转让的是所有权还是使用权。使用权又分为独占使用权和普通使用权。无形资产转让权力的大小直接关系到买卖双方的经济利益，也影响到无形资产的评估值。就所有权转让和使用权转让而言，所有权转让的无形资产的评估值高于使用权转让的评估值。

（7）市场因素。市场因素一般反映在两个方面：一是无形资产市场的需求情况；二是无形资产的适用程度。对于可出售、转让的无形资产，其评估值随市场需求的变动而变动。市场需求越大，则评估值越高；同样地，无形资产的适用范围越广，适用程度越高，因此需求量越大，价值因而越高。

（8）企业所在行业因素。占有某项无形资产的企业所在行业的基本情况，譬如企业所在行业同类或类似无形资产的评估值、所在行业的平均资金利润率等指标同样会影响到无形资产评估值的高低。

7.1.5 无形资产评估的程序

（1）明确评估目的。无形资产因其评估目的不同，所选择的评估方法和评估值也不一样，其评估结果也会有所不同。因而，在评估时首先要了解委托方的评估目的，并且对资产的合法性进行检验，确定产权变动的性质。其评估的具体目的如下：①无形资产转让；②无形资产投资；③股份制改造、清算资产；④企业合资、合作、重组及兼并；⑤法律诉讼中作为诉讼标的；⑥银行质押贷款；⑦纳税需要；⑧保险需要及其他目的。

（2）收集评估资料。根据评估目的和无形资产的种类收集相关资料，通常情况下该类资料应当包括以下内容：①无形资产的法律文件或其他证明材料；②无形资产的成本；③无形资产给持有主体带来的经济利益；④无形资产的使用期限；⑤无形资产的权属转让、许可内容与条件；⑥无形资产的市场供需情况；⑦与无形资产评估相关的其他内容。

（3）鉴定无形资产。对无形资产进行评估时，评估人员首先应对被评估的无形资产进行鉴定。这是进行无形资产评估的基础工作，直接影响评估范围和评估值的科学性。通过无形资产的鉴定，评估人员需要解决以下问题：一是无形资产是否存在；二是无形资产的种类；三是无形资产的有效使用期限。

（4）确定适用的评估方法。评估人员应根据所评估无形资产的具体类型、特点、评估目的、评估前提条件、评估原则及外部市场环境等具体情况，选用适当的评估方法。与有形资产一样，无形资产的评估方法主要包括收益法、市场法和成本法。

采用收益法时，评估人员应注意分析超额获利能力和预期收益，注意收益额的计算与被评估无形资产相对应，不要将其他资产带来的收益误算到无形资产收益中；要充分考虑法律法规、宏观经济环境、技术进步、行业发展变化、企业经营管理、产品更新和替代等因素对无形资产收益期、收益率和折现率的影响。

采用市场法时，评估人员要特别注意被评估无形资产须具备适合运用市场法的前提，注意掌握公开市场原则，充分重视被评估无形资产的特点。当类似无形资产之间具有可比性时，可根据它们的交易条件、交易时间、交易地点和影响价值等因素的差异，调整确定评估值；当被评估无形资产曾向多个使用者转让使用权时，可结合受让者的具体情况调整确定评估值。

当被评估无形资产不宜采用收益法和市场法时，也可以采用成本法进行评估。采用成本法进行评估时，评估人员需要注意根据现行条件下重新形成或取得该项无形资产所需的全部费用确定评估值；在评估中要注意扣除实际存在的功能性贬值和经济性贬值。

（5）分析评估结果，出具评估报告。在得出评估结果之后，要分析整个评估过程是否连贯，是否存在矛盾和错误、遗漏的情况。还要对评估结果进行数值分析，包括敏感性分析和概率分析，在反复论证、修订、调整后，出具评估报告，对评估值给出建议和意见，并做出恰当说明。评估报告应简洁、明确，避免误导，要符合资产评估准则的相关要求。

7.2　无形资产评估的方法

从理论上讲，无形资产评估所运用的方法和有形资产一样，包括收益法、成本法和市场法。但由于无形资产具有非实体性、收益的不确定性和成本的弱对应性等特征，故对无形资产价值的评估难度较高，其评估结果的准确度也相对较低。

通常而言，运用收益法、成本法、市场法评估无形资产的适用程度依次降低。至于具体最适用哪种评估方法，需要充分综合考虑数据资料的数量和质量、相关数据的获取途径、行业交易数据的可得性、待评估无形资产的类型和性质及其所处的行业条件、法律及合同和管理因素、评估目的、评估人员的专业判断和专业技能等因素。

7.2.1　无形资产评估的收益法

由于无形资产的存在主要通过额外获利能力表现出来，运用收益法衡量其价值更为符合大多数无形资产评估的目的与要求。收益法是从无形资产的收益入手，在无形资产评估中，收益被界定为无形资产带来的超额收益。将无形资产收益资本化或折为现值作为无形资产评估值是收益法的基本思路。

根据无形资产转让计价方式不同，收益法在应用上可以表示为下列两种方式，其基本公式为：

$$\text{无形资产评估值} = \sum_{i=1}^{n}\frac{K \times R_i}{(1+r)^i} \tag{7-1}$$

或

$$\text{无形资产评估值} = \text{最低收费额} + \sum_{i=1}^{n}\frac{K \times R_i}{(1+r)^i} \tag{7-2}$$

式中，R_i 为分成基数，即销售收入或销售利润；K 为无形资产分成率；r 为折现率；i 为收益期限。

上述两个公式的不同之处在于式（7-2）多了一项最低收费额，而在式（7-2）计算无形资产的分成率时，是按扣除最低收费额后测算的，本质上和式（7-1）是一致的。

式（7-2）中的最低收费额，是指在无形资产转让中，根据购买方实际生产和销售情况收取转让费的场合所确定的“旱涝保收”收入，并在确定比例收费时预先扣除，有时称为“入门费”。当然，在某些无形资产转让中，转让方按固定额收费时把最低收费规定为转让最低价，也可作为无形资产竞买的底价。

由于无形资产具有垄断性，当某项无形资产是购买方必不可少的生产经营条件，或者购买方运用该项无形资产所增加的效益具有足够的支付能力时，无形资产转让的最低收费额由以下几个因素决定。

（1）重置成本。购买方使用无形资产，就应由购买方补偿成本费用。当购买方与转让方共同使用该项无形资产时，则由双方按运用规模、受益范围等来分摊。

（2）机会成本。由于无形资产的转让，可能因停止由无形资产支撑的营业而减少收益，也可能为自己制造了竞争对手而减少利润或者增加开发支出，这些构成了无形资产转让的机会成本，即无形资产转出净减收益或无形资产再开发净增费用，应由无形资产购买者来补偿。

综合考虑以上两个因素来评估最低收费额，可得到以下公式：

$$\text{无形资产最低收费额}=\text{重置成本净值}\times\text{转让成本分摊率}+\text{转让的机会成本}$$

式中：

$$\text{转让成本分摊率}=\frac{\text{购买方运用无形资产的设计能力}}{\text{运用无形资产的总设计能力}}$$

$$\text{转让的机会成本}=\text{无形资产转出的净减收益}+\text{无形资产再开发净增费用}$$

式中，购买方运用无形资产的设计能力可根据设计产量或按涉及产量计算的销售收入来确定。运用无形资产的总设计能力是指运用无形资产的各方汇总的设计能力，由于是分摊无形资产的重置成本，不是按照实际运用无形资产的规模，而是按照设计规模来确定权重。当购买方独家使用该无形资产时，转让成本分摊率为 1。式中无形资产转出的净减收益和无形资产再开发净增费用是运用边际分析的方法测算的。无形资产转出的净减收益一般是指在无形资产尚能发挥作用期间减少的净现金流量。无形资产再开发净增费用包括保护该无形资产追加的科研费用和其他费用、员工再培训费用等。以上各项经过认真细致的分析测算是可以确定的。

【例 7-1】某企业转让浮法玻璃生产全套技术，经收集和初步测算已知以下资料：一是该企业与购买企业共同享用浮法玻璃生产技术，双方设计能力分别为 800 万标箱和 600 万标箱；二是浮法玻璃生产全套技术系国外引进，账面价格为 300 万元，已使用 4 年，尚可使用 6 年，4 年来通货膨胀率累计为 12%；三是该项技术转出对该企业生产经营有较大的影响，由于市场竞争加剧，产品价格下降，在以后 6 年中减少销售收入按折现值计算为 100 万元，增加开发费用以提高质量、保住市场的追加成本按折现值计算为 40 万元。试评估该项无形资产转让的最低收费额。

解：

（1）4 年来通货膨胀率累计为 12%，对外购无形资产的重置成本可按物价指数法调整，并根据成新率确定净值，可得浮法玻璃生产全套技术的重置成本净值为：

$$300\times(1+12\%)\times\frac{6}{4+6}=201.6\text{（万元）}$$

（2）因转让双方共同使用该项无形资产，设计能力分别为 800 万标箱和 600 万标箱，则评估重置成本净值分摊率为：

$$\frac{600}{800+600}=42.85\%$$

（3）由于无形资产转让后加剧了市场竞争，在该项无形资产的寿命期间，销售收入减少和费用增加的折现值是转让无形资产的机会成本，据题中资料为：

100+40=140（万元）

（4）故该项无形资产转让的最低收费额为：

201.6×42.85%+140=226.39（万元）

收益法运用于无形资产价值的评估，涉及 3 个基本参数，即收益额、折现率和收益期限。合理确定上述参数是运用收益法有效评估无形资产价值的重要前提。

7.2.1.1 无形资产评估中收益额的确定

无形资产收益额的测算，是使用收益法评估无形资产的关键步骤。如前文所述，无形资产往往是附着于有形资产而发挥其功能，因此无形资产一般不会通过独立运营给持有者带来收益，而是通过提高有形资产的功能和运营效率，给持有者带来超过一般或社会平均水平的收益。下面介绍几种常用的估算无形资产收益额的方法。

1. 直接估算法

无形资产带来的超额收益无外乎通过以下渠道形成：一是由于无形资产的存在使企业相关产品的产销量增加或产品价格提高，这种以扩张型或外延型方式体现其功能的无形资产称为收入增长型无形资产；二是由于无形资产的存在降低了企业的生产经营成本，形成生产经营费用的节约，这种以节约型方式体现其功能的无形资产称为成本（费用）节约型无形资产。通过对比分析无形资产使用前后企业产销量、价格和成本的变动，进而计算无形资产带来的收益额的估算方法即直接估算法。

（1）收入增长型无形资产收益额估算。根据收入增加的具体途径不同，可以分为下列两种情况：

第一种情况是产销量不变、单位成本不变，价格提高时，超额收益的计算公式为：

$$R=(P_2-P_1)\times Q\times(1-T)$$

式中，P_2 为使用被评估无形资产后单位产品的价格；P_1 为使用被评估无形资产前单位产品的价格；Q 为不变的产品销售量；T 为所得税税率。

第二种情况是单位成本和价格不变，产销量提高时，超额收益的计算公式为：

$$R=(Q_2-Q_1)\times(P-C)\times(1-T)$$

式中，Q_2 为使用被评估无形资产后产品的销售量；Q_1 为使用被评估无形资产前产品的销售量；P 为不变的产品价格；C 为不变的单位产品成本；T 为所得税税率。

（2）成本（费用）节约型无形资产收益额估算。

当销售量和价格不变，单位产品成本降低时，超额收益计算公式为：

$$R=(C_1-C_2)\times Q\times(1-T)$$

式中，C_1 为使用被评估无形资产后单位产品成本；C_2 为使用被评估无形资产前单位产品成本；Q为不变的产品销量；T为所得税税率。

事实上，收入增长型专利和成本（费用）节约型专利的划分，是一种为了明晰专利形成超额收益来源情况的人为划分方法。通常，专利技术应用后，其超额收益产生可能是收入变动和成本变动共同形成的结果，因此资产评估专业人员应视实际情况科学地测算超额收益，一是要确认无形资产的作用空间，只有受被评估资产作用的产品才是确定超额收益的范畴；二是要有效预计无形资产评估后相关产品的单价、销售量、单位成本的变动情况。

2. 间接估算法

当评估人员无法将使用了无形资产和未使用无形资产的收益情况进行对比时，此时可采用间接估算法来估算无形资产收益额，即从总收益中扣除可辨认资产（包括有形资产和无形资产）按行业平均资金利润率水平计算的贡献，将其余额视为不可辨认无形资产获得的收益，又称为剩余法或差额法。

具体步骤如下：

（1）收集有关使用无形资产的产品生产经营活动的财务资料，进行盈利分析，得到经营利润和销售利润等基本数据；

（2）对上述生产经营活动中的资金占用情况（固定资产、流动资产和已有账面价值的其他无形资产）进行统计；

（3）收集各类资产的行业平均收益率指标；

（4）计算无形资产带来的超额收益。

公示表示为：

$$\text{无形资产带来的超额收益}=\text{经营利润}-\text{资产总额}\times\text{行业平均资金利润率}$$

$$\text{无形资产带来的超额收益}=\text{销售收入}\times\text{销售利润率}-\text{销售收入}\times\text{每元销售收入平均占用资金}\times\text{行业平均资金成本率}$$

使用间接估算法需要注意的是：首先是根据该方法计算的超额收益，有时不完全由被评估无形资产带来（除非能够认定只有这种无形资产存在），往往是一种组合无形资产超额收益，仍需分解处理；其次是利用间接估算法评估无形资产收益的前提是假定企业超额收益均来自被评估的无形资产，其他资产（包括有形资产和无形资产）只提供平均水平的收益，这显然不具有说服力。

3. 分成率法

分成率法即采用分成率来获得无形资产收益额的方法，是目前国际和国内技术交易中常见的一种方法，分成率包括销售收入分成率和销售利润分成率两种。其基本公式为：

$$\text{无形资产收益额}=\text{受让方实现的销售收入}\times\text{销售收入分成率}$$

或

$$\text{无形资产收益额}=\text{受让方实现的销售利润}\times\text{销售利润分成率}$$

对于销售收入（利润）的测算已不是较难解决的问题，关键是确定无形资产的分成率。

如上所述分成对象主要针对销售收入或销售利润，故而有两个不同的分成率。而实际上，由于销售收入与销售利润具有内在的联系，所以可以根据销售利润分成率推算出销售收入分成率，反之亦然，即：

销售收入分成率=销售利润分成率×销售利润率

销售利润分成率=销售收入分成率÷销售利润率

关于无形资产分成率的选择，可考虑按同行业约定俗成的无形资产收入分成率或利润分成率确定，如行业技术分成率、特许使用权分成率、商标分成率等。在无形资产转让实务中，一般是确定一定的销售收入分成率，俗称“抽头”。例如，在国际市场上一般技术转让费不超过销售收入的 1%—10%，如果按社会平均销售利润率 10%计算，当技术转让费为销售收入的 3%时，则销售利润分成率为 30%。评估人员通过销售收入分成率很难看出转让价格是否合理，但是将其换算成销售利润分成率，则可加以判断。按联合国工业发展组织对印度等发展中国家引进技术价格的分析，认为利润分成率在 16%—27%是合理的。1972 年在挪威召开的国际许可贸易执行人协会会议上，多数代表提出利润分成率为 25%左右较为合理。美国一般认为在 10%—30%是合理的，我国理论工作者和资产评估专业人员通常认为利润分成率在 25%—33%较合适。这些基本分析在实际评估业务过程中具有参考价值，但更重要的是对被评估专利技术进行切合实际的分析，确定合理的、准确的利润分成率。

在没有现成的行业约定俗成的分成率的情况下，评估人员可参考以下几种方法确定无形资产转让的利润分成率。

（1）约当投资分成法。约当投资分成法又称为约当投资量法，它是根据等量资本获得等量报酬的思想，将共同发挥作用的有形资产和无形资产换算成相应的投资额，即约当投资量，再按无形资产的约当投资量占总约当投资量的比例确定无形资产的利润分成率。相关计算公式如下：

$$\text{无形资产利润分成率}=\frac{\text{无形资产约当投资量}}{\text{购买方约当投资量}+\text{无形资产约当投资量}}\times 100\%$$

无形资产约当投资量（卖方）=无形资产重置成本×(1+适用成本利润率)

购买方约当投资量=购买方投入的总资产的重置成本×(1+适用成本利润率)

【例 7-2】甲企业以大型中央空调热源技术向乙企业投资，该技术的重置成本为 100 万元，乙企业拟投入合营的资产重置成本为 3 000 万元，甲企业无形资产成本利润率为 300%，乙企业拟合作的资产原利润率为 15%，试评估无形资产投资的利润分成率。

分析：如果按投资双方的投资品的成本价格折算利润分成率，就不能体现无形资产作为知识密集型资产的较高生产率。因而应采用约当投资分成法评估利润分成率。

根据题中条件，无形资产的约当投资量为 100×（1+300%）=400（万元）

乙企业约当投资量为 3 000×（1+15%）=3 450（万元）

甲企业投资无形资产的利润分成率为 400÷（400+3 450）=10.39%

约当投资分成法应用的关键在于确定无形资产约当投资量，无形资产的重置成本和适用的成本利润率往往不易把握，因此适用该方法的前提是评估人员应充分掌握相关数据资料。

（2）边际比率法。边际比率法是根据受让方使用无形资产后所形成的增量收益现值占总收益现值的比率，确定无形资产分成率的一种方法。具体步骤如下：

首先，对无形资产边际贡献率进行分析，测算追加利润。

其次，测算无形资产寿命期间的利润总额及追加利润总额，并进行折现处理。

最后，按照利润总额现值和追加利润总额现值计算利润分成率。公示表示为：

$$利润分成率=追加利润总额现值\div利润总额现值=\frac{\sum_{t=1}^{n}(各年度追加利润\times折现系数)}{\sum_{t=1}^{n}(各年度总利润\times折现系数)}$$

【例 7-3】企业转让非专利技术，经对该技术边际贡献因素进行分析，测算在其寿命期间各年度分别可带来追加利润 180 万元、160 万元、100 万元，各年利润总额分别为 550 万元、550 万元、500 万元，试评估该项无形资产的利润分成率（假定折现率为 10%）。

解：$利润总额现值=\frac{550}{1+10\%}+\frac{550}{(1+10\%)^2}+\frac{500}{(1+10\%)^3}=1\,330.175(万元)$

$追加利润总额现值=\frac{180}{1+10\%}+\frac{160}{(1+10\%)^2}+\frac{100}{(1+10\%)^3}=370.992(万元)$

$无形资产利润分成率=\frac{370.992}{1\,330.175}=27.89\%$

4. 经验数据法

经验数据法是常被采用的一种方法，通常根据“三分”分成法、“四分”分成法或其他经验比例等原则估计无形资产的利润分成率。以“三分”分成法和“四分”分成法为例，在无形资产许可中，许可方会得到被许可方因使用无形资产所获得总利润的 33%或 25%。其中，“三分”分成法假设企业的收益是资金、劳动力和技术 3 项因素共同创造的，技术占比为 33%，因此分成率为 33%；“四分”分成法假设企业的收益是资金、劳动力、技术和管理 4 项因素共同创造的，技术占比为 25%，因此分成率为 25%。经验数据法中的“三分”和“四分”通常是基于利润计算的分成率，在实务中也可以通过计算转换为收入分成率。

要素贡献法可视为经验数据法的一种特殊表现形式，即在“三分”分成法的基础上，进一步考虑无形资产所属行业的差异。具体而言，将企业生产经营活动分为资金、技术和管理，因此企业总收益由资金收益、技术收益以及管理收益组成，其中技术收益通常被视为由企业无形资产的运用所产生，根据行业差异这 3 个要素的贡献程度也有差别。一般认为，在资金密集行业，三者的贡献程度依次是 50%、30%、20%；在技术密集型行业，三者的贡献程度依次是 40%、40%、20%；在高科技行业，三者的贡献程度依次是 30%、50%、20%；在一般行业，三者的贡献程度依次是 30%、40%、30%。

7.2.1.2 无形资产评估中折现率的确定

折现率是将无形资产预期所带来的超额收益折算成现值的比率。它本质上是从无形资产受让方的角度，作为受让方投资无形资产的投资报酬率。从理论上讲，无形资产评估中的折现率是社会正常投资报酬率（无风险报酬率）与无形资产的投资风险报酬率之和。

在市场经济比较发达的国家，无风险报酬率大多为政府债券利率，我国多为短期国债利率。无形资产的投资风险报酬率是无形资产投资风险补偿额占无形资产投资额的比例，它的量化主要取决于无形资产本身的状况以及运用和实施无形资产的外部环境。由于无形资产一般蕴含高技术含量，其投资收益高、风险性强，因此无形资产评估中所采用的折现率往往高于有形资产评估中采用的折现率。评估时，评估人员应根据被评估无形资产的功能、投资条件、收益获得的可能性等因素测算其风险利率，进而确定出无形资产折现率。同时，折现率的计算口径应与无形资产评估中采用的收益额的口径保持一致。如果收益额采用净利润指标，则折现率应选择资产收益率；如果收益额采用净现金流量指标，则折现率应选择投资回收率，即净现金流量与资产总额的比值。

7.2.1.3 无形资产收益期限的确定

无形资产收益期限也称有效期限，是指无形资产发挥作用并具有超额获利能力的时间。无形资产损耗的价值量，是确定无形资产有效期限的前提。无形资产因为没有物质实体，所以不会像有形资产那样由于使用或自然力作用而形成有形损耗，但会由于科学技术进步形成无形损耗，导致价值减少，即功能性贬值和经济性贬值。具体而言，主要受下列三种情况影响：一是一种新的、更先进的、更经济的无形资产出现，这种新的无形资产可以替代旧的无形资产，使采用原无形资产无利可图时，原有无形资产价值就丧失了；二是因为无形资产传播面扩大，其他企业普遍掌握这种无形资产，获得这项无形资产已不需要任何成本，使拥有这种无形资产的企业不再具有获取超额收益的能力时，它的价值也就大幅降低或丧失了；三是企业拥有的某项无形资产所决定的产品销售量骤减，需求量大幅下降时，这种无形资产价值就会减少，甚至完全丧失。

无形损耗只影响无形资产价值，不影响其使用价值。对于知识型资产，特别是科学定理、基本原理来说，作为知识财富它永葆辉煌，并不存在实际“损耗”。所以，无形资产的无形损耗完全是从相对意义上来说的，仅仅是从知识运用的替代性、积累性、更新和发展的角度以及从它为持有者带来超额收益的角度来说的，而不是说知识的灭失和废止。

上述说明的是无形资产的有效期限的理论依据，而无形资产具有获得超额收益能力的时间是无形资产真正的有效期限。资产评估实践中，预计和确定无形资产的有限期限，可按照下列几种方法进行。

（1）法律、合同、企业申请书等分别规定了法定有效期限和受益年限的，可按照法定有效期限与受益年限孰短的原则确定。

（2）法律未规定有效期限，合同或企业申请书中规定了受益年限的，可按照受益年限确定。

（3）法律、合同或企业申请书均规定了有效期限和受益年限的，按预计受益期限确定，预计受益期限可以采用统计分析法或与同类资产比较得出。

应该注意的是，由于受到许多因素的影响，如废弃不用、人们爱好的转变以及经济形势变化等，无形资产的有效期限比它们的法定保护期短得多，特别是科学技术发达的今天，无形资产更新周期加快，使得其有效期限越来越短，评估时应给予应有的重视。

7.2.2 无形资产评估的成本法

7.2.2.1 无形资产成本特性

1. 不完整性

与构建无形资产相对应的各项费用是否计入无形资产的成本，是以费用支出资本化为条件的。在企业生产经营过程中，科研费用一般都是均衡地发生，并且比较稳定地为生产经营服务，因而我国现行财务制度一般把科研费用从当期生产经营费用中列支，而不是先对科研成果进行费用资本化处理，再按无形资产折旧或摊销的办法从生产经营费用中补偿。这种办法简便易行，大体上符合实际，并不影响无形资产的再生产。这样一来，企业账簿上反映的无形资产成本就是不完整的，大量的账外无形资产的存在是不可忽视的事实。

另外，即使是按国家规定进行费用支出资本化的无形资产的成本核算，一般也是不完整的。因为知识资产的创立具有特殊性，有大量的前期费用，如培训、基础开发或相关试验等往往不计入该知识资产的成本，而是通过其他途径进行补偿。

2. 弱对应性

知识资产的创建经历基础研究、应用研究和工艺生产开发等漫长过程，成果的出现带有较大的随机性、偶然性。有时有这类情形发生：在一系列的研究失败之后偶尔出现一些成果，由其承担所有的研究费用显然不甚合理。在大量的先行研究（无论是成功还是失败）成果的积累之上，往往可能产生一系列的知识资产，然而，继起的这些研究成果是否应该以及如何承担先行研究的费用也很难明断。因此，开发无形资产的费用一一对应估算是比较困难的。

3. 虚拟性

无形资产的成本具有不完整性、弱对应性的特点，那么无形资产的成本往往是相对的，特别是一些无形资产的内涵已经远远超过了它的外在形式的含义。这种无形资产的成本往往只具有象征意义，例如商标权，其成本核算的是商标设计费、登记注册费、广告费等。而商标的内涵是标示商品的质量信誉，这是一种商标比另一种商标知名的根本所在。这种无形资产实际上包括了该商品使用的特种技术、配方和多年的经验积累，而商标形式本身所耗费的成本只具有象征性（或称虚拟性）。

7.2.2.2 无形资产评估中成本法的应用

成本法是确信无形资产具有现实或潜在的获利能力，但在不易量化的情况下，根据替代原则，以无形资产的现行重置成本为基础判断其价值。采用成本法评估无形资产，其基本公式为：

$$\text{无形资产评估值}=\text{无形资产重置成本}\times\text{成新率}$$

或

$$\text{无形资产评估值}=\text{无形资产重置成本}\times(1-\text{贬值率})$$

如何评估无形资产重置成本（或称重置完全成本）和成新率，从而科学地确定无形资产评估值，是评估者面临的重要工作。就无形资产重置成本而言，它是指现时市场条件下重新创造或购置一项全新无形资产所耗费的全部货币总额。根据企业取得无形资产的来源情况，无形资产可以划分为自创无形资产和外购无形资产。不同类型的无形资产，其重置成本构成和评估方式不同，需要分别进行估算。

1. 自创无形资产重置成本的估算

如前文所述，根据无形资产的成本特性，自创无形资产的账面价值是不完整的。评估人员直接对账面价值进行调整确定无形资产的重置成本难以得到正确的评估结果，因此需要根据无形资产研制开发的基础资料，对该资产所消耗的物化劳动和活劳动费用进行分析，从而确定重置成本。具体测算方法包括：

（1）财务核算法。财务核算法的基本公式为：

$$无形资产重置成本=研制成本+合理利润$$

计算自创无形资产重置成本一般需要考虑合理利润，合理利润源自自创无形资产的成本与外购同样无形资产平均市场价格之间的差额，基于一些特定评估目的时，计算无形资产重置成本可以不考虑合理利润。

研制成本是指无形资产在创制过程中耗用的成本，从财务核算的角度来看包括直接成本和间接成本，从费用要素的构成来看包括材料消耗成本、人工成本及其他费用。

在测算重置成本时一般根据无形资产在创制过程中的实际耗用材料数量、实际耗用工时，按现行价格和费用标准进行估算。即：

$$无形资产研制成本=\sum(实际耗用材料数量\times现行价格)+\sum(实际耗用工时\times现行费用标准)$$

这里之所以不按现行消耗量而是按实际消耗量来计算，其原因一是无形资产是创造性的成果，一般不能原样复制，从而不能模拟在现有生产条件下再生产的消耗量；二是无形资产生产过程是创造性智力劳动过程，受技术进步的影响，如果按模拟条件下的复制消耗量来估计重置成本，必然影响无形资产的价值形态的补偿，从而影响知识资产的创制。

（2）倍加系数法。对于投入智力比较多的自创无形资产，考虑到科研劳动的复杂性和风险，可用以下公式估算无形资产重置成本：

$$无形资产重置成本=\frac{C+\beta_1 V}{1-\beta_2}\times(1+r)$$

式中，C 为无形资产研制开发中的物化劳动消耗，物化劳动的确认相对容易，主要包括研发投入的材料费、燃料消耗、设备折旧费等。考虑到物价水平的变化，需要将该专利技术的物化劳动消耗使用物价指数调整法调整到当下时间的价值。V 为无形资产研制开发中的活劳动消耗，诸如专利技术等无形资产的研制中投入的活劳动既有普通工人的简单体力劳动，也有科研开发人员的复杂脑力劳动。对于普通的成本法来说，两种劳动需要区别对待。对于科研开发人员的复杂脑力劳动要进行单独的建模计算。因为倍加系数法考虑到了科研开发人员创造性劳动倍加系数 β_1，因此可以直接使用参与人员的工资代表专利研制开发中的活劳动消耗；β_1 为科研开发人员创造性劳动中的倍加系数，该项系数是无形资产评估的关键性因素，对于极具创造性的无形资产无法准确预估，容易造成价值的低估，所以对该项系数评价需要进行慎重考虑，要能够充分体现出科研开发人员的创造能力。β_2 为科研的平均风险系数，而科研的平均风险包括较多的内容，以专利技术为例，科研的平均风险系数主要由技术风险系数、市场风险系数、资金风险系数以及管理风险系数之和确定。我们通常采用专家打分法对该项系数进行确定。由于各种因素带来的影响各不相同，需要对不同的影响因素赋予不同的权重。r 为无形资产的投资报酬率。

【例 7-4】某企业研制出一种新型材料生产技术，在研制过程中消耗物料及其他费用 120 万元，人工费用开支 30 万元，确定科研开发人员创造性劳动倍加系数为 2，科研的平均风险系数为 0.5，该无形资产的投资报酬率为 40%，采用倍加系数法估算其重置成本。

解：无形资产重置成本 $=\dfrac{120+2\times 30}{(1-0.5)}\times(1+40\%)=504$（万元）

2．外购无形资产重置成本的估算

外购无形资产由于其原始购入成本在企业账簿上有记录，其重置成本估算相对于自创无形资产重置成本的估算要容易一些，通常包括购买价和购置费用两部分，一般可以采用以下两种方法。

（1）市价类比法。在无形资产交易市场中选择类似的参照物，再根据功能和技术先进性、适用性进行调整，从而确定其现行购买价格，购置费用可根据现行标准和实际情况核定。

（2）物价指数法。它是以无形资产账面历史成本为依据，用物价指数进行调整，从而估算其重置成本。计算公式为：

$$无形资产重置成本=无形资产账面成本\times\frac{评估时物价指数}{购置时物价指数}$$

无形资产的成本主要包括物料消耗和人工消耗，前者与生产资料物价指数相关度较高，后者与生活资料物价指数相关度较高。因此，在实际评估过程中，当两种物价指数差别较大时，可根据两类费用的大致比例结构分别适用生产资料物价指数和生活资料物价指数进行估算；当两种物价指数比较接近，且两类费用的比重有较大倾斜时，可按比重较大的费用类别适用的物价指数进行估算。

【例 7-5】某企业 2021 年外购的一项无形资产账面价值为 160 万元，2023 年进行评估，经鉴定，该无形资产系运用现代先进的实验仪器经反复试验研制而成，物化劳动耗费的比重较大，占 70%左右。根据资料，无形资产购置和评估时，生产资料物价指数分别为 120%和 150%，生活资料物价指数分别为 125%和 160%。试按物价指数法估算其重置成本。

解：无形资产重置成本 $=160\times\left(70\%\times\dfrac{150\%}{120\%}+30\%\times\dfrac{160\%}{125\%}\right)=201.44$（万元）

3．无形资产贬值率的估算

资产的价值损失分为有形损耗、功能性损耗和经济性损耗三种，由于无形资产没有实物形态，因此也就没有有形损耗，它的价值损失主要体现在其功能性损耗和经济性损耗方面。功能性贬值表现为由于科学技术进步，使拥有该项无形资产的单位或个人的垄断性减弱，降低了获取垄断利润的能力而引致的贬值。经济性贬值源于无形资产外部环境因素的变化，如对某项技术的使用，尽管目前技术水平很高，但使用该项技术生产的产品可能会导致环境污染，因此国家有关法规禁止该项技术产品的生产，这就使该项无形资产报废。通常可采用专家鉴定法和剩余经济寿命预测法确定无形资产贬值率。

（1）专家鉴定法。专家鉴定法是指邀请无形资产的有关专家，对被评估无形资产的先进性、适用性做出判断，从而确定贬值率的一种方法。

（2）剩余经济寿命预测法。剩余经济寿命预测法是指由评估人员通过对无形资产剩余经济寿命的预测和判断，从而确定其贬值率的方法。计算公式为：

$$无形资产贬值率=\frac{已使用年限}{已使用年限+剩余使用年限}\times 100\%$$

公式中的已使用年限比较容易确定，剩余使用年限应由评估人员根据无形资产的特征分析判断得出。

在确定使用的贬值率时应注意无形资产使用效果与时间的关系，这种关系往往是非线性的。有的无形资产的效用呈非线性递减（如技术性无形资产），有的无形资产的效用在一定时间内呈非线性递增（如商标、商誉等），评估人员应对这种变化趋势进行分析并予以说明。

7.2.3 无形资产评估的市场法

无形资产评估的市场法是指选择一个或几个与评估对象相同或类似的无形资产作为比较对象，分析比较它们之间的成交价格、交易条件、资本收益水平、新增利润或销售额、技术先进程度、社会信誉等因素，进行对比调整后估算出无形资产价值的方法。

从理论上讲，市场法是资产评估的首选方法，但是由于无形资产具有个别性、垄断性、保密性等特点，决定了无形资产的交易市场具有较强的垄断性，与有形资产交易市场相比，透明度较低。同时，由于我国无形资产市场不发达，交易不频繁，使得运用市场法评估无形资产受到一定的限制。因此，目前我国只有在特殊的环境下，才会运用市场法评估无形资产。在运用市场法评估无形资产时应注意以下几点。

1. 选择恰当的相似的参照物

国际评估准则委员会颁布的《无形资产评估指南》中指出：“使用市场法必须具备合理的比较依据和进行比较的类似的无形资产。”作为参照物的无形资产必须满足以下条件：与被评估无形资产在功能、性质、适用范围等方面相同或者近似；与被评估无形资产按照无形资产分类原则可以归并为同一类；与被评估无形资产的功能和效用相同或近似；与被评估无形资产所依附的产品或服务应具备同质性，所依附的企业应满足同行业与同规模的要求；参照物的计价标准和成交条件与被评估无形资产模拟的价格标准和成交条件相同或者接近等等。由于无形资产个别性强、每项无形资产之间的差别较大，所以至少要寻找 3 个参照物进行比较。

2. 收集相似的无形资产交易的市场信息

评估人员应充分收集和分析使得交易达成的参照物的市场信息，即涉及供求关系、产业政策、市场结构、企业行为和市场绩效等内容。收集类似的无形资产交易的市场信息是为横向比较提供依据，而收集被评估无形资产以往的交易信息则是为纵向比较提供依据。

3. 恰当的差异调整

国际评估准则委员会颁布的《无形资产评估指南》中指出：“当以被评估无形资产以往的交易记录作为评估的参照依据时，则可能需要根据时间的推移、经济、行业和无形资产的环境变化进行调整。”无论是横向比较还是纵向比较，参照物与被评估无形资产会因时间、空间和条件的变化而产生差异，评估人员应对此做出言之有理、持之有据的调整。

4. 灵活运用无形资产评估的市场法计算公式

其公式为：

$$评估值=参照物的市价\times功能系数\times调整系数$$

式中，功能系数根据被评估无形资产与参照物功能差异确定，具体参照驰名商标的评价标准；调整系数由被评估无形资产与参照物的成交时间、地点及市场寿命周期等因素决定。

7.3 专利权与非专利技术评估

7.3.1 专利权评估

1. 专利权的概念

专利权是指经过政府的专门机构认定，根据国家法律批准授予专利所有人在一定期限内对其发明创造所享有的独占使用权、转让权、许可权、标记权和放弃权。任何人如果要利用该项专利进行生产经营活动或出售使用该项专利制造的产品，需事先征得专利权所有者的许可，并付给报酬。专利权一般包括发明专利、实用新型专利和外观设计专利。

发明专利主要针对产品、方法或者其改进所提出的新的技术方案，主要体现新颖性、创造性和实用性；实用新型是指对产品的形状、构造或者其结合所提出的适于实用的新的技术方案，实用新型专利保护的是一个范围较窄的技术方案，它只保护有一定形状或结构的新产品，不保护方法以及没有固定形状的物质。实用新型专利保护的技术方案更注重实用性，其技术水平较发明而言要低一些。外观设计则是指对产品的形状、图案或其结合以及色彩与形状、图案的结合所做出的富有美感并适于工业应用的新设计。

2. 专利权的特征

（1）独占性，也称排他性。同一内容的技术发明只授予一次专利，而且专利的拥有者具有在专利的有效期内，排他性地运用专利的权利，任何单位和个人未经专利拥有者许可，都不得以营利为目的使用其专利。

（2）地域性。任何一项专利只在其授权的国家范围内或该国所参加的国际专利联盟的成员方范围内有效，超过这个范围，专利权就失去了法律保护。

（3）时间性。依法取得的专利权在法定期限内有效，受法律保护。期满后，专利拥有者的权利自行终止。《中华人民共和国专利法》规定，发明专利的保护期限为20年，实用新型专利和外观设计专利的保护期限为10年，法定有效时间自专利申请之日起计算。

（4）可转让性。专利权可以转让，由当事人订立合同，并经原专利登记机关或相应机构登记和公告后生效。专利权一经转让，原发明者不再拥有专利权，购入者继承专利权。

（5）共享性。专利权的共享性是指专利权人可以许可多家买主在同一时间，同时使用同一专利资产。

3. 专利权评估目的

专利权评估依据专利权发生的经济行为即特定目的，确定其评估的价值类型和方法。不同情形下的专利权以及转让形式不同，确定的价值类型也不一样，其评估方法的应用也有一定的差异。专利权的评估目的包括一般转让、投资、清算、法律诉讼等，这里主要阐述专利权的转让，专利权转让的形式很多，但总的来说，可以分为全权转让（所有权转让）和使用权转让。

全权转让是将某项专利权完全转让给对方，转让完成以后，对方享有对此项专利权的所有权。使用权转让往往通过专利许可证贸易形式进行，这种使用权的权限、时间期限、地域范围和处理纠纷的仲裁程序都是在专利许可合同中加以明确的，具体包括以下几个部分。

（1）使用权限。使用权限按技术使用权限的大小可分为：①独家使用权。它是指在许可证合同所规定的时间和地域范围内卖方只把技术转让给某一特定买主，买方不得卖给第二家买主。同时卖主自己也不得在合同规定范围内使用该技术和销售该技术生产的产品。显然，这种转让的卖方索价会比较高。②排他使用权。它是指卖方在合同规定的时间和地域范围内只把技术授予买方使用，同时卖方自己保留使用权和产品销售权，但不再将该技术转让给第三方。③普通使用权。它是指卖方在合同规定的时间和地域范围内可以向多家买主转让技术，同时卖方自己也保留技术使用权和产品销售权。④回馈转让权。它是指卖方要求买方在使用过程中将对转让的技术的改进和发展反馈给卖方的权利。

（2）地域范围。专利许可合同大多数规定了明确的地域范围，如某个国家或地区，买方的使用权不得超过这个地域范围。

（3）时间期限。专利许可合同一般规定了有效期限，时间的长短因技术而异。一项专利技术的许可期限一般要和该专利的法律保护期相适应。

（4）法律和仲裁。专利是依照参与双方所在国的法律来制定的法律文件，受到法律的保护。当一方毁约时，另一方可依据法律程序追回损失的权益。

显然，不同的转让形式，其市场条件、收益获得情况以及收益分割情况也不相同，其评估结果也不相同。

4. 专利权评估程序

（1）证明和鉴定专利权的存在。证明和鉴定专利权的存在包括形式上的确认和实质上的确认。

形式上的确认应当确认两个方面，一是先了解专利资产的基本情况；二是进一步确定其是否有效，是否能够带来经济利益。为了明确专利权的基本情况，一般应当获取专利的名称、类别、专利申请适用的区域、专利申请号或编号、专利的法律状态、专利的申请时间、授予批准时间和权利要求内容等信息。由于资产评估主要从实质上确定专利是否具有获利能力，因而资产评估师在了解专利基本信息后，应当进一步确定专利的有效性。

实质上的确认一般不能仅仅根据专利证书就证明专利权的有效性，因为专利证书虽然是依法授予的凭证，但在授权以后，如果专利未交年费或经过宣告后无效，则这种专利不再具备获利能力。事实上，失效的专利证书国家是不予以收回的，应由有关专家鉴定该项专利的有效性。专利检索是实施鉴定的重要环节。

另外，在实务中，某些实用新型可能并不具备专利性，因此，资产评估师在评估时，应当核实该项专利是否具有专利性。由于我国对实用新型专利实行“初步审查”制度，很多已授权的实用新型是不符合专利法的实质性要求的，因此即使是有效的实用新型专利，仍可能不具备“三性”或经过无效程序，丧失专利权。在无效程序中，关键是对技术专利性的判断，实用新型专利的稳定性是不足的。资产评估师在评估之前，必须对被评估无形资产的权利稳定性进行分析。由于专利技术的专业性较强，在必要的情况下，应咨询该技术领域的专家，对专利技术进行分析。只有在确定专利权有效的前提下，才能够开展对技术的评估。丧失专利权的技术，实质上也就丧失了作为资产的条件，不再具有评估意义上的价值。

（2）选择评估方法并收集整理相关资料。根据无形资产评估的操作规范，我国专利资产评估一般采用 3 种方法：成本法、收益法和市场法。其中最常用的是收益法，有时也会用到成本法。

方法的运用不在于其表达形式，重要的是有关技术指标参数的确定，因此收集相关资料并加以选择整理是一项重要的工作。需要收集的资料主要有：①该项专利权的研制、开发成本。已使用过的专利，还应收集前若干年（一般为 3 年）为本企业创造的效益的资料。②关于该项专利的先进性、适用性与经济合理性的有关权威部门的鉴定与证明文件。③技术成熟程度和预期寿命。④预期在何种生产规模下该专利的应用可能产生的效益。⑤市场预测情况，包括市场需求、占有率、同行业或同类产品的竞争情况、行业平均收益率等。⑥该专利的转让情况，包括转让方式、转让次数、地区等。⑦预期定价范围。

上述资料，许多部分需要由委托人提供和协助提供。资产评估专业人员在此基础上还应对上述资料、信息加以整理和分析。

①技术状况分析，包括技术先进性确认、技术成熟程度和寿命周期分析等。就技术成熟程度而言，一项技术的成长具有四个阶段，即开发、发展、成熟和衰退四个时期。虽然一些技术同时被授予专利，但其成熟程度差异较大。有的已经过工业化试验阶段，不需再作进一步的二次开发；有的却不够成熟，仅仅完成了开发，对于批量生产中的许多问题，如原材料来源问题、政策性问题都尚未考虑到，运用中风险较大。至于寿命周期，即为专利权的可能有效利用的年限。尽管专利权按发明专利、外观设计专利和实用新型专利，规定有不同的法律保护期限，但这一期限在评估时仅供参考。在科技发达的今天，技术更新的周期加快，一项新产品占领市场的时间多则七八年，短的只有一二年，反映的是技术寿命的长短。即使是同类专利权（如发明专利），其更新时间也是不同的。

②收益能力分析。收益能力高低是评估专利权高低的重要标准。应结合预测期内的投资量、生产规模、产量、价格、销售额、成本、利润的预测进行收益标准分析。

③市场分析。包括应用该项专利技术的产品市场需求总量分析、市场占有率分析、风险分析等。

④投资可行性分析。通过分析确定各有关技术参数、指标，最后进行评定估算，确定评估值。

（3）完成评估报告，并加以详尽说明。评估报告是专利权评估结论的最终反映，但这种结论是建立在各种分析、假设基础之上。为了说明评估结论的有效性和实用性，评估报告中应详尽说明评估中的各有关内容，包括：

①专利技术成熟度。如该专利技术已经付诸实施，应说明其实施运用情况、技术本身先进程度、有无转让记录、实施中的若干问题等；如该专利尚未实施，应说明评估值测定中的依托条件，包括技术本身、受让人条件、市场预测等。

②接收人可受度分析。可受度是指成熟的专利技术对接受人的要求。接受人可受度包括对可接受人基础设施、技术素质、投资规模、资金需求等方面的要求和预测。

这些分析说明有助于说明评估结论的有效性和实用性，也是用以说明资产评估机构及其资产评估专业人员承担法律责任和义务的区间，同时为买卖双方提供了分析的依据。

5．专利权的评估法

专利权主要采用的评估方法是收益法，特殊情况下也可采用成本法。

（1）收益法。运用收益法评估，评估人员需要测算专利权发挥作用所产生的收益额（或追加利润）、折现率、收益期限等指标。

对于收益额，一般可通过直接估算法或分成率法测算获得。

直接估算超额收益时，应对技术功能和技术收益之间的关系进行研究，按照超额收益产生的原因，将专利权划分为收入增长型和费用节约型两种。对于收入增长型和费用节约型专利权，分别采用第 7.2.1.1 节介绍的方法测算超额收益。

采用分成率法测算专利权收益额，即以技术投资产生的收益为基础，按一定比例分成确定专利权的收益。利润分成率反映专利权对整个利润额的贡献程度，在实际操作中通常采用一种变通的方法，即以销售收入分成率替代利润分成率，如此一来相应的分成基础也就由利润变成销售收入了。由于销售收入分成率和利润分成率之间存在一定关系，并可以通过数学关系进行互换，因此销售收入分成率的合理性可以通过换算的利润分成率加以判断。

专利评估中折现率和收益期限的确定方法在第 7.2.1.2 节和第 7.2.1.3 节已经说明，在此不再赘述。

【例 7-6】甲企业 5 年前通过普通许可的方式从国外引进一项产品生产的专利技术，许可规定的年限为 10 年，该引进技术在企业生产中产生了明显的效益。目前甲企业准备以全部资产同国内乙企业联营，因此在对企业整体资产进行评估时，需要对这项无形资产进行评估，评估过程如下：

（1）评估对象的确定。甲企业只拥有在合同规定的时间、地域内使用该引进技术的权利，因此确定的评估对象是被评估专利技术使用权的价值。

（2）技术功能鉴定。根据甲企业提供的资料，采用该引进技术生产的产品较同类产品在价格上占有明显的优势，平均高出同类产品 12%左右。评估人员在市场上做了相应调查，情况属实。因此，可以认定该项专利技术的经济效益是明显的。

（3）评估方法选择。利用该项技术生产的产品价格明显高于市场同类产品的价格，可直接测算超额收益，因此决定采用收益法进行评估。

（4）判断确定评估参数。首先是收益期限分析，该项专利技术的许可合同规定的期限是 10 年，在评估时已使用 5 年，合同的剩余期限为 5 年。经调查了解，目前国内市场上无其他企业使用该项专利技术，该项专利技术在使用初期须花费较大的资金和较长的时间进行消化吸收。该产品市场需求相对稳定，甲企业占有较大的市场份额。估计该项技术获得超额收益可再持续 5 年以上，但从第 4 年起将会出现竞争产品，引起超额收益逐年下降。其次是收益额分析，市场上同类产品的售价为 2 000 元，利用该技术生产的产品售价为 2 240 元，单位产品收入高出 240 元。甲产品前 5 年产品销量分别为 1 万件、1 万件、1.2 万件、1.3 万件、1.5 万件，企业生产能力为 1.5 万件，经分析今后 1—3 年产品销量均为 1.5 万件，由于第 4 年起竞争产品出现，第 4—5 年产品销量均为 1.3 万件，并且在竞争产品出现的年份，企业需每年追加 30 万元的销售费用以确保产品的市场份额。最后是确定折现率，由于该项技术已经在甲企业使用了

5 年，在今后的使用期内，不会再发生特殊风险，因此以行业年平均收益率 15%作为折现率。

（5）计算评估值。预期超额收益估算如表 7-1 所示。

表 7-1 预期超额收益估算

单位：万元

年份	销售收入增加	销售成本费用增加	超额收益	收益现值
第 1 年	240×1.5	0	360	313.056
第 2 年	240×1.5	0	360	272.196
第 3 年	240×1.5	0	360	236.7
第 4 年	240×1.3	30	282	161.247 6
第 5 年	240×1.3	30	282	140.210 4
合计				1 123.41

假设合并后企业所得税税率为 25%，则该项专利技术的评估值为：

1 123.41×（1−25%）=842.56（万元）

（2）成本法。成本法是一种以研制开发或取得、持有专利权资产所耗费的各项费用为主要依据来确定被评估资产价值的评估方法。成本法评估的基本公式如下：

专利技术的评估值=专利技术的重置成本×（1−贬值率）

成本法应用于专利技术的评估，关键在于分析计算其重置成本的构成、数额及相应的贬值率。

①重置成本的测算。专利技术分为外购专利技术和自创专利技术两种，确定外购专利技术的重置成本比较容易，自创专利技术的成本一般由以下因素构成。

首先是研制成本。研制成本包括直接成本和间接成本两大类。直接成本是指研制过程中直接投入发生的费用，间接成本是指与研制开发有关的费用。

直接成本一般包括以下几个方面。

a．材料费：为完成技术研制所耗费的各种原材料、辅助材料、燃料及其他能源等费用。

b．工资及福利费用：即参与研制技术的科研人员和相关人员的费用。

c．仪器设备费用：为研制开发技术所购置或租用仪器仪表和其他设备需要支出的费用。

d．外协费用：在技术研制开发过程中，与大专院校或研究所进行合作，支付给协作单位的研究费用。

e．资料费：研制开发技术所需的图书、资料、文献、印刷等费用。

f．咨询鉴定费：为完成该项目所发生的技术咨询、技术鉴定等费用。

g．培训费：为完成本项目，委派有关人员接受技术培训的各种费用。

h．差旅费：为完成本项目发生的差旅费用。

i．其他费用。

间接成本主要包括以下几个方面。

a．管理费：为管理、组织本项目开发所负担的管理费用。

b．非专用设备折旧费：采用通用设备、其他设备所负担的折旧费。

c．应分摊的公共费用及能源费用。

在测算间接费用时，往往以直接费用的一定比例来计算。

其次是交易成本。专利权等技术性无形资产在交易过程中还会发生一定的费用支出，即交易费用，主要包括以下几个方面。

a．技术服务费：卖方为买方提供专家指导、技术培训、设备仪器安装调试所发生的费用及市场开拓费。

b．交易过程中的差旅费及管理费：谈判人员和管理人员参加技术洽谈会及在交易过程中发生的食宿及交通费等。

c．手续费：有关的公证费、审查注册费、法律咨询费等。

d．税金：无形资产交易、转让过程中应缴纳的营业税。

由于评估目的不同，其成本构成也不一样，评估人员在评估时应视不同情形考虑以上成本的全部或部分。

②贬值率的测算。在实际操作中，我们可以使用剩余经济寿命来计算专利技术的贬值率，其公式为：

$$\text{专利技术贬值率}=\frac{\text{已使用年限}}{\text{已使用年限}+\text{剩余使用年限}}\times 100\%$$

【例 7-7】A 有限公司因为管理不善，经济效益不佳，亏损严重，将要被同行的 B 有限公司兼并。现在需要对 A 有限公司的资产进行评估，该公司有一项专利属于实用新型，两年前自行研制并获得专利证书，现需要对该专利技术进行评估。

解：分析计算过程如下：

①确定评估对象。该项专利技术是 A 有限公司自行研制开发并申请的专利权，拥有所有权。被兼并企业资产中包括该项专利技术，因此确定的评估对象是专利技术的所有权。

②技术功能鉴定。该专利技术的专利证书、技术检验报告书均齐全。根据专家鉴定和现场勘查，该项专利技术对于提高产品质量、降低产品成本均有很大作用，效果良好，与同行业同类技术相比，处于领先地位。而公司经济效益不佳，产品滞销的原因是公司管理人员素质较低、管理混乱。

③评估方法选择。由于该公司经济效益欠佳，很难确切地预计该项专利技术的超额收益；同类技术在市场上尚未发现有交易案例，因此决定选用成本法。

④各项评估参数的估算。

首先是分析测算其重置成本。该项专利技术是自创形成，其开发形成过程中的成本资料可从企业中获得，具体如表 7-2 所示。

表 7-2　自创专利技术账面成本

单位：万元

材料费用	工资费用	专用设备费	资料费	咨询鉴定费	专利申请费	培训费	差旅费	管理费分摊	非专用设备折旧费分摊	合计
40 000	12 000	5 000	1 000	5 000	3 200	2 500	3 000	1 800	8 800	82 300

因为专利技术难以复制，各类消耗仍按过去实际发生定额计算，对其价格可按现行价格计算。根据考察、分析和测算，近 3 年生产资料价格上涨指数分别为 5%、6%和 8%。因生活资料物价指数资料难以获得，该专利技术开发中工资费用所占份额很少。因此，可以将全部成本按生产资料价格指数调整，即可估算出重置成本。

重置成本=82 300×（1+5%）×（1+6%）×（1+8%）=98 927.89（元）

其次是确定该项专利技术的成新率。该项实用新型专利技术的法律保护期限为 10 年。尽管还有 8 年的保护期限，但根据专家鉴定分析和预测，该项专利技术的剩余使用年限仅为 6 年，由此可以计算贬值率为：

$$\text{贬值率} = \frac{2}{2+6} = 25\%$$

最后根据上述资料，得出结论：

评估值=98 927.89×（1−25%）=74 195.92（元）

由此确定该项专利技术的评估值为 74 195.92 元。

7.3.2 非专利技术评估

1. 非专利技术的概念

非专利技术又称专有技术、技术秘密，是指未经公开或未申请专利但能为拥有者带来超额经济利益或竞争优势的知识或技术。具体包括设计资料、工艺流程、配方、经营诀窍、特殊的产品保存方法、质量控制管理经验、图纸数据等。非专利技术与专利权不同，从法律角度讲，它不是一种法定的权利，而仅仅是一种自然的权利，是一项收益性无形资产。从这一角度来讲，进行非专利技术的评估，首先应该鉴定非专利技术，并分析、判断其存在的客观性，这一判断要比专利权的判断复杂得多。

2. 非专利技术的特点

一般来说，企业中的某些设计资料、技术规范、工艺流程、配方等之所以能作为非专利技术存在，是因为其具有以下特征。

（1）实用性。非专利技术的价值取决于其是否能在生产实践过程中操作，不能应用的技术不能称为非专利技术。

（2）新颖性。非专利技术所要求的新颖性与专利技术的新颖性不同，非专利技术并非要具备独一无二的特性不可，但它也绝不能是任何人都可以随意得到的东西。

（3）价值性。非专利技术必须有价值，表现在它能为企业带来超额利润。价值是非专利技术能够转让的基础。

（4）保密性。保密性是非专利技术最主要的特点。如前文所述，非专利技术不是一种法定的权利，其自我保护是通过保密性进行的。

3. 专利权与非专利技术的区别

（1）两者的公开程度不同。非专利技术具有保密性，而专利技术则是在《中华人民共和国专利法》（以下简称专利法）规定范围内公开的。一项技术一经公开，获取它所耗费的时间与投资远远小于研制它所耗费的时间和投资，必须有法律手段保护发明者的所有权。而没有专利又不公开的技术，所有者只有通过保密手段进行自我保护。

（2）两者的范围不同。非专利技术的内容范围很广，包括设计资料、技术规范、工艺流程、材料配方、经营诀窍和图纸等。专利技术通常包括三种，即发明、外观设计和实用新型。

（3）两者的保护方式和期限不同。专利权是通过专利法保护的，有规定的保护期限，超出保护期限，法律保护自然失效。而非专利技术通过保密的方式进行自我保护，可引用的法律主要有《中华人民共和国民法典》（以下简称民法典）《中华人民共和国反不正当竞争法》（以下简称反不正当竞争法），非专利技术没有明确的保护期限，只要不泄密就一直存在。但若有人独立进行研制，将与现有内容相同的发明创造申请专利，则原非专利技术所有人也不能任意使用该项非专利技术。

（4）两者的提供方式不同。非专利技术既可以用有形的方式提供，如文件、图片、蓝图、计算机存储介质及微缩胶卷等，也可用无形方式提供，如工程技术人员的口传身教和现场观摩等。

4. 影响非专利技术评估值的因素

（1）非专利技术的使用期限。非专利技术依靠保密手段进行自我保护，没有法定的保护期限。但是，非专利技术作为一种知识和技巧，会因技术进步、市场变化等原因最终被先进技术替代。对于非专利技术本身，一旦成为一项公认的使用技术，它便不再存在无形资产价值。因此，非专利技术的使用期限应由评估者根据本领域的技术发展情况、市场需求情况及技术保密情况进行估算，也可以根据双方合同的规定期限、协议情况估算。

（2）非专利技术的预期获利能力。非专利技术的价值在于非专利技术的使用所能产生的超额获利能力。因此，评估时应充分研究非专利技术的直接和间接获利能力，这是确定非专利技术评估值的关键，也是评估过程中的难点所在。

（3）分析非专利技术的市场情况。技术商品的价格也取决于市场供求情况，市场需求越大，其价格越高，反之越低。从非专利技术本身来讲，一项非专利技术的价值高低取决于其技术水平在同类技术中的领先程度。在科学技术高速发展的情况下，技术更新换代的速度加快，无形损耗加大，一项非专利技术很难持久地处于领先水平。另外，非专利技术的成熟程度和可靠程度对其价值也有很大的影响。技术越成熟、可靠，其获利能力越强，风险越小，卖价就越高。

（4）非专利技术的开发成本。非专利技术取得的成本，也是影响非专利技术价值的因素，评估中应根据不同技术的特点，研究开发成本和其获利能力的关系。

5. 非专利技术的评估方法

非专利技术的评估方法与专利权的评估方法基本相同。下面结合示例分别介绍非专利技术评估中几种方法的运用。

（1）运用收益法对非专利技术进行评估。

【例 7-8】甲公司将一啤酒生产配方转让给乙公司。由于该配方有一定的技术先进性，生产的啤酒销路很好，预计今后 3 年乙公司新增利润分别为 200 万元、240 万元和 160 万元。双方在合同中约定，乙公司从使用该配方生产啤酒的新增利润中提成 30%给甲公司作为技术转让费，时间为3年，根据银行利率确定安全利率为5%，同时根据该技术所属行业及市场情况，确定风险率为15%，由此确定适用的折现率为20%，试确定该配方的评估值。

解：该配方评估值=30%×（200×0.833 3+240×0.694 4+160×0.578 7）=127.77（万元）

（2）运用成本法对非专利技术进行评估。

【例 7-9】某机械制造厂有一批零部件工程设计图纸，已使用 6 年，经专家鉴定，具有一定的先进性，该厂保密工作做得比较好。企业进行股份制改造时，准备将这批图纸作为有效的非专利技术作价，故需要对其进行价值评估。据分析，预计剩余经济寿命为 4 年，按该类图纸的设计、制作耗费估算，当前这批图纸的重置成本为100万元。估测该批图纸的价值。

解：该批图纸的贬值率 $=\dfrac{6}{6+4}=60\%$

该批图纸的评估值=100×（1-60%）=40（万元）

7.4 商标权评估

7.4.1 商标的概念及分类

1. 商标的概念

商标是商品或服务的标记，是指商品生产者或经营者为了把自己的商品或服务与他人的同类商品或服务区别开来，在商品上或服务中使用的一种特殊标记。这种标记一般是由文字、图案或两者组合而成的。

商标的作用表现在：商标表明商品或服务的来源，说明该商品或服务来自何企业；商标能把一个企业提供的商品或服务与其他企业的同一类商品或服务相区别；商标标志一定的商品或服务的质量；商标反映向市场提供某种商品或服务的特定企业的声誉。消费者通过商标可以了解这个企业的形象，企业也可以通过商标宣传自己的商品或服务，提高企业的知名度。

从经济学角度来说，商标的这些作用最终能为企业带来超额收益。从法律角度来说，保护商标也就是保护企业获取超额收益的权利。

2. 商标的分类

商标的种类有很多，可以依照不同标准分类。

（1）按商标是否具有法律保护的专用权，可以将商标分为注册商标和未注册商标。《中华人民共和国商标法》（以下简称商标法）规定：“经商标局核准注册的商标为注册商标，商标注册人享有商标专用权，受法律保护。”我们所说的商标权的评估，指的是注册商标专用权的评估。

（2）按商标的构成，可以将商标划分为文字商标、图形商标、符号商标、文字图形组合商标、气味商标、色彩商标、音响商标和立体商标等。

（3）按商标的不同作用，可以将商标分为商品商标、集体商标、服务商标、证明商标。

其中集体商标是指以团体、协会或者其他组织名义注册，供该组织成员在商事活动中使用，以表明使用者在该组织中的成员资格的标志。证明商标是指由对某种商品或者服务具有监督能力的组织所控制，而由该组织以外的单位或者个人在其商品或者服务中使用，用以证明该商品或者服务的原产地、原料、制造方法、质量或者其他特定品质的标志。两者的区别可用表 7-3 表示。

表 7-3 证明商标与集体商标的区别

项目	证明商标	集体商标
注册人资质	具有监督能力的组织	团体、协会或其他组织
使用主体	注册人所属成员不能使用	注册人所属成员均可使用
注册目的	证明某一产品或服务具有的特点品质	同一产品特征和广告宣传，规模经营
代表性商标	绿色食品、“真皮”标志，国际羊毛局的纯羊毛标志等	新华书店、沙县小吃、莆田鞋等

（4）按商标的来源不同，可以将商标分为自创商标和外购商标。自创商标是企业自己创立并注册的商标；外购商标是企业通过市场交易从其他企业买入的商标或商标使用权。

（5）按商标的功能不同，可以将商标分为经常使用的商标、防御商标、联合商标、拓展商标、备用商标。经常使用的商标是指单位在生产经营中经常使用的商标；防御商标是指为了防止他人侵犯而申请使用的一系列与自己商标近似而又相互联系的商标；联合商标是指将同一商标在不同商品上注册，阻止别人在其他商品上使用自己已经注册的商标；扩展商标是指在同一商标的基础上，进行一系列的扩展注册，如注册汉字商标后，还注册英文的意议商标、音译商标。

（6）按商标的享誉程度，可以将商标分为普通商标和驰名商标。普通商标是相对于驰名商标的一种对商标的称谓，通常是指没有特别的市场影响力及公众知晓程度不是很高的商标；驰名商标一般是指具有较大市场影响力、广为公众知晓并享有较高声誉的商标。在我国，驰名商标是国家工商总局根据企业的申请而认定的。

7.4.2 商标权的概念及特征

1. 商标权的概念

商标权是商标注册后，商标所有者依法享有的权益，它受到法律保护，未注册商标不受法律保护。根据商标法的规定，商标权一般包括排他专用权（或独占权）、转让权、许可使用权、继承权等。

排他专用权是指注册商标的所有者享有禁止他人未经其许可而使用其商标的权利。

转让权是指商标所有者作为商标权人，将其拥有的商标转让给他人的权利。我国商标法规定：“转让注册商标的，转让人和受让人应当签订转让协议，并共同向商标局提出申请。受让人应当保证使用该注册商品的商品质量。”“转让注册商标经核准后，予以公告。”

许可使用权是指商标权人依法通过商标使用许可合同允许他人使用其注册商标。

继承权是指商标权人将自己的注册商标交给继承人继承的权利，但这种继承必须依法办理有关手续。

2. 商标权的特征

商标权具有以下特征。

（1）专用性。它是一种排他性的占有权，经注册登记的商标享有专有权，受到国家法律保护，商标所有人可以向任何侵权人要求停止侵权行为并赔偿损失。

（2）可转让性。商标所有人可以将商标转让给他人，也可以通过签订许可合同，许可他人使用其注册商标。

（3）价值的依附性。商标权本身并没有实体价值，它必须和特定的商品相匹配才能为其持有者带来经济利益，因此它的匹配对象是特定商品。例如，茶颜悦色的商标必须和奶茶等饮品这样特定的商品匹配才能产生效益，没有实体商品或相匹配的商品，这样的商标就没有价值。假如某厂购买了茶颜悦色商标但并没有与实体商品联系起来，即未使用这种商标，就不能产生经济效益。或者，把该商标与其他商品如化妆品相匹配，同样不能发挥应有的作用。

（4）地域性。地域性是指商标权只在法律认可的一定地域范围内有效力，超出这一范围不受法律保护。

（5）时间性。商标权的时间性是指商标权受法律保护的年限。原则上讲，商标权不存在经济寿命问题，因此商标权的保护在时间上是不受限制的，按照商标法规定，商标注册的有效期限为 10 年，并可按每一期 10 年无限续展。但是商标法也规定，若注册商标连续 3 年未使用，商标所有人将丧失商标权。因此，只有连续依法使用的商标，其商标权的寿命才是无限的。

7.4.3 影响商标权资产价值的因素

商标权作为一种无形资产，其经济价值并非简单地由设计、制作、申请、保护等方面所耗费用而形成。广告宣传有利于扩大商标的知名度，并需要花费高额费用，但这些费用对商标资产价值只起影响作用，而不是决定作用。商标资产的经济价值体现在它能获得超额收益，如果它不能带来超额收益，商标权也就不具备经济价值。商标之所以能够带来超额收益，是因为它所代表的企业的商品质量、性能、服务等效用因素的综合性、重复性的显示，甚至是一定的效用价格比的标志。它实际上是对企业综合素质，尤其是技术状况、管理状况、营销技能的综合反映。另外，商标资产的评估值还与评估基准日的社会、经济状况以及评估目的等密切相关。因此，商标资产价值的评估应重点考虑以下几个方面。

1. 商标的法律状态

（1）商标的注册情况。我国实行的是“不注册使用与注册使用并行，仅注册才能产生专用权”的商标专用权制度。按照这种制度，只有获得了注册的商标使用人才享有专用权，才有权排斥他人在同类商品上使用相同或相似的商标，也才有权对侵权活动起诉。因而，只有注册了的商标才具有经济价值。未注册的商标即使能带来经济效益，其经济价值也得不到确认。

（2）商标权的失效。在我国，注册商标的有效期是 10 年。10 年届满时如果没有申请续展，则商标的注册将被注销，商标权失效。另外，还有几种情况可能导致商标权的失效：自行改变注册商标的；自行改变注册商标的注册人名义、地址或者其他注册事项的；自行转让注册商标的；连续 3 年停止使用的。商标权一旦失效，原商标所有人不再享有商标专用权，就失去了评估对象，也就不具备经济价值。

（3）商标权的续展。商标注册人按期提出续展申请，经商标局核准，商标权可以无限续展。在合法续展的情况下，商标权可成为永久性收益的无形资产。驰名老牌商标权的价值一般与其寿命成正比，寿命较长，价值越高。如果没有商标续展的规定，一个驰名商标在临近保护期的前一年进行评估时，其价值可能不如一个刚刚注册，有效期还有 10 年的非驰名商标。但实际上，由于有续展的规定，没有人愿意出高价购买非驰名商标，原因是驰名商标通过续展可以长期为购买者带来比较高的超额收益。

（4）商标权的地域性。商标权的地域范围对商标权的价值有很大影响。商标权具有严格的地域性，商标权只有在法律认可的一定地域范围内受到保护。由于不同国家存在不同的商标保护原则，所以商标权并不是在任何地方都受到法律保护。

（5）商标权在特定的商品范围内有效。商标注册申请采用“一类商品、一个商标、一份申请”的原则。在评估商标资产价值时，要注意商标注册的商品种类及范围，要考虑商品使用范围是否与注册范围相符合。商品权只有在核定的商品上使用才受法律保护，对超出注册范围部分所带来的收益不应计入商标资产的预期收益中。

2. 商标的知名度

通常商标的知名度越大，其所代表的商品的销量就越大，而售价也就越高。因而，资产评估师应当了解商品的知名度，进而评估其价值。

3. 商标所依托的商品

商标权本身不能直接产生收益，其价值大都是依托有形资产来实现的。因此，商标资产的价值与以下几个方面的因素有关。

（1）商品所处的行业及前景。商标所依托的商品所在行业的发展情况，对商标资产的价值可以产生重大影响。朝阳行业的投资收益率一般高于传统行业，相应地这个行业的商标价值也会高些。

（2）商品的生命周期。商品的生命周期包括研制阶段、发展阶段、成熟阶段、衰落阶段。一般情况下，商品处于发展或成熟阶段时其获利能力较强，相应地商标价值也较高。

（3）商品的市场占有率、竞争情况。商品的市场占有率标志着商品的竞争状态，市场占有率越大的商品，其商标的价值也越高；商品所在的市场竞争越激烈，则其带来的效益越低，相应地商标价值也越低。

（4）商品的利润情况。商品所带来的利润与商标带来的利润呈正相关的关系。

（5）商品经营企业的素质。同样的商品在不同的经营者手中，可能带来的价值不同。商品经营者的素质高，企业的素质高，则商标的价值就高。

（6）经营业绩。使用商标的商品，历史上经营业绩的好坏可能影响到未来的预测情况。因此，在评估中，虽然评估的是商标的未来收益能力，但资产评估师对未来收益能力的估测，是建立在对现有企业收益能力、收益特征充分了解的基础上的。

4．宏观经济情况

宏观经济情况会影响购买者的购买能力，因此，在宏观经济景气时，商标资产的评估值越高；反之，经济低迷时商标价值越低。

5．评估目的

按评估内容来划分评估目的时，商标资产的评估目的包括商标使用权的评估和商标所有权的评估，商标使用权的评估适用于商标所有权人在不放弃商标所有权的前提下，他人按照许可合同规定的条款使用商标。商标所有权的评估适用于转让方放弃商标权，转归受让方所有，实际上是商标所有权出售。一般地，商标所有权的评估价值会高于其使用权的评估价值。而商标使用权不同，按照使用程序所获得的独占程度也不同，相应的其评估值也不会相同。

6．类似商标的交易情况

在用市场法评估商品权的价值时，类似商标的交易情况对被评估商标的评估值影响较大。资产评估师应当充分考虑商标资产的交易情况，进而评估其价值。

7．商标设计、广告宣传

设计良好的商标很可能为企业带来更高的收益，广告宣传会扩大商标的影响力，从而为企业带来更高的收益。

8．其他因素

商标的成本、注册维护、注册时间等因素也会影响商标的价值；尤其当运用成本法评估商标资产时，这些因素的影响会更大。

7.4.4 商标权的评估程序

1．承接业务委托并明确有关事项

在承接业务委托之前，通常要求资产评估师对以下方面进行了解：①商标资产的评估目的；②商标的基本信息；③商标评估的范围；④确定评估基准日；⑤可能影响待评估商标价值的其他情况。

2．向商标权人收集有关资料

向商标权人收集的资料包括：①委托方概况。包括经营历史、现状及经营业绩（包括前3—5年财务报表）。②商标概况。包括商标注册有关的法律性证件、注册时间、注册地点、注册证书号、保护内容、商标的适用范围、商标的种类、商标的法律诉讼情况、商标的知名度、商标有无其他协议等。③商标权的成本费用和历史收益情况。包括商标权申报或购买、持有等多项成本支出，商标使用、许可使用及转让所带来的历史收益。④商标的知名度、商标的广告宣传情况、同类商品的名牌商标。⑤商标的预期寿命和收益情况。⑥相关产业政策、财税政策等宏观经济政策对其的影响。

3．市场调研和分析

市场调研和分析的主要内容包括：①产品市场需求量的调研和分析；②商标现状和前景

的分析；③商标产品在客户中的信誉、竞争情况的分析；④商标产品市场占有率的分析；⑤财务状况分析；⑥市场环境变化的风险分析；⑦其他相关信息资料的分析。

4．确定评估方法并收集有关指标

评估商标权价值时，从表面上看，商标权价值来自设计和广告宣传，但实际并非如此。尽管在商标设计、制作、注册和保护等方面都需要耗费一定的费用，广告宣传有利于提高商标知名度，为此须支付很高的费用，但这些花费只对商标权价值起影响作用，而不是决定作用，起决定作用的是商标权所能带来的收益。带来的收益越多，商标权价值就越高，反之则低。而商标权之所以能带来收益，原因在于它代表企业的产品质量、信誉、经营状况的提高。基于此，商标权评估较多采用收益法。

由于商标权的单一性、同类商标权价格获取的难度，使市场法应用受到限制。商标权的投入与产出具有弱对应性，有时设计创造商标的成本费用较低，而其带来的收益却很大。相反地，有时为设计、创造某种商标成本费用较高，如为宣传商标投入了巨额的广告费，但带来的收益却不高。因此，采用成本法评估商标权时必须慎重。

运用收益法评估商标权时，关键是分析确定收益额、折现率、收益期限三项指标。收益额与折现率在前文已述及，不再赘述。收益期限的确定是进行商标权评估时十分重要的问题。按照商标法的规定，商标权法律保护期限（注册）为 10 年，到期后可以续展。因此，在评估实践中，有人主张商标权收益期限为 10 年，有人则认为商标权收益期限应为无限长。其实，上述两种观点都是欠妥的。商标权之所以有价值，是因为它能够带来超额收益。如果注册商标所代表的产品不能带来超额收益，该商标同样不值钱。因此，确定商标权未来获利期限的依据是其获得超额收益的时间，可由专家判断分析确定，注册年限仅供分析参考，不应作为直接依据。

5．完成评估报告

计算、分析后得出结论并完成评估报告。

7.4.5 商标权的评估方法

如上文所述，商标权评估时采用的方法一般为收益法，下面举例说明收益法在商标权评估中的应用。

1．商标权转让的评估

【例 7-10】某企业将一种已经使用 50 年的注册商标转让。根据历史资料，该企业近 5 年使用这一商标的产品比同类产品的价格每件高 0.6 元，该企业每年生产 100 万件该产品。该项商标目前在市场上有良好趋势，产品基本上供不应求。根据预测估计，如果在生产能力足够的情况下，每年生产 160 万件，该项商标能够继续获取超额利润的时间是 10 年。前 5 年保持目前超额利润水平，后 5 年由于市场竞争加剧，产品价格相对下调 0.2 元，根据企业的资金成本率及相应的风险率，确定其折现率为 12%，该企业适用的所得税税率为 25%。请评估这项商标权的价值。相关数据如表 7-4 所示。

表 7-4 商标权评估计算

年份	产销量（万件）	单位产品超额利润（元）	超额利润（万元）	超额净利润（万元）	现值（万元）
第 1 年	160	0.6	96	72	64.29
第 2 年	160	0.6	96	72	57.40
第 3 年	160	0.6	96	72	51.25
第 4 年	160	0.6	96	72	45.76
第 5 年	160	0.6	96	72	40.85
第 6 年	160	0.4	64	48	24.32
第 7 年	160	0.4	64	48	21.71
第 8 年	160	0.4	64	48	19.39
第 9 年	160	0.4	64	48	17.31
第 10 年	160	0.4	64	48	15.46
合计	1 600			600	357.74

解：确定商标权转让评估值为 357.74 万元。

或者直接表示为：

商标权价值=72×（P/A，12%，5）+48×（P/A，12%，5）×（P/F，12%，5）=357.74（万元）

2. 商标许可使用价值评估（商标使用权评估）

【例 7-11】甲电动车厂将某品牌电动车的注册商标使用权通过许可使用合同交给乙厂使用，使用时间为 5 年。双方约定由乙厂每年按使用该商标销售收入的 3%支付商标使用费给甲厂，试评估该商标使用权价值。

解：评估过程如下：

首先，预测使用期限内的销售收入，评估人员根据对现有市场的调查，预测 1—5 年的销售量分别为 15 万台、16 万台、20 万台、22 万台和 25 万台，按目前市场每台售价 2 000 元计。其次，按同行业平均利润率确定折现率为 16%，该企业所得税税率为 25%。按合同确定的销售收入提成率为 3%。

评估计算过程如表 7-5 所示。

表 7-5 商标使用权评估计算过程

年份	销售量（万台）	销售收入（万元）	提成额（万元）	净提成额（万元）	现值（万元）
第 1 年	15	30 000	900	675	581.92
第 2 年	16	32 000	960	720	535.10
第 3 年	20	40 000	1 200	900	576.63
第 4 年	22	44 000	1 320	990	546.78
第 5 年	25	50 000	1 500	1 125	535.61
合计	98	196 000	5 880	4 410	2 776.04

该商标使用权的评估值为 2 776.04 万元。

7.5　商誉评估

7.5.1　商誉的概念及特点

1. 商誉的概念

商誉通常是指一个企业预期将来的利润超过同行业正常利润的超额利润的价值。这是企业由于所处地理位置的优势或由于经营效率高、管理基础好、生产历史悠久、人员素质高等多种因素所决定的。现在所称的商誉，是指企业所有无形资产扣除各单项可确指无形资产以后的剩余部分。因此，商誉是不可确指的无形资产。

2. 商誉的特点

一般来说，商誉具有以下几个特点。

（1）依附性。商誉是企业所有资产共同起作用的结果，离开了企业的各项资产，也就无商誉可言。商誉也不像商标、专利那样可分割，且分割后不影响其使用价值。因此，必须把商誉看成一种组合成的无形资产，并且只有在企业持续经营的条件下，商誉才具有价值，如企业不再经营，商誉的价值也就不复存在。

（2）积累性。企业的商誉不是短时间内形成的，而是企业长期经营管理积累起来的一项价值。一般存在于经济效益高于同行业或社会平均水平的企业。

（3）不可确指性。商誉的形成原因以及组成成分十分复杂，很难一一分辨，加以确认。商誉是否存在的判断标准是唯一的，其评估结果是对企业未来超额收益按现值价格的反映，这就决定了商誉评估方法的局限性。

（4）复杂性。商誉是多种因素共同作用形成的结果，这些因素包括企业经营环境、企业战略、经营管理、企业家和企业文化等，同时形成商誉的个别因素又不能以任何方法单独计价。

（5）动态变化性。专利等无形资产由于可确指，从而逐渐从商誉中独立出来。现在不可确指而仍留存于商誉之中的无形资产，以后也可能成为可确指的无形资产而独立出来。随着人类知识水平和认知方法的提高，会有越来越多的新的无形资产原先不可确指，将来可确指而从商誉中独立出来。但商誉不会消失，因为随着科学技术的进步，会有越来越多的新的无形资产形成，而这些无形资产不可能全部可确指，因为管理中有许多因素是永远无法确指的。

7.5.2　商誉评估的方法

按情况不同，评估商誉可选用超额收益法，也可选用割差法。

1. 超额收益法

超额收益是判断企业商誉价值存在的依据，将企业超额收益作为评估对象进行商誉评估的方法称为超额收益法。按照企业的经营状况和超额收益的稳定性，超额收益法又可分为超额收益本金化价格法和超额收益折现法两种方法。

（1）超额收益本金化价格法。超额收益本金化价格法是把被评估企业的超额收益经本金化还原来确定该企业商誉价值的一种方法。基本公式为：

$$商誉的价值=\frac{企业预期年收益额-行业平均收益率\times该企业各项可确指资产评估值之和}{适用的资本化率}$$

或

$$商誉的价值=\frac{该企业各单项资产评估值之和\times(企业预期年收益率-行业平均收益率)}{适用的资本化率}$$

其中

企业预期年收益率=企业预期年收益额÷该企业的单项资产评估值之和×100%

【例 7-12】某企业准备出售，对企业整体价值及各单项资产价值进行评估。在企业持续经营的前提下，评估人员估测企业年收益额为 720 万元，经过评估，得出企业各类单项资产评估值之和为 1 800 万元，评估人员经调查发现，该行业资产收益率水平平均为 25%，根据企业现有情况分析，确定商誉的资本化率为 27%。试确定该企业的商誉价值。

解：$商誉的价值=\frac{720-25\%\times1800}{27\%}=1\,000（万元）$

或者

$商誉的价值=\frac{1800\times(720\div1800-25\%)}{27\%}=1\,000（万元）$

超额收益本金化价格法主要适用于经营状况一直较好、超额收益比较稳定的企业。如果在预测企业预期收益时，发现企业的超额收益只能维持有限期的若干年，则这类企业的商誉评估不宜采用超额收益本金化价格法，而应按超额收益折现法进行评估。

（2）超额收益折现法。超额收益折现法是指把企业可预测的若干年预期超额收益进行折现，将其折现值确定为企业商誉价值的一种方法。其计算公式为：

$$商誉的价值=\sum_{t=1}^{n}R_i(1+r)^{-i}$$

式中，R_i 为第 i 年企业预期超额收益；r 为折现率；i 为收益年限。

【例 7-13】某企业预计将在今后 5 年内保持其具有超额收益的经营态势。估计预期年超额收益额保持在 80 万元的水平上，该企业所在行业的平均收益率为 16%。试确定该企业的商誉价值。

解：商誉的价值=80×（P/A，16%，5）=80×3.274 3=261.94（万元）

2. 割差法

割差法是指根据企业整体评估值与各项可确指资产评估值之和进行比较确定商誉评估值的方法。用割差法对企业的商誉进行评估的步骤如下。

（1）通过整体评估的方法，评估企业整体资产的价值。企业整体资产评估值可以通过预测企业未来预期收益并进行折现或资本化获取，上市公司也可以按股票市价总额确定。

（2）通过单项资产评估方法，求出各项可确指资产的价值。

（3）在企业整体资产价值中扣除各单项可确指资产价值之和，所剩余值即企业商誉的评估值。

基本公式为：

商誉评估值 = 企业整体资产价值-企业各单项资产价值之和（含可确指无形资产）

采取上述评估方法的理论依据是，企业价值与企业可确指的各单项资产价值之和是两个不同的概念。如果有两个企业，可确指单项资产价值之和大体相当，但经营业绩悬殊，预期收益悬殊，其企业价值自然悬殊。企业的各项可确指单项资产，包括有形资产和可确指的无形资产，由于其可以独立存在和转让，其评估值在不同企业中趋同，但它们在不同的企业通过不同的组合、不同的使用和管理，运行效果大不相同，这导致其组合的企业价值不同。各类资产组合后产生的超过各项单项资产价值之和的价值，即为商誉。

商誉的评估可能是正值，也可能是负值，当商誉为负值时，有两种可能：一种是企业亏损；另一种是企业收益水平低于行业或社会平均收益水平。

【例 7-14】某企业拟产权转让，需进行评估。经专家预测，其未来 5 年的净利润分别为 100 万元、120 万元、150 万元、160 万元、200 万元，并结合企业的实际情况推断，从第 6 年开始，每年的利润处于稳定状态，即维持在 200 万元的水平上。该企业有形资产有货币资金、存货和固定资产，且其评估值分别为 80 万元、120 万元和 660 万元。该企业还有一个尚有 5 年剩余经济寿命的非专利技术，该技术产品每件可以获得超额净利润 15 元。目前该企业每年生产产品 10 万件，经分析，未来 5 年中，每年可以生产 12 万件。若折现率和资本化率均为 10%，要求：

（1）使用分段法估测该企业的价值；

（2）试计算该企业的商誉价值。

解：具体解题思路为：

（1）P=（100×0.909 1+120×0.826 4+150×0.751 3+160×0.683 0+200×0.620 9）+ 200÷10%×0.620 9 = 536+2 000×0.620 9= 1 778.033（万元）

（2）第一步：计算企业各单项资产价值。

①单项有形资产评估值为 860 万元。

②估算非专利技术的评估值：

15×12×（P/A，10%，5）=15×12×3.790 8=682.34（万元）

第二步：评出商誉价值。

商誉评估值=企业整体评估值-（有形资产评估值+非专利技术评估值）

=1 778.033-（860+682.34）=235.69（万元）

7.5.3 商誉评估应注意的问题

商誉本身的特性，决定了商誉评估的困难性。有关商誉评估理论和操作方法的争议较大，在评估中，评估人员应注意以下几个问题。

1. 商誉评估必须在产权变动或经营主体变动的前提下才可进行

在企业持续经营情况下，如不发生产权或经营主体的变动，尽管该企业具有商誉，也无须评估商誉以显示其价值。

2. 不是所有企业都有商誉，商誉只存在于那些长期具有超额收益的少数企业之中

一个企业在同类型企业中超额收益越高，商誉评估值越大。这里所说的超额收益指的是企业未来的预期超额收益，并不是企业过去或现在的超额收益。因此，即便是目前亏损的企业，如果经分析预测后其未来超额收益潜力很大，则该企业也有商誉存在。

3. 在选用商誉评估的方法时，既然商誉价值的形成建立在企业预期超额收益之上，那么，商誉评估值与企业中为形成商誉投入的费用没有直接联系

尽管这些费用的投入会影响商誉评估值，但它是通过未来预期收益的增加得以体现的。因此，评估商誉不宜采用成本法；评估商誉也不宜采用市场法。因为商誉尽管是由众多因素共同作用形成的，但形成商誉的个别因素不能单独计量，各因素的定量差异也难以调整。当然，完全相同的商誉更为鲜见。目前，有人在对商誉评估方法的研究中，按形成商誉的因素将其分解为地缘商誉、人缘商誉、质量商誉、组织商誉和其他商誉等，然后分别测定每个因素带来的超额收益，最后分别进行收益折现或本金化后汇总计算商誉的价值。这种观点是值得商榷的。我们认为，从定性分析的角度，可以将形成商誉的因素加以分解和列举，用以说明商誉形成的内涵和构成因素。但要定量分析确定，在实际操作过程中，穷尽方法也难以完成。

4. 企业负债与否、负债规模大小与企业商誉没有直接关系

有观点认为，企业负债累累，不可能有商誉。这种认识是偏颇的。在市场经济条件下，负债经营是企业的融资策略之一。根据财务学分析，企业负债不影响资产收益率，资产收益率高低受制于投资方向、规模以及投资过程中的组织管理措施。企业负债只影响投资者收益率，即资本金收益率。资本金收益率与资产收益率的关系可以表述为：

$$资本金收益率=\frac{资产收益率}{1-资产负债率}$$

在资产收益率一定并且超过负债资金成本的条件下，增大负债比例，可以增加资本金收益率，并不直接影响资产收益率。当然，资产负债率应保持在一定的限度内，负债比例增大会增大企业风险，最终会对资产收益率产生影响。这在商誉评估时应有所考虑，但不能因此得出负债企业就没有商誉的结论。

5. 商誉与商标是有区别的，反映两个不同的价值内涵

企业中拥有某项评估值很高的知名商标，并不意味着该企业一定就有商誉。商誉与商标的区别主要在于以下几个方面。

（1）商标是产品的标志，而商誉则是企业整体声誉的体现。商标与其产品相结合，它所代表的产品质量越好，市场需求越大，商标的信誉越高，据此带来的超额收益越大，其评估值也就越大。而商誉则是与企业密切相关的，企业经营机制完善并且运转率高，企业的经济效益就高，信誉就好，其商誉评估值也就越大。由此可见，商标价值来自产品所具有的超额获利能力，商誉价值则来自企业所具有的超额获利能力。

（2）商誉作为不可确指的无形资产，是与企业及其超额获利能力结合在一起的，不能够脱离企业而单独存在。商标则是可确指的无形资产，可以在原组织继续存在的同时，转让给另一个组织。

（3）商标可以转让其所有权，也可以转让其使用权。而商誉只能随企业行为的发生实现其转移或转让，没有所有权与使用权之分。

（4）商标有法定的时间限制；而商誉没有法定的时间限制，它是企业长期积累起来的一种价值，可以无限期存在，也可以毁于一旦。

尽管商誉与商标的区别有很多，但商誉与商标在许多方面是密切关联的，两者之间有时存在相互包含的因素。例如，与商誉相对应的企业超额收益中包含商标作用的因素，这需要在评估中加以分析确定。

本章小结

明确无形资产的内涵和特征，是做好无形资产评估的关键，因此本章首先介绍无形资产的基本概念、特征，进而阐述无形资产评估的程序和影响无形资产评估值的主要因素，在此基础上重点研究收益法、成本法、市场法等方法在无形资产评估中的具体运用。无形资产本身的特点决定了无形资产收益额估算的复杂性，学习者应掌握收益额的预测技巧和分成率的确定方法。无形资产的种类繁多，不同类型的无形资产，在评估方法选择、适用方面有一定的差异，因此结合实例分别研究专利权、非专利技术、商标权及商誉等几种常见无形资产的评估，把握每类无形资产评估的特点，以获得公允有效的评估结果。

基本概念

无形资产　直接估算法　间接估算法　分成率法　销售收入分成率　销售利润分成率　约当投资分成法　经验数据法　物化劳动消耗　活劳动消耗　倍加系数　专利权　非专利技术　商标　商标权　证明商标　集体商标　商誉　超额收益本金化价格法　超额收益折现法　割差法

即测即评

1．单项选择题

（1）在下列无形资产中，不可确指的无形资产是（　　）。

A．商标权　　B．土地使用权　　C．专营权　　D．商誉

（2）无形资产包括自创无形资产和外购无形资产，这种分类是按（　　）标准进行的。

A．可辨识程度　　B．有无法律保护　　C．取得方式　　D．内容构成

（3）对无形资产进行评估时（　　）。

A．收益法是唯一的方法　　B．收益法、市场法、成本法都可以用

C．只能采用收益法和市场法　　D．只能采用收益法和成本法

（4）无形资产收益通过分成率法来获得，是目前国际和国内技术交易中常用的一种实用方法。按照分成对象的不同，可分为销售收入分成率和销售利润分成率。两者的关系可以通过下列公式（　　）来说明。

A．销售收入分成率=销售利润分成率+销售利润率

B．销售利润分成率=销售收入分成率×销售利润率

C．销售收入分成率=销售利润分成率×销售利润率

D．以上均不对

（5）从本质上讲，商标权的价值主要取决于（　　）。

A．取得成本　　B．设计和宣传费用

C．商标所能带来的超额收益　　D．新颖性和创造性

（6）由于无形资产转让后增加了市场竞争对手，在该无形资产的寿命期间，无形资产转让者的机会成本通常表现为（　　）。

A．销售收入的增加折现值

B．销售费用的减少折现值

C．销售收入和销售费用增加的折现值

D．无形资产转出的净减收益与无形资产再开发净增费用

（7）运用市场法评估无形资产会受到一定的限制，这个限制主要源于无形资产自身的（　　）。

A．标准性和通用性　　B．非标准性和通用性

C．非标准性和个别性　　D．通用性和个别性

（8）采用收益法评估无形资产时采用的折现率，其构成应该包括（　　）。

A．资金利用率、行业平均利润率　　B．银行贴现率

C．超额收益率、通货膨胀率　　D．无风险利率、风险报酬率

（9）专利权是国家专利机关依法批准的发明人或其权利受让人对其发明成果，在一定期间内享有的独占权或专有权，任何人如果要利用该项专利开展生产经营活动或出售使用该项专利制造的产品，需事先征得其所有者的许可，并付给报酬。下列选项中不属于其定义范围的是（　　）。

A．外观设计专利　　B．制造专利　　C．发明专利　　D．实用新型专利

（10）无形资产没有（　　）。

A．经济性损耗　　B．功能性损耗　　C．无形损耗　　D．有形损耗

2．多项选择题

（1）在现行财务制度下，引起无形资产评估的经济事项或经济业务的有（　　）。

A．无形资产转让　　B．无形资产投资

C．无形资产减值测试　　D．无形资产纳税

（2）影响无形资产评估值的因素有（　　）。

A．效益因素　　B．机会成本

C．技术成熟程度　　D．市场供需状况

（3）通过无形资产的鉴定，可以解决的问题有（　　）。

A．证明无形资产存在　　B．确定无形资产种类

C．确定其有效期限　　D．确定其获利能力

（4）无形资产成本包括研制或取得、持有无形资产期间的全部物化劳动和活劳动的费用支出。其成本特性，尤其就研制、形成费用而言，与有形资产的区别有（　　）。

A．不完整性　　B．虚拟性　　C．可转让性　　D．弱对应性

（5）外购无形资产重置成本的估算一般可以采用（　　）确定。

A．财务核算法　　B．市价类比法　　C．物价指数法　　D．专家鉴定法

（6）使用市场法评估无形资产，评估人员应注意的事项有（　　）。

A．具有合理比较基础的类似的无形资产

B．收集类似的无形资产交易的市场信息是为横向比较提供依据，而收集被评估无形资产以往的交易信息则是为纵向比较提供依据

C．作为市场法应用基础的价格信息应满足相关、合理、可靠和有效的要求

D．无论是横向比较，还是纵向比较，参照物与被评估无形资产会因时间、空间和条件的变化而产生差异，评估人员应对此做出言之有理、持之有据的调整

（7）专利权具有的特点有（　　）。

A．独占性　　B．地域性　　C．时间性　　D．可转让性

（8）商标的种类有很多，可以依照不同标准予以分类，下列分类方式正确的有（　　）。

A．按商标的有效期限分　　B．按商标是否具有法律保护的专用权分

C．按商标的性质分　　D．按商标的构成分

（9）商誉是由于企业所处地理位置的优势，或由于经营效率高、管理基础好、生产历史悠久、人员素质高等多种原因，与同行企业相比，可获得超额利润，其具有的特性有（　　）。

A．商誉不能离开企业而单独存在，不能与企业可确指的资产分开出售

B．商誉是多项因素作用形成的结果，但形成商誉的个别因素不能以任何方法单独计价

C．商誉本身不是一项单独的、能产生收益的无形资产，而只能超过企业可确指的各单项资产价值之和的价值

D．商誉不具有单独使用性，但具有可转让性

（10）商誉评估的方法有（　　）。

A．割差法　　B．市场法　　C．成本法　　D．超额收益法

课后思考题

1．什么是无形资产？无形资产的特征具体有哪些？

2．简述常见的无形资产分类方式。

3．影响无形资产评估值的因素主要有哪些？

4．简述无形资产评估的程序。

5．简述常用的估算无形资产收益额的方法。

6．在没有现成的行业约定俗成的分成率的情况下，如何估算利润分成率？

7．在资产评估实践中，如何预计和确定无形资产的收益期限？

8．简述无形资产成本的特性。

9．简述专利权与非专利技术的区别。

10．对无形资产进行评估时，如何把握商标权与商誉的区别？

业务练习题

1．厂商甲以一项先进的技术向厂商乙投资，该技术的重置成本为200万元，厂商乙拟投入的资产重置成本为4 000万元，厂商甲无形资产成本利润率为500%，厂商乙合作的资产原利润率为25%。试用约当投资分成法计算无形资产投资的利润分成率。

2．某企业转让制药生产全套技术，经收集和初步测算已知下列资料：一是该企业与购买企业共同享受该制药生产技术，双方设计能力分别为700万箱和300万箱；二是该制药生产全套技术系国外引进，账面价格为400万元，已使用3年，尚可使用9年，2年通货膨胀率累计为10%；三是该项技术转让对该企业生产经营有较大影响，由于市场竞争，产品价格下降，在以后9年中减少的销售收入按折现值计算为80万元，增加开发费以保住市场的追加成本按现值计算为20万元。

根据上述资料，计算确定：

（1）该制药生产全套技术的重置成本净值；

（2）该无形资产转让的最低收费额评估值。

3．某项技术为一项新产品设计及工艺技术，已使用3年，证明技术可靠，产品比同类产品性能优越。经了解，同类产品平均价格为150元/件，该产品价格为180元/件。目前该产品年销量为2万件。经分析，产品寿命还可以维持8年，但竞争者将会介入。由于该企业已较稳固地占领了市场，竞争者估计将采取扩大市场范围的市场策略，预计该企业将会维持目前的市场占有，但价格将呈下降趋势。产品价格预计为：今后第1—3年维持现行价格；第4—5年降为170元/件；第6—8年降为160元/件，估计成本变化不大，故不考虑其变化（折现率为12%，所得税税率为15%，暂不考虑流转税的因素）。

要求：试用超额收益法评估该项技术。

第 8 章　资源资产评估

学习目标

知识目标	能力目标	思政育人目标
1．了解自然资源及其分类，资源资产及资源资产评估的概念与特征，森林资源资产的特点、分类，矿产资源评估业务类型、评估特点及评估方法； 2．熟悉森林资源资产的概念及适用范围，以及矿产资源资产的概念及适用范围； 3．掌握矿产资源和森林资源的评估方法	1．能够正确说明资源资产的含义，描述资源资产价值评估的影响因素； 2．能够正确认识森林资源、矿产资源及其种类； 3．能够运用评估理论及方法分析简单的评估实务	1．激发学生热爱祖国辽阔疆土的爱国情怀和爱护国土资源的历史使命感、责任感； 2．强化绿水青山就是金山银山的环保理念； 3．培养学生严谨研究的态度和职业素质

章节导言

自然资源如何才能成为资产？自然资源具备哪些条件才能成为资产评估的对象？资源资产具备哪些特征？资源资产评估应当遵循哪些经济技术原则？哪些是影响森林资源资产价格构成的主要因素？森林资源资产评估方法运用、评估特点有哪些？如何掌握分析和解决森林资源资产评估实际问题的能力？矿产资源评估有什么意义？矿产资源的类型、评估特点、评估方法有哪些？这些问题都将通过本章学习得到解答。

8.1　概　述

资源是人类赖以生存和发展的基础，是可供人类利用的宝贵财富。资源资产是在现有认识和科学技术水平条件下，通过开发利用，能够为产权主体带来一定经济利益的自然资源。广义的资源包括自然资源、经济资源和人文社会资源等；狭义的资源是指自然资源，包括矿产资源、森林资源、土地资源、水资源等。在本章中，资源资产是指由狭义的自然资源转化而成的资产。自然资源（natural resources）是天然存在、有使用价值、可提高人类当前和未来福利的自然环境因素的总和。具体涉及建设用地、耕地、园地、林地、草地、矿业权、矿产资源、湿地、海域和无居民海岛等 10 类资源（或权利）。为满足新形势下自然资源价格评估管理工作需要，国家自然资源部与中国土地估价师与登记代理人协会等单位共同组织编制了《自然资源分等定级通则》（TD/T 1060—2021）、《自然资源价格评估通则》（TD/T 1061—2021）（以下简称“两通则”），并作为行业标准发布，已于 2021 年 6 月起实施。《自然资源价格评估通则》是我国首部针对包括土地、矿产、海域海岛等各类自然资源的价格评估进行整体性规范的技术标准，为新时期全国自然资源价格评估及政府公示价格体系建设提供了技术保障。“两通则”的制订，完善了我国现有的自然资源评价评估技术体系，有助于实现自然资源评估工作的科学化、规范化，进而有效支撑自然资源科学保护与合理开发利用。是建立自然资源有偿使用制度的基础工作，是国家自然资源保护和合理开发利用的重要支撑。

8.1.1 自然资源及资源资产

1. 自然资源

自然资源是指在现代技术经济条件下，自然环境中能被人类利用并能为人类当前和未来生存与发展所需的一切物质和能量。如土地、海洋、草地、森林、野生动植物、矿藏、水资源、阳光、地质遗迹资源等。自然资源是自然界中人类可以直接获得的用于生产和生活的物质要素。未被发现或那些已被发现但不知其用途，又不能用现代科学技术提取的，或虽然有用，但与需求相比因数量过大而没有稀缺性的物质（如空气等）不能称作自然资源，而是自然物，不属于资产评估的评估对象。

按照研究的角度和目的不同，根据自然资源的自然属性和经济属性，可以对自然资源进行多种分类。具体分类见图 8-1。

（1）根据自然资源在开发过程中能否再生，可划分为耗竭性资源和非耗竭性资源。耗竭性资源的主体是矿产资源，经过漫长的地质过程而形成，随着人类的开发利用，其绝对数量和质量有明显减少和下降的趋势，是不可再生资源。

非耗竭性资源基本上由环境要素构成，在合理开发利用的限度内，人类可以永续利用。

非耗竭性资源又分为 3 种：

①恒定的非耗竭性资源。不受或基本不受人为因素的影响，具有恒定特性，如气候资源和海洋动力资源。

②可再生的非耗竭性资源。在人为因素的干预下发生增减变化，虽然数量减少，但可以恢复，如生物资源。森林资源只要适度采伐，就可以不断更新，不会导致资源枯竭。

③不可再生的非耗竭性资源。土地资源只要合理利用，就可永续使用，如果不合理开发，就会造成沙化、盐碱化、荒漠化。

（2）按资源的性质分类。从自然资源与人类的经济关系出发，按照资源的性质，可划分为环境资源、生物资源、土地资源、矿产资源和景观资源等。

①环境资源，包括阳光、地热、空气和天然水等，这类资源比较稳定，一般不会因人类的开发利用而明显减少，为非耗竭性资源。

②生物资源，包括森林资源、牧草资源、动物资源和海洋生物资源等。生物资源吸收了流动的太阳能和水资源，消耗土壤的养分。在太阳能量一定、生物繁殖能力一定以及人类合理利用和保护的条件下，生物资源是可以再生的。

③土地资源是由地形、土壤、植被、岩石、水文和气候等因素组成的一个独立的自然综合体。土地一般是指地球陆地的表面部分，包括滩涂和内陆水域。土地可以划分为农用地、建设用地和未利用地。农用地主要包括耕地、林地、草地、农田水利用地、养殖水面等。

④矿产资源是经过一定的地质过程形成的，存在于地壳或地壳上的固体、液态或气态物质，包括各种能源和各种矿物等。矿产资源包括陆地矿产资源和海洋矿产资源。陆地矿产资源包括金属矿产资源、能源矿产资源和非金属矿产资源；海洋矿产资源包括滨海砂矿、陆架油气、深海沉积矿床等。

⑤景观资源主要是指自然景物、风景名胜等，能为人们提供游览、观光、知识、乐趣、度假、探险、考察研究等作用。

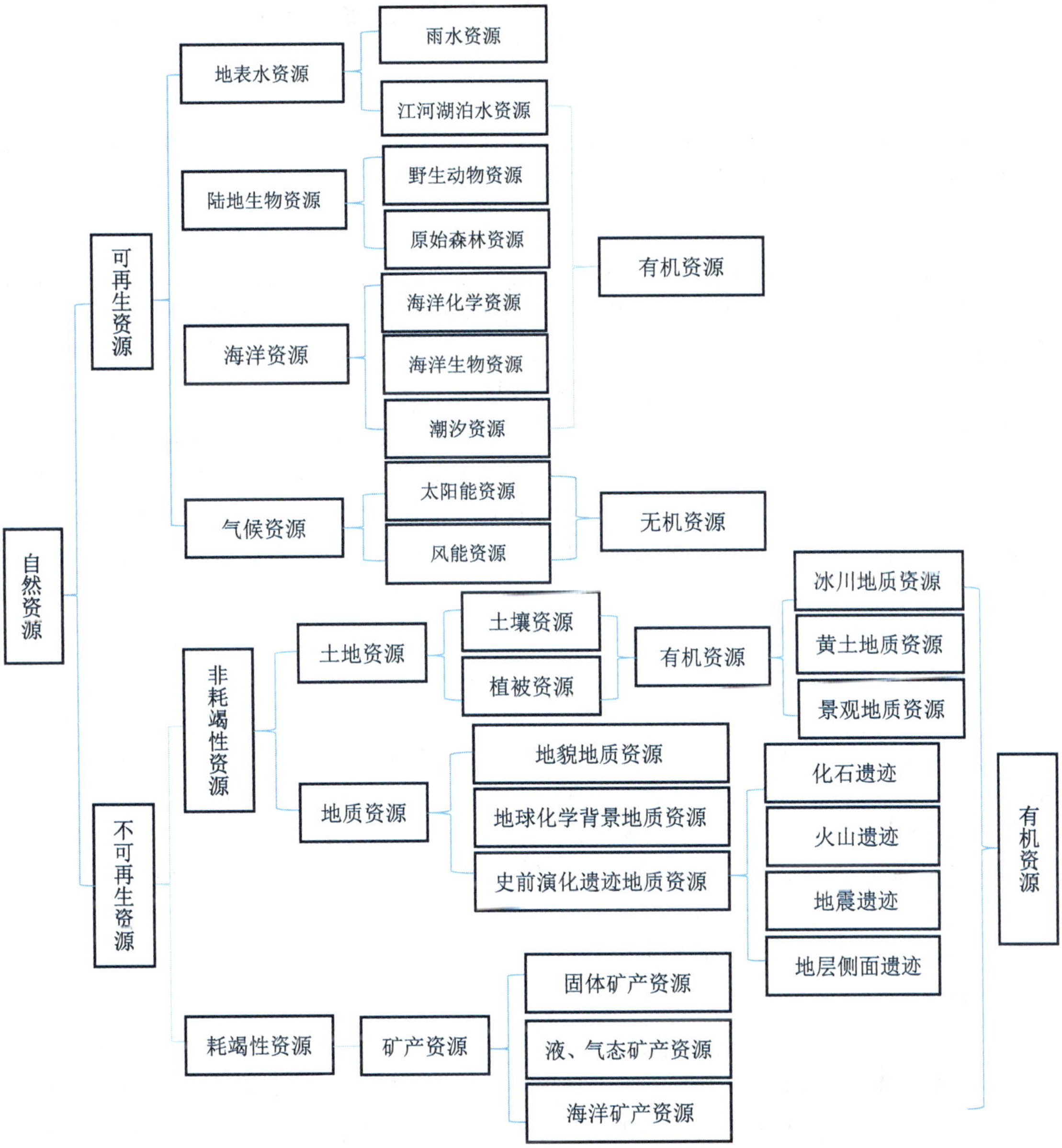

图 8-1　自然资源的分类

2. 资源资产

资源资产是指为特定主体所拥有和控制的，能够用现代科学技术取得，已经被开发利用，并且能用实物量度和货币计量，能够给特定主体的未来经营带来收益的自然资源。资源资产是由自然资源进化而来，并能进入社会生产过程的一种特殊资产。因此，资源资产既具有自然资源属性，又具有资产的经济资源属性，对资源资产的评估，不但要考虑自然资源稀缺性和自然力所决定的价值，还要考虑进入生产过程中直接投入的社会必要劳动所创造的价值。在开发利用自然资源中，必须同时符合技术可行、经济合理的原则，两者缺一不可。

8.1.2 资源资产的特点

资源资产是自然资源资产化的表现形式，同时资源资产属于资产，所以除了具有自然资源的基本特性外，根据资产的含义，资源资产又带有资产的经济属性和法律属性。

1. 自然属性

（1）天然性。自然资源是天然形成的，由自然物质组成，最初完全是由自然因素形成的，处于自然状态。随着人类对自然干预能力的加强，部分资源资产表现为人工投入与天然生成的共生性。

（2）有限性和稀缺性。资源资产的有限性和稀缺性表现在：其一，资源资产的数量是有限的，人类能够使用的自然资源在一定时期或一定时点上是有限的，人类活动使某些自然资源数量减少、枯竭或耗尽，资源资产的有限性导致了稀缺性。例如矿产资源随着开发利用，消耗一点少一点。再如土地资源，其自然总量具有一定稀缺性。其二，自然资源和自然条件的贫化、退化和质变。例如我国东北的黑土地，由于自然因素制约资源和人为活动破坏，黑土层在以每年近 1 厘米的速度流失。对于森林资源，如果人们不进行培植补充，乱砍滥伐，长期无节制地利用，森林资源也会逐渐耗竭。再如人类违规排放大量有毒有害的废水和废气。必须按照合理、充分、节约原则利用稀缺性资源。

（3）生态性。各种资源如太阳、大气、地质、水文、生物等构成了一个复杂的体系，形成特定的生态结构，构成不同的生态系统。不同的资源间相互依存，具有一定的生态平衡规律。如果过度地开采和获取资源，使消耗超过补偿的速度，会导致这些资源的劣化和毁灭，破坏生态系统平衡。如近年来频繁出现的蓝藻、赤潮等。

（4）区域性。资源资产在地域上分布不均衡，存在显著的数量或质量上的区域差异。在我国，金属矿产资源基本分布在由西部高原到东部山地丘陵的过渡地带；森林资源也呈集中分布的状态，长白山林地面积和木材蓄积分别占全国的 11%和 13.8%。

2. 经济属性

（1）有用性。有用性是指资源资产所存在的天然物质的使用价值。自然资源具有使用价值，是经济发展的必备物质条件。由于自然资源具有使用价值和物质效用，自然资源能够转化为经济资源，成为人类的生活资料和生产资料。但是，具有使用价值的天然物质未必都能成为资源资产。例如，太阳能资源具有使用价值，如果太阳能不能变成贮存的资源，就不能成为资源资产；没有开发利用的原始森林，因其不能进入社会生产过程，不处于使用状态而不能成为资产。

（2）可取性。可取性是指资源资产的自然物质能够用现代科学技术取得。已经探明了的矿产资源，若由于矿物组合成分复杂，选冶性能差，不能用现代科学技术取得，就不能成为人类的财富。只有能用现代科学技术取得的自然资源，才能称为资源资产。

（3）获益性，能够以货币计量。没有经济价值或在当今知识与技术条件下尚不能确定其有经济利用价值的资源不能成为资产。资源资产除了能用实物单位计量外，还可以用价值量表示，这是资源资产评估的基础，如空气、阳光等就不能成为资产。

（4）价值差异性。资源资产处于一定的区位，具有区位固定性。不同区位经济环境和地理环境上的差异，导致不同资源资产使用价值和价值的不同，例如不同矿区的矿品差异。

（5）经营风险较大。资源资产的经营往往需要大量的初始资金投入，且投资周期较长，容易形成较大的沉没成本，另外还会受到经济形势是否景气的影响，这些往往会使投资主体陷于收入水平下降、资金周转困难的局面。

3. 法律属性

（1）必须能为特定主体所拥有和控制。资源资产产权在法律上具有独立性。凡是能被拥有和控制的自然资源，一定是处于静态的存置空间和可以使用的状态，任何产权主体都不会拥有没有被控制的自然资源。只有能为特定主体所拥有和控制的资源资产，才能够给权利人带来经济利益。

（2）资源资产的使用权可以依法交易。根据《中华人民共和国宪法》（以下简称宪法）规定："矿藏、水流、森林、山岭、草原、荒地、滩涂等自然资源，都属于国家所有，即全民所有；由法律规定属于集体所有的森林和山岭、草原、荒地、滩涂除外。"我国法律不允许资源资产的所有权转让，但是使用权可以依法交易。

8.1.3 资源资产评估及其特点

资源资产评估就是运用合理、适当的方法对资源资产的价值进行估算。评估机构及评估人员接受委托进行资源资产评估时，必须要求委托方提供国家法律文件和有资格的部门对经济行为的批准文件，并在资产评估报告书中予以说明。资源资产评估不仅为国民经济资源价值核算服务，还可以在资源资产产权的出让、转让、资产经营、抵押、环保等经济活动中为有关权益各方包括国家和企业等提供专业服务。《自然资源价格评估通则》中对自然资源评估所涉及的各个主要内容进行了规范，其中包括：评估的范围、规范性引用文件、术语和定义、基本技术原则、主要技术路径、价格内涵的界定、价格影响因素、各类自然资源价格的基本评估方法与应用要点、自然资源保护涉及的价格评估、政府公示价格评估，以及基本执业准则。

由于资源资产具有独特的自然、经济和法律属性，资源资产的评估与其他资产评估相比具有一定的特点。

1. 资源资产价值是自然资源的使用权价格，评估对象具有无形性

为使国家所有权的权益真正得到实现，我国实行所有权与使用权分离的原则，如矿产资源属于国家所有，大部分森林资源属于国家所有。通过使用权在市场上流转，促进资源资产按照市场经济规律合理配置。通过征收资源占用租金或资源补偿费、探矿权价款、采矿权价款来维护所有者权益。所以，资源资产评估通常是对资源资产使用权价值的估算和评定，而

不是评估物质实体本身。但是，由于资源资产使用权是依附于资源资产实体存在的，因此，资源资产评估就不能脱离资源资产实体而存在，而要结合资源资产的数量、质量、市场供求关系、资源产品的价格、资源政策等各种影响因素进行评估。

2. 资源资产评估须遵循自然资源形成和变化的客观规律

资源条件包括资源的质量品位、资源的赋存开采条件及产地到销地的运输距离和运件（运输工具和地貌等）。资源资产的类别多种多样，不同资产其资源条件、经营方式、市场供求等都不相同。如矿产资源是经过一定的地质过程形成的，森林资源是一种生物资源，因此，矿山企业的矿产资源开发利用、矿业权的经营，森工企业营林生产过程等都有自身的客观规律。

3. 资源资产评估内容及评估过程的复杂性

资源资产评估中要考虑很多影响因素。首先，资源资产实物量是价值量评估的基础，评估其价值前，必须核查其实物量，因此，资源资产评估既要评估有形资产，还要评估无形资产。其次，在评估时还要考虑区位、品位等多种差异因素。最后，资源资产的使用往往要追加一定的劳动，例如天然草原防灾治虫、森林防火、矿产资源勘探等，这些劳动耗费要求在资源资产的使用权转让中得到补偿。因此，资源资产评估还应包括对其追加的劳动成本、资源再生费用和补偿费用的评估。

此外，资源资产质和量的确定须经过相关领域专家的协同配合。资源资产因其性状特征不同，其质和量的确定需要借助各种专业指标。例如矿产资源中的开采条件、储量、品位等，再如森林资源中的林分、林相、林龄、疏密度等，这些指标的确定无不需要相关领域专家的现场勘查和丰富的工作经验作为支撑。

4. 资源资产评估方法和结果体现在资源资产使用的阶段性上

对同一种资源资产在不同阶段进行评估，会产生不同的评估结果。例如，对同一矿种的评估，在普查、详查、勘探阶段是探矿权评估，而在勘探阶段之后是采矿权的评估，评估途径不同，评估结果也不相同。再如，同一个林木资源资产要根据幼年期、成年期去评定估算。因此，在评估过程中，对资源资产的质和量，不能通过简单的市场调查来确定，必须依靠对自然资源的科学认识，按照科学的程序、方法来调查和测算。此外，由于资源资产的有限性、稀缺性和区域性，资源资产价值受自然资源所在区位影响较大。

8.1.4 资源资产的价格内涵及评估类型

自然资源价格评估应明确界定价格内涵。关于“价格”与“价值”，自然资源评估以“价格评估”作为通用性表达，即认定评估结果是评估标的物在公开或特定市场条件下的价格估计值，虽不是真实发生的市场价格本身，但是对市场价格的模拟，属于价格范畴。因各类生态系统服务的市场机制尚未形成，当评估对象的内涵以生态价值为主导时，使用“价值评估”表述。《自然资源价格评估通则》中对“自然资源价格”和“自然资源生态价值”予以了明确界定。

1. 自然资源价格

自然资源价格（price of natural resources），是在市场条件下形成的自然资源权利价格，是自然资源经济价值在市场中的货币化体现。

自然资源生态价值（ecological value of natural resources），是人类直接或间接从生态系统中获得的效用或服务的货币化体现。自然资源生态价值专指自然资源生态系统服务价值，包括供给服务、调节服务、文化服务和支持服务四类惠益的货币化。

政府公示价格（published value of natural resources），是以促进生态文明建设与自然资源的合理开发利用，维护经济和市场的平稳健康发展为目标，遵循政府公示价格相应的原则、方法和程序进行评估测算，并经政府确认、公布实施的自然资源价格标准。

2. 自然资源价格评估与政府公示价格评估

自然资源价格评估（valuation on natural resources）。自然资源评估专业人员根据评估目的和待评估对象的状况，遵循评估原则，按照一定的评估程序，在全面调查和综合分析价格影响因素的基础上，根据自然资源的类别、效用特征及其市场状况，选用适宜的评估方法，通过直接市场或模拟市场上的客观价格信号，对待估对象在估价期日的价格进行估算和判定的活动。对于自然资源保护涉及的价格评估，主要是在自然资源保护补偿和自然资源生态损害赔偿两种目的下进行的评估。

政府公示价格评估。《自然资源价格评估通则》在《城镇土地估价规程》《农用地估价规程》及《农村集体土地价格评估技术指引》的基础上，制定了涉及建设用地、耕地、园地、林地、草地基准地价和海域基准价等政府公示价格评估的技术路线、评估程序及各主要评估环节的基本要求。关于建设用地评估已在本书第 4 章进行了阐述。

自然资源评估中的各类价格可分别对应于经济价值、生态价值等各种人类可从自然资源中获取福利的货币量化值；当评估结果中包括经济价值之外的其他价值时，应明确说明。经济价值一般以待评估对象在某一期日、某一状态下的存量价值表达。生态价值一般为生态系统在特定时段内产生的生态系统服务效用的流量价值，对于其中可累加的生态系统服务效用，亦可形成存量价值。评估中应依据估价目的，合理界定评估价格所对应的市场特征，包括公开市场、特定市场上关联各方在充分考虑各自利益前提下可接受的公允价格，以及适用于特定供求关系的其他价格。

8.1.5 资源资产评估的技术原则及技术路径

1. 技术原则

技术原则是价格评估的技术路径和方法运用中需要遵循的基本原理和规律。《自然资源价格评估通则》明确了在各类自然资源评估中具有高度共识的六项技术原则，即替代原则、合理有效利用原则、预期收益原则、供需原则、贡献原则、变动原则、主导价值原则等，其中“合理有效原则”是对“最高最佳原则”的优化表述，体现出评估中对直接经济效益与生态保护、可持续利用的整体考量，彰显了生态文明理念。评估自然资源生态价值时，应以生态系统服务价值为主导，针对不同自然资源类型合理设置服务功能指标，以此为基础评估自然资源生态系统服务价值。

2. 技术路径

自然资源评估的五条主要技术路径，即：交易实例比较修正路径、预期收益贴现还原路径、整体价值剥离显化路径、重置成本模拟分析路径、价格或费用标准修正调整路径；各条技术路径下还包括各种具体的技术方法。

8.2 森林资源资产评估

8.2.1 森林资源资产概述

森林资源是一种可再生的自然资源，包括森林、林木、林地以及依托森林、林木、林地生存的野生动物、植物和微生物。森林资源资产是以森林资源为物质财富内涵的资产，是在现有认知和科学技术水平条件下，进行经营利用，能够为产权主体带来一定经济利益的森林资源。森林资源资产是一种特殊资产，除具有一般资产的属性外，还具有可再生，生长周期长，受自然因素影响大，兼具生态、社会和经济效益于一体的特性。因此，森林资源资产培育过程风险大，管护难度大，投资回收期长。现阶段，森林资源资产评估主要是林木资产、林地资产和森林景观资产评估。

1. 林木资产

林木资产仅指林地内所有的林木，包括幼龄林、中龄林和未成林造林地上的幼树。按林木的用途可将其分为用材林、经济林、薪炭林、防护林、竹林、特种用途林和未成林造林地上的幼树。其中，用材林可分为幼龄林、中龄林、近熟林、过熟林等。人工林和天然林统一纳入林木资产内评估。

2. 林地资产

林地资产是森林生长的承载体，是指国家法律确认的用于林业用地中具有货币表现属性的资产。林地包括乔木林地、疏林地、未成林造林地、灌木林地、采伐迹地、火烧迹地、苗圃地和国家规划的宜林地。

3. 森林景观资产

森林景观资产是指风景林（含森林公园）、森林游览地、部分名胜古迹和革命纪念林、古树名木等。

8.2.2 森林资源资产价格构成的主要因素

森林资源包括天然林和人工林。天然林与人工林相比，除了更新方式不同外，都要进行管理，国家每年都要投入大量资金进行森林资源的保护。森林资源资产的价格影响因素包括市场供求因素以及所投入的必要的劳动量因素等。森林资源资产价格主要由下列几个因素构成。

1. 营林生产成本

营林生产成本是确定森林价格的基础。营林生产成本应以能够提供商品材的劣等宜林地的营林生产成本作为参考依据。

2. 资金的时间价值

由于培育森林资源的长期性，森林资源的生产周期长，从栽植到采伐往往需要几年、十几年甚至几十年的时间，在营林生产过程中，需不断投入资金，森林资源资产价格评估应充分考虑资金时间价值对林木价值的影响，以及资金占用的利息，营林生产成本应以复利计算。同时，林木在不同的时间有不同的价值，同一树种在不同年龄时的林木价值不同，形成森林的时序成本和时序价格。

3. 利润

森林资源资产价格中应当包括营林利润。在森林资源资产评估中，营林利润的确定应当以社会平均资本利润率为基础，同时考虑营林生产周期长、风险大等因素，再根据林木生产的实际情况进行必要的、适当的调整。

4. 税金

税金是指森林资源资产经营过程中应缴纳的各种税费。

5. 林木生产中的损失

在漫长的森林培育过程中，森林可能遭受各种各样的自然灾害，如火、风、雷、水、病虫害等，由此带来一定的经济损失。在评估中，必须对林木生产过程中的这些意外损失做出合理的估计。

6. 地租

我国森林资源属于国家和农村集体经济组织所有，林地所有权和使用权相分离，森林资源资产价格中还应包括绝对地租和级差地租，需要考虑气候条件、土地肥沃程度、交通条件、宜林性质等因素。

7. 地区差价和树种差价

林木是在一定的自然地理条件下形成的，其成本与价格既受自然条件的制约，又受林木自身生态特性的影响，由此导致了林木的地区差价和树种差价，因此，差价是森林资源资产价格的重要特征。

8.2.3 森林资源资产评估资料收集与核查

1. 森林资源资产评估资料收集

森林资源资产评估必须收集掌握当地有关技术经济指标资料，主要有：

（1）营林生产技术标准、定额及有关费用资料；

（2）木材生产、销售等定额及有关成本费用资料；

（3）评估基准日各种规格的木材、林副产品市场价格及其销售过程中税、费征收标准；

（4）当地及附近地区的林地使用权出让、转让和出租的价格资料；

（5）当地及附近地区的林业生产投资收益率；

（6）各种树种的生长过程表、生长模型、收获预测等资料；

（7）使用的立木材积表、原木材积表、材种出材率表、立地指数表等资料；

（8）其他与评估有关的资料。

2. 森林资源资产核查

森林资源资产的实物量是价值量评估的基础，评估机构在森林资源资产价值量评定估算前，应由林业专业技术人员对被评估的森林资源资产进行实地核查。根据不同的评估目的、评估对象特点和委托方要求，可采用抽样控制法、小班抽查法和全面核查法进行核查。森林资源资产核查项目主要包括林地和林木的权属、数量、质量和空间位置等内容，具体项目如下。

（1）林地：所有权、使用权、地类、面积、立地质量等级地利等级等。

（2）林木：树种权属，树种组成，林龄，平均胸径，平均材高，幼龄林的单位面积株数，中龄林的单位面积活立木蓄积量，近熟林、成熟林、过熟林的立木蓄积、材种出材率等级，经济林的单位面积产量，薪炭林的单位面积立木蓄积量，未成林造林地上的幼树的造林成活率、造林保存率等，竹林的立竹度、均匀度、整齐度、产笋量等。

（3）其他与评估有关的内容。

8.2.4 森林资源资产评估的主要方法

森林资源资产评估的基本方法有市场法、收益法和成本法。由于森林资源资产的特殊性，根据具体的评估对象和资料情况，针对林木资产、林地资产和森林景观资产，又有相对应的具体的评估方法。其中，林地资产评估主要是林地使用权评估，其评估方法与土地使用权的评估方法原理相同，本章将重点阐述林木资产评估的主要方法。林木资产要根据不同的林种，选择适用的评估方法和林分质量调整系数进行评定估算，目前主要采用的评估方法有市场法、剩余法、收益法和成本法等。林木资产评估中林分质量调整系数的确定，须综合考虑林分的生长状况、立地质量和经济质量等因素。

1. 市场法

该方法是以相同或类似林木资产的现行市价作为比较基础，利用一定的参数进行调整之后，评估林木资产价值。采用市场法的必备条件是存在一个发育充分的、公开的森林资源资产市场，在这个市场中可以找到各种类型的森林资源资产评估的参照案例。

其计算公式为：

$$P=K\times K_b\times G\times Q$$

式中，P 为林木资产评估值；K 为林分质量调整系数；K_b 为物价指数调整系数；G 为参照物单位蓄积的交易价格；Q 为被评估林木资产的蓄积量。

所谓林分，是指内部特征大体一致而与邻近地段又有明显区别的一片林子。一个林区的森林，可以根据材种组成、森林起源、林相、林龄疏密度、地位级、林型以及其他因素的不同，划分成不同的林分，不同的林分常要求采取不同的森林经营策略。

2. 剩余法

剩余法又称市场价倒算法，是用被评估林木采伐后所得的木材市场销售总收入，扣除木材经营所消耗的成本（含有关税费）及合理利润后，其剩余部分加林木资源的再生价值作为林木资产评估值。

其计算公式为：

$$P=W-C-F+S$$

式中，P 为林木资产评估值；W 为销售总收入；C 为木材经营成本（包括采运成本、销售费用、管理费用财务费用及有关税费）；F 为木材经营合理利润；S 为林木资源的再生价值。

市场价倒算法是成熟龄、过熟龄林木资产评估的常用方法。该方法所需的技术经济资料能够较易获得，各工序的生产成本可依据现行的生产定额标准进行测算，木材价格、利润、税费等标准都较易收集。立木的蓄积、胸径和树高在资产核查中已确定，无须进行生长预测，财务的分析也不涉及投资收益率和折现率等问题。该方法计算简单，测算结果最贴近市场，最易为林木资产的所有者、购买者所接受。

3．收益法

收益法又称收益净现值法，是指将被评估林木资产在未来经营期内各年的净收益按一定的折现率折为现值，然后累计求和得出林木资产评估值的方法。

其计算公式为：

$$P=\sum_{t=1}^{n}(A_t-C_t)\times\frac{1}{(1+r)^t}$$

式中，P 为林木资产评估值；A_t 为第 t 年的年收入；C_t 为第 t 年的营林生产成本；n 为经营期；r 为资本化率。

收益法通常用于有经常性收益同时具有经济寿命的林木资产，如经济林林木资产。这些资产每年都有一定的收益，每年也要支出相应的成本，同时具有一定的经济寿命期。收益法的测算需要预测经营期内未来各年度的经济收入和成本支出，其预测较为麻烦，在无法使用其他方法进行评估时才采用该方法。

4．成本法

成本法是指以按现时工价及生产水平，重新营造一块与被评估林木资产类似的林分所需要的成本费用作为被评估林木资产评估值的方法。

其计算公式为：

$$P=K\times\sum_{t=1}^{n}C_t\times\frac{(1+r)^{n-1}}{(1+r)^{n-1}}$$

$$P=K\times C_t\times（1+r）^{n-t}$$

式中，P 为林木资产评估值；K 为林分质量调整系数；C_t 为第 t 年以现时工价及生产水平为标准计算的生产成本，主要包括各年投入的工资、物质消耗、地租等；r 为资本化率；n 为林分年龄。

在用材林经营过程中，造林成本的投入在短期内得不到回报，营林成本不断投入，所营造的林分在不断生长，林分的蓄积在积累增加，资产的价值在不断升高。在其主伐以前长达一二十年以至数十年的时间内，森林经营仅有少量的间伐收入，其收入远低于投入，直到主伐时才一次性得到回报，因此，幼龄林常用成本法进行评估。

对于林地价格评估，主要依据《森林资源资产评估技术规范》和《自然资源（森林）资产评价技术规范》中的林地价格评估方法、估价要点和不同目的与权利的林地评估方法技术进行。对于不同目的和权利的林地价格评估应关注。

（1）承包林地价格评估方法主要采取收益还原法，如有市场比较实例，也可采用市场比较法。

（2）林地出租（转包）价格的评估可采用收益还原法和市场比较法。

（3）林地租金标准应与林地宗地的正常地价标准相均衡。租金标准的评估可通过林地宗地的正常土地使用权价格标准折算，也可采用市场比较法、收益还原法等直接评估。

（4）林地作价出资（入股）价格评估，可采用市场比较法、剩余法或收益还原法，并应在估价报告中分析出资风险。林地作价出资（入股）价格评估应明确待评估对象的权利状况，关注林地的林木收益、承包经营期限、有无其他经营或权利限制等因素。

（5）林地拍卖价格评估可采用剩余法、市场比较法或收益还原法，并应在估价报告中说明未来市场变化风险和预期强制处分等因素对拍卖价格的影响。

8.3 矿产资源资产评估

8.3.1 矿产资源资产评估概述

矿产资源是自然资源的重要组成部分，是人类社会发展的主要物质基础。我国的矿产资源物质实体及其所有权属于国家所有，由国务院行使国家对矿产资源的所有权。国家实行探矿权、采矿权有偿取得制度，矿产资源的探矿权和采矿权可以依法出让和转让。勘查、开采矿产资源，必须依法分别申请经批准取得探矿权、采矿权，并办理登记。探矿权和采矿权通常合称矿业权，简称矿权。所谓矿业权是指在依法取得勘查或采矿许可证的范围和期限内，对矿产资源进行勘查开采等一系列生产经营活动的权利。因此，矿业权是一种特许经营国家所有的矿产资源的权利。矿业生产是一个包括矿产资源勘查、开发、采选的连续过程，涉及资源所有者、地质勘查部门和矿山经营者的利益。

探矿权和采矿权必须依法分别申请，但是，已经依法申请取得采矿权的矿山企业在划定的矿区范围内为本企业的生产而进行的勘查除外。所以，一般矿产资源的资产评估范围包括矿产资源实物资产、矿业权、地质勘查成果专有权，而主要评估对象为矿业权。矿业权具体可分为探矿权、采矿权、矿产发现权。

（1）探矿权和采矿权。探矿权、采矿权是矿产资源资产所有权派生出来的他物权，是所有者特许勘查出资人勘查矿产资源的权利。勘查出资人成为矿业权人，其法律文件是勘查许可证、采矿许可证。探矿权人有权在划定的勘查作业区内进行规定的勘查作业，有权优先取得勘查作业区内矿产资源的采矿权。勘查许可证、采矿许可证又是行为产权，当矿业权发生租赁、抵押行为时，勘查许可证、采矿许可证成为独立的评估对象。

探矿权和采矿权评估必须依托矿产资源实物资产，而矿产资源实物资产评估在特定的评估目的下，可以不依托矿业权，成为独立的评估对象。矿业市场流通的是探矿权和采矿权，本节讨论的矿产资源资产评估是指对探矿权价值和采矿权价值的评估。

（2）矿产发现权。矿产发现权属于知识产权。地质勘查是对地质规律和地质科学的具体运用，其发现对象可能是某种矿产，或者是某种成因类型的矿床，或者是某个成矿区带。这些对象都是客观自然现象的具体体现。所以，对发现主体应给予矿产发现权的权益，从而使矿产发现权成为独立的评估对象。

8.3.2 影响矿产资源资产价值的因素

影响矿产资源资产价值的因素主要包括矿产品的供求状况、矿产资源本身的稀缺程度和可替代程度、矿床自然丰度和地理位置、科技进步、资本化率等。

1. 矿产品的供求状况

供求状况是影响矿产品价值的主要因素之一，它决定矿产品价值的实现程度，决定何种等级的矿产资源将被投入生产过程当中，从而决定矿产资源的价格水平。

2. 矿产资源本身的稀缺程度和可替代程度

在我国，不同的矿种资源的稀缺程度差别很大。在市场需求一定的情况下，占有和经营质量好，使用价值高的矿产资源，往往能够获得更多的超额利润。同时，由于国家一般对稀缺资源实行保护性开采政策，稀缺的矿产资源一般具有更高的价值。此外，资源的稀缺程度越高，其可替代程度往往越低。凡是可替代程度低的矿产资源，其资产价值也较高。

3. 矿床自然丰度和地理位置

矿床的自然丰度是通过矿体规模、形态、产状、厚薄、品位、埋深等一系列指标综合反映的。在一定的技术经济条件下，矿床的自然丰度越高，开采所需投入的成本越低，企业的超额利润就越大，矿产资源资产价值也会相应增加。金属矿石的选冶性能、矿床含有的有益伴生组分以及矿床地质构造的复杂程度等，都会直接影响矿产品的产出率，从而影响企业的利润率。

矿床的地理位置对矿产资源资产价格的影响有时甚至超过矿床本身的丰度。矿床距离加工和消费地的远近和运输条件的优劣，会影响企业的生产成本。因此，矿床自然丰度和地理位置对矿产资源资产价值都有影响。

4. 科技进步

科技进步对矿产资源资产价值的影响主要表现在以下几个方面：①会使一些原来没有被利用或者被认为无法利用的伴生元素或矿物得到开发和利用，从而使矿产资源总规模扩大，市场供给增加；②可以发现已被使用的矿产资源新的或更有效的利用价值，从而改变和增加矿产资源资产的价值；③可以发现和创造对矿产资源开发、利用更有效的方法，使采掘企业的技术经济指标发生显著变化，如采矿损失率、矿石贫化率等降低，采矿回采率、选矿回收率、综合利用率、尾矿处理水平等上升，降低了矿产资源的耗减速度，使采矿企业收益增加，也使矿产资源资产价值上升；④可以发现和创造更加有效或现代化的找矿方法，使矿产资源普查和详查的成本和风险降低，环境治理的费用水平下降，从而改变矿产资源资产的价格构成和价格水平。

5. 资本化率

资本化率的高低能够反映潜在投资者向矿山资源资产投资所要求的回报率，以及矿山资源资产投资风险的大小。

8.3.3 矿产资源资产评估的主要方法

根据不同的评估对象和评估目的，矿产资源资产评估有多种评估方法。采矿权适用的评估方法包括基准价因素调整法、交易案例比较调整法、收入权益法和折现现金流量法；探矿权评估除前述方法外，还适用单位面积倍数法、资源价值比例法、勘查成本效用法、地质要素评序法、折现现金流量风险系数调整法。探矿权可在不同精度勘查阶段转让，资产评估师应根据矿产勘查工作的预查、普查、详查和勘探四个阶段，采取不同的评估方法。

1．贴现现金流量法（Discounted Cash Flow，DCF）

将矿业权所对应的矿产资源勘查、开发作为现金流量系统，将评估计算年限内各年的净现金流量，以与净现金流量口径相匹配的折现率，折现到评估基准日的现值之和，作为矿业权评估值。计算公式为：

$$P=\sum_{t=1}^{n}(CI-CO)_t\times\frac{1}{(1+r)^t}$$

式中，P 为矿业权评估值；CI 为年现金流入量；CO 为年现金流出量；$CI-CO$ 为年净现金流量；r 为折现率（包含矿产开发投资的合理报酬）；t 为年序号（t=1，2，3，…，n）；n 为评估计算年限。

$$P=\sum_{t=1}^{n}(W_{at}-W_{bt})\times\frac{1}{(1+r)^t}$$

式中，P 为矿业权评估值；W_{at} 为年现金流入量；W_{bt} 为年现金流出量；$W_{at}-W_{bt}$ 为年净现金流量；r 为折现率（包含矿产开发投资的合理报酬）；t 为年序号（t=1，2，3，…，n）；n 为评估计算年限。

W_{at}=年销售收入-年经营成本-年资源补偿费-资源税金-其他税金

W_{bt}=年销售收入×社会销售收入平均利润率

2．贴现剩余现金流量法（Discounted Remain Cash Flow，DRCF）

贴现剩余现金流量法是指将矿业权所对应的矿产资源勘查、开发作为现金流量系统，将评估计算年限内各年的净现金流量逐年扣除与矿产资源开发有关的合理报酬后的剩余净现金流量视为“超额收益”，以与剩余净现金流量口径相匹配的折现率，计算现值之和，作为矿业权评估值。计算公式为：

$$P=\sum_{t=1}^{n}(CI-CO-Ip)_t\times\frac{1}{(1+r)^t}$$

式中，P 为矿业权评估值；CI 为年现金流入量；CO 为年现金流出量；Ip 为与矿产资源开发收益有关的开发投资合理报酬；r 为折现率；t 为年序号（1，2，…，n）；n 为评估计算年限。

3．可比销售法

可比销售法是利用已知采矿权转让中的市场价，经过差异因素调整，来估算待评估的采矿权价值。通过选用已知转让的采矿权成交价及可比的技术经济手段，与被评估采矿权相对应的参数进行对比，经过差异因素调整，估算待评估的采矿权价格。前提条件是有一个较发育的、正常的、活跃的矿业权市场；可以找到相似的参照物；具有可比量化的指标、技术经济参数等资料。可比销售法评估采用下列公式：

$$P = P_x \times a \times b \times c \times d$$

式中，P 为采矿权评估值；P_x 为参照的采矿权成交价格；a 为规模调整系数；b 为品位调整系数；c 为价格调整系数；d 为差异调整系数。

采矿权差异要素包括矿产资源的交通条件、自然条件、经济环境和地质采选条件等。

应用可比销售法时，要对参照的采矿权价格进行矿床规模调整、品位调整、矿产品价格调整、采矿权差异要素调整。

可比销售法要求参照的采矿权具有可比性，即矿种相同、自然成因类型相同、工业类型大致相似，同时要取得足够的地质参数。该方法在矿业权市场发达的国家应用较为广泛。由于我国矿业权交易尚不普遍，该方法的应用受到一定的限制。

4. 约当投资—贴现现金流量法

约当投资—贴现现金流量法评估探矿权价值，是通过对新探矿权人未来开采投入的全部资产的未来预期收益现值进行估算，按原探矿权人和新探矿权人投资的比例对预期收益现值进行分割后，以原探矿权人分割所得的预期收益现值来确定探矿权的评估值。因此，约当投资—贴现现金流量法并不是直接对探矿权资产的未来预期收益进行估算。该方法的应用须具有一定勘查程度，并且有较详细的地勘投资财务资料。

第一步，根据贴现现金流量法的计算原理，计算新探矿权的资产收益现值。

$$W = \sum_{t=1}^{n}\left[W_t \times \frac{1}{(1+r)^t}\right]$$

式中，W 为资产收益现值；W_t 为第 t 年的收益；r 为资本化率；n 为计算年限。

W_t =年销售收入-年经营成本 年资源补偿费-资源税金-其他税金

第二步，计算原探矿权人、新探矿权人投资现值。原探矿权人投资现值 T_t，可采用重置成本法计算；新探矿权人投资现值 T_n，可采用贴现法计算。

$$T_n = \sum_{t=1}^{n}\left[T_t \times \frac{1}{(1+r)^t}\right]$$

式中，T_n 为新探矿权人投资现值；T_t 为第 t 年投资值；r 为资本化率；n 为投资年限。

第三步，计算探矿权评估值，其计算公式为：

$$P = \frac{T_y}{T_y + y_x} \times W$$

式中，P 为探矿权评估值；T_y 为原探矿权人投资现值；T_x 为新探矿权人投资现值；W 为资产收益现值。

5. 重置成本法

探矿权评估的重置成本法与一般资产评估的重置成本法原理相同，是在现行技术条件下，采用新的价格费用标准获得的与被评估的探矿权具有相同勘探效果的探矿权重置价值，扣除技术性贬值来评估探矿权净值。根据探矿权的地质勘查特点，主要采用有效实物工作量计算重置价值，其他投入按照分摊的办法处理。计算公式为：

$$P = P_b \times (1+a) \times (1-b) = \sum_{t=1}^{n} [U_{bi} \times P_{vi}] \times (1+c) \times (1+a) \times (1-b)$$

式中，P 为探矿权评估值；P_b 为探矿权资产重置成本；a 为地勘风险系数；b 为技术性贬值系数；U_{bi} 为各类地勘实物工作量；P_{vi} 为相对应的各类地勘实物工作量现行市价；n 为地勘实物工作量项数；c 为其他地质工作、综合研究及编写报告、岩矿实验、土地建筑四项费用分摊系数。

地勘风险系数是经过测算得出的。表 8-1 挑选了 10 个主要矿种的地勘风险系数供参考。

表 8-1　10 个矿种地勘风险系数参考表

矿种	全过程	普查	详查	勘探
铁	1.55	4.77	1.40	0.21
铜	1.13	2.92	0.96	0.30
铅锌	0.92	2.56	0.78	0.18
金	1.74	6.13	1.55	0.07
金刚石	7.37	17.76	6.82	2.29
熔剂用石灰岩	0.58	2.55	0.44	0.03
菱镁矿	0.71	2.00	0.57	0.04
高岭土	1.29	3.20	1.10	0.39
水泥用石灰岩	0.78	1.12	0.63	0.10
玻璃用砂	0.09	0.35	0.02	0.00

技术性贬值是指由于地质勘查技术的原因，导致探矿权所依托的地勘成果质量出现问题，或者由于其他技术原因引起的已探明矿产储量的损失，从而影响探矿权的持续使用，降低其获利能力。在评估时需要考虑技术性贬值对评估值的影响。四项费用分摊系数是根据行业（部门）多年的资料初步统计出来的。在地勘工作中，这四项费用一般是由几个地勘项目共同耗费的，难以算出单个项目耗费的具体数额，所以通常采用分摊的办法处理。

6．地勘加和法

地勘加和法利用地勘投入的重置成本加上以地勘投入所分配的超额利润来确定探矿权价值，是重置成本法和贴现现金流量法相结合的一种评估方法。该方法既考虑了探矿权投入的成本，也考虑了探矿权未来的获利能力。其计算公式为：

$$P = P_k + L_n$$

$$L_n = M \times \frac{T}{T+G}$$

式中，P 为探矿权评估值；P_k 为不含勘查风险的探矿权净价；L_n 为应分配的超额利润；M 为超额利润总额；T 为地勘总投资；G 为矿山建设总投资。

7. 地质要素评序法

地质要素评序法是指以基础购置成本为基数，通过对地勘成果综合评价，将定性的地质要素转化为定量的价值调整系数，对基础购置成本进行调整来确定探矿权价值的方法。基础购置成本包括国家规定缴纳的探矿权使用费和矿业权人承诺履行的地质基本支出或者已经形成的原始地质勘查费。主要的地质要素包括成矿显示、异常显示、品位显示、成因显示、蕴藏规模显示和前景显示，将每种显示划分为若干级，并赋予相应的价值指数。评估时，针对被评估矿业权的具体情况，确定其地质要素的价值调整系数。

8. 联合风险勘查协议法

联合风险勘查协议法是指根据该勘查区已经签订的联合风险经营协议的条款，或类似勘查区签订的协议条款，按照合作公司所承诺的勘查投资及其所获得的相应的股权，评估探矿权价值的方法。

9. 粗估法

粗估法是在低勘查精度阶段采用的一种近似方法，它主要是根据公开上市公司的地质信息报告或定期披露的地质资料，以及矿业股票市场和财务市场走势的长期分析资料，如价格与收益比、价格与现金流量比等指标，来计算探矿权价值的方法。国外常用的有资源品级价值粗估法和以单位国土面积资源价值为基础的粗估法。

【例 8-1】在某金矿资源的勘查区内，某国际矿产资源公司在其招股说明书中将推测资源的品级价值定为 4 046 元/千克，对已查明的资源判定为 8 128 元/千克，该区推测资源量为 3.40 吨；另一家金矿公司在招股说明书中称，金矿资源品级价值在 3 048—19 305 元/千克，平均为 7 722 元/千克。试估算该勘查区的探矿权价值。

分析：如果取已查明资源品级价值的 2/3 为评估底数，则为 5 148—5 418 元/千克，故资产评估师判定为 5 283 元/千克，计算过程如下。

7 722×2/3=5 148（元/千克）

8 128×2/3=5 418.67（元/千克）

（5 148+5 418.67）÷2=5 283（元/千克）

探矿权价值占资源毛价值的比例取 2%，故该勘查区的探矿权价值为：

3 400×5 283×2%=359 244（元）

【例 8-2】澳大利亚的西澳洲，将一勘查区的单位矿权面积定为 1 750—2 750 澳元，勘查面积为 60 平方千米，用粗估法估算勘查区的探矿价值。

分析：单位矿权面积定为 1 750—2 750 澳元，则平均为 2 250 澳元，采用粗估法估算勘查区的探矿价值，则：

P=1 750×60=10.5（万澳元）

P=2 750×60=16.5（万澳元）

（10.5+16.5）÷2=13.5（万澳元）

则西澳洲该勘查区探矿权价值为 10.5 万—16.5 万澳元，平均为 13.5 万澳元。

本章小结

本章介绍了自然资源的种类，对资源资产的概念进行了界定，分析了资源资产评估特点、评估原则；重点介绍了森林资源资产价格评估方法、矿产资源价格评估方法的思路和应用。

基本概念

资源资产　资源资产评估　森林资源　矿产资源　矿权　探矿权　采矿权　贴现现金流量法　贴现剩余现金流量法

即测即评

1. 单项选择题

（1）资源资产具有使用价值，表示了资源资产的（　　）。

A. 自然属性　　B. 经济属性　　C. 法律属性　　D. 人文属性

（2）（　　）是指风景林（含森林公园）、森林游览地、部分名胜古迹和革命纪念林、古树名木等。

A. 林木资产　　B. 林地资产　　C. 森林景观资产　　D. 农地资产

（3）矿产资源资产属于（　　）。

A. 固定资产　　B. 无形资产

C. 非耗竭性资源资产　　D. 耗竭性资源资产

（4）矿产资源的使用权的价值即矿业权价值是一种（　　）。

A. 无形资产　　B. 流动资产　　C. 资源资产　　D. 非耗竭性资源资产

（5）由于地质勘查技术的原因，导致探矿权所依托的地勘成果质量出现的问题，或者由于其他技术原因引起的已探明矿产储量的损失称为（　　）。

A. 经济性贬值　　B. 实体性贬值　　C. 技术性贬值　　D. 功能性贬值

2. 多项选择题

（1）资源资产按照自然资源再生产的特点可划分为（　　）。

A. 常见资源　　B. 耗竭性资源资产　　C. 非耗竭性资源资产　　D. 稀有资源

（2）下列属于非耗竭性资源的有（　　）。

A. 陆地矿产资源　　B. 气候资源　　C. 海洋矿产资源　　D. 水资源

（3）资源资产的自然属性有（　　）。

A. 天然性　　B. 有限性和稀缺性

C. 区域性　　D. 生态性和与其他资源的高度相关性

（4）资源资产的资产属性有（　　）。

A．它是一种在一定条件下的经济资源　　B．可以用货币计量

C．可以实现产权或使用权的让渡和流转　　D．进入生产过程，为经济主体所占有和控制

（5）森林资源资产的评估方法有（　　）。

A．市场法　　B．剩余法　　C．收益法　　D．成本法

（6）探矿权可在不同精度勘查阶段转让，评估师应根据矿产勘查工作的（　　）阶段，采取不同的评估方法。

A．预查　　B．普查　　C．详查　　D．勘探

课后思考题

1．资源资产的内涵是什么，有哪些特点？

2．资源资产评估的特点有哪些？

3．森林资源资产价格构成的主要因素有哪些？

4．影响矿产资源资产价值的因素有哪些？

业务练习题

阅读并分析以下案例。思考：矿产资源资产评估需要考虑哪些因素？矿产资源资产评估方法的选择需要考虑什么因素？收益法和成本法的计算步骤和涉及的经济参数是什么？

2008 年 9 月 2 日，山西省政府颁布《关于加快推进煤矿企业兼并重组的实施意见》，煤炭资源整合被提上日程。但这项本意加强山西煤炭生产集中度，控制安全事故发生的煤炭改革却引发广泛争议。

按规划，所有年产 90 万吨以下，即占山西煤矿总数 90%以上的矿井，将被省政府指定的大型矿务局或地方骨干企业兼并重组。到 2010 年年底重组完成后，山西拥有的煤炭企业数量将从 2 200 家减到 100 家左右；2 600 多座煤矿，只保留 1 000 座；将形成 3 个年生产能力达亿吨的特大型煤炭集团，5 个年生产能力在 5 000 万吨以上的大型煤炭企业集团。被兼并重组的煤矿，凡是在 2006 年 2 月 28 日之后交纳资源价款的，直接转让采矿权，兼并重组企业要退还其剩余资源量的价款，并按照原价款标准的 50%给予补偿；2006 年 2 月 28 日之前交纳资源价款的，在退还剩余资源量价款的同时，按原价款标准的 100%给予经济补偿。如果不接受被兼并，煤矿将会被强制关闭。

按照煤老板们的估算，这个补偿标准还不及市场评估价格的一半。实际上，双方的分歧在某种程度上是资产评估方法选择上的差异。作为本次煤炭整合主导方的政府和国企实行的更接近成本法，而煤老板们则更希望以收益法来评估他们的煤矿。

案例来源：郭景先，白福萍．资产评估学［M］．大连：大连出版社，2011．

第 9 章　企业价值评估

学习目标

知识目标	能力目标	思政育人目标
1. 理解企业价值评估涉及的基本概念、特点、作用和程序； 2. 理解企业价值评估的范围和基本方法； 3. 掌握收益法、市场法和资产基础法在企业价值评估中的具体应用	1. 能够运用收益法对企业价值进行评估； 2. 能够运用市场法对企业价值进行评估； 3. 能够运用资产基础法企业价值进行评估	1. 正确认识个人与集体、局部与整体的关系； 2. 正确理解对立统一规律； 3. 提升创新意识

章节导言

企业价值评估是现代市场经济的产物。为了适应频繁发生的企业改制、公司上市、企业并购和跨国经营等经济活动的需要，企业价值评估逐步产生和发展起来。随着资产评估从单项评估向综合性评估发展，企业价值评估越来越重要。要进行企业价值评估，首先应界定企业的性质和特点、企业价值的含义，还要分析影响企业生存和发展的各项因素，包括宏观经济政策、法律环境、财务状况等。企业价值有别于单项资产作为生产要素汇总的数额，它是企业货币资本和人力资本相结合的产物。由于评估对象的特殊性和复杂性，企业价值评估成为一项涉及面较广和技术性较强的资产评估业务。收益法、市场法和资产基础法是企业价值评估常用的方法，评估人员需要很好地把握各种方法应用的参数获得及其适用性。本章将具体说明企业价值评估中涉及的基本概念、基本原则和基本评估方法，以便掌握企业价值评估的基本技能。

9.1 概　述

9.1.1 企业与企业价值

1. 企业的概念和特点

企业是企业价值的载体，要评估企业价值，首先要理解企业的概念和特征。企业是人类经济活动发展到一定历史阶段、社会生产力发展到一定水平的产物。企业以营利为目的，为满足社会需要，把土地、资本、劳动力和管理等生产要素集合起来，依法从事商品生产、流通和服务等经济活动，实行独立核算、自主经营、自负盈亏、自我约束和自我发展。现代企业不仅是一个经济组织，它的存在还必须接受一定的法律法规的约束。因此，企业是一个经济组织，也是一个社会组织，是依法设立的实体，是自主经营的主体。企业具有以下特点。

（1）盈利性。企业作为一个经济组织，说明企业经营的目的就是盈利。为了达到盈利的目的，企业需要在既定的生产经营范围内，以其生产能力或服务能力为主线，将若干要素资产有机组合并形成相应的生产经营结构和功能。

（2）持续经营性。企业要获取盈利，必须进行经营，而且要在经营过程中努力降低成本和费用，延长企业生命周期。为此，企业要对各种生产经营要素进行有效组合并保持最佳利用状态。企业生产经营要素达到最佳利用状态的影响因素有很多，持续经营是一个重要方面。

（3）整体性。整体性是企业作为一项特殊的资产区别于其他资产的一个重要特征。构成企业的各个要素虽然具有不同性能，但只有在特定系统目标下构成企业整体，各个要素资产功能才可能会产生相互作用。因此，企业的各个要素资产可以被整合为具有良好整体功能的资产综合体。当然，即使构成企业的各个要素资产的个体功能良好，如果它们不能服务于企业的特定目标，它们之间的功能也可能无法发挥最大的作用，甚至相互产生不利影响，由此组合而成的企业整体功能可能会降低。

（4）权益可分性。作为生产经营能力载体和获利能力载体的企业具有整体性的特点，而与载体相对应的企业权益却具有可分性的特点。企业整体价值由股东全部权益和付息债务构成，而企业的股东权益又可进一步细分为股东全部权益和股东部分权益。

2. 企业价值的概念和特点

企业价值是企业获利能力的货币化体现。企业价值是企业在遵循价值规律的基础上，通过以价值为核心的管理，使企业利益相关者均能获得满意回报的能力。企业给予其利益相关者回报的能力越高，企业价值就越高，而这个价值是可以通过其经济学定义加以计量的。企业价值具有以下几个特点。

（1）企业价值是一个整体概念。企业价值是一个整体概念，主要表现在两个方面：第一，企业的价值通常不能通过对企业所拥有的各项资产价值进行简单相加而得到。这是因为企业的各项资产是相互作用、相互补充、相互影响的，这些资产在企业中的价值大小取决于其对企业所产生贡献的多少。企业价值所体现的是将企业的人力、物力、财力等生产经营要素整合在一起的现在和未来的获利能力。第二，按评估对象进行划分，企业价值包括企业整体权益价值、股东全部权益价值和股东部分权益价值。对这些企业价值的评估对象进行评估所涉及的评估方法、评估过程、评估结果及其使用方式等各方面，均贯穿和反映了企业价值作为一个整体的特征。

（2）企业价值受企业可存续期限影响。企业的价值是依附于企业这一实体而存在的，企业又是具有生命周期的，不同生命周期中企业的价值也会有所不同。与其他资产不同，企业未来可存续的期限是不确定的、难以准确预计的，未来可存续期限的预计对企业价值评估具有重要影响。

（3）企业价值的表现形式具有虚拟性。金融制度的变迁导致了企业的实体价值与虚拟价值并存，它们分别依托于实体经济和虚拟经济而存在。其中，实体经济是指在商品市场上进行生产、流通和消费活动以及自给自足等非商品的经济活动。企业的实体价值表现为企业在商品市场上的交易价值或资产价值。虚拟经济是指金融市场上金融资产的形成和交易活动。企业的虚拟价值是指在金融市场上（如股票市场）形成的企业虚拟资产（股票）的市场价值。

影响或决定企业价值的因素众多，主要包括宏观环境因素、行业发展状况和企业发展状况三个方面。其中，宏观环境因素是指对所有企业的经营管理活动都会产生影响的各种因素，主要包括政治环境、宏观经济、法律法规、财政政策、货币政策、产业政策、技术进步以及社会和文化等因素；行业发展状况是指对行业内的所有企业的经营管理活动都会产生影响的各种因素，主要有行业政策环境、行业经济特征、行业市场特征、行业竞争情况、行业特有的经营模式等；企业发展状况是指来源于企业内部并对企业价值产生影响的各种因素，分为企业层面的因素和资产层面的因素两大类。企业层面的因素主要有企业发展和经营战略、生产经营模式、盈利模式、业务或产品的种类及结构、生产能力、行业竞争地位、产业链关系、资本结构、生产经营管理方式、人力资源、企业管理水平以及关联交易情况等。资产层面的因素主要是与企业拥有的具体资产利用方式、利用程度、利用范围以及利用效果等情况相关的因素。

9.1.2 企业价值评估

企业价值评估是现代市场经济的产物。企业价值评估是对评估基准日特定目的下的企业价值进行评定、估算，并出具评估报告的专业服务行为。本节主要介绍企业价值评估对象和评估范围、价值类型及选择和评估程序等评估要素。

9.1.2.1 评估对象和评估范围

1. 评估对象

企业价值评估对象通常包括企业整体权益、股东全部权益和股东部分权益 3 种。

（1）企业整体权益。企业整体权益是公司所有出资人（包括股东和债权人），共同拥有的企业运营所产生的价值，即所有资本（付息债务和股东权益）通过运营形成的价值。从资本的运用角度看，企业整体权益价值等于企业的总资产价值减去企业负债中的非付息债务价值后的余额；从资本的来源角度看，企业整体权益价值等于股东全部权益价值加上企业的全部付息债务的价值。在企业价值评估实务中，评估得出企业整体权益价值通常并非最终要达到的目的，而是为评估股东全部权益价值而采用的中间过程。

（2）股东全部权益。股东权益代表了股东对企业净资产的所有权，反映了股东在企业资产中享有的经济利益。因此，企业股东全部权益价值就是企业的所有者权益或净资产价值。对企业价值进行评估，可以有两种方法：一是直接评估得出股东全部权益价值；二是先评估得出企业整体权益价值，再用企业整体权益价值减去全部付息债务价值，得出股东全部权益价值。表 9-1 列示了企业整体权益价值、股东全部权益价值与企业资产、负债和所有者权益之间的关系。

表 9-1 是对某企业的全部资产和负债进行评估后的简化资产负债表，流动资产价值加上非流动资产价值构成企业全部资产的价值，即企业总资产价值=A+B。非付息债务价值加上

付息债务价值和股东全部权益价值构成了全部负债和权益价值，即全部负债和权益价值=C+D+E。因为企业的总资产价值等于全部负债和权益价值的合计数，则有 A+B=C+D+E。企业整体权益价值等于企业总资产价值减去企业负债中的非付息债务价值后的余额，即企业整体权益价值=A+B−C；或企业整体权益价值等于股东全部权益价值加上企业付息债务的价值，即企业整体权益价值=D+E。因此，等式 A+B−C=D+E 成立。根据该等式，股东全部权益价值 E=A+B−（C+D）。

表 9-1　简化资产负债表

资产	负债和股东权益
流动资产价值（A）	非付息债务价值（C）
非流动资产价值（B）	付息债务价值（D）
	股东全部权益价值（E）

（3）股东部分权益。股东部分权益价值即企业部分股权的价值，或股东全部权益价值的一部分。股东部分权益价值的评估，通常也有两种途径：一是直接评估得出股东部分权益价值。比如，采用股利折现模型求取少数股权的价值。二是先评估得出股东全部权益价值，再乘以持股比例或持股数量，并考虑必要的溢价或折价因素后得出股东部分权益价值。需要注意的是，股东部分权益价值并不必然等于股东全部权益价值与股权比例的乘积，这是因为在某些情况下，同一企业内不同股东的单位股权价值可能因股东具有控制权或者缺乏控制权而相应产生溢价或折价，出现同一企业内不同股东单位股权价值不相等的情形。

2. 评估范围

企业价值评估范围是对评估对象价值进行评定估算的工作过程中所涉及的企业资产和负债的范围。企业价值评估范围应当服务评估对象的选择，无论是进行企业整体权益价值评估、股东全部权益价值评估，还是股东部分权益价值评估，一般要求对企业进行整体性评估。其中，企业整体权益价值评估范围包括企业产权涉及的全部资产及非付息负债，股东全部权益和股东部分权益价值评估范围包括企业产权涉及的全部资产及全部负债。

资产评估专业人员在具体界定企业价值评估范围时，应根据有关文件资料进行，如企业价值评估申请报告及上级主管部门批复文件所规定的评估范围；企业有关产权转让或产权变动的协议、合同、章程中规定的企业资产变动的范围；企业有关资产产权证明、账簿、投资协议、财务报表及其他相关资料等。

9.1.2.2 价值类型及选择

在企业价值评估中，价值类型是最基本的评估要素之一。资产评估专业人员在执行企业价值评估业务时，应恰当选择价值类型。在用价值和残余价值是针对单项资产和企业要素资产的价值类型，并不适用于企业。企业价值评估中的主要价值类型分别为市场价值、投资价值和清算价值。在企业价值评估中，价值类型选择依据主要包括以下几个。

1. 评估目的

企业价值评估的目的，是导致企业价值评估的经济行为，是决定企业价值类型和企业价值最重要的因素之一。随着社会经济的发展对企业价值评估提出越来越广泛的需求，企业价值评估目的也呈现多样化特征。目前，企业价值的评估目的主要包括企业改制、企业并购、企业清算、财务报告、法律诉讼、税收、财务管理和考核评价等。

评估目的不仅对企业价值评估的价值类型选择具有约束作用，还决定着企业价值评估结论的具体用途，而且会直接或间接地在宏观层面上影响企业价值评估的过程及其运作条件，包括对评估对象的利用方式和使用状态的宏观约束，以及对企业价值评估市场条件的宏观限定。评估目的不同，价值类型也可能不同。举例来讲，一项股权并购评估业务，如果委托人是出售方，拟以评估值作为拍卖底价的参考，评估人员所执行的资产评估业务对市场条件和评估对象的使用等并无特别限制和要求，则需要的是股权的市场价值；如果委托人是收购方，拟了解收购后标的企业能为其创造的价值，在评估业务执行过程中充分考虑并使用了仅适用于委托人的特定评估资料和经济技术参数，并以此评估结果作为确定收购价的参考，此时评估业务针对的是特定投资者，委托人需要的是股权的投资价值。

2. 市场条件

企业价值评估依据的市场条件也是确定企业价值评估中价值类型的重要因素。在不同的市场条件下或交易环境中，即使是相同的资产也会产生不同的评估结论。企业价值评估依据的市场可能是区域市场、全国性市场或国际市场，也可能是不同级次的市场或特定的市场。无论在什么样的市场中，企业价值评估依据的市场强调的是市场条件，可以分为公开市场条件和非公开市场条件两大类。

3. 评估对象自身条件

评估对象的自身条件主要包括企业的盈利模式、经营方式、经营业绩及企业资产的使用方式和利用状态等，是影响企业价值的内因。对不同条件的企业进行评估，需要选择不一样的价值类型。比如，对处于持续经营的企业进行评估，可以选择市场价值或投资价值；但对经营状况不佳、面临倒闭的企业进行评估时，可以选择清算价值。

9.1.2.3 企业价值评估的程序

企业价值评估一般可以按照以下几个程序进行。

1. 明确评估目的和评估基准日

接受资产评估委托时，首先要弄清评估目的，由于评估目的不同，选择的评估方法及评估结果也会有所不同。评估基准日是反映评估值的时点定位，一般应该考虑选择某一个结算日的终止日。

2. 明确评估对象

明确评估对象包括两个方面的内容：一是确定被评估资产的范围和数量；二是资产的权益。就被评估资产的范围和数量来说，要明确哪些资产要评估以及哪些资产不属于被评估范围。

3. 制订评估工作计划

评估工作计划主要包括：

（1）整个评估工作的人员构成及分工；
（2）现场要准备的资料；
（3）工作进程安排等。

4. 信息的收集、整理和分析

信息收集、整理和分析是企业价值评估的基础。评估人员可以通过政府、数据服务机构等公开信息来源以及企业非公开的财务报告、可行性研究报告等非公开信息来源，进行数据收集，并采用多种方法和手段对信息资料加以归纳、分析和整理。

5. 选择合理的评估方法

根据被评估企业的情况，如资产的特点、评估目的等，选择合适的方法对被评估资产的价值进行估测。

6. 讨论和纠正评估值

评估过程完成后，应与委托单位、评估机构等各部门进行讨论，对评估过程加以说明及解释，并就未尽事宜进一步磋商。

7. 完成评估报告

形成研究结论，完成评估报告。

9.2　收益法在企业价值评估中的应用

9.2.1 收益法评估企业价值的核心问题

在运用收益法对企业价值进行评估时，一个必要的前提是判断企业是否具有持续的盈利能力和获利机会。只有当企业具有持续的盈利能力和获利机会时，运用收益法对企业价值进行评估才具有实际意义。运用收益法对企业价值进行评估，需要解决以下 3 个方面的问题。

1. 收益形式界定

企业收益有多种表现形式，如净利润、净现金流量（又称股权自由现金流量）、息前净现金流量（又称企业自由现金流量）等。这表明运用收益法评估企业价值时，评估人员需要对选择何种收益形式作为企业价值评估中的预期收益做出决策。虽然这种选择不会从根本上影响评估人员对企业价值的最终判断，但有可能影响企业价值评估的效率和精确性。

2. 预期收益预测

由于企业价值决定因素的综合性和复杂性，评估人员通常很难精确地对企业的预期收益做出预测。但是，由于企业收益的预测直接影响对企业盈利能力的判断，是决定企业评估值的关键因素。因此，在企业价值评估中既要全面考虑影响企业盈利能力的因素，又要抓住影响企业价值的最重要的因素，客观、公正地对企业的预期收益做出合理的预测。

3. 折现率选择

在对企业的预期收益做出合理的预测后，需要选择恰当的折现率。折现率是对企业取得未来收益面临风险的估测，反映了评估人员在收益预测中所考虑的风险因素。正确预计企业取得未来收益的风险程度，选择合适的折现率，对企业的最终评估值具有较大影响。在企业价值评估中，选择恰当的折现率要考虑两个方面的问题：一是保证所选折现率与被评估企业获得预期收益面临的风险相匹配；二是确保所选折现率的口径与企业收益额口径一致。

9.2.2 收益法评估企业价值实施的步骤

1. 确定评估思路和模型

运用收益法对企业价值进行评估，首先界定区分评估对象是缺乏控制权的股权还是具有控制权的股权。其次，确定评估思路，明确采用直接评估股权价值，还是通过先评估企业整体价值，再减去付息债务以间接求取股权价值。最后，结合收益法评估模型的应用条件选择相应的模型。

2. 分析和调整历史财务报表

为了对未来收益进行合理预测，需要对企业历史财务报表进行分析，了解企业各项资产、负债等会计要素的构成状况以及各项指标随时间变化的规律及发展趋势，进而推断影响企业历史收益的各类因素及其影响方式和影响程度等。同时，为了使企业未来收益预测与企业历史收益具有相同的比较基础，提高收益预测的可靠性，还需要对企业历史财务报表进行必要的调整。

3. 确定和划分收益期

通过考虑国家有关法律法规、被评估企业所在行业现状与发展前景、协议与章程约定、经营状况、资产特点和资源条件等的影响，合理确定收益期，并在对企业收入成本结构、资本结构、资本性支出、投资收益和风险水平等进行综合分析的基础上，结合宏观政策、行业周期及其他影响企业进入稳定期的因素合理确定预测期。

4. 预测未来收益

根据所选择的评估模型，对被评估企业的未来收益进行预测。尽管委托人和相关当事人依法对提供的未来收益预测资料的真实性、合法性、完整性负责，评估人员仍需与委托人和相关当事人讨论未来各种可能性，结合被评估单位的人力资源、技术水平、资本结构、经营状况、历史业绩、发展趋势，考虑宏观经济因素以及所在行业现状与发展前景等情况，分析未来收益预测资料与评估目的及评估假设的适用性。当出现差异时，评估人员应当与企业进行充分的沟通，并进行必要的调整。当委托人和其他相关当事人未提供收益预测，评估人员应当收集和利用形成未来收益预测的相关资料，并履行核查验证程序，在具备预测条件的情况下编制收益预测表。

5. 确定折现率

通过综合考虑评估基准日的利率水平、市场投资收益率等资本市场相关信息和所在行业、被评估企业的特定风险等相关因素，对折现率进行测算。

6. 测算经营性资产及负债价值

根据未来收益预测结果和折现率测算结果，计算综合预测期收益现值和永续期收益现值，得到评估企业的经营性资产及负债价值。

经营性资产及负债价值=预测期收益现值+永续期收益现值

7. 识别和评估溢余资产、非经营性资产及非经营性负债

如果被评估企业在评估基准日拥有溢余资产和非经营性资产、非经营性负债，资产评估专业人员应恰当考虑这些项目的影响，并采用合适的方法单独予以评估。

8. 得出评估结果

在运用选择的评估模型测算出被评估企业的经营性资产及经营性负债价值后，还应加上单独评估的非经营性资产、非经营性负债和溢余资产的价值，才能得出股东全部权益价值或企业整体价值。

9.2.3 收益法的评估技术思路

9.2.3.1 企业永续经营假设前提下的收益法

1. 年金法

企业价值评估的年金法，是将已处于均衡状态，其未来收益具有充分的稳定性和可预测性的企业收益进行年金化处理，然后再把已年金化的企业预期收益进行收益还原，估测企业价值。一般适用于未来预期收益相对稳定、所在行业发展相对稳定的企业的价值评估。年金法计算公式为：

$$P=\frac{A}{r}$$

式中，P 为企业价值评估值；A 为企业年金收益；r 为折现率及资本化率。

由于企业预期收益并不能表现为年金形式，评估人员如果要运用年金法评估企业价值，还需要对被评估企业的预期收益进行综合分析，确定被评估企业的预期年金收益。可以采用将企业未来若干年的预期收益进行年金化处理而得到企业年金的方法，此情况下年金法的计算公式为：

$$P=\frac{\sum_{i=1}^{n}[R_i(1+r)^{-i}]}{\sum_{i=1}^{n}[\ (1+r)^{-i}]\times r}$$

式中，$\sum_{i=1}^{n}[R_i(1+r)^{-i}]$ 为企业前 n 年预期收益折现值之和；$\sum_{i=1}^{n}[\ (1+r)^{-i}]$ 为年金现值系数；r 为折现率及资本化率。

用于企业价值评估的年金法，是将已处于均衡状态，其未来收益具有充分的稳定性和可

预测性的企业未来若干年的预测收益进行年金化处理，然后将已年金化的企业预期收益进行收益资本化，估算企业价值。将企业相对稳定的、可预测的未来若干年预期收益进行年金化处理，仅仅是评估人员分析判断未来预期收益的一种方式。如果评估人员并不能确信通过年金化处理而得到这个企业年金可以反映出被评估企业的未来预期收益能力和水平，这个企业年金就不可以直接作为企业价值评估的收益额，而需要通过其他方法估测适用于被评估企业评估的收益额。

【例 9-1】假设企业永续经营，未来不会改变经营方向、经营模式和管理模式，企业预计未来 5 年的预期收益额分别为 180 万元、200 万元、190 万元、180 万元和 190 万元，折现率及资本化率均为 10%，试用年金法估测企业价值。

解：$$P=\frac{\sum_{i=1}^{n}[R_i(1+r)^{-i}]}{\sum_{i=1}^{n}[\ (1+r)^{-i}]\times r}$$

$$=\frac{(180\times0.9091+200\times0.8264+190\times0.7513+180\times0.6830+190\times0.6209)}{(0.9091+0.8264+0.7513+0.6830+0.6209)\times10\%}$$

$$=\frac{(163.638+165.28+142.747+122.94+117.971)}{3.7907\times10\%}=\frac{712.576}{3.7907\times10\%}$$

$$=1879.8（万元）$$

2. 分段法

分段法是指将持续经营的企业的收益预测分为前后两段。这种方法应用的前提是，假设企业发展初期处于不稳定状态，企业收益不稳定；在发展初期之后企业处于均衡状态，企业收益稳定或按某种规律进行变化。对于不稳定阶段，企业的预期收益采取逐年预测并折现累加的方法。对于稳定均衡阶段，针对企业具体情况并按企业的收益变化规律，对企业的预期收益进行折现和还原处理。企业前后两个阶段的收益现值累加便得到企业收益现值。

如果评估基准日后企业稳定均衡阶段收益为年金收益形式，则分段法计算公式为：

$$P=\sum_{i=1}^{n}[R_i(1+r)^{-i}]+\frac{R_{n+1}}{r}\times(1+r)^{-n}$$

式中，$\sum_{i=1}^{n}[R_i(1+r)^{-i}]$为企业前 n 年预期收益折现值之和；R_{n+1} 为第 $n+1$ 年的收益；r 为折现率及资本化率。

如果从第 $n+1$ 年，企业预期年收益将按照某一固定比例 g 增长，则分段法计算公式为：

$$P=\sum_{i=1}^{n}[R_i(1+r)^{-i}]+\frac{R_n(1+g)}{r-g}\times(1+r)^{-n}$$

其中，$\sum_{i=1}^{n}[R_i(1+r)^{-i}]$为企业前 n 年预期收益折现值之和；R_n 为第 n 年的收益；r 为折现率及资本化率；g 为固定增长率。

【例 9-2】承上例，被评估企业预计未来 5 年的预期收益额分别为 180 万元、200 万元、

190 万元、180 万元和 190 万元。评估人员推断，从第 6 年开始，企业的年收益额将维持在 200 万元的水平，假设折现率及资本化率均为 10%，试用分段法估测该企业价值。

解：
$$P=\sum_{i=1}^{n}[R_i(1+r)^{-i}]+\frac{R_{n+1}}{r}\times(1+r)^{-n}$$
$$=(180\times0.9091+200\times0.8264+190\times0.7513+180\times0.6830+190\times0.6209)+\frac{200}{10\%}\times0.6209$$
$$=163.638+165.28+142.747+122.94+117.971+1241.8$$
$$=1954.376(\text{万元})$$

【例 9-3】承上例，被评估企业预计未来 5 年预期收益额分别为 180 万元、200 万元、190 万元、180 万元和 190 万元。评估人员推断，从第 6 年开始，企业的年收益额将在第 5 年的水平上以 2% 增长率保持增长，假设折现率及资本化率均为 10%，试用分段法估测该企业价值。

解：
$$P=\sum_{i=1}^{n}[R_i(1+r)^{-i}]+\frac{R_n(1+g)}{r-g}\times(1+r)^{-n}$$
$$=(180\times0.9091+200\times0.8264+190\times0.7513+180\times0.6830+190\times0.6209)+\frac{190\times(1+2\%)}{10\%-2\%}\times0.6209$$
$$=163.638+165.28+142.747+122.94+117.971+1504.13$$
$$=2216.706(\text{万元})$$

9.2.3.2 企业有限持续经营假设前提下的收益法

1. 关于企业有限持续经营假设的适用

一般而言，对企业价值的评估应该在持续经营的前提下进行。只有在特殊的情况下，才能在有限持续经营前提下对企业价值进行评估。

企业有限持续经营假设是从最有利于回收企业投资的角度，争取在不追加资本性投资的前提下充分利用现有企业资源，最大限度地获取投资收益，直到企业无法持续经营为止。

2. 有限持续经营前提下企业价值评估收益法的评估思路

对于有限持续经营假设前提下企业价值评估的收益法，其评估思路与分段法类似，首先，将企业在可预期的经营期内收益加以评估并折现；其次，估算企业在经营期限后的剩余资产的价值并进行折现；最后，将两者相加。其计算公式为：

$$P=\sum_{i=1}^{n}[R_i(1+r)^{-i}]+P_n(1+r)^{-n}$$

式中，$\sum_{i=1}^{n}[R_i(1+r)^{-i}]$ 为企业前 n 年预期收益折现值之和；r 为折现率及资本化率；P_n 为第 n 年时企业资产的变现值。

在运用收益法进行企业价值评估时，具体的技术方法和思路还有很多，评估人员可以遵循收益法的基本原理，结合被评估企业的具体情况采用具体的评估方法。

9.2.4 未来收益预测

9.2.4.1 收益范围与调整

1. 收益范围

在对企业收益范围进行具体界定时应注意以下两个方面。

（1）企业权益主体不能拥有的收入，不能作为企业价值评估中的收益。

从企业价值决定因素角度讲，有些收入尽管由企业创造和收取，但并非由企业权益主体所拥有，故不能作为企业价值评估中的企业收益。比如税收，无论是流转税还是所得税都不能视为企业收益。

（2）凡是企业权益主体所拥有的企业收支净额，都可视为企业的收益。

无论是营业收支、资产收支，还是投资收支，只要形成净现金流入量，属于企业权益主体所拥有的企业收支净额，就应纳入企业收益范围。

2. 收益调整

对于任何一家企业，其不同年度之间的财务报表编制基础可能不同，其资产负债表可能既包括经营性资产、经营性负债，又包括非经营性资产、非经营性负债和溢余资产；其利润表可能既包括与经营性资产相关的营业收入和支出，又包括与非经营性资产、非经营性负债和溢余资产相关的收入和支出，还可能包括非经常性收入和支出。运用收益法对企业价值进行评估，在基于企业历史财务报表进行财务分析和收益预测时，如果企业财务报表编制基础和报表口径不具有连续性和可比性，有可能会影响收益预测的合理性，进而对评估结果产生影响。因此，在对企业收益进行预测前，需要对企业历史财务报表进行必要调整，使企业未来收益预测与企业历史收益具有相同的比较基础，以提高对企业未来收益进行预测的可靠性。具体调整事项如下。

（1）财务报表编制基础。需要对同一企业不同历史年度之间的财务报表编制基础进行调查了解，若财务报表编制基础存在差异，则需要根据同一编制基础调整财务报表，目的是使不同时期的财务报表具有可比性。如果不同年度之间企业财务报表编制基础存在差异，则这些差异可能会影响当期损益，并相应地反映到企业收益中，使得不同年度之间财务报表所体现的企业收益的变化情况并不能完全反映企业实际经营状况的发展走势。

（2）非经常性收入和支出。非经常性收入和支出的发生具有偶然性，一般不具有持续性且无法预测，并不能代表企业正常的盈利能力，因此对企业历史财务状况进行分析比较时，需要将非经常性收入和支出从利润表中调整出去。需要注意的是，其他业务收入和支出并不一定是非经常性收入和支出。按照企业所从事日常活动的重要性，可将收入分为主营业务收入和其他业务收入等，企业的其他业务收入可进一步区分为经常性收入和偶然性收入，只有偶然性的其他业务收入才属于非经常性收入。

（3）非经营性资产、非经营性负债和溢余资产及其相关的收入和支出。根据资产负债经营属性的不同，可以将资产区分为经营性资产、非经营性资产和溢余资产，将负债区分为经营性负债和非经营性负债，非经营性资产、非经营性负债和溢余资产与企业日常经营活动没有必然联系，企业日常经营活动产生的收益中也未反映非经营性资产、非经营性负债和溢余资产的贡献。因此，为准确测算企业经营性资产、经营性负债所产生的收益情况，一方面需要将非经营性资产、非经营性负债和溢余资产从资产负债表中调出；另一方面需要将与非经营性资产、非经营性负债和溢余资产相关的收入和支出从利润表中调出。

9.2.4.2 收益预测步骤

1. 分析影响企业收益的因素

企业收益是在多种内外部因素共同作用和影响下的结果。因此，对企业收益进行预测，首先应对影响企业收益的主要因素进行分析，判断这些因素对企业收益是产生正面影响还是负面影响。根据影响因素与企业关系的不同，可以将影响企业收益的因素分为企业外部因素和企业内部因素。企业外部因素又可区分为宏观因素和行业因素，其中，宏观因素主要包括政治和法律因素、经济因素、社会和文化因素、技术因素等；行业因素主要包括行业经济特性、行业市场结构、行业生命周期、行业景气情况等因素。企业内部因素反映了企业所拥有的客观物质条件、内部资源和企业投资者拥有的综合能力，主要包括企业历史业绩情况、企业现有业务在所处行业中的竞争地位以及企业未来的经营方向与经营效果等因素。

2. 分析和调整企业历史收益

在持续经营过程中，企业在任一时点或任一周期的经营业绩都不是孤立的，都与其历史业绩和未来收益相联系。对企业历史收益进行分析和调整，目的在于了解企业历史业绩的走势，认识企业所处发展周期，反映企业历史业绩与其影响因素的关系，为企业未来收益预测提供参考依据。分析和调整企业历史收益主要包括 3 个方面内容：一是分析和调整财务报表编制基础，使历史各年度的业绩具有相同的编制基础；二是分析和调整非经常性收入和支出，使历史各年度的业绩均反映经常性的收入和支出；三是分析和调整非经营性资产、非经营性负债和溢余资产及其相关的收入和支出，使历史各年度的业绩均能反映经营性资产和经营性负债的贡献。

3. 分析和判断企业未来收益趋势

影响企业发展的因素往往是不断变化的，企业历史业绩走势对企业未来收益趋势具有一定的影响，但并不能仅根据企业历史业绩走势对企业未来收益趋势做出推算，资产评估专业人员应在分析企业历史业绩走势的基础上，深入企业进行现场实地考察和调研，与企业管理层进行交流和访谈，了解企业的生产能力、经营状况、企业管理水平，再对影响企业未来发展的各种内外部因素进行分析和判断，然后才能对企业未来收益趋势进行总体分析和判断。对企业未来收益趋势进行总体分析和判断，其主要内容包括企业当前所处发展周期及未来的走势、企业未来收益进入稳定状态所需的时间以及进入稳定状态后的趋势等。

4. 企业未来收益的具体预测

在对企业未来收益趋势进行总体分析和判断后，便可开展企业未来收益的具体预测。评估人员应根据宏观经济环境、行业发展状况及发展前景、企业历史财务及经营数据、企业未来商业计划等预测基础资料，对企业未来收益进行具体预测。企业未来收益具体预测主要是对企业未来利润表和未来资产负债表的内容进行预测，包括收入预测、成本及费用预测、折旧和摊销预测、营运资金预测、资本性支出预测、负债预测、溢余资产分析以及非经营性资产和非经营性负债分析等。

9.2.4.3 收益预测的假设条件

预测是根据对被评估企业未来可能发生事项或所采取行动的假设编制的财务信息。要确信企业预测结论是否合理，必然首先要分析预测假设是否合理。资产评估专业人员对评估结果的合理性承担责任，客观上也应保证假设的合理性。

企业未来收益预测的假设条件主要包括以下几种。

（1）国家的政治、经济等政策变化对企业未来收益的影响，除已经出台未实施的以外，通常假定其将不会对企业未来收益构成重大影响；

（2）不可抗拒的自然灾害或其他无法预期的突发事件，不作为企业收益的相关因素考虑；

（3）在预测企业收益时也不考虑企业经营管理者的个人行为。

评估人员对企业未来收益预测的假设条件设定必须符合法律法规的规定并具有合理性，否则的话，这些假设条件不能构成合理预测企业未来收益的前提基础。

9.2.4.4 收益构成项目的具体预测

1. 营业收入的预测方法和注意事项

营业收入的预测主要包括对被评估企业未来的产品或服务的类别和结构、销售方式、销售数量、销售单价等参数做出估计。其中，对企业产品或服务的销售数量的预测须结合企业自身的成长阶段和所处行业的性质。在预测销售单价时，需要考虑宏观经济因素和行业发展状况等因素，这些因素可能影响企业产品或服务的需求和价格弹性。

在营业收入预测中，一般有以下两种不同的预测顺序：一是自上而下法，就是通过预测市场总量的大小，确定企业能够占有的市场份额，然后再预测销售单价，得出营业收入预测值，该方法是从市场总量入手预测市场渗透率、价格变化和市场份额；二是自下而上法，以企业现有客户的需求、客户流失率和潜在新客户的发展情况进行预测，该方法是将企业新增客户与现有客户结合起来进行预测的方法。无论采用哪一种预测顺序，对营业收入预测所涉及的各项参数的估计和预测，均可分别选择定性预测方法或定量预测方法。

对营业收入进行预测应重点关注企业产品或服务的销售数量、销售单价及未来走势情况。具体注意事项包括：企业产品或服务的市场需求情况及未来变化趋势情况；消费群体的构成及未来变化情况；影响消费者消费的主要因素；企业产品或服务的生产要素（包括劳动力、资金、技术、生产或服务设施、原材料、能源供应情况等）及其与未来销售量变化的匹配关系；企业的产品开发和营销策略；企业产品或服务的定价方式；供需关系及未来变化趋势；价格需求弹件对企业营业收入的影响情况；企业未来销售价格的预测依据及同类企业竞争情况；企业营业收入预测值及增长率与企业未来经营状况趋势的对比情况；企业未来引入新产品或采取新的策略或淘汰老产品情况；企业预期的营业收入增长与行业增长率的对比情况；企业目前的市杨份额及预测的变化趋势情况；等等。

2. 成本费用的预测方法及注意事项

成本费用预测，主要包括对营业成本、税金及附加、销售费用、管理费用、研发费用、财务费用、所得税费用等内容做出估计。对成本费用预测所涉及的各项参数的估计和预测，均可分别选择定性预测方法或定量预测方法。预测企业成本费用的具体方法很大程度上取决于各类成本费用项目中包含固定或变动成分的程度。对可变成本费用的预测通常基于企业历年及当期该成本费用项目与产量、销量、营业收入或其他相关参数之间的比例，选择恰当的定量预测方法进行预测。对固定成本费用的预测，通常以该固定成本费用在评估基准日的水平为基础，并经必要的调整（如非经营性资产对应的支出）。值得注意的是，固定成本费用只是在一定时期和一定范围内保持不变，超过一定时期或范围，固定成本费用将会发生变化。

通常不宜基于企业总成本费用与企业营业收入之间的比例关系笼统地对企业成本费用进行预测。这是因为企业成本费用与企业收入之间的比例可能会随着时间的改变而发生变化。对成本费用进行预测应重点关注企业成本费用变化的规律及其与营业收入的关系。具体注意事项包括：预测产品或服务的成本费用结构（人工成本、材料成本、制造费用、变动成本、固定成本）与历史数据的对比情况；预测的毛利率与历史毛利率的对比情况；预测的毛利率与行业中其他企业的毛利率水平的对比情况；企业未来产品结构的变化情况及其对成本结构的影响；企业历史及未来各项变动成本费用占收入比例的对比情况；企业未来收益与企业未来实行的会计政策和税收政策保持一致的情况；等等。

3．资本性支出的预测方法及注意事项

资本性支出的目的是形成、保持或扩大企业的生产或服务能力。资本性支出包括两类：一是为了弥补企业现有生产能力对应资产的损耗而做出的维修或以旧换新等投资，称作存量资本性支出或更新资本性支出；二是为了扩大企业生产能力而新增的投资，称作增量资本性支出或新增资本性支出。资本性支出的预测，主要包括对固定资产、无形资产和非流动资产等投资项目的购建项目及其数量、购建价格等参数做出估计。购建项目及其数量预测，应基于生产能力对应的资产规模、资产结构以及资产配置，并考虑企业设计能力和生产管理水平等因素的影响。购建价格预测，既可通过可行性研究投资估算、初步设计概算或施工图预算等资料进行测算，也可通过市场途径，即在参照项目实际购建成本基础上，根据资产规模、资产结构等差异以及价格指数变化等情况进行必要修正后得出。

对资本性支出进行预测应重点关注企业未来的资本性支出与企业生产能力、企业预计产量之间的匹配关系。在详细预测期，若企业预计产量高于评估基准日的企业生产能力，则资本性支出不仅包括存量资本性支出，还包括增量资本性支出；若企业预计产量低于评估基准日企业生产能力，则资本性支出仅包括存量资本性支出，不包括增量资本性支出。在稳定期，若企业的收益预计按一定金额或一定比例持续增长且该增长有赖于企业生产能力的不断扩大，则资本性支出不仅包括存量资本性支出，还包括增量资本性支出；若企业的生产能力和收益均预计保持平稳，则资本性支出仅包括存量资本性支出。若企业收益期为无限年期，该企业稳定期的资本性支出，不宜简单采用详细预测期最后一年的预测值，一般可通过年金化法进行测算。

对资本性支出的预测，还需注意以下事项：预测的资本性支出的具体构成情况；预测的资本性支出的预测依据和测算过程；预测用于更新现有固定资产的资本性支出所采用的经济寿命年限与行业惯例的对比情况；企业为满足资本性支出所需要准备的资金情况；等等。

4．营运资金的预测方法及注意事项

在企业价值评估领域，营运资金其实是经营营运资金的简称，是指经营性流动资产与经营

性流动负债的差额。对营运资金的预测，通常有两种途径，即综合分析途径和分项预测途径。

综合分析途径是指基于营运资金与营业收入之间的比例关系来预测营运资金的途径，一般是通过建立以营业收入为自变量、以营运资金为因变量的回归方程，通过营业收入的变化来推测营运资金的变化情况，这种方法的前提是营运资金与营业收入高度相关。

分项预测途径是指分别对经营性流动资产和经营性流动负债的各组成项目进行预测，进而测算营运资金的途径。运用分项预测途径，主要包括对应收票据及应收账款、存货、应付票据及应付账款、最佳现金持有量以及其他相关参数做出估计。对这些参数进行预测，除现金外，所有项目一般采用周转模式来估计。比如，以营业收入预测值除以应收账款周转率预测值得出应收账款预测值，以营业成本预测值除以存货周转率预测值得出存货预测值，以营业成本预测值除以应付账款周转率预测值得出应付账款预测值，以付现成本预测值除以现金周转率预测值得出最佳现金持有量预测值。各类周转率预测值，可在企业历年及当期周转率水平基础上，采用定性或定量预测方法做出估计。此外，最佳现金持有量的预测方法可以采用周转模式，还可采用成本分析模式、存货模式和随机模式。成本分析模式是通过分析持有现金的机会成本、管理成本和短缺成本，寻找使总成本最低的现金持有量。存货模式是将现金视为一项特殊的存货，假定企业的现金流入和流出稳定并且可以预测，在需要现金时可以通过出售有价证券迅速变现取得，通过分析机会成本与交易成本，寻找使这两者总成本最低的现金持有量。随机模式是在现金需求量难以预知的情况下进行现金持有量控制。对企业来讲，现金需求量往往波动大且难以预知，但企业可以根据历史经验和现实需要，测算出一个现金持有量的控制范围，即制定出现金持有量的上限和下限，将现金量控制在上下限之内。当现金量达到控制上限时，用现金购入有价证券，使现金持有量下降；当现金量降到控制下限时，则抛售有价证券换回现金，使现金持有量回升。若现金量在控制的上下限之内，便不必进行现金与有价证券的转换，保持它们各自的现有存量。

对营运资金进行预测应重点关注营运资金与企业生产和销售规模的关系。具体注意事项列举如下：预测营运资金水平与企业经营预测情况的匹配关系；企业营运资金涉及项目如存货、应收账款、应付账款的周转天数计算方法；最佳现金持有量的计算方法；详细预测期营运资金水平与预测的企业增长情况的相关关系；企业为满足营运资金增加额所需要准备的资金情况；等等。

5. 收益期是有限期时现金流量预测的注意事项

当企业收益期为有限期时，不仅要对详细预测期内每年持续经营所产生的现金流量进行逐年预测，还须预测企业经营到期时残余资产的价值，作为收益结束日当年可回收的现金流量。详细预测期现金流量现值和到期时可回收现金流量现值之和即为被评估企业经营性资产和经营性负债的价值。

9.2.5 收益期的确定与划分

9.2.5.1 收益期的确定

收益期是指资产具有获利能力的期间。在企业价值评估中，企业的收益期是指企业未来获得收益的年限，即从评估基准日到企业收益结束日的时间长度。企业的收益期包括有限年期和永续年期两种情况，对于大多数正常经营的企业，在没有信息证明其企业经营有年限的限制时，均适用于永续经营假设，收益期限为无限期；对于生产经营受到一些因素的制约，无法维持永续经营的企业，其收益期限为有限期。在企业价值评估实务中，对企业收益期的确定，通常应考虑法律法规的规定、协议和章程的约定、企业主要资产的使用期限以及企业经营状况等因素的影响，具体分析如下。

1. 法律法规对企业收益期的影响

对企业收益期的确定，应首先考虑国家有关法律法规、产业政策、行业准入政策、企业所在行业现状与发展前景等因素。通常情况下，对于国家鼓励的产业，可以理解为企业的收益期不会因为行业产业政策而受到影响；对于国家限制的产业，应慎重考虑企业的收益期限制；对于国家禁止的行业，企业的收益期会受到限制或影响。

企业开展多种经营活动且某项经营活动受法律法规或产业政策的影响而被限制发展或禁止发展的，应将企业各种经营活动对应的收益进行区分，分别确定各类经营活动对应的收益期。若企业整体受到限制或禁止，则企业的收益期限应不长于相关法律法规所规定的可经营期限。

2. 公司协议和章程对企业收益期的影响

企业投资者在协议或章程中对企业收益期做出具体约定的，通常不能仅根据这些协议或章程中的约定做出企业收益期为有限期的认定，还应在考虑协议或章程中约定的期限届满后是否可以延长经营期限以及企业投资者的经营规划等因素后，合理确定企业收益期。

3. 企业主要资产的使用期限对企业收益期的影响

企业收益来源于企业的生产经营活动，而企业的生产经营活动须依赖或使用企业的资产。当企业主要资产的可使用或利用期限为有限期，且无法通过更新换代使这些资产持续为企业所使用或利用的，企业收益期将受到这些资产使用期限的影响或制约。企业主要资产的使用期限对企业收益期产生影响或制约的情形主要有以下 3 种。

（1）企业生产经营所必需的主要生产资料能否持续取得具有不确定性，则该类企业的收益期通常为评估基准日企业已取得生产资料的可使用或可供利用期。此类企业中最有代表性的是房地产开发企业。

（2）企业经营依赖于耗竭性的、不可再生的自然资源的，应根据其所依赖的自然资源的可利用期限确定企业的收益期。此类企业中最有代表性的是矿产资源采选企业。

（3）企业主要资产的可经营期受法律法规或合同规范或制约的，企业的收益期取决于该主要资产的可经营期。这类企业的典型代表是政府与社会资本合作（PPP）、特许经营的项目公司。

4. 企业所处生命周期及其经营状况对企业收益期的影响

采用收益法对企业价值进行评估隐含着一项基本假设，即企业能够持续经营，但企业持续经营并不意味着企业永续经营，任何企业都有其生命周期，应在分析企业生命周期的基础上，结合企业经营状况，合理确定企业收益期。一个企业的生命周期通常包括初创、成长、成熟和衰退这几个阶段，而不同企业的生命周期长短可能差异巨大，有些企业成为“百年老店”，而有些企业在初创期便因经营不善而倒闭。若企业已进入衰退期，或企业的经营状况每况愈下、经营业绩逐年恶化，则企业收益可能不可持续，其收益期一般为有限期。

9.2.5.2 收益期的划分

考虑到企业在收益期的不同阶段其经营状况和收益水平会不断变化并呈现不同的阶段性特点，无论企业的收益期是有限期还是无限期，通常需要将企业收益期划分为详细预测期和稳定期。

详细预测期也称为明确的预测期，是指从评估基准日到企业达到稳定状态的收益期限。在详细预测期，企业的投资回报率、财务杠杆水平及企业面临的风险大小与行业或市场平均水平存在差异，企业各项财务指标尚不稳定，有必要对企业收益逐年进行预测。

稳定期是指从企业达到稳定状态开始直至企业收益结束日的期间。企业达到稳定状态，通常应同时具备以下5项特征。

（1）企业收入成本的结构较为稳定，且基本接近行业平均水平。

（2）企业的资本结构逐渐接近行业平均水平或企业目标资本结构水平。

（3）企业除为维持现有生产能力而进行更新改造的资本性支出外，不再有新增投资活动。

（4）企业的投资收益水平逐渐接近行业平均水平或市场平均水平。

（5）企业的风险水平逐渐接近行业平均水平或市场平均水平。

尽管详细预测期时间长度的选择非常重要，但从本质上看，详细预测期时间长度的选择并不影响企业的价值，只影响企业价值在详细预测期和稳定期的分布。

9.2.6 折现率和资本化率的确定

折现率是指将未来有期限收益还原或转化为现值的比率。资本化率是指将未来非有限期收益转化为现值的比率。折现率和资本化率本质上都是投资报酬率，是投资者在投资风险一定的情况下对投资所期望的回报率。任何一项投资的报酬率均由无风险报酬率和风险报酬率构成。无风险报酬率取决于资本的机会成本，这个机会成本通常以政府发行的国债利率和银行储蓄利率作为参照依据；而风险报酬率的高低则取决于投资的风险，风险大的投资，要求的风险报酬率就高。折现率与资本化率既可以是完全相等的数值，也可以是两个不同的数值。

9.2.6.1 折现率选择的基本原则

尽管折现率与资本化率在数量上未必相同，但两者构成相同，测算及选择思路也相同，本节将以折现率为代表说明折现率与资本化率的测算原则和方法。在运用收益法评估企业价值时，折现率或资本化率的微小变化会对企业价值评估结果产生较大的影响。因此，在选择和确定折现率时，必须注意以下几个方面的问题。

1. 折现率不低于投资的机会成本

在存在正常的资本市场和产权市场的条件下，任何一项投资的回报率不应低于该投资的机会成本。在现实生活中，政府发行的国债利率或银行储蓄利率可以作为投资者进行其他投资的机会成本。由于国债的发行主体是政府，破产或无力偿付的可能性极小，投资的安全系数大。尽管大多银行属于商业银行，但我国银行仍属国家垄断或严格监控，其信誉也非常高，储蓄也是一种风险极低的投资，因此国债利率和银行储蓄利率可以看成其他投资的机会成本，相当于无风险报酬率。

2. 行业基准收益率不宜直接作为折现率

我国的行业基准收益率是基本建设投资管理部门为筛选建设项目，从拟建项目对国民经济的净贡献方面，按照行业统一制定的最低收益率标准，凡是投资收益率低于行业基准收益率的拟建项目不得审批。只有投资收益率高于行业基准收益率的拟建项目才有可能得到批准进行建设。行业基准收益率旨在反映拟建项目对国民经济的净贡献的高低，包括拟建项目可能提供的税收收入和利润，而不是对投资者的净贡献。因此，不宜直接将其作为企业产权变动时价值评估的折现率。此外，行业基准收益率的高低体现着国家的产业政策。在一定时期，属于国家鼓励发展的行业，其行业基准收益率可以相对低一些；属于国家控制发展的行业，国家可以适当调高其行业基准收益率，达到限制项目建设的目的。因此，行业基准收益率不宜直接作为企业价值评估的折现率。随着我国证券市场的发展，行业的平均收益率日益成为衡量行业平均盈利能力的重要指标，可作为确定折现率的重要参考指标。

3. 贴现率不宜直接作为折现率

贴现率是指商业银行对未到期票据提前兑现，所扣金额（贴现息）与期票票面金额的比率。贴现率虽然也是将未来值换算成现值的比率，但贴现率通常是银行根据市场利率和贴现票据的信誉程度来确定的，且票据贴现大多数是短期的，并无固定期间周期。从本质上讲，贴现率接近于市场利率。而折现率是针对具体评估对象的风险而生成的期望投资报酬率。从内容上讲，折现率与贴现率并不一致，简单地把银行贴现率直接作为企业价值评估的折现率是不妥当的。

9.2.6.2 折现率及资本化率的测算方法

资本资产定价模型、累加法和加权平均资本成本模型是测算企业价值评估中折现率及资本化率较为常用的方法。

1. 资本资产定价模型

资本资产定价模型（Capital Assets Pricing Model，CAPM）是美国学者夏普、林特尔、莫森等在现代投资组合理论的基础上发展起来的，它是现代金融市场价格理论的支柱，广泛应用于投资决策和资产评估领域。

资本资产定价模型将风险溢价和风险通过数学模型有机地联系起来，以 β 值表示市场整体的波动给单个资产带来的系统性风险，将资产的期望收益率表示为无风险报酬率和 β 值的函数，计算公式如下：

$$R_e = R_f + (R_m - R_f) \times \beta \times \alpha$$

式中，R_e 为股权资本要求的回报率，即股权资本成本；R_f 为无风险报酬率；R_m 为市场预期报酬率；β 为被评估企业所在行业权益系统风险系数；α 为企业特有风险调整系数。

2. 累加法

累加法是采用无风险报酬率加上风险报酬率的方式确定折现率或资本化率。如果风险报

酬率是通过 β 系数法或资本资产定价模型估测出来的，此时累加法测算的折现率或资本化率适用于股权收益的折现或资本化。累加法测算折现率的数学表达式如下：

$$R_e = R_f + R_r$$

式中，R_e 为股权资本要求的回报率，即股权资本成本；R_f 为无风险报酬率；R_r 为风险报酬率。

无风险报酬率的确定方法与资本资产定价模型中的无风险报酬率的确定方法相同。运用累加法估算股权资本成本，关键在于企业所面临的各种风险报酬率的确定。

企业在其持续经营过程中可能要面临许多风险，包括行业风险、经营风险、财务风险以及其他风险，将企业可能面临的风险量化在回报率上并累加，便可得到股权资本成本中的风险报酬率。用数学公式表示为：

风险报酬率=行业风险报酬率+经营风险报酬率+财务风险报酬率+其他风险报酬率

行业风险主要是指企业所在行业的市场特点、投资开发特点以及国家产业政策调整等因素造成的行业发展不确定性给企业未来收益带来的影响。

经营风险是指企业在经营过程中，由于市场需求变化、生产要素供给条件变化以及同类企业间的竞争给企业的未来收益带来的不确定性影响。

财务风险是指企业在经营过程中的资金融通、资金调度、资金周转可能出现的影响企业未来收益的不确定性因素。

其他风险是指除了行业风险、经营风险、财务风险以外的其他个别风险。

3．加权平均资本成本模型

加权平均资本成本模型是以企业的所有者权益和企业负债所构成的全部资本，以及全部资本所需求的回报率，经加权平均计算来获得企业评估所需折现率的一种数学模型。加权平均资本成本即为资本加权平均报酬率。当评估企业的整体价值或投资性资产的价值时，须使用资本加权平均报酬率进行折现。资本加权平均报酬率需要与企业息前税后净现金流相匹配。计算公式如下：

$$R = \frac{E}{D+E} \times R_e + \frac{D}{D+E} \times R_d \times (1-T)$$

式中，$\frac{E}{D+E}$ 为权益资本占全部资本的权重；$\frac{D}{D+E}$ 为债务资本占全部资本的权重；R_e 为权益资本要求的投资回报率（权益资本成本）；R_d 为债务资本要求的回报率（债务资本成本）；T 为被评估企业所适用的所得税税率。

加权平均资本成本模型作为一种工具，有时也可以利用其他参数测算评估人员需要求取的资本成本或投资回报率。例如，企业的权益资本与长期负债所构成的投资成本，以及投资资本组成要素各自要求的回报率和其各自的权重，经加权平均可得到企业投资资本价值评估所需要的折现率。计算公式为：

企业投资资本要求的折现率=长期负债占投资资本的比重×长期负债成本+权益资本占投资资本的比重×权益资本成本

其中，

权益资本要求的回报率=无风险报酬率+风险报酬率

负债成本是指扣除了所得税后的长期负债成本。

确定各种资本权数的方法有 3 种：以企业资产负债表中各种资本账面价值的比重为权数；以占企业外发证券市场价值的现有比重为权数；以在企业的目标资本构成中应该保持的比重为权数。

需要说明的是，评估人员在选择折现率时，要注意所选择折现率的口径与企业收益额的口径要一致。折现率与收益口径的匹配关系如表 9-2 所示。

表 9-2　折现率与收益口径的匹配关系

收益口径	匹配的折现率	对收益折现得出的价值内涵
权益投资形成的收益，如“净利润”“股东自由现金流量”	权益报酬率	股东全部权益价值
权益投资和长期付息债务形成的收益，如“长期付息债务利息+税后利润”	根据权益报酬率和长期债务回报率计算的加权平均资本成本	投资资本价值
权益投资和全部付息债务形成的收益，如“息前税后利润”	根据权益报酬率和债务回报率计算的加权平均资本成本	企业整体价值

9.2.7 收益法的适用性和局限性

9.2.7.1 收益法的适用性

1. 企业满足持续经营假设

被评估企业满足持续经营假设是收益法适用的基本前提，即该企业可以按照现状持续经营下去，或者是按既定的状态持续经营下去，在可预见的将来不会因企业经营管理本身的原因而破产或倒闭。

2. 企业未来收益可预测

收益法的应用需要能够对被评估企业未来收益及收益期限进行合理预测，且能够对企业未来收益的风险程度相对应的期望收益率进行合理估算。被评估企业未来收益可预测情况是决定能否运用收益法进行企业价值评估的关键因素。比如，对于处于困境中的企业，若其现金流为负，且没有迹象表明企业能够扭转不利局面或无法对企业何时能够扭转不利局面做出判断，或虽然对企业未来现金流量做出了预测，但鉴于企业未来收益的波动性和不确定性很大，难以合理量化收益的风险，则收益法并不适用。

3. 所需评估资料能够充分获取

评估资料是一切评估工作的基础，评估方法的运用需要以评估资料的支持作为前提。即使评估方法完善，若缺乏必要的评估资料，也会降低评估方法的适用性。在企业价值评估实务中，由于评估资料的不足和缺乏从而限制评估方法使用的情形经常发生。需要注意的是，不能人为地将资料限制作为不采用收益法的理由，也不能简单地将企业处于“利润亏损”状态作为不采用收益法进行评估的理由。对于处于“利润亏损”状态的企业，一般要具体分析该企业是属于“会计亏损”还是“实际亏损”，要分析企业亏损的原因以判断企业的亏损是暂时性还是长期性的、是周期性的还是趋势性的，还要关注企业净利润与自由现金流量的差异，辩证地看待企业历史经营情况和未来经营预期之间的关系，然后才能对收益法是否具有适用性做出判断。

9.2.7.2 收益法的局限性

1. 受市场条件制约

收益法的运用需要具备一定的市场条件。比如在运用资本资产定价模型估算股权资本成本时，只有证券市场的发展比较完善，才能计算出准确性较高的股权资本成本。如果市场机制不健全，此时计算出的股权资本成本可能无法准确地反映企业收益的风险水平。

2. 受企业营运期影响

企业历史营运期的不足和未来营运期的不确定性，都会对收益法的运用造成限制，或影响收益法评估的效果。若企业处于不同生产周期更替过程中，处于不稳定周期，对企业未来收益预测的难度加大，用来测算折现率或资本化率的市场数据也相对有限，在这种情况下，采用收益法做出的评估结果，其说服力和可信度不足。

3. 部分评估参数对评估结果的影响非常敏感

根据收益法的具体评估模型，折现率、长期增长率等评估参数对企业评估结果的影响很大，它们的微小变化可能会引起评估结果的大幅波动，因此准确评估这些参数就显得尤为重要。折现率、长期增长率等评估参数的敏感性，对其测算准确性提出了更高的要求。

4. 具有较强的主观性

运用收益法评估企业价值，无论是收益期的预测和未来收益额的预测，还是折现率的预测，都需要资产评估专业人员进行一定程度的主观判断。在基础资料不完备和评估人员缺乏经验的情况下，评估人员的专业判断可能会带有较强的主观色彩。在评估实务中，可以通过丰富和完善评估基础资料、提高评估人员运用评估方法和解决评估实际问题的能力、强化预测判断的理由剖析和逻辑推理、与历史或可比企业的数据进行对比分析等措施，降低评估过程的主观影响。

9.3 市场法在企业价值评估中的应用

企业价值评估中的市场法是通过在市场上找出若干个与被评估企业相同或者相似的企业，利用参照企业的市场交易价格及其财务数据为基础测算出来的价值比率，通过分析、比较、修正被评估企业的相关财务数据，在此基础上确定被评估企业的价值比率，并通过这些价值比率得到被评估企业的初步价值，最后运用适当的评估方法确定被评估企业的价值。本节将重点对市场法的评估技术思路进行介绍。

9.3.1 市场法的评估技术思路

9.3.1.1 市场法评估的基本模型

市场法依据的基本原理是市场替代原则，即一个正常的投资者为一项资产支付的价格不会高于市场上具有相同用途的替代品的现行市价。根据这一原则，相似的企业应该具有类似的价值。因此，具有相似性的被评估企业价值与可比对象价值可以通过同一经济指标联系在一起，即：

$$\frac{V_1}{X_1}=\frac{V_2}{X_2}$$

$$V_1=\frac{V_2}{X_2}\times X_1=\frac{P_2}{X_2}\times X_1$$

式中，$\frac{V_1}{X_1}$为价值比率；V_1为被评估企业的价值；V_2为可比对象的价值；X为计算价值比率所选用的经济指标。由于价值的体现较为复杂，不能直接观测到，而在有效市场中，企业的市场交易价格可以在一定程度上反映其价值。因此对于可比对象，资产评估专业人员一般使用其市场交易价格P_2作为替代，计算价值比率。因此，价值比率的确定成为市场法应用的关键。

市场法常用的两种具体方法是上市公司比较法和交易案例比较法。上市公司比较法是指通过对资本市场上与被评估企业处于同一或类似行业的上市公司的经营和财务数据进行分析，计算恰当的价值比率或经济指标，在与被评估企业比较分析的基础上，得出评估对象价值的方法。交易案例比较法是指通过分析与被评估企业处于同一或类似行业的公司的买卖、收购合并案例，获取并分析这些交易案例的数据资料，计算恰当的价值比率，在与被评估企业比较分析的基础上，得出评估对象价值的方法。这两种方法都是通过对市场上可比交易数据的分析得出被评估企业的价值，不同的是可比对象的来源不同，前者来源于公开交易的证券市场，后者来源于个别的股权交易案例。对于上市公司比较法而言，基本模型中的V_2可选取上市公司的股权价值或企业价值。对于交易案例比较法而言，基本模型中的V_2可选取案例的交易价格。

由于证券市场和产权交易市场在运行效率、价格形成机制、可比对象数量、信息透明度方面存在较大差异，因此评估人员应该清楚上述方法的适用情形、应用前提及调整重点。

9.3.1.2 市场法应用的基本原则

市场法评估的基本原则是评估人员在评估过程中应当遵循的基本思想，包括可比性原则、可获得性原则、及时性原则、透明度原则及有效性原则。

可比性原则是运用市场法进行评估的关键，该原则要求被评估企业及可比上市公司或并购交易案例在价值决定因素方面具有可比性，主要包括行业可比、规模可比、成长预期可比、经营风险可比、财务风险可比等。

可获得性原则是指案例的市场交易信息及可比对象的产品信息、财务信息等可以通过正常途径获取。

及时性原则是指评估人员运用市场法进行评估时应当将最新的市场情况纳入评估过程中。由于市场行情变化频繁，信息的及时性对评估结果的准确性至关重要。

透明度原则意味着信息的开放、良好的沟通及对信息的充分解释。市场交易信息及公司信息作为市场法评估的基础，其信息的透明度将影响市场法评估结果的可靠性。

有效性原则建立在市场合理有效的假设基础之上。有效市场假设认为，在一个活跃、有效的市场上有许多充分了解信息和理性的投资者，证券价格完全反映了所有可获取的信息，证券能够被合理定价。

9.3.1.3 市场法应用的操作步骤

1. 选择可比对象

市场法作为一种相对估值法，首先需要找出市场上公开交易的可比公司或交易案例。选择可比对象的指导思想是力求现金流、成长潜力和风险水平方面的相似，可以从行业因素、规模因素、成长预期、经营风险、财务风险等角度加以考虑、分析比较。另外，资产评估专业人员在实务中还能通过特定因素回归等统计学方法，选择合适的可比对象。

2. 规范被评估企业和可比对象的财务报表

为了能顺利地进行对比分析，需要奠定对比分析基础，将可比对象和被评估企业的相关财务数据整合到一个相互可比的基础上。由于可比对象与被评估企业在采用的相关会计准则或会计政策等方面可能存在重大差异，针对这些差异所可能产生的财务数据上的差异，评估人员需要对相关财务数据进行一定的调整和修正，主要包括会计政策差异调整和特殊事项调整两个方面。其中，会计政策差异调整内容主要包括存货成本核算、收入确认、折旧、税收等问题。特殊事项调整内容主要包括非经常性项目调整（如停止经营业务、一次性重组成本、历史上形成的商誉摊销、其他一次性费用等）和非经营性及溢余资产调整。

3. 计算各种价值比率

计算价值比率首先应当考虑其内涵的一致性，分子及分母应匹配。其次，计算价值比率采用的数据口径应保持一致性，在计算时应剔除各类会计政策或会计估计方式差异因素的影响。另外，计算价值比率的方式应保持一致性，因为在不同的时间段，企业的经营绩效必然存在差异。因此，评估人员应当合理区分时点型价值比率与区间型价值比率，保证计算口径上的一致性。

4. 选择用于被评估企业的价值比率

选择及计算恰当的价值比率的过程是影响评估结果准确性的重要环节。价值比率有很多种。以分母的性质来分类，主要包括盈利比率、资产比率、收入比率和其他特定比率。资产评估专业人员需要结合企业的业务特点选择合适的价值比率。评估人员根据长期的经验总结，形成了一些价值比率选择的行业惯例。例如制造业企业的评估一般选择市盈率乘数，银行业企业价值评估一般选择市净率乘数，服务业企业评估一般选择市销率乘数，医院一般选择单位床位收入乘数等。以分子的性质分类，主要包括权益总价值比率及企业整体价值比率。当评估少数股东权益，或被评估企业与可比对象资本结构相似时，采用权益总价值比率。当评估控股股权价值，或被评估企业与可比对象资本结构差异较大时，则适合采用企业整体价值比率。

5. 将被评估企业与可比对象进行比较

可比对象与被评估企业在成长性及风险等方面会存在差异，评估人员应当采用各类定性和定量分析方法，对差异进行分析，常用的方法包括定性的 SWOT 分析、定量的财务经营状况分析等。

6. 对价值比率进行调整

根据对可比对象及被评估企业在成长性及风险等方面差异的分析，评估人员可以对价值比例进行适当调整。调整的方式主要有主观调整、矩阵法及回归法。在调整的内容上，应当全方位考虑财务绩效、规模风险、成长性以及其他风险因素对可比性产生的影响。核心的调整思路是需要找到各类影响因素与价值比率或企业价值的相关性，构建调整模型。

7. 将调整后的价值比率应用于被评估企业

根据被评估企业的财务经营指标或相关经济变量，将调整后的价值比率应用于被评估企业以获得各种评估结果。

8. 综合考虑市场法评估结果的差异

针对各种价值比率得到的不同评估结果，评估人员应当综合分析其中的差异，合理选择其中一个结果或者对各评估结果进行加权平均，作为评估结论。对于不同价值比率计算结果赋予权重的大小往往依赖于评估人员的评估经验，例如服务性企业通常基于收入评估价值，资本密集型企业基于净利润或净资产，房地产企业基于毛现金流评估价值等。

9. 进行溢价和折价的调整

评估人员在确定评估结果时应当综合考虑各种溢价和折价因素的影响。例如对缺乏控制权及缺乏流动性的股权进行折扣调整。

9.3.2 可比对象的选择

采用市场法进行企业价值评估的两个关键因素是可比对象的选择与调整以及价值比率的选择及确定。本节重点分析可比对象的选择与调整，下节阐述价值比率的选择及确定。

采用市场法进行企业价值评估时应当确信所选择的可比对象与被评估企业具有可比性。一般地，可比对象的选择既要重视一般性关注要点，也要重视上市公司选择和交易案例选择的关注要点。

9.3.2.1 一般性关注要点

可比对象应当与被评估企业属于同行业或者受相同经济因素的影响，并且在企业注册地与业务活动地域范围、业务结构、经营模式、企业规模、资产配置和使用情况、企业所处经营阶段、成长性、经营风险、财务风险等方面具有可比性。

1. 行业性质或者经济影响因素

可比对象应当与被评估企业在相同或相似的行业，当在相同或相似的行业中难以找到足够的可比对象时，可将选择范围扩展到受相同经济因素影响的企业。

2. 企业注册地与业务活动地域范围

在选择可比对象时，应当注意其注册地与被评估企业的可比性。可比对象注册地点不同，相应地，会计、税收、产业政策可能也会有较大差异。在不同的地域范围经营业务，其面临的经营风险、客户群体、政策优惠、行业壁垒均有较大差异，因此业务活动的区域范围也是可比对象选择的关注要点之一。

3. 业务结构

业务结构的可比性标准是指可比对象应当与被评估企业在主要业务收入、利润的结构上相似，且已稳定经营一段时间。可比对象与被评估企业同属于一个行业，但是在业务结构上存在较大差异或者在不同产品或服务的利润构成方面存在较大差异，将会导致可比性变弱。

4. 经营模式

经营模式的可比性标准是指同行业的企业即使从事于同一业务，其中也会存在多种经营模式，而不同的经营模式可能导致财务指标上的巨大差异和经营风险的差异。例如传统的零售业和电子商务，两者可能都在进行同类产品的销售，但在经营模式上却存在很大的差异，导致企业发展速度和成本构成方面有所不同，简单按照零售行业进行比较是不妥当的。评估人员应当关注不同企业的经营模式，寻找经营模式最接近的可比对象进行比较。

5. 企业规模

企业规模大小可以按照其销售收入、资产总额、从业人员数量或产能等指标来判断，不同行业的划分标准略有不同。大规模企业具有更加深化的管理、更多的产品线和市场、地域分布更广等特点。而特大型企业多实行跨行业发展，不太可能处于单一行业。如果在规模上存在重大差异，则被评估企业与可比对象可能还会存在业务结构、资产配置情况等方面的差异，影响可比性。

6. 资产配置和使用情况

资产配置和使用情况的可比性标准是指在选择可比对象时应当关注企业的资源配置是否合理以及资源是否有效使用。如何合理配置资源，使现有资源得到充分利用，对企业是否具有竞争力与发展潜力至关重要。资源越多，企业的发展不一定越好。资源如果不能得到合理的配置和充分使用，多余的资源就是浪费，不但发挥不了积极作用，反而会增加企业成本，降低经营效率。

7. 企业所处经营阶段

企业的经营阶段大致可分为初创、成长、成熟及衰退 4 个阶段。不同阶段的发展速度是不同的，在初创阶段发展速度比较缓慢，成长阶段属于快速发展期，成熟阶段发展比较稳定，衰退阶段开始走下坡路。另外，不同阶段的企业面临的风险也可能存在较大差异，比如，处于初创期的企业，未来发展的不确定性较大，面临的风险也较大。

8. 成长性

成长性是指公司实现可持续成长的能力，处于同一经营阶段的企业，其成长性也可能存在较大差异。成长性的可比性标准是指，对于高成长性的公司，其市场占有率、总资产增长率、主营业务收入增长率、主营业务利润增长率和利润率指标均呈持续增长。因此，在选择可比对象时，评估人员即使无法找到与被评估企业有相同的预期成长性的企业，也应当保证可比对象与被评估企业有着相同或相近的发展方向；同时，在比较价值比率时，现实和历史的经营指标不能充分反映其价值，选择前瞻性指标可能更为恰当。

9. 经营风险

经营风险是指在企业经营的过程中，由于市场需求的变化、生产要素供给条件的变化以及同类企业间的竞争给企业的未来收益带来的不确定性的影响。影响经营风险的因素主要包括可控及不可控的风险。在选择可比对象时应当重点考察可控风险的差异，慎重确定。

10. 财务风险

可比对象应当与被评估企业在财务风险方面尽可能相似，比较前应对可比对象和被评估企业的财务报表进行调整，使两者的编制基础相似。此外，被评估企业与可比对象在资本结构方面的可比性也很重要。有较高财务杠杆的公司与没有财务杠杆的公司在财务风险方面存在较大差异。最后，评估人员在选择可比对象时，应注意筛选标准的统一性和筛选对象的全面性。

9.3.2.2 上市公司选择的关注要点

1. 股票交易历史数据充分性

在选择可比上市公司时，除了要有一定时期的经营历史外，可比对象一般还需要有一定时期的上市交易历史，主要是考虑到进行上市公司比较法评估操作时须进行一定的统计处理，需要一定的股票交易历史数据。

2. 股票交易活跃程度

可比对象应当为股票市场上交易活跃的上市公司，上市公司股权交易活跃表明其股价形成是在竞价机制基础上对内在价值的反映，一旦股价偏离内在价值，则能够迅速向内在价值回归。因此，可比对象应当从那些交易活跃的股票中选取。

9.3.2.3 交易案例选择的关注要点

1. 交易日期应尽可能与基准日接近

收集的交易案例的交易日期可能并非评估基准日，因此会存在由于上述两个日期差异所产生的交易价格差异。为了便于对比，在选择交易案例比较法评估时，应该尽量选择交易日期与评估基准日接近的可比交易案例。

2. 可比交易案例资料的可获得性和充分性

收集可比交易案例资料时，评估人员应当注意案例相关财务资料的可获得性以及资料的充分性。不同交易案例在企业经营、交易条款方面可能与被评估企业存在较大差异，如果未能充分收集案例资料，可能会无法消除相关差异的影响，引起价值判断上的偏差。

9.3.3 价值比率

9.3.3.1 价值比率的定义与公式

价值比率是指以价值或价格作为分子，以财务数据或其他特定非财务指标等作为分母的比率。价值比率是市场法对比分析的基础，可以表示为企业价值与一个与企业价值密切相关的指标之间的比率倍数。计算公式为：

$$价值比率=\frac{企业价值}{与企业价值密切相关的指标}$$

9.3.3.2 价值比率的分类及测算

按照价值比率分子的计算口径，价值比率可分为权益价值比率与企业整体价值比率。

1. 权益价值比率

权益价值比率主要是指以权益价值作为分子的价值比率，主要包括市盈率、市净率和市销率等。

（1）市盈率（P/E）。

市盈率在市场法中运用最为广泛，是股价与每股盈利的比率。计算公式为：

$$P/E=\frac{股价}{每股盈利}$$

当公司收益以稳定的增长率增长时，可以利用股利固定增长模型，得到稳定增长公司的股权资本价值，用公式表示为：

$$P_0=\frac{D_1}{r-g}$$

式中，P_0 为股权资本价值；D_1 为下一年预期的每股股利；r 为股权资本成本；g 为预期股息增长率。

由于 $D_1=EPS_0\times b\times(1+g)$，其中 EPS_0 为每股收益，b 为股利支付率，故股权资本的价值公式可以表达成：

$$P_0=\frac{EPS_0\times b\times(1+g)}{r-g}$$

得到市盈率表达式：

$$P/E=\frac{P_0}{EPS_0}=\frac{b\times(1+g)}{r-g}$$

市盈率指标的确定因素为企业增长潜力、股利支付率、风险等。其中，最主要的驱动因素是企业增长潜力。

【例 9-4】宏远公司 2022 年的每股收益为 1.85 元，股利支付率为 40%，收益和股利的增长率预计为 6%。该公司的 β 值为 1.4，市场风险溢价为 5%，无风险报酬率为 3%，求该公

司的 P/E 值。

解：当前的股利支付率 $b = 40\%$

预计收益和股利增长率 $g = 6\%$

股权资本成本 $r = 3\% + 1.4 \times 5\% = 10\%$

$$P/E = \frac{b \times (1+g)}{r-g} = \frac{40\% \times (1+6\%)}{10\% - 6\%} = 10.6$$

市盈率是一个将股票价格与当前公司盈利状况直接联系在一起的价值比率。对大多数企业而言，该指标易于获得且容易计算，也可以作为公司成长性、风险性等特征的代表，最适用于连续盈利的企业，但若盈利类指标是负值，则会失去经济意义。

（2）市净率（P/B）。

市净率是指股价与每股净资产的比率。计算公式如下：

$$P/B = \frac{\text{股价}}{\text{每股净资产}}$$

净资产收益率(ROE)=每股收益(EPS)÷每股净资产账面价值(BV)

对上式变形后有 $EPS_0 = BV_0 \times ROE$，则权益价值为：

$$P_0 = \frac{EPS_0 \times b \times (1+g)}{r-g} = \frac{BV_0 \times ROE \times b \times (1+g)}{r-g}$$

得到市净率表达式：

$$P/B = \frac{P_0}{BV_0} = \frac{ROE \times b \times (1+g)}{r-g}$$

市净率指标的驱动因素为净资产收益率、股利支付率、增长率及风险等。

【例 9-5】宏远公司 2022 年的每股净收益为 3 元，股利支付率为 30%。每股权益的账面价值为 30 元，公司未来较长时间内将维持 6%的年增长率，股票的市场价格为每股 57 元，公司的 β 值为 1.2，假设无风险报酬率为 3%，市场风险溢价为 4%。

要求：①基于以上数据，估计该公司的市净率（P/B）。

②公司 ROE 为多少时才能证明公司股票当前价格计算出的 P/B 是合理的？

解：①当前的股利支付率 $b = 30\%$

预计收益和股利增长率 $g = 6\%$

净资产收益率 $ROE = \frac{3}{30} \times 100\% = 10\%$

股权资本成本 $r = 3\% + 1.2 \times 4\% = 7.8\%$

$$P/B = \frac{10\% \times 30\% \times (1+6\%)}{7.8\% - 6\%} = 1.77$$

②由于公司股票当前的市场价格为 57 元/股，所以 P/B 计算如下：

$P/B = 57 \div 30 = 1.9$

根据上面的计算公式，求 P/B 为 1.9 时的 ROE：

$$P/B = \frac{ROE \times 30\% \times (1+6\%)}{7.8\% - 6\%} = 1.9$$

可得 $ROE = 10.75\%$

市净率极少出现负值，因此可运用于大多数企业，数据容易取得，且较为稳定，不像净利润容易被人为操纵。如果企业的会计标准合理且一致，市净率的变化可以反映企业价值的变化。因此，该价值比率适用于拥有大量资产且净资产为正的企业。

但是，由于账面价值易受会计政策的影响，若会计政策不一致则会缺乏可比性。另外，对于固定资产较少的服务性企业和高科技企业，净资产与企业价值的关系不大，市净率的实际意义也不大。

（3）市销率（P/S）。

市销率是指股价与每股销售收入的比率。计算公式如下：

$$P/S = \frac{\text{股价}}{\text{每股销售收入}}$$

$$\text{销售净利率}(NPM) = EPS_0 \div \text{每股销售额}(S)$$

对上式变形后有 $EPS_0 = NPM \times S$，则权益价值为：

$$P_0 = \frac{EPS_0 \times b \times (1+g)}{r-g} = \frac{NPM \times S \times b \times (1+g)}{r-g}$$

得到市销率表达式：

$$P/S = \frac{P_0}{S_0} = \frac{NPM \times b \times (1+g)}{r-g}$$

市销率指标的驱动因素为销售净利率、股利支付率、增长率及风险等。

【例 9-6】宏远公司 2022 年的销售收入是 16 000 万元，净利润是 3 600 万元，股利支付率为 32%，预计未来增长率为 6%，公司的 β 值为 1.5，无风险报酬率为 3%，市场风险溢价为 5%。计算 A 公司的 P/S。

解：销售净利率$(NPM) = 3\,600 \div 16\,000 = 22.5\%$

股利支付率 $b = 32\%$

预计收益和股利增长率 $g = 6\%$

股权资本成本 $r = 3\% + 1.5 \times 5\% = 10.5\%$

$$P/S = \frac{22.5\% \times 32\% \times (1+6\%)}{10.5\% - 6\%} = 1.7$$

市销率不会出现负值，因此对于亏损及资不抵债的企业，也能够计算出一个有意义的价值比率，体现销售规模及市场份额的影响。同时，该比率不易被人为操纵，且对价值政策和企业战略的变化敏感，可以反映这种变化的后果。因此，市销率适用于销售成本率较低的服务类企业或者成本与销售利润水平稳定的传统行业。但是，该比率不能反映制造及销售成本上的差异，因此也有一定的局限性。另外，由于 P/S 指标为非同口径指标，因此在评估过程中应用不是非常广泛。

2. 企业整体价值比率

企业整体价值比率主要是指以企业整体价值作为分子的价值比率，主要包括企业价值与息税前利润比率、企业价值与息税折旧摊销前利润比率、企业价值与销售收入比率等。

（1）企业价值与息税前利润比率（$EV/EBIT$）。

$$企业价值与息税前利润比率(EV/EBIT)=\frac{股权价值+债权价值}{息税前利润}$$

当企业与可比对象在税率、资本结构等方面存在较大差异时，采用 $EV/EBIT$ 指标更为合理。

（2）企业价值与息税折旧摊销前利润比率（$EV/EBITDA$）。

$$企业价值与息税折旧摊销前利润比率(EV/EBITDA)=\frac{股权价值+债权价值}{息税折旧摊销前利润}$$

$EV/EBITDA$ 被广泛应用于具有大量固定资产投资的资本密集型公司，且当折旧方法在各公司间差异较大时，使用该比率更为合理。

（3）企业价值与销售收入比率（EV/S）。

$$企业价值与销售收入比率=\frac{股权价值+债权价值}{销售收入}$$

【例 9-7】为了评估宏远公司的价值，从市场上找到 3 个相似的公司甲、乙、丙，然后分别计算各自的市场价值与净现金流量的比率、与账面价值的比率及与销售额的比率，结果如表 9-3 所示。

表 9-3　参照公司价值比率

项　　目	甲公司	乙公司	丙公司	平均
股价/每股净现金流量	18	15	21	18
股价/每股账面价值	1.6	1.2	1.4	1.4
股价/每股销售额	1.2	1	1.1	1.1

把 3 个样本公司的各项可比价值倍数分别进行平均，就得到了应用于宏远公司评估的 3 个倍数。需要注意的是，计算出来的各个公司的比率或倍数在数值上应该相对比较接近。如果它们差别很大，就意味着平均数附近的离差是相对较大的，所选样本公司与目标公司在某项特征上就存在较大的差异性，此时的可比性就会受到影响，需要重新筛选样本公司。

如表 9-3 所示，得出的数据结果具有较强的可比性。此时假设宏远公司的年销售额为 1.5 亿元，账面价值为 9 300 万元，净现金流量为 800 万元，然后用表 9-3 得到的 3 个倍数计算宏远公司的指标价值，再将 3 个指标进行算术平均，结果如表 9-4 所示。

表 9-4　宏远公司的评估值

项　　目	宏远公司数据（万元）	可比公司平均比率	宏远公司指标价值（万元）
净现金流量	800	18	14 400
账面价值	9 300	1.4	13 020
销售额	15 000	1.1	16 500
宏远公司平均价值			14 640

表 9-4 中得到的 3 个可比价值倍数分别是 18、1.4、1.1，然后宏远公司的 3 个指标

800 万元、9 300 万元、15 000 万元分别乘 3 个可比价值倍数，得到宏远公司的 3 个指标价值 14 400 万元、13 020 万元、16 500 万元，将 3 个指标进行算术平均得到宏远公司的评估值，为 14 640 万元。

9.3.4 市场法的适用性与局限性

9.3.4.1 市场法的适用性

1. 市场有效性

市场法首先需要市场对可比对象进行准确价值判断，然后才能通过类比分析得到被评估企业的价值。被评估企业价值评估的准确性在很大程度上取决于市场对可比对象的定价是否合理，这就需要市场具有足够的有效性，也就是说，市场法的适用前提是资本市场发育比较成熟、市场有效性比较强。

2. 数据充分性

市场法的运用要求公开市场上有足够数量的可比上市公司或交易案例，能够收集到充分、有效、合理的相关信息资料，且可以量化可供比较和调整的各项差异指标。由于被评估企业评估结果是在参照企业的成交价格水平基础上估测出来的，而参照企业成交价格不仅是其内在价值的市场体现，还受买卖双方的交易地位、交易动机、交易时限等因素的影响。这就是市场法强调要寻找 3 个及以上参照企业的原因，因为数量足够多的参照企业可以避免个别交易中的特殊因素和偶然因素对成交价格和最终评估结果的影响。

3，数据时效性

由于资本市场定价具有较强的波动性，运用市场法采用的市场数据的时效性就显得非常重要。在实务操作中，评估人员使用市场法时应当持谨慎态度，对可比上市公司的历史定价波动情况做出分析预判，并通过一定的技术手段平滑价值的巨大波动。此外，适当延长市场数据的时间期限，也有助于判断价格变化的长期趋势。

9.3.4.2 市场法的局限性

1. 资本市场波动较大

市场法强调所在的资本市场应充分有效或者接近有效，因此对资本市场有严格要求是市场法应用的局限性。但是目前中国资本市场尚不完善，市场投机气氛比较浓厚，股票市场波动较为剧烈。在这样的资本市场中，市场法的适用性会受到影响。

2. 难以寻找到可比对象

市场法的局限性还体现在难以寻找到与被评估企业相同或类似的可比对象。我国并购市场起步较晚，市场规模有限，尤其是信息透明度非常欠缺，评估人员较难找到合适的并购交易案例数据。

3. 价值影响因素难以考虑周全

在企业价值评估中，市场法的使用是以可比对象或可比交易案例与被评估企业的相关财务经营指标为基础的，然而财务经营指标并不能代表企业的全貌。在选择可比对象时，如果仅以财务经营指标为基础，不去考虑企业在核心竞争力、营销策略等方面的个体差异，评估结果可能会与企业实际价值存在较大偏差。

4. 主观判断空间大

在企业价值评估中，市场法的运用具有一定的灵活性，评估人员可以根据被评估企业的具体情况选择可比对象及价值比率，并进行适当的调整。对可比对象的选择，价值比率的选择和调整，需要评估人员的专业判断。在市场数据不很完善以及评估人员经验不足的情况下，评估人员的专业判断可能会呈现出较强的主观性，影响市场法评估的准确性。

9.4　资产基础法在企业价值评估中的应用

9.4.1 资产基础法的评估技术思路

9.4.1.1 资产基础法的基本原理

资产基础法是指以被评估企业评估基准日的资产负债表为基础，通过表内及表外可识别的各项资产、负债的价值，并以资产扣减负债后的净额确定评估对象价值的方法。

资产基础法实质上是一种以成本途径来评估企业价值的估价方法。由于企业资产负债表中的账面价值多是企业拥有资产和负债的历史成本，而非现行取得成本，因此需要将企业资产和负债的历史成本调整为现行取得成本，进而估算评估对象在评估基准日的价值。当评估人员以资产负债表为基础，将企业各项资产的价值逐一评估出来，再扣除企业各项负债的价值就可以得到净资产的价值，这个净资产的价值就是企业所有者所能享受的权益价值。计算公式如下：

股东全部权益价值=表内外各项资产价值-表内外各项负债价值

9.4.1.2 资产基础法应用的操作步骤

1. 确定评估范围

评估人员首先需要获得企业在评估基准日的财务报表，并根据评估对象所涉及的资产和负债范围，结合企业所采用的会计政策、资产管理情况等，分析判断企业是否存在表外资产和负债。如果存在对评估结论有重要影响的表外资产和负债，比如账外无形资产或有负债，应当要求企业将其纳入评估范围。

2. 现场调查、资料收集整理和核查验证

评估人员应当结合资产基础法评估思路和评估业务具体情况，对评估对象进行现场调查，获取评估所需资料，了解评估对象现状，关注评估对象法律权属。其中，对评估活动中使用的资料应当实施核查验证程序，并进行必要的分析、归纳和整理，形成评定估算和编制资产评估报告的依据。

3．评估各项资产和负债

评估人员在对纳入评估范围的每一项资产和负债进行清查核实的基础上，应当将其视作企业生产经营的构成要素，设定合理的评估假设，并采用适宜的方法分别进行评估。涉及特殊专业知识和经验的资产评估，可能需要使用专门的资产评估专业人员或者利用专家工作及相关报告。

4．评估结论的确定和分析

评估人员在对企业各项资产和负债价值做出评估后，编制一份新的资产负债表或者评估结果汇总表，进一步分析得出股东全部权益价值。

9.4.1.3 评估范围的确定

采用资产基础法评估企业价值，评估范围包括被评估企业资产负债表表内和表外各项资产和负债。评估人员应当以被评估企业评估基准日的资产负债表为基础，根据会计政策、企业经营等情况，要求被评估企业对资产负债表表内及表外的各项资产、负债进行识别。识别出的表外资产与负债应当纳入评估申报文件，并要求委托人或者其指定的相关当事人确认评估范围。在确定评估范围时，需要坚持以下原则：第一，评估范围与所涉及经济行为的一致性；第二，重要资产和负债的完整性；第三，资产负债表范围的可靠性；第四，财务报表数据口径的一致性。

9.4.1.4 现场调查、资料收集整理和核查验证

采用资产基础法评估企业价值，应当对评估范围内的资产和负债进行现场调查。现场调查手段通常包括询问、访谈、核对、监盘、勘查等，评估人员可以根据重要性原则采用逐项或者抽样的方式进行现场调查。评估实务中，一般对价值量较大的机器设备、专业车辆、房屋建筑物、知识产权、往来款等资产进行逐项清查核实。大型企业固定资产的条目可能有数万条或数十万条，如果逐条勘查，现场工作量将是巨大的，按此方式测算、收取评估服务费用也难以为委托人所接受。资产评估专业人员可以结合被评估企业的财务管理和资产管理制度基础、被评估企业制度执行和风险控制情况、采用各种抽样勘查的可能性以及可以利用的其他工作成果等因素，适当简化清查核实程序。

采用资产基础法评估企业价值，评估人员应当根据资产评估业务具体情况收集、整理评估所需资料，并依法对企业价值评估活动中使用的资料进行核查验证。评估人员应当根据资产评估业务具体情况收集资产评估业务需要的资料，包括委托人或者其他相关当事人提供的涉及评估对象和评估范围等的资料，以及评估人员从政府部门、各类专业机构以及市场等渠道获取的其他资料。核查验证对象不仅包括评估对象企业股东权益的相关资料，而且包括评估范围中各单项资产和负债的相关资料。核查验证的方式通常包括观察、询问、书面审查、实地调查、查询、函证、复核等。评估人员可以根据各类资料的特点，选择恰当的方式进行核查验证。

因法律法规规定、客观条件限制无法实施核查验证的事项，评估人员应当在工作底稿中予以说明，分析其对评估结论的影响程度，并在资产评估报告中予以披露。若上述事项对评估结论产生重大影响或者无法判断其影响程度，资产评估机构不得出具资产评估报告。

9.4.1.5 各项资产的评估方法

采用资产基础法进行企业价值评估，各项资产的价值应当根据具体情况选用适当的方法进行评估。评估方法的选择和应用可能有别于其作为单项资产评估对象时的情形。在对持续经营前提下的企业价值进行评估时，单项资产或者资产组合作为企业资产的组成部分，其价值通常受其对企业贡献程度的影响。各单项资产评估采用的方法可以参考本教材有关机器设备评估、不动产评估、资源资产评估、流动资产评估、无形资产评估、长期投资性资产评估的内容。需要注意的是，重要的单项资产如果适用于多种评估方法，应采用两种以上适用的方法进行评估，以增强评估结论的可靠性。运用资产基础法评估企业价值时，应关注长期股权投资和资产组的评估。

1. 长期股权投资的评估

长期股权投资是一种特殊的单项资产，其本身也反映了一个企业的价值。采用资产基础法进行企业价值评估，应当对长期股权投资项目进行分析，根据被评估企业对长期股权投资项目的实际控制情况以及对评估对象价值的影响程度等因素，确定是否将其单独评估。所谓单独评估，是指履行企业价值评估程序对被投资企业进行整体评估。

（1）需要进行单独评估的情形。在评估实务中，通常对企业长期股权投资项目进行单独评估的情形有：①对于具有控制权的长期股权投资，应对被投资企业执行完整的企业价值评估程序；②对于不具有控制权的长期股权投资，如果该项资产的价值在评估对象价值总量中所占比重较大，或该项资产的绝对价值量较大，也应该进行单独评估。

（2）可以不进行单独评估的情形。通常情况下，满足以下条件的长期股权投资可以不进行单独评估：①对被投资企业缺乏控制权；②该项投资的相对价值和绝对价值不大。

对于投资时间不长，被投资企业资产账实基本相符，不存在重要的表外资产的，可根据简化的评估程序，如按被投资企业资产负债表上的净资产数额与投资方应占份额确定长期股权投资的评估值。

2. 资产组的评估

根据表内、外资产和负债项目的具体情况，可以采用资产组合、资产负债组合的形式对各项资产和负债进行评估。例如，企业生产经营的产品单一，超额收益主要来自企业的专利、专有技术和商标。采用资产基础法评估企业价值时，可将企业的专利、专有技术和商标作为无形资产组合，并采用超额收益法或利润分成法进行评估。

应特别注意，资产基础法中各项资产的价值取决于企业或具有独立获利能力的资产组合的整体价值及其贡献程度，即整体价值是按要素资产的贡献度在各构成要素中进行分配的。

9.4.2 资产基础法的适用性与局限性

9.4.2.1 资产基础法的适用性

1. 在资产继续使用假设下进行的企业价值评估

资产基础法是从评估基准日重建企业并再取得企业各要素资产的角度来反映企业价值的，只有当各项要素资产能继续使用，并且在继续使用中为潜在所有者和控制者带来经济利益，这种企业重建才有意义，各项资产的重置成本才能为潜在投资者和市场所承认，评估结果也才能较为合理。因此，资产基础法常用于继续使用假设下的企业价值评估。

2．可以取得充分的历史资料情况下的企业价值评估

资产基础法是在被评估企业资产负债表的基础上，通过对企业的各项资产和负债价值进行评估，来估算被评估企业价值的。评估时需要收集大量的资产历史数据资料，以反映被评估企业资产的实际数量、取得成本及使用等情况，为估算评估结果提供数据支持，如果缺乏必要的历史资料，则评估人员很难按照资产基础法估算出被评估企业的价值。因此，应用资产基础法评估企业价值需要企业有较为完善的财务数据资料。

3．收益法和市场法应用受限情况下的企业价值评估

在无法应用收益法和市场法评估企业价值的情况下，只能从成本途径入手展开评估工作。资产基础法特别适用于以下情况的企业价值评估。

（1）无形资产较少，特别是不存在商誉的企业。资产基础法的不足之处就在于无法评估出企业的商誉，对企业各要素资产组合形成的整体效应难以反映出来，而企业的组合效应或超额收益一般情况下是由企业的无形资产带来的，如果被评估企业存在大量的无形资产，特别是商誉，运用资产基础法评估往往会忽视企业的综合盈利能力，低估企业价值。因此，资产基础法通常适用于评估那些不存在商誉或无形资产较少的企业。

（2）可能进入清算状态的企业。企业进入清算状态通常是因为已经失去整体盈利能力、达到资不抵债的状况或由于其他原因企业不再持续经营下去了，这种情况下的企业价值评估往往是评估企业的清算价值，采用资产基础法可以估算出企业各单项资产的清算价值或市场价值，便于被评估企业处置现有资产。此外，当企业处于清算状态时，估算企业的清算价值可能会大于企业在持续经营假设下的价值，采用资产基础法评估企业的清算价值，可以更合理地反映被评估企业的价值。

（3）开发建设初期的企业。如果被评估企业创建时间不长，企业各要素资产的配合尚未达到最佳状态，难以判断企业是否可以产生组合效应，这种情况下采用资产基础法评估企业价值，会使评估结果较为客观，风险也相对较低。

9.4.2.2 资产基础法的局限性

运用资产基础法评估企业价值，一般先从资产负债表中对构成企业的各项确指资产进行评估，然后将各项确指资产评估价值汇总以确定企业价值。这种方法无法把握一个持续经营企业价值的整体性，也很难把握各个单项资产对企业的贡献。对于有价值但在资产负债表中没有反映的资产项目，如企业的商誉，则很难进行有效衡量。对于一些高科技企业和服务性企业，资产基础法尤为不适用。资产基础法的局限性主要有以下几个方面。

1．难以发掘某些无形资产对企业创造的价值

资产基础法的依据是企业的财务报表，而企业价值评估涉及的资产既包括财务报表上反映的有形资产，还包括如企业盈利能力等不可确指的无形资产。因此，采用资产基础法确定的企业评估价值，往往仅包含了有形资产和可确指无形资产的价值，作为不可确指的无形资产——商誉，却无法反映和体现出来。

2. 评估通常所用的时间较长、成本较高

运用资产基础法评估企业价值需要评估人员对企业运作及各方面资料有充分的了解，同时需要有关方面人员广泛参与。对于一些资产量大且驻地分散的企业，由于资产基础法评估需要实施函证、询价、勘查等大量基础工作，评估时需要投入的人力、时间和费用都较多，一些特殊的资产鉴定估值还需要聘请专业机构和技术人员，成本开支也较大。另外，由于所组织的工作人员队伍庞大，评估人员专业水平参差不齐，不同评估机构的人员调配难度较大，既增加了审核工作量，也影响了评估质量。

3. 难以体现企业整体获利能力

由于企业是以追求利润最大化为目标的组织，盈利性是其主要特征之一，所以企业重建并不是对被评估企业的所有资产的简单复制，而是对其生产能力和获利能力的重建。企业所拥有的各项生产要素之所以能够组合在一起使企业具有整体获利能力，原因在于企业的各项要素资产并不是简单地堆积在企业中，而是共同为实现企业的经营目标而有机地组合在一起，通过发挥各自的功能，形成一种整体效应，创造出企业整体获利能力。相反，如果企业各要素之间配合不协调、组合不恰当，则不但不能给企业带来整体效应，反而因资产全部达到最佳利用而出现生产能力闲置、资源浪费等现象，会导致企业整体获利能力下降。而资产基础法评估企业价值只是简单地将单项资产、负债的价值加和作为评估结果，很难反映出各项资产组合产生的整体效益，也就很难体现出企业作为一个持续经营和持续获利的经济实体的价值，不能很好地体现企业价值的全部内涵。

正因为资产基础法在评估企业价值时存在一些不足，国内外有关企业价值评估的准则中都明确规定，在持续经营假设下资产基础法一般不应当作为评估企业价值唯一使用的方法。

本章小结

随着资产评估从单项评估向综合性评估发展，企业价值评估越来越重要。本章在对企业、企业价值和企业价值评估相关概念进行分析界定的基础上，介绍了收益法、市场法和资产基础法在企业价值评估中的应用。收益形式界定、预期收益预测和折现率选择是收益法评估企业价值的核心问题。市场法常用的两种具体方法是上市公司比较法和交易案例比较法。采用市场法进行企业价值评估的两个关键因素是可比对象的选择与调整以及价值比率的选择及确定。资产基础法是指以被评估企业评估基准日的资产负债表为基础，通过表内及表外可识别的各项资产、负债的价值，并以资产扣减负债后的净额确定评估对象价值的方法。收益法、市场法和资产基础法在企业价值评估中都有各自的适用性和局限性。

基本概念

企业价值　未来收益预测　资本资产定价模型　累加法　加权平均资本成本模型　市盈率　市净率　市销率　上市公司比较法　交易案例比较法　资产基础法

即测即评

1. 单项选择题

（1）在企业价值评估中，分别按单项资产加和法和收益法得出企业评估结果，收益法评估结果超出单项资产加和评估结果的差额通常被称为（　　）。

A. 商标　　B. 专利权　　C. 专营权　　D. 商誉

（2）运用收益法进行企业价值评估，其前提条件是（　　）。

A. 企业具有生产能力　　B. 企业各项资产完好

C. 企业能够持续经营　　D. 企业具有商誉

（3）下列关于交易案例比较法选择可比对象的说法中，错误的是（　　）。

A. 选择可比交易案例应当注意筛选标准的统一性、筛选对象的全面性

B. 选择的可比交易案例的交易日期应当与评估基准日相同

C. 选择可比交易案例应当注意案例相关财务资料的可获得性与充分性

D. 选择可比交易案例应当关注案例企业与被评估企业在业务结构上的可比性

（4）下列关于资产基础法基本原理的表述中，错误的是（　　）。

A. 将企业全部资产的价值逐一评估，再扣除全部负债的价值，得到净资产价值

B. 资产基础法也被称为成本途径或资产负债表调整法

C. 净资产的价值就是企业所有者所能享受的权益价值

D. 企业资产负债表中的账面价值都是现实的市场价值

（5）被评估企业未来 3 年的预期收益分别为 20 万元、22 万元和 25 万元，预计从第 4 年开始企业预期收益将在第 3 年的基础上递增 2%，并一直保持该增长率。若折现率为 10%，则该企业的评估值约为（　　）万元。

A. 373.9　　B. 289.9　　C. 312.5　　D. 246.7

（6）假定社会平均资金收益率为 10%，无风险报酬率为 5%，被评估企业所在行业平均风险与社会平均风险的比率为 1.2，则用于企业评估的折现率最接近于（　　）。

A. 12%　　B. 11%　　C. 10%　　D. 13.5%

（7）企业价值评估中选择折现率的基本原则之一是（　　）。

A. 行业基准收益率可以直接作为折现率　　B. 贴现率就是折现率

C. 折现率不低于投资的机会成本　　D. 折现率不高于投资的机会成本

（8）运用市场法评估企业价值应遵循（　　）。

A. 替代原则　　B. 贡献原则

C. 企业价值最大化原则　　D. 配比原则

（9）加权平均资金成本模型是以（　　）所构成的投资成本。

A. 所有者权益和全部负债　　B. 所有者权益和长期负债

C. 所有者权益和流动负债　　D. 长期负债和流动负债

（10）从理论层面上讲，运用资产基础法评估企业价值时，各个单项资产的评估，应按（　　）原则确定其价值。

A．变现　　B．预期　　C．替代　　D．贡献

2．多项选择题

（1）企业价值类型包括（　　）。

A．在用价值　　B．残余价值
C．市场价值　　D．投资价值
E．清算价值

（2）下列关于资产基础法局限性的说法中，正确的有（　　）。

A．企业清算价值可能大于企业在持续经营假设下的价值
B．忽视了企业整体获利能力
C．资本市场波动较大对企业价值评估造成不利影响
D．忽视了某些无形资产对企业价值的贡献
E．评估结果对企业盈利的变化非常敏感

（3）下列选项中，属于市场法的适用性的有（　　）。

A．主观判断空间大　　B．数据充分性
C．数据时效性　　D．市场有效性
E．开发建设初期的企业

（4）下列属于采用市场法进行企业价值评估时交易案例选择的关注要点的有（　　）。

A．股票交易活跃程度　　B．业务活动地域范围
C．股票交易历史数据充分性　　D．资料的可获得性和充分性
E．交易日期应尽可能与基准日接近

（5）下列各项中，属于市场法评估企业价值步骤的有（　　）。

A．选择可比对象　　B．计算各种价值比率
C．将被评估企业与可比对象进行比较　　D．规范被评估企业和可比对象的财务报表
E．分析交易案例资料的可获得性和充分性

（6）下列关于市场法价值评估的说法中，正确的有（　　）。

A．价值比率的确定是市场法应用的关键
B．市场法常用的两种具体方法是上市公司比较法和交易案例比较法
C．上市公司比较法和交易案例比较法都是通过对市场上可比交易数据的分析得出被评估企业的价值
D．市场法依据的基本原理是市场预期原则，即一个正常的投资者为一项资产支付的价格不会低于市场上具有相同用途的替代品的现行市价
E．应用市场法对企业价值进行评估要求公开市场上要有足够数量的可比上市公司或者可比交易案例

（7）关于收益范围及其调整的说法，错误的有（　　）。

A．企业价值评估中只有营业收支形成的净现金流量才纳入企业收益范围

B．企业的流转税可以视为企业收益

C．企业的其他业务收入和支出属于非经营性收入和支出

D．非经营性资产、非经营性负债和溢余资产及其相应收支应分别从资产负债表和利润表中调出

E．凡是企业权益主体所拥有的企业收支净额，都可视为企业的收益

（8）关于企业未来收益预测的说法中，正确的有（　　）。

A．对营运资金预测应重点关注营运资金与企业生产和销售规模的关系

B．以历史或当期的实际收益作为预测企业未来收益的基础但不加以调整的做法是错误的

C．未来收益预测的假设条件中，企业经营管理者的个人行为也应在预测企业收益时考虑

D．可以直接以企业当期实际收益作为企业未来收益预测

E．对资本性预测应重点关注企业未来资本性支出与生产能力、预计产量之间的匹配关系

（9）企业收益预测的基本步骤包括（　　）。

A．确定合适的折现率　　B．对企业历史收益进行分析和调整

C．对影响企业收益的因素进行分析　　D．企业未来收益的具体预测

E．对企业未来收益趋势进行总体分析和判断

（10）下列各项中，特别适合采用资产基础法进行企业价值评估的有（　　）。

A．开发建设初期的企业

B．无形资产较少，特别是不存在商誉的企业

C．可以准确确定被评估企业的收益状况

D．可能进入清算状态的企业

E．可以在市场上找到与被评估企业相似的可比对象

课后思考题

1．简述企业价值评估的特点和程序。如何理解企业价值评估的对象和范围？

2．在企业价值评估中，价值类型选择的依据主要包括哪些？

3．收益法评估企业价值的核心问题包括哪些？

4．简述收益法、市场法和资产基础法评估企业价值实施的步骤。

5．在对企业收益进行预测前，需要对企业历史财务报表进行必要调整，使企业未来收益预测与企业历史收益具有相同的比较基础，具体调整事项包括哪些方面？

6．折现率选择的基本原则包括哪些？为什么要保证收益额与折现率口径一致？

7．市场法应用需要遵循哪些基本原则？

8．采用市场法进行企业价值评估时，可比对象的选择需要关注的要点包括哪些？

9．采用资产基础法评估企业价值时，评估范围的确定需要坚持哪些原则？

10．阐述收益法、市场法和资产基础法评估企业价值的适用性和局限性。

业务练习题

1．企业为了整体资产转让，需要进行评估，评估基准日为 2023 年 12 月 31 日。预计其未来 5 年的预期利润总额分别为 100 万元、110 万元、120 万元、150 万元和 160 万元。该企业长期负债占投资资本的比重为 50%，平均长期负债成本为 9.333 3%，在未来 5 年中平均每年长期负债利息额为 20 万元。评估时社会平均收益率为 8%，无风险报酬率为 3%，企业所在行业的平均风险与社会平均风险的比率为 1.2。A 企业为正常纳税企业，企业所得税税率为 25%，且生产经营比较平稳。

要求：

（1）计算评估企业投资资本价值适用的折现率。

（2）计算企业投资资本每年预计的税后净收益。

（3）运用年金法计算企业的投资资本价值。

2．南京环宇公司拟对诚信电子公司实施战略收购，已知诚信电子公司未来会持续经营下去，评估人员预计该公司前 4 年的税前利润分别为 50 万元、58 万元、65 万元和 70 万元。当前，社会平均报酬率为 9%，安全利率为 4%，诚信电子公司所在行业的平均风险是社会平均风险的 1.3 倍，诚信电子公司在行业中的地位系数为 0.923 1。假设折现率与资本化率相同，企业所得税税率为 25%。

要求：

（1）利用资本资产定价模型计算诚信电子公司价值估测的折现率（为方便计算，折现率四舍五入取整数）。

（2）假设第 5 年开始诚信电子公司开始步入稳定期，预计每年的税前利润保持在 70 万元。试估测诚信电子公司的价值。

（3）若评估人员推断，诚信电子公司从第 5 年开始收益额将在第 4 年的水平上每年以 2%的增长率发展。假设其他条件保持不变，试估测诚信电子公司的价值。

3．宏远公司是一家大型生产企业。由于公司属于朝阳产业，近年来发展势头良好，经营效益处于稳定增长阶段。2023 年的每股收益为 2 元，股利支付率为 50%，预期股利和每股收益以每年 3%的速度永续增长，公司的 β 系数为 0.8，无风险利率为 3%，市场收益率为 10%。

要求：

（1）请用股利固定增长模型计算股票的每股价值。

（2）如果市场上股票的交易价格是 25 元，则符合股票价格合理性的股利增长率为多少？

4．宏远公司是一家大型医疗器械生产企业，目前是非上市公司，正处于上市筹备阶段。公司 A 股东因个人原因拟将所持全部股权进行转让，委托资产评估机构对公司 70%的股权市场价值进行评估。评估基准日为 2022 年 12 月 31 日。

评估人员对宏远公司调查分析后，获得评估项目相关信息：公司经审计的 2022 年度净利润为 5 000 万元，2022 年 12 月 31 日的净资产为 5 000 万元。评估人员经过分析后，决定采用市场法对公司进行评估。通过市场调查与分析，评估人员收集了与公司生产经营业务相同或相近的 4 家上市公司作为参照企业，并获得 4 家上市公司在评估基准日的相关财务信息资料，具体内容见表 9-5。

表 9-5　参照公司相关财务信息

项目	甲公司	乙公司	丙公司	丁公司
净资产（万元）	75 000	72 000	87 000	90 000
净利润（万元）	8 250	7 500	9 000	9 900
股价（元/股）	15	18	27	30
总股数（万股）	8 400	7 500	4 500	5 250

评估人员决定采用 4 家参照企业的市盈率和市净率的算术平均值作为价值比率，评估不同价值系数下的宏远公司初始价值，其中市盈率价值乘数占 55%权重，市净率价值乘数占 45%权重。

评估人员通过对上市公司与非上市公司交易案例的统计分析，得知以下数据：缺少流动性的贬值率（折扣率）为 20%，缺少控制权的贬值率（折扣率）为 15%，控制权的溢价率为 18%。

要求：

（1）计算 4 家参照企业的市盈率、市净率及其算术平均值。

（2）估算不同价值比率下宏远公司的评估初始价值。

（3）估算宏远公司股东全部权益价值的初步结果。

（4）估算宏远公司 70%股权的市场价值。

（5）估算宏远公司 70%股权的最终评估值。

5．企业拟产权转让，须进行评估。经专家预测，其未来 5 年的净利润分别为 100 万元、120 万元、150 万元、160 万元、200 万元，从第 6 年起，每年的利润处于稳定状态，即保持在 200 万元的水平上。该企业有一笔 10 万元的短期负债，其有形资产有货币资金、存货和固定资产，且其评估值分别为 80 万元、120 万元和 660 万元。该企业还有一个尚有 5 年剩余经济寿命的非专利技术，该技术产品每件可以获得超额净利润 15 元。目前该企业每年生产产品 10 万件，经分析，未来 5 年中，每年可以生产 12 万件。若折现率和资本化率均为 10%。要求：估算企业的商誉价值。

第 10 章　资产评估报告与档案

学习目标

知识目标	能力目标	思政育人目标
1．理解资产评估报告概念、分类和基本要求； 2．掌握资产评估报告的基本内容； 3．理解资产评估档案的内容； 4．了解资产评估档案的归集和管理	1．能够正确认识资产评估报告的基本要求； 2．能够规范地编制资产评估报告的基本内容； 3．能够按照要求进行资产评估报告的归集和管理	1．树立法治观念和规则意识； 2．强化诚信、独立、客观、公正的职业道德； 3．培养谨慎执业、勤勉尽责的职业素养

章节导言

资产评估报告是资产评估行为的最终结果，也是资产评估机构和资产评估人员作为受托人向委托人提供的最终产品。资产评估专业人员应当根据评估业务的具体情况，提供能够满足委托人和其他评估报告使用人合理需求的评估报告，使评估报告使用人能够正确理解和使用评估结论。这就要求资产评估报告必须按照一定格式和内容要求进行规范编写。资产评估业务完成后，资产评估专业人员应当将工作底稿与评估报告等资料归集形成评估档案后，及时移交档案管理人员，并由所在资产评估机构按照国家有关法律、法规及评估准则的规定妥善管理。通过本章资产评估报告及档案相关知识的学习，把握评估报告的规范要求和基本内容，熟悉资产评估档案的主要内容和要点。

10.1　概　述

10.1.1　资产评估报告的概念和特点

资产评估报告是指资产评估机构及其资产评估专业人员遵守法律、行政法规和资产评估准则，根据委托履行必要的评估程序后，由资产评估机构对评估对象在评估基准日特定目的下的价值出具的专业报告。资产评估专业人员应当根据评估业务的具体情况，提供能够满足委托人和其他评估报告使用人合理需求的评估报告，并在评估报告中提供必要信息，使评估报告使用人能够正确理解和使用评估结论。资产评估报告应当按照一定格式和内容进行编写，反映评估目的、假设、程序、标准、依据、方法、结果及适用条件等基本信息。资产评估报告具有以下几个特点。

第一，资产评估报告是资产评估专业人员依据国家法律法规基于客观、独立、公正原则提出的专家意见。资产评估专业人员具有专门的学识和技能，并具有相关资格，由其依法出具的资产评估报告应该是可以信赖的专家意见。客观、独立、公正要求资产评估报告能够客观、真实地反映评估对象的实际情况，评估人员能够独立执业，并保证自己的主观公正。

第二，资产评估报告的制作过程及报告本身都必须严格遵守相关法律法规的规定。资产评估报告的编制过程应在不违背相关法律法规的基础上进行，并且其内容也应遵循相关规定。这些法律法规及相关规定主要包括《国有资产评估管理办法》《国有资产评估管理办法施行细则》《资产评估操作规范（试行）》《资产评估准则——评估报告》《资产评估法》《企业国有资产评估报告指南》《资产评估执业准则——评估报告》等。

第三，资产评估报告往往能引起重大法律后果，其影响范围和程度相对较高。资产评估报告作为被评估资产的作价依据是提供给委托方用于某种决策的，一旦委托方因此产生纠纷，就将引起重大法律后果。

10.1.2 资产评估报告的分类

根据不同的分类标准，可以将资产评估报告进行如下分类。

1. 按资产评估法中规定的法律定位划分

企业国有资产法和国有资产评估管理办法等对国有资产应当评估的情形作出了规定，包括国有企业合并、分立、改制，转让重大财产，以非货币财产对外投资，清算等行为。然而，并非涉及国有资产的评估业务都是法定业务，如以服务于财务报告为目的的资产评估就不属于法定评估业务。资产评估法规定，“涉及国有资产或者公共利益等事项，法律、行政法规规定需要评估的，应当依法委托评估机构评估”。资产评估法将该类评估简称为法定评估。公司法规定，对作为出资的非货币财产应当评估作价。该类资产评估业务也属于法定评估业务。

因此，涉及国有资产或者公共利益等事项，法律、行政法规规定需要评估的法定评估业务，所出具的评估报告为法定评估业务评估报告，比如按照国有资产评估管理的相关规定出具的国有资产评估报告。除此以外开展的评估业务所出具的评估报告为非法定评估业务评估报告。

2. 按评估对象划分

按资产评估对象，资产评估报告可分为整体资产评估报告和单项资产评估报告。对整体资产（企业、单位或业务等）进行评估所出具的资产评估报告称为整体资产评估报告，如企业整体资产价值评估报告、企业股权价值评估报告、业务资产价值评估报告。对一项或若干项以独立形态存在、可以单独发挥作用或以个体形式进行交易的资产进行评估所出具的资产评估报告称为单项资产评估报告，如房地产评估报告、机器设备评估报告、无形资产评估报告等。

尽管资产评估报告的基本格式是一样的，但因整体资产评估与单项资产评估在具体业务上存在一些差别，两者在报告的内容上也必然会存在一些差别。一般情况下，整体资产评估报告的报告内容不仅包括资产，也包括负债和股东权益，而单项资产评估报告一般不考虑负债。

3. 按报告的繁简程度划分

美国《专业评估执业统一准则》按照评估报告的繁简程度，将评估报告分为评估报告和限制型评估报告。评估报告、限制型评估报告的主要区别在于所提供内容和信息的详细程度。报告类型合适与否及报告中需要提供的信息详细程度，取决于预期用途和预期使用者，资产评估师应在评估报告中明确注明评估报告的类型。相对于评估报告，限制型评估报告提供符合披露规则要求的解决评估问题所需要的最低限度信息，需要增加显著的报告使用人和使用用途限制说明。

我国资产评估准则没有明确提出过上面两种资产评估报告类型的概念和区别，但也指出“资产评估报告的详略程度可以根据评估对象的复杂程度、委托人要求合理确定”。

4. 按评估基准日划分

根据评估基准日的选择差异，评估报告可以分为评估基准日为现在时点的现时性评估报告，评估基准日为未来时点的预测性评估报告、评估基准日为过去时点的追溯性评估报告。如某法院委托进行司法诉讼评估，法院欲了解诉讼标的在 3 年前某一时点的市场价值，委托评估机构进行评估，此时出具的评估报告即为追溯性评估报告。又如某银行发放抵押贷款，银行欲了解抵押物在两年后某时点的市场价值，委托评估机构进行评估，此时出具的评估报告即为预测性评估报告。

5. 按照资产评估工作内容划分

按照资产评估工作的内容不同，评估可以分为评估、评估复核和评估咨询。相应地，资产评估报告也可以分为评估报告、评估复核报告和评估咨询报告。评估报告就是通常讲的资产评估报告；评估复核报告是指对其他资产评估机构出具的评估报告进行评判分析后出具的报告；评估咨询则不仅包括对评估对象价值的估算，还包括对评估对象的利用价值、利用方式、利用效果等的分析和研究。评估工作内容不同，需要反映的评估报告的内容和形式也不相同。但中国目前有关的资产评估法规、规范及准则主要是对评估报告进行规范，而对评估复核报告、评估咨询报告并无规范。这可能是评估复核报告和评估咨询报告往往服务于特定当事人的缘故。

6. 按监管主体的要求划分

按照国有资产监管要求出具的资产评估报告为国有资产业务评估报告，其他报告则为非国有资产业务评估报告。需要注意的是，国有资产业务评估报告和非国有资产业务评估报告并非简单按评估对象的产权归属是否为国有进行划分。

国有资产业务评估报告是指根据国有资产评估管理规定从事涉及国有资产的评估业务，依据《资产评估执业准则——资产评估报告》、《企业国有资产评估报告指南》或《金融企业国有资产评估报告指南》编制出具的资产评估报告。涉及国有资产的评估业务不仅包括国有单位相关经济行为，还包括国有单位相关经济行为涉及的非国有资产评估。上述涉及国有资产评估业务之外，按照《资产评估执业准则——资产评估报告》的要求编制出具的，属于非国有资产业务评估报告。

10.1.3 资产评估报告的作用

1. 是为委托人提供估价服务的渠道和形式

作为一种专业中介性服务活动，资产评估的根本目的是为委托人和社会提供专业性估价意见。资产评估服务是受委托人委托而进行的，资产评估机构和评估人员为委托人提供服务的主要渠道和形式就体现在资产评估报告上。没有资产评估报告，就无法实现资产评估为客户和社会服务的目的。因此，资产评估报告的主要作用就表现在为客户和社会提供服务的渠道和形式。资产评估通过报告书的形式对被评估资产提出作价意见，为客户的经济行为提供鉴证或者咨询服务。

2. 是明确各方当事人责任的重要依据

资产评估报告既体现了资产评估机构和评估人员的工作成果，也反映和体现了资产评估机构和评估人员的权利和义务，并以此明确各方当事人的法律责任。在接受委托并完成必要的评估程序后，评估机构和评估人员有责任撰写资产评估报告并提供给委托人。评估人员有责任在评估报告中揭示评估结果实现的前提、评估报告的使用范围、使用限制等具体条款，便于客户正确理解和使用评估报告。当然，资产评估报告也是资产评估机构履行评估合同和向委托人收取评估费用的依据。委托人在资产评估机构完成评估业务、提交资产评估报告后，有义务向评估机构支付评估费用，同时委托人及相关资产评估报告使用人应该按照有关法律行政法规和评估报告载明的使用范围合理使用评估报告。

3. 对资产评估报告的审核是管理部门完善资产评估管理的重要手段

资产评估报告是反映评估人员职业道德、执业能力水平、评估质量高低和评估机构内部管理机制的完善程度的重要依据。有关资产评估的管理机构和行业自律组织通过对资产评估报告的检查和审核，可以有效地对资产评估机构和评估人员的业务开展情况以及评估人员的执业情况等进行监督和管理，并对评估工作中出现的问题进行指导，促进评估工作不断完善。

4. 是建立评估档案的重要来源

资产评估机构和评估人员在完成评估任务后，都必须按照资产评估档案管理的有关规定，将评估过程中收集的资料、工作记录以及资产评估过程的有关工作底稿进行归档，以便进行评估档案的管理和使用。由于资产评估报告是对整个评估过程的工作总结，其内容包括了评估过程的各个具体环节和各有关数据资料的收集与记录，因此不仅资产评估报告的底稿是评估档案归集的主要内容，撰写资产评估报告过程中采用的各种数据、依据、工作底稿和资产评估报告制度中形成的有关文字记录等，都是资产评估档案的重要信息来源。同时，资产评估报告本身也是评估档案的重要内容。

10.2 资产评估报告的基本内容及编制

10.2.1 评估报告的基本内容

10.2.1.1 评估报告

根据《资产评估执业准则——资产评估报告》的规定，资产评估报告由标题及文号、目录、声明、摘要、正文和附件组成。

1. 标题及文号、目录、声明、摘要

（1）标题及文号、目录。只有符合资产评估报告定义的评估报告，才能以“评估报告”标题出具。资产评估机构及其资产评估专业人员执行与估算相关的其他业务时，虽然可以参照评估报告准则出具相关报告，但此类报告并不是评估报告，不得以“评估报告”标题出具，以免给委托人和报告使用人造成误解。

资产评估报告的标题格式要求“企业名称+经济行为关键词+评估对象+资产评估报告”。例如，“宏远公司对外投资涉及的光明公司股东全部权益价值资产评估报告”。

资产评估报告文号的格式要求包括资产评估机构特征字、种类特征字、年份、报告序号。例如，“中天评报字（2022）第 106 号”。“中天”是资产评估机构特征字，“评报”是资产评估报告的种类特征字，“2022”是年份，“106”是报告序号。

目录应当包括每一部分的标题和相应页码。

（2）评估报告声明。内容包括：①本资产评估报告依据财政部发布的资产评估基本准则和中国资产评估协会发布的资产评估执业准则和职业道德准则编制。②委托人或者其他资产评估报告使用人应当按照法律、行政法规规定和资产评估报告载明的使用范围使用资产评估报告；委托人或者其他资产评估报告使用人违反前述规定使用资产评估报告的，资立评估机构及其资产评估专业人员不承担责任。③资产评估报告仅供委托人、资产评估委托合同中约定的其他资产评估报告使用人和法律、行政法规规定的资产评估报告使用人使用；除此之外，其他任何机构和个人不能成为资产评估报告的使用人。④资产评估报告使用人应当正确理解和使用评估结论，评估结论不等同于评估对象可实现价格，评估结论不应当被认为是对评估对象可实现价格的保证。⑤资产评估报告使用人应当关注评估结论成立的假设前提、资产评估报告特别事项说明和使用限制。⑥资产评估机构及其资产评估专业人员遵守法律、行政法规和资产评估准则，坚持独立、客观和公正的原则，并对所出具资产评估报告依法承担责任。⑦其他需要声明的内容。

值得注意的是，准则仅是对一般性声明内容做出要求，资产评估专业人员在执行具体评估业务时，还应根据评估项目的具体情况调整或细化声明内容。

（3）摘要。《资产评估执业推则——资产评估报告》规定，资产评估报告摘要通常提供资产评估业务的主要信息及评估结论。该准则没有对主要信息的披露提出具体要求，资产评估专业人员可以根据评估业务的性质、评估对象的复杂程度、委托人要求等，合理确定摘要中需要披露的其他信息。需要注意的是，摘要应当与评估报告揭示的相关内容一致，不得有误导性内容。具体见以下示例。

摘　要

重要提示：以下内容摘自资产评估报告正文，欲了解评估业务的详细情况和正确理解评估结论，应当阅读资产评估报告正文。

1. 委托方：宏远公司。

2. 被评估企业：光明公司。

3. 评估对象和评估范围：本次资产评估对象为光明公司股东全部权益，评估范围为光明公司全部资产和负债（包括流动资产、流动负债和非流动负债）。

4. 评估目的：为宏远公司转让其持有的光明公司股权提供价值参考。

5. 价值类型：市场价值。

6. 评估基准日：2022 年 6 月 30 日。

7. 评估方法：资产基础法、收益法。

8. 评估结论：经评估，光明公司股东全部权益于评估基准日 2022 年 6 月 30 日的评估值为 7 200 万元人民币。

本资产评估报告的有效期为壹年，即有效期从资产评估基准日 2022 年 6 月 30 日至 2023 年 6 月 29 日。本资产评估报告应当在载明的有效期内使用。

特别提示：

为了正确使用评估结论，请报告使用者密切关注本报告中的“声明”“评估假设”“评估报告使用限制说明”及“特别事项说明”。

2. 评估报告正文

（1）委托人及其他资产评估报告使用人。资产评估报告使用人包括委托人、资产评估委托合同中约定的其他资产评估报告使用人和法律、行政法规规定的资产评估报告使用人。在评估报告中应当阐明委托人和其他评估报告使用人的身份，包括名称或类型。

（2）评估目的。资产评估目的应当披露资产评估是为了满足委托人的何种需要，所服务的具体经济行为，以及该经济行为是否经过批准，并说明评估结论的具体用途。资产评估报告载明的评估目的应当唯一，表述应当明确、清晰，有利于评估结论有效服务于评估目的。

（3）评估对象和评估范围。资产评估报告中应当载明评估对象和评估范围，并对评估对象的基本情况进行描述。对于企业价值评估，评估对象可以分为企业整体价值、股东全部权益价值或股东部分权益价值，与此对应的评估范围是评估对象涉及的资产及负债。对于单项资产评估，各具体准则中均对评估对象进行了规范。

（4）价值类型。资产评估报告应当说明选择价值类型的理由，并明确其定义。一般情况下可供选择的价值类型包括市场价值、投资价值、在用价值、清算价值和残余价值等。对于价值类型的选择、定义，可以参考《资产评估价值类型指导意见》。

（5）评估基准日。资产评估报告应当明确披露评估基准日。与追溯性、现时性、预测性业务相对应，评估基准日分别是过去、现在或者未来的时点。通常评估基准日应以具体日期体现。

资产评估报告载明的评估基准日应当与资产评估委托合同约定的评估基准日保持一致。

（6）评估依据。资产评估报告应当说明资产评估采用的法律依据、准则依据、权属依据及取价依据等。《资产评估执业准则——资产评估报告》未规范上述“依据”需要披露的具体内容，实务中通常结合评估项目的具体情况，参考企业国有资产评估报告对评估依据的披露要求进行撰写。

（7）评估方法。资产评估报告应当说明所选用的评估方法名称、定义及选择理由。根据《资产评估执业准则——资产评估方法》，确定资产价值的评估方法主要包括市场法、收益法和成本法 3 种基本方法及其衍生方法。资产评估专业人员在选择评估方法时应当充分考虑影响评估方法选择的因素。这些因素包括评估目的和价值类型、评估对象、评估方法的适用条件、评估方法应用所依据数据的质量和数量等。在披露评估方法的选择理由时需要注意以下影响评估方法选用的因素：①评估方法的选择与评估目的、评估时的市场条件、被评估对象的具体状况，以及由此所决定的资产评估价值类型的适应性；②各种评估方法运用所需的数据资料及主要经济技术参数的收集条件对选择评估方法的制约；③评估方法运用的条件和程序要求对选择评估方法的约束。在披露资产评估方法的运用情况时，需要在说明总体思路和主要评估方法的基础上，按照评估对象和所涉及的资产（负债）类型说明所选用的具体评估方法及其应用情况。

（8）评估程序实施过程和情况。资产评估报告应当说明资产评估程序实施过程中现场调查、收集整理评估资料、评定估算等主要内容，一般包括：①接受项目委托，确定评估目的、评估对象与评估范围、评估基准日，拟订评估计划等过程；②指导被评估单位清查资产、准备评估资料、核实资产与验证资料等过程；③选择评估方法、收集市场信息和估算等过程；④评估结论汇总、评估结论分析、撰写报告和内部审核等过程。

资产评估专业人员应当在遵守相关法律、法规和资产评估准则的基础上，根据委托人的要求，遵循各专业准则的具体规定，结合报告的繁简程度恰当考虑对评估程序实施过程和情况的披露的详细程度。

（9）评估假设。资产评估报告应当披露所使用的资产评估假设。资产评估专业人员应当在评估报告中清晰说明评估项目中采用的反映交易及市场条件、评估对象存续或使用状态、国家宏观环境条件、行业及地区环境条件、评估对象特点的各项具体评估假设的具体内容。合理体现在具体的评估项目使用的评估假设，与资产评估目的及其对评估市场条件的限定情况、评估对象自身的功能和在评估时点的使用方式与状态、产权变动后评估对象的可能用途及利用方式和利用效果等条件的联系和匹配性，使评估结论建立在合理的基础之上。

资产评估专业人员还应当在评估报告中明确提示如果评估报告所披露的评估假设不成立，将对评估结论产生重大影响。

（10）评估结论。资产评估报告应当以文字和数字形式表述评估结论，并明确评估结论的使用有效期。评估结论通常是确定的数值。经与委托人沟通，评估结论可以是区间值或其他形式的专业意见。

在实务中得到“确定”的数值通常可以采用以下方式得到：①采用两种以上评估方法的，选择其中相对合理方法的结果作为评估结论。②对不同方法的评估结果用算术平均、加权平均、求取中位数等数学方法综合得出评估结论，例如土地使用权、房地产等单项资产评估业务对评估结论的确定。“其他形式”的评估结论，可以体现为与以前评估意见或数量基准（如课税价值、抵押价值）的关系（如不大于、不小于）。

在评估准则中引入区间值或其他形式的专业意见表达形式是为了顺应对评估业务发展的多元化服务需求。

（11）特别事项说明。特别事项是指在已确定评估结论的前提下，资产评估专业人员在评估过程中已发现可能影响评估结论，但非执业水平和能力所能评定估算的有关事项。资产评估报告中应当对特别事项进行说明，并重点提示评估报告使用人对其予以关注。资产评估报告的特别事项说明包括：

①权属等主要资料不完整或者存在瑕疵的情形。资产评估专业人员在评估过程中发现评估对象存在产权瑕疵的问题，应当在特别事项说明中说明法律权属瑕疵的事实、本次评估处理的方法及处理结果、此种评估处理对评估结论的合理性可能产生的影响，让评估报告使用人能够更好地了解评估报告的信息。对于委托人或被评估单位做出相关承诺和说明的，应说明承诺和声明的内容和责任。

②委托人未提供的其他关键资料情况。

③未决事项、法律纠纷等不确定因素。包括所有对评估结论产生重大影响的未决事项、法律纠纷以及影响生产经营活动和财务状况的重大合同、重大诉讼事项等。评估报告应当首先说明不确定性因素本身的情况，其次说明本次评估处理的方法及处理结果，继而说明此种处理可能产生的后果，最后提出此种处理的责任。所有披露内容，不应与事实相矛盾。

④重要的利用专家工作及相关报告情况。资产评估专业人员在执行评估业务的过程中，由于特殊知识和经验限制等原因，需要利用专家工作协助或者相关报告完成评估业务，这是评估专业属性的体现，也是世界评估实践形成的共识。资产评估报告中应当披露重要的利用专家工作及相关报告的情况。

⑤重大期后事项。根据监管部门或委托人要求，资产评估专业人员可以对评估基准日期后重大事项做出披露。具体包括：说明评估基准日之后发生的重大期后事项；特别提示评估基准日的期后事项对评估结论的影响。

⑥评估程序受限的有关情况、评估机构采取的弥补措施及对评估结论影响的情况。

⑦其他需要说明的事项。

（12）资产评估报告使用限制说明。资产评估报告的使用限制说明应当载明：

①使用范围。

②委托人或者其他资产评估报告使用人未按照法律、行政法规规定和资产评估报告载明的使用范围使用资产评估报告的，资产评估机构及其资产评估专业人员不承担责任。

③除委托人、资产评估委托合同中约定的其他资产评估报告使用人和法律、行政法规规定的资产评估报告使用人之外，其他任何机构和个人不能成为资产评估报告的使用人。

④资产评估报告使用人应当正确理解和使用评估结论。评估结论不等同于评估对象可实现价格，评估结论不应当被认为是对评估对象可实现价格的保证。

资产评估报告由评估机构出具后，委托人、评估报告使用人可以根据所载明的评估目的和评估结论进行恰当、合理使用。如果委托人或者评估报告使用人违反法律规定使用评估报告，或者不按照评估报告载明的使用范围使用评估报告，评估机构和资产评估专业人员不承担责任。

（13）资产评估报告日。资产评估专业人员应当在评估报告中说明资产评估报告日。资产评估报告载明的资产评估报告日通常为评估结论形成的日期，这一日期可以不同于资产评估报告的签署日。资产评估报告日应当以具体的日期体现。

（14）资产评估专业人员签名和资产评估机构印章。资产评估报告至少应由两名承办该业务的资产评估专业人员签名，最后加盖资产评估机构的印章。对于国有资产评估等法定业务资产评估报告，资产评估报告正文应当由至少两名承办该业务的资产评估师签名，并加盖资产评估机构印章。

3. 评估报告附件

（1）评估对象所涉及的主要权属证明资料。评估对象所涉及的主要权属证明资料包括房地产权证、无形资产权利（权属）证明、交通运输设备的行驶证及相关权属证明、重大机器设备的购置发票等。

（2）委托人和其他相关当事人的承诺函。在资产评估中，委托人和其他相关当事人的承诺是评估报告附件中不可缺少的一部分。资产评估专业人员在撰写评估报告时应当收集到针对本次评估项目的委托人和其他相关当事人的承诺函。通常情况下，委托人和被评估单位应当承诺以下内容：①资产评估所对应的经济行为符合国家规定；②我方所提供的财务会计及其他资料真实、准确、完整、合规，有关重大事项如实地充分揭示；③我方所提供的企业生产经营管理资料客观、真实、完整、合理；④纳入资产评估范围的资产与经济行为涉及的资产范围一致，不重复、不遗漏；⑤纳入资产评估范围的资产权属明确，出具的资产权属证明文件合法、有效；⑥纳入资产评估范围的资产在评估日期后发生影响评估行为及结果的事项，对其披露及时、完整；⑦不干预资产评估机构和资产评估专业人员独立、客观、公正地执业。

（3）资产评估机构及签名资产评估专业人员的备案文件或者资格证明文件。评估报告应当将评估机构从事资产评估业务的备案公告复印件、从事证券服务业务的机构备案名单复印件（开展相关资产评估业务时适用）、资产评估师的职业资格证书登记卡复印件作为评估报告附件进行装订。

（4）资产评估汇总表或明细表。为了让委托人和其他评估报告使用人能够更好地了解委托被评估资产的构成及具体情况，资产评估专业人员应当以报告附件的形式提供资产评估汇总表或明细表。

（5）资产账面价值与评估结论存在较大差异的说明。实务中，通常还会将委托人和被评估单位或产权持有人的法人营业执照、评估机构的营业执照复印件作为评估报告的附件。

10.2.1.2 评估明细表

《资产评估执业准则——资产评估报告》要求评估报告的附件包括“资产评估汇总表或明细表”，但并未对相关附表的编制要求提出具体要求，由资产评估机构通过内部业务标准自行规范。实务中，通常参考国有资产评估业务的要求提出具体的参考式样。

10.2.2 资产评估报告的编制

10.2.2.1 资产评估报告编制的基本要求

1. 报告陈述内容应当清晰、准确，不得有误导性表述

由于评估报告将提供给委托人、合同约定的其他评估报告使用人和法律法规规定的使用人使用，除委托人以外，其他评估报告使用人可能没有机会与资产评估专业人员进行充分沟通，而仅能依赖评估报告中的文字性表述来理解和使用评估结论，故资产评估专业人员须特别注意评估报告的表述方式，不应引起使用者的误解。同时，评估报告是一个具有法律意义的文件，用语必须清晰、准确，不应使用存在歧义或误导性的表述。

2．报告应当提供必要信息，使资产评估报告使用人能够正确理解和使用评估结论

资产评估专业人员应当根据评估项目的具体情况和委托方的合理要求，确定评估报告中所提供信息的范围和程度，使评估报告使用人能够正确理解和使用报告的结论。判定一份评估报告是否提供了必要的信息，就要看评估报告使用人在阅读评估报告后能否正确理解评估结论。

3．报告详略程度可以根据评估对象的复杂程度和委托人的要求合理确定

资产评估报告的详略程度是以评估报告中提供的必要信息为前提的。报告使用人是评估报告的服务对象，因此评估报告内容的详略程度要考虑评估报告使用人的合理需求。作为理性的评估报告使用人，可能会要求资产评估专业人员在评估报告中不仅提供评估结论，还要提供形成评估结论的详细过程，或者要求在评估报告中对某些方面提供更为详细的说明。因此，资产评估报告的详略程度应当根据评估对象的复杂程度、委托人的合理需求来确定。

4．评估程序受限对评估报告出具的影响

评估报告是在履行评估程序的基础上完成的。现实工作中，由于资产的特殊性、客观条件限制等原因，使得评估程序的履行可能存在障碍，需要资产评估专业人员采取相关的替代程序。因法律法规规定、客观条件限制无法或者不能完全履行资产评估基本程序，经采取措施弥补程序缺失，且未对评估结论产生重大影响的，可以出具资产评估报告，但应当在资产评估报告中说明资产评估程序受限情况、处理方式及其对评估结论的影响。如果程序受限对评估结论产生重大影响或者无法判断其影响程度的，不应出具资产评估报告。

5．签字印章要求

资产评估报告应当由至少两名承办该项业务的资产评估专业人员签名并加盖资产评估机构印章。法定评估业务的资产评估报告应当由至少两名承办该项业务的资产评估师签名并加盖资产评估机构印章。

6．语言及汇率要求

资产评估报告应当使用中文撰写。需要同时出具中外文资产评估报告的，以中文资产评估报告为准。

资产评估报告一般以人民币为计量币种，使用其他币种计量的，应当注明该币种在评估基准日与人民币的汇率。

7．评估结论的使用有效期

评估结论反映评估基准日的价值判断，仅在评估基准日成立，所以资产评估报告应当明确评估结论的使用有效期。超过有效期限，评估基准日的评估结论很可能不能反映经济行为发生日的评估结论。

在基准日后的某个时期经济行为发生时，市场环境或资产状况未发生较大变化，评估结论在此期间有效，一旦市场价格标准或资产状况出现较大变动，则评估结论失效。对于现时性资产评估业务，通常只有当评估基准日与经济行为实现日相距不超过 1 年时，才可以使用资产评估报告。当然，有时评估基准日至经济行为发生日尽管不满 1 年，但市场条件或资产状况发生了重大变化，评估报告的结论不能反映经济行为实现日价值，这时也应该重新评估。

10.2.2.2 资产评估报告编制的步骤

1．评估资料和工作记录的整理和归集

编写资产评估报告前，评估人员首先应该对评估中产生的有关资料进行整理和归集，并形成工作底稿。这些评估资料和工作记录主要包括被评估资产的有关背景资料和记录、现场勘查和调查情况的资料和记录、市场询价资料和记录、评定估算的资料和记录等，它们是编制资产评估报告的基础。

2．评估数据的汇总分析和讨论

评估数据的汇总分析和讨论的目的在于消除分项评估的重复或遗漏，调整不同评估方法的差异，从而得出综合性有效评估结论。汇总分析的内容包括：①将分类、分工评估的分项结论加以汇总，得出关于评估对象的综合结论；②对运用不同评估方法的评估结论进行比较、鉴别、修正。无论是单项资产评估，还是整体资产评估，都可以采用不同的评估方法分别评估，不同评估方法的结论需要在汇总分析中加以修润和取舍，得出最终结论。

3．资产评估报告的编写

在评估资料整理和汇总分析的基础上，由资产评估报告的总纂人进行资料的汇总编排和评估报告的编写。在完成资产评估报告的初稿后，为了更好地实现服务于客户的目的，可以与委托人及相关当事人交换意见。在听取委托人及相关当事人的反馈意见后，在独立、客观、公正的前提下，认真分析委托人及相关当事人提出的问题和建议，考虑是否应该修改评估报告，对资产评估报告中存在的遗漏和错误之处进行修正。

4．资产评估报告的签发和送交

评估人员撰写完成正式的资产评估报告后，经评估机构内部审核流程审核无误后即可签发，资产评估报告应当由至少两名承办该项评估业务的评估人员签名并加盖评估机构印章，属于法定评估业务的资产评估报告应当由至少两名承办该项评估业务的资产评估师签名并加盖评估机构印章。资产评估报告签名盖章后，即可送交委托人。

10.2.3 资产评估报告正文实例

宏远公司：

中天资产评估有限公司（以下简称本公司）接受贵公司的委托，根据有关法律、行政法规和资产评估准则的规定，坚持独立、客观和公正的原则，采用资产基础法和收益法，按照必要的评估程序，对宏远公司拟转让股权涉及的光明公司股东全部权益在 2022 年 6 月 30 日的市场价值进行了评估。现将资产评估情况及评估结果报告如下：

一、委托人及其他资产评估报告使用人

1．委托人（产权持有者）：宏远公司。

2．其他资产评估报告使用人：资产评估委托合同中约定的其他资产评估报告使用人和法律行政法规规定的资产评估报告使用人。

（委托人和资产评估委托合同中约定的其他资产评估报告使用人的名称、法定住所及经

营场所、法定代表人、注册资本及主要经营范围等基本情况。略）

二、被评估企业概况

被评估企业为光明公司。

（被评估企业的概况包括法定住所及经营场所、法定代表人、主要经营范围、注册资本、公司股东及持股比例、股权变更情况及必要的公司产权和经营管理结构、历史情况等，以及近3年资产、财务、经营状况等。略）

三、评估对象和评估范围

1. 本次评估对象为光明公司股东全部权益。

2. 本次资产评估范围系截至2022年6月30日光明公司的全部资产和负债。

评估范围具体包括流动资产、长期股权投资、投资性房地产、固定资产、在建工程、无形资产、递延所得税资产、流动负债和非流动负债。

光明公司申报的表内资产负债账面情况表（略）。

光明公司确认本次评估无表外资产负债需申报。

本次评估前宏远公司聘请永明会计师事务所有限责任公司对光明公司评估基准日的会计报表进行了审计并出具了永明专审字〔2022〕102号无保留意见的审计报告。

上述评估对象和评估范围与委托评估的评估对象和评估范围一致。

四、评估目的

本次评估目的是为宏远公司转让其持有的光明公司股权提供价值参考。该评估目的对应的经济行为已分别经宏远公司董事会和光明公司股东会决议同意。

五、价值类型

根据本次评估目的及相关条件，本报告评估结果的价值类型选用市场价值。市场价值是指自愿买方和自愿卖方在各自理性行事且未受任何强迫的情况下，评估对象在评估基准日进行正常公平交易的价值估计数额。

六、评估基准日

本项目资产评估基准日为2022年6月30日。

该评估基准日是由委托人确定的。选择会计期末作为评估基准日，能够全面反映被评估企业资产及负债的整体情况；同时，该时点与评估目的实现时对股权价值计价的时点一致。

本次评估中评估范围的界定、评估价值的估算、评估参数的选取等，均以该评估基准日的企业财务报表、外部经济环境及市场情况确定。

七、评估依据（略）

八、评估方法

（一）评估方法的选择

依据资产评估基本准则的规定，确定资产价值的评估方法包括市场法、收益法和成本法三种基本方法及其衍生方法。

资产评估专业人员应当根据评估目的、评估对象、价值类型、资料收集等情况，分析上述三种基本方法的适用性，依法选择评估方法。

本次评估选用的评估方法为收益法和资产基础法。评估方法选择理由如下：

未选用市场法评估的理由是：光明公司主营业务为生鲜食品加工业务，营业规模较小，在资本市场和产权交易市场均难以找到足够的与评估对象相同或相似的可比企业交易案例，故不适用市场法评估。

选用收益法评估的理由是：光明公司未来收益期和收益额可以预测并可以用货币衡量，获得预期收益所承担的风险也可以量化，故本次评估选用了收益法。

选用资产基础法评估的理由是：光明公司评估基准日资产负债表内及表外各项资产、负债可以被识别，并可以用适当的方法单独进行评估，故本次评估选用了资产基础法。

本次对光明公司股东全部权益价值的评估分别采用收益法和资产基础法，经综合分析后，判断确定光明公司股东全部权益评估值。

（二）评估方法简介（略）

九、评估程序实施过程和情况（略）

十、评估假设

（一）基本假设

1. 本次评估以评估对象已经处于交易过程中为假设前提，评估人员根据评估对象的交易条件等模拟市场进行估价。

2. 本次评估以被评估企业持续经营和其股权在公开市场上交易为评估假设前提。

3. 以国家宏观经济政策和所在地区社会经济环境没有发生重大变化为评估假设前提。

4. 以企业的经营业务及评估所依据的税收政策、信贷利率、汇率等没有发生足以影响评估结论的重大变化为假设条件。

5. 以没有考虑遇有自然力及其他不可抗力因素的影响，也没有考虑特殊交易方式可能对评估结论产生的影响为假设条件。

（二）具体假设

1. 以委托人和被评估企业提供的全部文件材料真实、有效、准确为假设条件。

2. 本次评估假设被评估企业未来的经营管理班子尽职、尽力，遵纪守法，并继续保持现有的经营管理模式，经营范围、方式与目前保持一致。

3. 本次评估假设被评估资产按目前用途和使用的方式、规模、频度、环境等情况继续使用。

4. 本次评估假设被评估企业在现有的管理方式和管理水平的基础上，无其他人为不可抗拒因素及不可预见因素对企业造成重大不利影响。

5. 除已知悉并披露的事项外，本次评估以不存在其他未被发现的账外资产和负债、抵押或担保事项、重大期后事项，且被评估企业对列入评估范围的资产拥有合法权利为假设条件。

十一、评估结论

1. 资产基础法评估结果。（略）

2. 收益法评估结果。（略）

3. 两种评估方法评估结果分析和最终评估结果的确定方法。（略）

4. 最终评估结果。

根据以上分析和评估，光明公司股东全部权益于评估基准日 2022 年 6 月 30 日的评估值为 7 200 万元人民币。

具体评估结果详见下列评估结果汇总表。(略)

本资产评估报告的有效期为壹年，即有效期从资产评估基准日2022年6月30日起至2023年6月29日止。本资产评估报告应当在载明的有效期内使用。

十二、特别事项说明

1. 对委托人和被评估企业可能存在的影响资产评估值的瑕疵事项，在评估人员履行了评估程序后仍不能获悉及无法收集资料的情况下，评估机构及评估人员不承担相关责任。

2. 本公司未对委托方及被评估企业提供的有关的营业执照权证、会计凭证及账册等证据资料进行独立审查，亦不对上述资料的真实性负责。

3. 本项目的资产评估师知晓资产的流动性对估价对象价值可能产生重大影响。由于采用了资产基础法和收益法，故本次评估中无须考虑资产的流动性对估价对象价值的影响。

4. 本项目的资产评估师知晓股东部分权益并不必然等于股东全部权益价值与股权比例的乘积。由于评估对象为被评估企业股东全部权益，故本次评估中无须考虑控股权和少数股权等因素产生的溢价或折价。

5. 本次评估是在委托人和被评估单位提供的文件、资料真实有效的假设条件下进行的，如发生由于委托人及被评估企业提供的文件、资料失实或有隐匿等行为而造成评估结果失实，则由委托人和被评估企业承担责任，本公司不承担任何法律责任。

6. 无影响评估结论的重大期后事项需披露。

上述事项，我们提请有关报告使用人在使用报告时予以关注。

十三、评估报告使用限制说明

1. 本资产评估报告仅供资产评估报告中披露的资产评估报告使用人用于载明的评估目的和用途。资产评估师及其所在评估机构不承担因资产评估报告使用不当所造成后果的责任。

2. 本资产评估报告的有效期为壹年，即有效期从资产评估基准日2022年6月30日起至2023年6月29日止。资产评估报告使用人应当在本资产评估报告载明的有效期内使用。

3. 委托人或者其他资产评估报告使用人未按照法律、行政法规规定和资产评估报告载明的使用范围使用资产评估报告的，资产评估机构及其资产评估师不承担责任。

4. 除委托人、资产评估委托合同中约定的其他资产评估报告使用人和法律、行政法规规定的资产评估报告使用人之外，其他任何机构和个人不能成为资产评估报告的使用人。

5. 资产评估报告使用人应当正确理解评估结论，评估结论不等同于评估对象可实现价格，评估结论不应当被认为是对评估对象可实现价格的保证。

6. 本评估结论仅供委托方为本次评估目的使用。除法律、行政法规规定以及相关当事方另有约定外，未征得本公司同意，本评估报告的内容不得被摘抄、引用或披露于公开媒体。

十四、资产评估报告日

本资产评估报告日为2022年9月20日。

中天资产评估有限公司(印章)

法定代表人(签字)：

资产评估师(签章)：

资产评估师(签章)：

附 件

1. 光明公司股东会决议复印件；
2. 宏远公司董事会决议复印件；
3. 光明公司近3年会计报表复印件；
4. 光明公司评估基准日专项审计报告复印件；
5. 宏远公司和光明公司营业执照复印件；
6. 房地产权证复印件；
7. 委托方和被评估企业承诺函；
8. 永明资产评估有限公司备案文件及营业执照复印件；
9. 评估人员资格证明文件复印件；
10. 其他文件资料；
11. 资产基础法评估汇总及明细表；
12. 收益法评估汇总及明细表；
13. 资产账面价值与评估结论存在差异的说明。

10.3 资产评估档案的内容与归集管理

10.3.1 资产评估档案的内容

资产评估档案，是指资产评估机构开展资产评估业务形成的，反映资产评估程序实施情况、支持评估结论的工作底稿、资产评估报告及其他相关资料。纳入资产评估档案的资产评估报告应当包括初步资产评估报告和正式资产评估报告。工作底稿是资产评估专业人员在执行评估业务过程中形成的，反映评估程序实施情况、支持评估结论的工作记录和相关资料。

工作底稿是判断一个评估项目是否执行了评估基本程序的主要依据，应反映资产评估专业人员实施现场调查、评定估算等评估程序，支持评估结论。按照不同的标准，可以将工作底稿分成不同的类型。

（1）按照工作底稿的载体，可以分为纸质文档、电子文档或者其他介质形式的文档。资产评估委托合同、资产评估报告应当形成纸质文档。评估明细表、评估说明可以是纸质文档、电子文档或者其他介质形式的文档。同时以纸质和其他介质形式保存的文档，其内容应当相互匹配，不一致的以纸质文档为准。

（2）按照工作底稿的内容，可以分为管理类工作底稿和操作类工作底稿。管理类工作底稿是指在执行资产评估业务过程中，为受理、计划、控制和管理资产评估业务所形成的工作记录及相关资料。管理类工作底稿通常包括资产评估业务基本事项的记录、资产评估委托合同、资产评估计划、资产评估业务执行过程中重大问题处理记录以及资产评估报告的审核意见等。操作类工作底稿是指在履行现场调查、收集评估资料和评定估算程序时所形成的工作记录及相关资料。操作类工作底稿主要包括现场调查记录与相关资料、收集的评估资料以及评定估算过程记录等。按照评估方法划分，操作类工作底稿一般可分为市场法工作底稿、收益法工作底稿和成本法工作底稿。资产评估专业人员在采用市场法评估企业整体价值时，应在工作底稿中反映收集的参考企业、市场交易案例的资料，反映所选择的参考企业、市场交易案例与被评估企业具有可比性的资料。资产评估专业人员采用收益法评估企业资产价值时，应与委托人充分沟通，获得委托人关于被评估企业资产配置和使用情况的说明，包括对非经营性资产、非经营性负债和溢余资产状况的说明，资产评估专业人员进行现场调查后，应汇集资产的账面值、调查值形成工作底稿。资产评估专业人员运用资产基础法对企业进行整体价值评估时，应在工作底稿中反映企业拥有的有形资产、无形资产以及应当承担的负债，记录根据其具体情况分别选用市场法、收益法、成本法的现场调查、评定估算过程。

资产评估专业人员编制工作底稿时应当遵守法律、行政法规和资产评估准则，编制的工作底稿应当真实完整、重点突出、记录清晰，反映资产评估程序实施情况，支持评估结论。资产评估专业人员收集委托人和相关当事人提供的重要资料作为工作底稿，应当由提供方对相关资料进行确认，确认方式包括但不限于签字、盖章、法律允许的其他方式。在工作底稿的编制过程中，需要经过必要的审核程序，包括对文字、数字、计算过程等内容的审核。资产评估专业人员应当根据评估业务特点和工作底稿类别，编制工作底稿目录，建立必要的索引号，以反映工作底稿间的勾稽关系。

10.3.2 资产评估档案的归集和管理

10.3.2.1 资产评估档案的归集和管理

资产评估机构应当按照法律、行政法规和评估准则的规定建立健全资产评估档案管理制度。

资产评估业务完成后，资产评估专业人员应将工作底稿与评估报告等归集形成评估档案后及时向档案管理人员移交，并由所在资产评估机构按照国家有关法律、法规及评估准则的规定妥善管理。

1. 资产评估档案的归集期限

资产评估专业人员通常应当在资产评估报告日后 90 日内将工作底稿、资产评估报告及其他相关资料归集形成资产评估档案，并在归档目录中注明文档介质形式。重大或者特殊项目的归档时限为评估结论使用有效期届满后 30 日内，并由所在资产评估机构按照国家有关法律、行政法规和相关资产评估准则的规定妥善管理。

2. 资产评估档案的保管期限

根据资产评估法规定，一般评估业务的评估档案保存期限不少于 15 年，法定评估业务的评估档案保管期限不少于 30 年。评估档案的保存期限，自资产评估报告日起算。《资产评估执业准则——资产评估档案》规定，资产评估档案自资产评估报告日起保存期限不少于 15 年；属于法定资产评估业务的，不少于 30 年。资产评估机构应当在法定保存期限内妥善保存资产评估档案，以保证资产评估档案的安全和持续使用。资产评估档案应当由资产评估机构集中统一管理，不得由原制作人单独分散保存。资产评估机构不得对在法定保存期内的资产评估档案非法删改或者销毁。

10.3.2.2 资产评估档案的保密与查阅

资产评估档案如果涉及客户的商业秘密，评估机构、资产评估专业人员有责任为客户保密。资产评估档案的管理应当严格执行保密制度。除下列情形外，资产评估档案不得对外提供：

（1）国家机关依法调阅的。

（2）资产评估协会依法依规调阅的。

（3）其他依法依规查阅的。

如果本机构资产评估专业人员需要查阅评估档案，应按规定办理借阅手续。

本章小结

本章介绍了资产评估报告的概念、类型以及基本内容，阐述了资产评估档案的内容与归集管理。资产评估报告是指资产评估机构及其资产评估专业人员遵守法律、行政法规和资产评估准则，根据委托履行必要的评估程序后，由资产评估机构对评估对象在评估基准日特定目的下的价值出具的专业报告。资产评估报告由标题及文号、目录、声明、摘要、正文和附件组成。资产评估档案，是指资产评估机构开展资产评估业务形成的，反映资产评估程序实施情况、支持评估结论的工作底稿、资产评估报告及其他相关资料。纳入资产评估档案的资产评估报告应当包括初步资产评估报告和正式资产评估报告。按照工作底稿的载体，可以分为纸质文档、电子文档或者其他介质形式的文档；按照工作底稿的内容，可以分为管理类工作底稿和操作类工作底稿。资产评估业务完成后，资产评估专业人员应将工作底稿与评估报告等归集形成评估档案后及时向档案管理人员移交，并由所在资产评估机构按照国家有关法律、法规及评估准则的规定妥善管理。

基本概念

资产评估报告　法定评估业务报告　限制型评估报告　现时性评估报告　追溯性评估报告　预测性评估报告　资产评估档案　管理类工作底稿　操作类工作底稿

即测即评

1. 单项选择题

（1）下列工作底稿资料中，属于管理类工作底稿的是（　　）。

A．资产评估报告的审核意见　　B．房屋产权证明文件

C．现场勘查记录　　D．评定估算过程记录

（2）宏远公司以某机器设备作为抵押向银行申请贷款，银行想了解该机器设备在两年后

某一时点的市场价值，委托评估机构进行评估，此时出具的评估报告是（　　）。

A．追溯性评估报告　　B．限制型评估报告

C．现时性评估报告　　D．预测性评估报告

（3）关于资产评估档案，下列说法中不正确的是（　　）。

A．当国家机关依法调阅时，资产评估档案可以对外提供

B．一般评估业务的评估档案保存期限不少于 15 年

C．重大或者特殊项目的归档时限为评估结论使用有效期届满后 30 日内

D．工作底稿只能是纸质文档

（4）评估报告、限制型评估报告的根本区别在于（　　）。

A．所提供信息的详细程度不同　　B．法律定位不同

C．评估对象不同　　D．评估基准日不同

（5）关于资产评估报告的基本内容，下列说法中不正确的是（　　）。

A．资产评估报告标题一般采用“经济行为关键词+企业名称+评估对象+资产评估报告”形式

B．资产评估报告文号包括资产评估机构特征字、种类特征字、年份、报告序号

C．资产评估报告的目录应当包括每一部分的标题和相应页码

D．只有符合资产评估报告定义的才能以“评估报告”为标题出具资产评估报告

（6）判定一份评估报告是否提供了必要的信息，其标准是（　　）。

A．评估报告提供的信息是否真实

B．评估报告提供的信息是否充分

C．评估报告使用人在阅读评估报告后能否对评估结论有正确的理解

D．评估报告的内容是否得当

（7）某法院委托资产评估机构进行司法诉讼评估，法院欲了解诉讼标的在 3 年前某一时点的市场价值，委托该评估机构对其进行评估，此时出具的评估报告是（　　）。

A．追溯性评估报告　　B．预测性评估报告

C．现时性评估报告　　D．限制型评估报告

（8）下列资产评估底稿资料中，不属于管理类工作底稿的是（　　）。

A．资产评估项目的风险评价记录　　B．资产评估项目的现场调查记录

C．资产评估计划的调整记录　　D．资产评估委托合同

（9）根据《资产评估法》规定，一般资产评估档案的保存期限不少于（　　）。

A．10 年　　B．15 年　　C．20 年　　D．30 年

（10）操作类工作底稿可以按照评估方法进行划分，下列各项中不属于该划分类别的是（　　）。

A．收益法工作底稿　　B．市场法工作底稿

C．成本法工作底稿　　D．售价法工作底稿

2．多项选择题

（1）资产评估报告正文包括（　　）。

A．价值类型　B．特别事项说明　C．评估报告声明　D．资产评估报告日
E．评估对象和评估范围
（2）下列关于资产评估报告载明的评估基准日、资产评估报告日的说法中，正确的有（　　）。
A．资产评估报告日通常为评估结论形成的日期
B．评估基准日可以是现在的时点
C．资产评估报告日可以不同于资产评估报告的签署日
D．评估基准日可以与资产评估委托合同约定的评估基准日不一致
E．评估基准日可以是未来的时点
（3）下列底稿资料中，属于操作类工作底稿的有（　　）。
A．资产评估报告的审核意见
B．评定估算过程记录
C．询价记录
D．资产评估业务执行过程中重大问题处理记录
E．现场勘查记录、书面询问记录、函证记录
（4）下列各项中，属于确定资产评估报告的详略程度应该考虑的因素有（　　）。
A．资产评估机构的制度规定　B．被评估单位的合理需求
C．评估对象的复杂程度　D．可以获得的评估费用的多少
E．委托人的合理需求
（5）资产评估报告应当按照一定格式和内容进行编写，反映的基本信息包括（　　）。
A．评估目的　B．执行评估的人员
C．评估依据　D．评估结果
E．评估假设
（6）下列底稿资料中，属于管理类工作底稿的有（　　）。
A．资产评估报告的审核意见
B．设备询价记录
C．资产评估计划
D．资产评估业务执行过程中重大问题处理记录
E．资产评估业务基本事项的记录
（7）下列底稿资料中，属于操作类工作底稿的有（　　）。
A．评估结论形成过程的记录　B．评估项目的风险评价记录
C．现场调查记录　D．资产评估业务基本事项的记录
E．资产评估计划的调整记录
（8）下列关于资产评估工作底稿的说法中，正确的有（　　）。
A．评估工作完成后，归集后的工作底稿，即为资产评估档案
B．工作底稿应当反映资产评估机构的内部审核过程
C．将委托人和其他相关当事人提供的重要资料作为工作底稿应当由提供方进行确认
D．工作底稿应当反映资产评估程序的实施情况，支持评估结论

E．工作底稿应当以纸质文档保存

（9）根据评估基准日的不同选择，评估报告可以分为（　　）。

A．现时性评估报告　　B．完整性评估报告

C．追溯性评估报告　　D．预测性评估报告

E．限制型评估报告

（10）下列属于评估报告附件的有（　　）。

A．评估对象所涉及的主要权属证明资料

B．委托人和其他相关当事人的承诺函

C．资产评估报告使用限制说明

D．资产评估机构及签名资产评估专业人员的备案文件或者资格证明文件

E．资产评估汇总表或明细表

课后思考题

1．什么是资产评估报告？资产评估报告具有哪些特点？

2．阐述资产评估报告的分类。

3．编写资产评估报告应遵循哪些基本要求？

4．资产评估报告的基本内容有哪些？

5．资产评估档案的内容包括哪些？

6．按照工作底稿的内容，可以将工作底稿分为哪几类？

7．资产评估专业人员编制工作底稿时应遵循哪些基本要求？

8．什么是管理类工作底稿？什么是操作类工作底稿？

9．阐述资产评估档案的归集期限规定和保管期限规定。

业务练习题

1．下面是中天评估事务所完成的国有资产评估业务出具的评估报告的正文。请找出资产评估报告书中的错误。

宏远有限责任公司：

中天资产评估有限责任公司（以下简称本公司）接受贵单位的委托，根据有关法律法规、资产评估准则和资产评估原则，采用收益法，按照必要的评估程序，对贵公司拟股权收购事宜所涉及的光明有限责任公司的股东全部权益在评估基准日 2022 年 9 月 30 日所表现的市场价值进行了评估。评估结果有效期为一年。通过评估我们认为光明有限责任公司是一家信誉良好，资产质量优良，具有良好发展前景的公司。现将资产评估结果揭示如下：

1．委托方、被评估单位和业务约定书约定的其他评估报告使用者概况。

2. 评估目的：对宏远有限责任公司股权收购事宜所涉及的光明有限责任公司的股东全部权益在评估基准日市场价值进行评估。

3. 评估原则：根据国家国有资产管理及评估的有关法规，本公司遵循独立性、科学性和客观性的评估工作原则，并以贡献原则、替代原则和预期原则为基础进行评估。

4. 评估对象和评估范围：根据本次评估目的，评估对象是光明有限责任公司的股东全部权益价值。评估范围是光明有限责任公司经审计后账面上列示的全部资产及相关负债。（数据略）

5. 价值类型及其定义：

根据评估目的和评估资产的特点，考虑市场条件及评估对象的使用等并无特别限制和要求，确定本次评估结论的价值类型为市场价值。市场价值是指自愿买方和自愿卖方，在各自理性行事且未受任何强迫的情况下，评估对象在评估基准日进行正常公平交易的价值估计数额。

6. 评估基准日：2022 年 9 月 30 日。

7. 评估依据：

（1）委托方提供的资产清单及其他资料；

（2）有关资产的产权证明及相关资料；

（3）委托方提供的有关会计凭证、会计报表及其他会计资料；

（4）与委托方资产取得、销售业务相关的各项合同及其他资料。

8. 评估方法：根据委托方评估目的和评估对象，此次评估方法为成本法和市场法两种方法，成本法价格标准为重置成本标准。最后取两种评估方法下评估结果的加权平均值作为评估结果。

9. 评估程序实施过程和情况：

货币资金账面价值 421 588 元，其中现金 21 325 元，银行存款 400 263 元，考虑到货币资金即为现值不需折现，经总账明细账与日记账核实一致并对现金盘点无误后，按账面值确认。

其他内容（略）。

10. 评估假设（略）。

11. 评估结论：在实施了上述评估程序和评估方法后，贵公司截至评估基准日的资产、负债和所有者权益价值为资产总额 41 504 342 元，负债总额 22 722 000 元，净资产价值 18 782 342 元。

12. 特别事项说明（略）。

13. 评估报告使用限制说明：

（1）评估报告只能用于评估报告载明的评估目的和用途。

（2）评估报告只能由评估报告载明的评估报告使用者使用。

（3）未征得出具评估报告的评估机构同意，评估报告的内容不得被摘抄、引用或披露于公开媒体，法律、法规规定以及相关当事方另有约定的除外。

（4）当政策调整对评估结论产生重大影响时，应当重新确定评估基准日进行评估。

（5）本资产评估报告自评估基准日 2022 年 9 月 30 日起一年内使用有效，超过一年，需要酌情使用本报告。

14．资产评估报告日：

本资产评估报告日为 2022 年 11 月 8 日。

中天资产评估有限责任公司（盖章）

中国注册资产评估师：张红（签字盖章）

2022 年 11 月 8 日

2．某国有资产的评估项目（非重大和特殊项目）委托 A 资产评估机构执行。评估基准日是 2022 年 6 月 30 日。在执行其他必要的评估程序之后，参与评估的专业人员完成了评估报告（评估报告日为 2022 年 12 月 20 日），并于 2023 年 1 月底完成工作底稿等评估档案的归档工作。

（1）本题中评估档案保存期限为多少年？

（2）评估档案在哪些情形下，不得对外提供？本机构资产评估专业人员需要查阅评估档案，应当怎么做？

附　　录

附录一　资金时间价值系数表

附表一　1元复利终值表

期数	1%	2%	3%	4%	5%	6%	7%	8%	9%	10%
1	1.0100	1.0200	1.0300	1.0400	1.0500	1.0600	1.0700	1.0800	1.0900	1.1000
2	1.0201	1.0404	1.0609	1.0816	1.1025	1.1236	1.1449	1.1664	1.1881	1.2100
3	1.0303	1.0612	1.0927	1.1249	1.1576	1.1910	1.2250	1.2597	1.2950	1.3310
4	1.0406	1.0824	1.1255	1.1699	1.2155	1.2625	1.3108	1.3605	1.4116	1.4641
5	1.0510	1.1041	1.1593	1.2167	1.2763	1.3382	1.4026	1.4693	1.5386	1.6105
6	1.0615	1.1262	1.1941	1.2653	1.3401	1.4185	1.5007	1.5809	1.6771	1.7716
7	1.0721	1.1487	1.2299	1.3159	1.4071	1.5036	1.6058	1.7138	1.8280	1.9487
8	1.0829	1.1717	1.2668	1.3686	1.4775	1.5938	1.7182	1.8509	1.9926	2.1436
9	1.0937	1.1951	1.3048	1.4233	1.5513	1.6895	1.8385	1.9990	2.1719	2.3579
10	1.1046	1.2190	1.3439	1.4802	1.6289	1.7908	1.9672	2.1589	2.3674	2.5937
11	1.1157	1.2434	1.3842	1.5395	1.7103	1.8983	2.1049	2.3316	2.5804	2.8531
12	1.1268	1.2682	1.4258	1.6010	1.7959	2.0122	2.2522	2.5182	2.8127	3.1384
13	1.1381	1.2936	1.4685	1.6651	1.8856	2.1329	2.4098	2.7196	3.0658	3.4523
14	1.1495	1.3195	1.5126	1.7317	1.9799	2.2609	2.5785	2.9372	3.3417	3.7975
15	1.1610	1.3459	1.5580	1.8009	2.0789	2.3966	2.7590	3.1722	3.6425	4.1772
16	1.1726	1.3728	1.6047	1.8730	2.1829	2.5404	2.9522	3.4259	3.9703	4.5950
17	1.1843	1.4002	1.6528	1.9479	2.2920	2.6928	3.1588	3.7000	4.3276	5.0545
18	1.1961	1.4282	1.7024	2.0258	2.4066	2.8543	3.3799	3.9960	4.7171	5.5599
19	1.2081	1.4568	1.7535	2.1068	2.5270	3.0256	3.6165	4.3157	5.1417	6.1159
20	1.2202	1.4859	1.8061	2.1911	2.6533	3.2071	3.8697	4.6610	5.6044	6.7275
21	1.2324	1.5157	1.8603	2.2788	2.7860	3.3996	4.1406	5.0338	6.1088	7.4002
22	1.2447	1.5460	1.9161	2.3699	2.9253	3.6035	4.4304	5.4365	6.6586	8.1403
23	1.2572	1.5769	1.9736	2.4647	3.0715	3.8197	4.7405	5.8715	7.2579	8.2543
24	1.2697	1.6084	2.0328	2.5633	3.2251	4.0489	5.0724	6.3412	7.9111	9.8497
25	1.2824	1.6406	2.0938	2.6658	3.3864	4.2919	5.4274	6.8485	8.6231	10.835
26	1.2953	1.6734	2.1566	2.7725	3.5557	4.5494	5.8074	7.3964	9.3992	11.918
27	1.3082	1.7069	2.2213	2.8834	3.7335	4.8823	6.2139	7.9881	10.245	13.110
28	1.3213	1.7410	2.2879	2.9987	3.9201	5.1117	6.6488	8.6271	11.167	14.421
29	1.3345	1.7758	2.3566	3.1187	4.1161	5.4184	7.1143	9.3173	12.172	15.863
30	1.3478	1.8114	2.4273	3.2434	4.3219	5.7435	7.6123	10.063	13.268	17.449
40	1.4889	2.2080	3.2620	4.8010	7.0400	10.286	14.794	21.725	31.408	45.259
50	1.6446	2.6916	4.3839	7.1067	11.467	18.420	29.457	46.902	74.358	117.39
60	1.8167	3.2810	5.8916	10.520	18.679	32.988	57.946	101.26	176.03	304.48

续表

期数	12%	14%	15%	16%	18%	20%	24%	28%	32%	36%
1	1.1200	1.1400	1.1500	1.1600	1.1800	1.2000	1.2400	1.2800	1.3200	1.3600
2	1.2544	1.2996	1.3225	1.3456	1.3924	1.4400	1.5376	1.6384	1.7424	1.8496
3	1.4049	1.4815	1.5209	1.5609	1.6430	1.7280	1.9066	2.0872	2.3000	2.5155
4	1.5735	1.6890	1.7490	1.8106	1.9388	2.0736	2.3642	2.6844	3.0360	3.4210
5	1.7623	1.9254	2.0114	2.1003	2.2878	2.4883	2.9316	3.4360	4.0075	4.6526
6	1.9738	2.1950	2.3131	2.4364	2.6996	2.9860	3.6352	4.3980	5.2899	6.3275
7	2.2107	2.5023	2.6600	2.8262	3.1855	3.5832	4.5077	5.6295	6.9826	8.6054
8	2.4760	2.8526	3.0590	3.2784	3.7589	4.2998	5.5895	7.2058	9.2170	11.703
9	2.7731	3.2519	3.5179	3.8030	4.4355	5.1598	6.9310	9.2234	12.166	15.917
10	3.1058	3.7072	4.0456	4.4114	5.2338	6.1917	8.5944	11.806	16.060	21.647
11	3.4785	4.2262	4.6524	5.1173	6.1759	7.4301	10.657	15.112	21.199	29.439
12	3.8960	4.8179	5.3503	5.9360	7.2876	8.9161	13.215	19.343	27.983	40.037
13	4.3635	5.4924	6.1528	6.8858	8.5994	10.699	16.386	24.759	36.937	54.451
14	4.8871	6.2613	7.0757	7.9875	10.147	12.839	20.319	31.691	48.757	74.053
15	5.4736	7.1379	8.1371	9.2655	11.974	15.407	25.196	40.565	64.359	100.71
16	6.1304	8.1372	9.3576	10.748	14.129	18.488	31.243	51.923	84.954	136.97
17	6.8660	9.2765	10.761	12.468	16.672	22.186	38.741	66.461	112.14	186..28
18	7.6900	10.575	12.375	14.463	19.673	26.623	48.039	86.071	148.02	253.34
19	8.6128	12.056	14.232	16.777	23.214	31.948	59.568	108.89	195.39	344.54
20	9.6463	13.743	16.367	19.461	27.393	38.338	73.864	139.38	257.92	468.57
21	10.804	15.668	18.822	22.574	32.324	46.005	91.592	178.41	340.45	637.26
22	12.100	17.861	21.645	26.186	38.142	55.206	113.57	228.36	449.39	866.67
23	13.552	20.362	24.891	30.376	45.008	66.247	140.83	292.30	593.20	1178.7
24	15.179	23.212	28.625	35.236	53.109	79.497	174.63	374.14	783.02	1603.0
25	17.000	26.462	32.919	40.874	62.669	95.396	216.54	478.90	1033.6	2180.1
26	19.040	30.167	37.857	47.414	73.949	114.48	268.51	613.00	1364.3	2964.9
27	21.325	34.390	43.535	55.000	87.260	137.37	332.95	784.64	1800.9	4032.3
28	23.884	39.204	50.066	63.800	102.97	164.84	412.86	1004.3	2377.2	5483.9
29	26.750	44.693	57.575	74.009	121.50	197.81	511.95	1285.6	3137.9	7458.1
30	29.960	50.950	66.212	85.850	143.37	237.38	634.82	1645.5	4142.1	10143.0
40	93.051	188.83	267.86	378.72	750.38	1469.8	5455.9	19426.7	66520.8	*
50	289.00	700.23	1083.7	1670.7	3927.4	9100.4	46890.4	*	*	*
60	897.60	2595.9	4384.0	7370.2	20555.1	56347.5	*	*	*	*

注：*为数值大于 99999。

附表二 1 元复利现值表

期数	1%	2%	3%	4%	5%	6%	7%	8%	9%	10%
1	0.9901	0.9804	0.9709	0.9615	0.9524	0.9434	0.9346	0.9259	0.9174	0.9091
2	0.9803	0.9712	0.9426	0.9246	0.9070	0.8900	0.8734	0.8573	0.8417	0.8264
3	0.9706	0.9423	0.9151	0.8890	0.8638	0.8396	0.8163	0.7938	0.7722	0.7513
4	0.9610	0.9238	0.8885	0.8548	0.8227	0.7921	0.7629	0.7350	0.7084	0.6830
5	0.9515	0.9057	0.8626	0.8219	0.7835	0.7473	0.7130	0.6806	0.6499	0.6209
6	0.9420	0.8880	0.8375	0.7903	0.7462	0.7050	0.6663	0.6302	0.5963	0.5645
7	0.9327	0.8606	0.8131	0.7599	0.7107	0.6651	0.6227	0.5835	0.5470	0.5132
8	0.9235	0.8535	0.7874	0.7307	0.6768	0.6274	0.5820	0.5403	0.5019	0.4665
9	0.9143	0.8368	0.7664	0.7026	0.6446	0.5919	0.5439	0.5002	0.4604	0.4241
10	0.9053	0.8203	0.7441	0.6756	0.6139	0.5584	0.5083	0.4632	0.4224	0.3855
11	0.8963	0.8043	0.7224	0.6496	0.5847	0.5268	0.4751	0.4289	0.3875	0.3505
12	0.8874	0.7885	0.7014	0.6246	0.5568	0.4970	0.4440	0.3971	0.3555	0.3186
13	0.8787	0.7730	0.6810	0.6006	0.5303	0.4688	0.4150	0.3677	0.3262	0.2897
14	0.8700	0.7579	0.6611	0.5775	0.5051	0.4423	0.3878	0.3405	0.2992	0.2633
15	0.8613	0.7430	0.6419	0.5553	0.4810	0.4173	0.3624	0.3152	0.2745	0.2394
16	0.8528	0.7284	0.6232	0.5339	0.4581	0.3936	0.3387	0.2919	0.2519	0.2176
17	0.8444	0.7142	0.6050	0.5134	0.4363	0.3714	0.3166	0.2703	0.2311	0.1978
18	0.8360	0.7002	0.5874	0.4936	0.4155	0.3503	0.2959	0.2502	0.2120	0.1799
19	0.8277	0.6864	0.5703	0.4746	0.3957	0.3305	0.2765	0.2317	0.1945	0.1635
20	0.8195	0.6730	0.5537	0.4564	0.3769	0.3118	0.2584	0.2145	0.1784	0.1486
21	0.8114	0.6598	0.5375	0.4388	0.3589	0.2942	0.2415	0.1987	0.1637	0.1351
22	0.8034	0.6468	0.5219	0.4220	0.3418	0.2775	0.2257	0.1839	0.1502	0.1228
23	0.7954	0.6342	0.5067	0.4057	0.3256	0.2618	0.2109	0.1703	0.1378	0.1117
24	0.7876	0.6217	0.4919	0.3901	0.3101	0.2470	0.1971	0.1577	0.1264	0.1015
25	0.7798	0.6095	0.4776	0.3751	0.2953	0.2330	0.1842	0.1460	0.1160	0.0923
26	0.7720	0.5976	0.4637	0.3604	0.2812	0.2198	0.1722	0.1352	0.1064	0.0839
27	0.7644	0.5859	0.4502	0.3468	0.2678	0.2074	0.1609	0.1252	0.0976	0.0763
28	0.7568	0.5744	0.4371	0.3335	0.2551	0.1956	0.1504	0.1159	0.0895	0.0693
29	0.7493	0.5631	0.4243	0.3207	0.2429	0.1846	0.1406	0.1073	0.0822	0.0630
30	0.7419	0.5521	0.4120	0.3083	0.2314	0.1741	0.1314	0.0994	0.0754	0.0573
35	0.7059	0.5000	0.3554	0.2534	0.1813	0.1301	0.0937	0.0676	0.0490	0.0356
40	0.6717	0.4529	0.3066	0.2083	0.1420	0.0972	0.0668	0.0460	0.0318	0.0221
45	0.6491	0.4102	0.2644	0.1712	0.1113	0.0727	0.0476	0.0313	0.0207	0.0137
50	0.6080	0.3715	0.2281	0.1407	0.0872	0.0543	0.0339	0.0213	0.0134	0.0085
55	0.5785	0.3365	0.1968	0.1157	0.0683	0.0406	0.0242	0.0145	0.0087	0.0053

续表

期数	12%	14%	15%	16%	18%	20%	24%	28%	32%	36%
1	0.8929	0.8772	0.8696	0.8621	0.8475	0.8333	0.8065	0.7813	0.7576	0.7353
2	0.7972	0.7695	0.7561	0.7432	0.7182	0.6944	0.6504	0.6104	0.5739	0.5407
3	0.7118	0.6750	0.6575	0.6407	0.6086	0.5787	0.5245	0.4768	0.4348	0.3975
4	0.6355	0.5921	0.5718	0.5523	0.5158	0.4823	0.4230	0.3725	0.3294	0.2923
5	0.5674	0.5194	0.4972	0.4762	0.4371	0.4019	0.3411	0.2910	0.2495	0.2149
6	0.5066	0.4556	0.4323	0.4104	0.3704	0.3349	0.2751	0.2274	0.1890	0.1580
7	0.4523	0.3996	0.3759	0.3538	0.3139	0.2791	0.2218	0.1776	0.1432	0.1162
8	0.4039	0.3506	0.3269	0.3050	0.2660	0.2326	0.1789	0.1388	0.1085	0.0854
9	0.3606	0.3075	0.2843	0.2630	0.2255	0.1938	0.1443	0.1084	0.0822	0.0628
10	0.3220	0.2697	0.2472	0.2267	0.1911	0.1615	0.1164	0.0847	0.0623	0.0462
11	0.2875	0.2366	0.2149	0.1954	0.1619	0.1346	0.0938	0.0662	0.0472	0.0340
12	0.2567	0.2076	0.1869	0.1685	0.1373	0.1122	0.0557	0.0517	0.0357	0.0250
13	0.2292	0.1821	0.1625	0.1452	0.1163	0.0935	0.0610	0.0404	0.0271	0.0184
14	0.2046	0.1597	0.1413	0.1252	0.0985	0.0779	0.0492	0.0316	0.0205	0.0135
15	0.1827	0.1401	0.1229	0.1079	0.0835	0.0649	0.0397	0.0247	0.0155	0.0099
16	0.1631	0.1229	0.1069	0.0980	0.0709	0.0541	0.0320	0.0193	0.0118	0.0073
17	0.1456	0.1078	0.0929	0.0802	0.0600	0.0451	0.0259	0.0150	0.0089	0.0054
18	0.1300	0.0946	0.0808	0.0691	0.0508	0.0376	0.0208	0.0118	0.0068	0.0039
19	0.1161	0.0829	0.0703	0.0596	0.0431	0.0313	0.0168	0.0092	0.0051	0.0029
20	0.1037	0.0728	0.0611	0.0514	0.0365	0.0261	0.0135	0.0072	0.0039	0.0021
21	0.0926	0.0638	0.0531	0.0443	0.0309	0.0217	0.0109	0.0056	0.0029	0.0016
22	0.0826	0.0560	0.0462	0.0382	0.0262	0.0181	0.0088	0.0044	0.0022	0.0012
23	0.0738	0.0491	0.0402	0.0329	0.0222	0.0151	0.0071	0.0034	0.0017	0.0008
24	0.0659	0.0431	0.0349	0.0284	0.0188	0.0126	0.0057	0.0027	0.0013	0.0006
25	0.0588	0.0378	0.0304	0.0245	0.0160	0.0105	0.0046	0.0021	0.0010	0.0005
26	0.0525	0.0331	0.0264	0.0211	0.0135	0.0087	0.0037	0.0016	0.0007	0.0003
27	0.0469	0.0291	0.0230	0.0182	0.0115	0.0073	0.0030	0.0013	0.0006	0.0002
28	0.0419	0.0255	0.0200	0.0157	0.0097	0.0061	0.0024	0.0010	0.0004	0.0002
29	0.0374	0.0224	0.0174	0.0135	0.0082	0.0051	0.0020	0.0008	0.0003	0.0001
30	0.0334	0.0196	0.0151	0.0116	0.0070	0.0042	0.0016	0.0006	0.0002	0.0001
35	0.0189	0.0102	0.0075	0.0055	0.0030	0.0017	0.0005	0.0002	0.0001	*
40	0.0107	0.0053	0.0037	0.0026	0.0013	0.0007	0.0002	0.0001	*	*
45	0.0061	0.0027	0.0019	0.0013	0.0006	0.0003	0.0001	*	*	*
50	0.0035	0.0014	0.0009	0.0006	0.0003	0.0001	*	*	*	*
55	0.0020	0.0007	0.0005	0.0003	0.0001	*	*	*	*	*

注：*为数值小于0.0001。

附表三　1 元年金终值表

期数	1%	2%	3%	4%	5%	6%	7%	8%	9%	10%
1	1.0000	1.0000	1.0000	1.0000	1.0000	1.0000	1.0000	1.0000	1.0000	1.0000
2	2.0100	2.0200	2.0300	2.0400	2.0500	2.0600	2.0700	2.0800	2.0900	2.1000
3	3.0301	3.0604	3.0909	3.1216	3.1525	3.1836	3.2149	3.2464	3.2781	3.3100
4	4.0604	4.1216	4.1836	4.2465	4.3101	4.3746	4.4399	4.5061	4.5731	4.6410
5	5.1010	5.2040	5.3091	5.4163	5.5256	5.6371	5.7507	5.8666	5.9847	6.1051
6	6.1520	6.3081	6.4684	6.6330	6.8019	6.9753	7.1533	7.3359	7.5233	7.7156
7	7.2135	7.4343	7.6625	7.8983	8.1420	8.3938	8.6540	8.9228	9.2004	9.4872
8	8.2857	8.5830	8.8923	9.2142	9.5491	9.8975	10.260	10.637	11.028	11.436
9	9.3685	9.7546	10.159	10.583	11.027	11.491	11.978	12.488	13.021	13.579
10	10.462	10.950	11.464	12.006	12.578	13.181	13.816	14.487	15.193	15.937
11	11.567	12.169	12.808	13.486	14.207	14.972	15.784	16.645	17.560	18.531
12	12.683	13.412	14.192	15.026	15.917	16.870	17.888	18.977	20.141	21.384
13	13.809	14.680	15.618	16.627	17.713	18.882	20.141	21.495	22.953	24.523
14	14.947	15.974	17.086	18.292	19.599	21.015	22.550	24.214	26.019	27.975
15	16.097	17.293	18.599	20.024	21.579	23.276	25.129	27.152	29.361	31.772
16	17.258	18.639	20.157	21.825	23.657	25.673	27.888	30.324	33.003	35.950
17	18.430	20.012	21.762	23.698	25.840	28.213	30.840	33.750	36.974	40.545
18	19.615	21.412	23.414	25.645	28.132	30.906	33.999	37.450	41.301	45.599
19	20.811	22.841	25.117	27.671	30.539	33.760	37.379	41.446	46.018	51.159
20	22.019	24.297	26.870	29.778	33.066	36.786	40.995	45.752	51.160	57.275
21	23.239	25.783	28.676	31.969	35.719	39.993	44.865	50.423	56.765	64.002
22	24.472	27.299	30.537	34.248	38.505	43.392	49.006	55.457	62.873	71.403
23	25.716	28.845	32.453	36.618	41.430	46.996	53.436	60.883	69.532	79.543
24	26.973	30.422	34.426	39.083	44.502	50.816	58.177	66.765	76.790	88.497
25	28.243	32.030	36.459	41.646	47.727	54.863	63.249	73.106	84.701	98.347
26	29.526	33.671	38.553	44.312	51.113	59.156	68.676	79.954	93.324	109.18
27	30.821	35.344	40.710	47.084	54.669	63.706	74.484	87.351	102.72	121.10
28	32.129	37.051	42.931	49.968	58.403	68.528	80.698	95.339	112.97	134.21
29	33.450	38.792	45.219	52.966	62.323	73.640	87.347	103.97	124.14	148.63
30	34.785	40.568	47.575	56.085	66.439	79.058	94.461	113.28	136.31	164.49
40	48.886	60.402	75.401	95.026	120.80	154.76	199.64	259.06	337.88	442.59
50	64.463	84.579	112.80	152.67	209.35	290.34	406.53	573.77	815.08	1163.9
60	81.670	114.05	163.05	237.99	353.58	533.13	813.52	1253.2	1944.8	3034.8

续表

期数	12%	14%	15%	16%	18%	20%	24%	28%	32%	36%
1	1.0000	1.0000	1.0000	1.0000	1.0000	1.0000	1.0000	1.0000	1.0000	1.0000
2	2.1200	2.1400	2.1500	2.1600	2.1800	2.2000	2.2400	2.2800	2.3200	2.3600
3	3.3744	3.4396	3.4725	3.5056	3.5724	3.6400	3.7776	3.9184	3.0624	3.2096
4	4.7793	4.9211	4.9934	5.0665	5.2154	5.3680	5.6842	6.0156	6.3624	6.7251
5	6.3528	6.6101	6.7424	6.8771	7.1542	7.4416	8.0484	8.6999	9.3983	10.146
6	8.1152	8.5355	8.7537	8.9775	9.4420	9.9299	10.980	12.136	13.406	14.799
7	10.089	10.730	11.067	11.414	12.142	12.916	14.615	16.534	18.696	21.126
8	12.300	13.233	13.727	14.240	15.327	16.499	19.123	22.163	25.678	29.732
9	14.776	16.085	16.786	17.519	19.086	20.799	24.712	29.369	34.895	41.435
10	17.549	19.337	20.304	21.321	23.521	25.959.	31.643	38.593	47.062	57.352
11	20.655	23.045	24.349	25.733	28.755	32.150	40.238	50.398	63.122	78.998
12	24.133	27.271	29.002	30.850	34.931	39.581	50.895	65.510	84.320	108.44
13	28.029	32.089	34.352	36.786	42.219	48.497	64.110	84.853	112.30	148.47
14	32.393	37.581	40.505	43.672	50.818	59.196	80.496	109.61	149.24	202.93
15	37.280	43.842	47.580	51.660	60.965	72.035	100.82	141.30	198.00	276.98
16	42.753	50.980	55.717	60.925	72.939	87.442	126.01	181.87	262.36	377.69
17	48.884	59.118	65.075	71.673	87.068	105.93	157.25	233.79	347.31	514.66
18	55.750	68.394	75.836	84.141	103.74	128.12	195.99	300.25	459.45	770.94
19	63.440	78.969	88.212	98.603	123.41	154.74	244.03	385.32	607.47	954.28
20	72.052	91.025	102.44	115.38	146.63	186.69	303.60	494.21	802.86	1298.8
21	81.699	104.77	118.81	134.84	174.02	225.03	377.46	633.59	1060.8	1767.4
22	92.503	120.44	137.63	157.41	206.34	271.03	469.06	812.00	1401.2	2404.7
23	104.60	138.30	159.28	183.60	244.49	326.24	582.63	1040.4	1850.6	3271.3
24	118.16	158.66	184.17	213.98	289.49	392.48	723.46	1332.7	2443.8	4450.0
25	133.33	181.87	212.79	249.21	342.60	471.98	898.09	1706.8	3226.8	6053.0
26	150.33	208.33	245.71	290.09	405.27	567.38	1114.6	2185.7	4260.4	8233.1
27	169.37	238.50	283.57	337.50	479.22	681.85	1383.1	2798.7	5624.8	11198.0
28	190.70	272.89	327.10	392.50	566.48	819.22	1716.1	3583.3	7425.7	15230.3
29	214.58	312.09	377.17	456.30	669.45	984.07	2129.0	4587.7	9802.9	20714.2
30	241.33	356.79	434.75	530.31	790.95	1181.9	2640.9	5873.2	12940.9	28172.3
40	767.09	1342.0	1779.1	2360.8	4163.2	7343.9	22728.8	69377.5	*	*
50	2400.0	4994.5	7217.7	10435.6	21813.1	45497.2	*	*	*	*
60	7471.6	18535.1	29220.0	46057.5	*	*	*	*	*	*

注：*为数值大于 99999。

附表四　1 元年金现值表

期数	1%	2%	3%	4%	5%	6%	7%	8%	9%
1	0.9901	0.9804	0.9709	0.9615	0.9524	0.9434	0.9346	0.9259	0.9174
2	1.9704	1.9416	1.9135	1.8861	1.8594	1.8334	1.8080	1.7833	1.7591
3	2.9410	2.8839	2.8286	2.7751	2.7232	2.6730	2.6243	2.5771	2.5313
4	3.9020	3.8077	3.7171	3.6299	3.5460	3.4651	3.3872	3.3121	3.2397
5	4.8534	4.7135	4.5797	4.4518	4.3295	4.2124	4.1002	3.9927	3.8897
6	5.7955	5.6014	5.4172	5.2421	5.0757	4.9173	4.7665	4.6229	4.4859
7	6.7282	6.4720	6.2303	6.0021	5.7864	5.5824	5.3893	5.2064	5.0330
8	7.6517	7.3255	7.0197	6.7327	6.4632	6.2098	5.9713	5.7466	5.5348
9	8.5660	8.1622	7.7861	7.4353	7.1078	6.8017	6.5152	6.2469	5.9952
10	9.4713	8.9826	8.5302	8.1109	7.7217	7..3601	7.0236	6.7101	6.4177
11	10.3676	9.7868	9.2526	8.7605	8.3064	7.8869	7.4987	7.1390	6.8052
12	11.2551	10.5753	9.9540	9.3851	8.8633	8.3838	7.9427	7.5361	7.1607
13	12.1337	11.3484	10.6350	9.9856	9.3936	8.8527	8.3577	7.9038	7.4869
14	13.0037	12.1062	11.2961	10.5631	9.8986	9.2950	8.7455	8.2442	7.7862
15	13.8651	12.8493	11.9379	11.1184	10.3797	9.7122	9.1079	8.5595	8..0607
16	14.7179	13.5777	12.5611	11.6523	10.8378	10.1059	9.4466	8.8514	8.3126
17	15.5623	14.2919	13.1661	12.1657	11.2741	10.4773	9.7632	9.1216	8.5436
18	16.3983	14.9920	13.7535	12.6896	11.6896	10.8276	10.0591	9.3719	8.7556
19	17.2260	15.6785	14.3238	13.1339	12.0853	11.1581	10.3356	9.6036	8.9601
20	18.0456	16.3514	14.8775	13.5903	12.4622	11.4699	10.5940	9.8181	9.1285
21	18.8570	17.0112	15.4150	14.0292	12.8212	11.7641	10.8355	10.0168	9.02922
22	19.6604	17.6580	15.9369	14.4511	13.4886	12.3034	11.0612	10.2007	9.4424
23	20.4558	18.2922	16.4436	14.8568	13.4886	12.3034	11.2722	10.3711	9.5802
24	21.2434	18.9139	16.9355	15.2470	13.7986	12.5504	11.4693	10.5288	9.7066
25	22.0232	19.5235	17.4131	15.6221	14.0939	12.7834	11.6536	10.6748	9.8226
26	22.7952	20.1210	17.8768	15.9828	14.3752	13.0032	11.8258	10.8100	9.9290
27	23.5596	20.7059	18.3270	16.3296	14.6430	13.2105	11.9867	10.9352	10.0266
28	24.3164	21.2813	18.7641	16.6631	14.8981	13.4062	12.1371	11.0511	10.1161
29	25.0658	21.8444	19.1885	16.9837	15.1411	13.5907	12.2777	11.1584	10.1983
30	25.8077	22.3965	19.6004	17.2920	15.3725	13.7648	12.4090	11.2578	10.2737
35	29.4086	24.9986	21.4872	18.6646	16.3742	14.4982	12.9477	11.6546	10.5668
40	32.8347	27.3555	23.1148	19.7928	17.1591	15.0463	13.3317	11.9246	10.7574
45	36.0945	29.4902	24.5187	20.7200	17.7741	15.4558	13.6055	12.1084	10.8812
50	39.1961	31.4236	25.7298	21.4822	18.2559	15.7619	13.8007	12.2335	10.9617
55	42.1472	33.1748	26.7744	22.1086	18.6335	15.9905	13.9399	12.3186	11.0140

续表

期数	10%	12%	14%	15%	16%	18%	20%	24%	28%	32%
1	0.9091	0.8929	0.8772	0.8696	0.8621	0.8475	0.8333	0.8065	0.7813	0.7576
2	1.7355	1.6901	1.6467	1.6257	1.6052	1.5656	1.5278	1.4568	1.3916	1.3315
3	2.4869	2.4018	2.3216	2.2832	2.2459	2.1743	2.1065	1.9813	1.8684	1.7663
4	3.1699	3.0373	2.9173	2.8550	2.7982	2.6901	2.5887	2.4043	2.2410	2.0957
5	3.7908	3.6048	3.4331	3.3522	3.2743	3.1272	2.9906	2.7454	2.5320	2.3452
6	4.3553	4.1114	3.8887	3.7845	3.6847	3.4976	3.3255	3.0205	2.7594	2.5342
7	4.8684	4.5638	4.2882	4.1604	4.0386	3.8115	3.6046	3.2423	2.9370	2.6775
8	5.3349	4.9676	4.6389	4.4873	4.3436	4.0776	3.8372	3.4212	3.0758	2.7860
9	5.7590	5.3282	4.9164	4.7716	4.6065	4.3030	4.0310	3.5655	3.1842	2.8681
10	6.1446	5.6502	5.2161	5.0188	4.8332	4.4941	4.1925	3.6819	3.2689	2.9304
11	6.4951	5.9377	5.4527	5.2337	5.0286	4.6560	4.3271	3.7757	3.3351	2.9776
12	6.8137	6.1944	5.6603	5.4206	5.1971	4.7932	4.4392	3.8514	3.3868	3.0133
13	7.1034	6.4235	5.8424	5.5831	5.3423	4.9095	4.5327	3.9124	3.4272	3.0404
14	7.3667	6.6282	6.0021	5.7245	5.4675	5.0081	4.6106	3.9616	3.4587	3.0609
15	7.6061	6.8109	6.1422	5.8474	5.5755	5.0916	4.6755	4.0013	3.4834	3.0764
16	7.8237	6.9740	6.2651	5.9542	5.6685	5.1624	4.7296	4.0333	3.5026	3.0882
17	8.0216	7.1196	6.3729	6.0472	5.7487	5.2223	4.7746	4.0591	3.5177	3.0971
18	8.0216	7.2497	6.4674	6.1280	5.8178	5.2732	4.8122	4.0799	3.5294	3.1039
19	8.3649	7.3658	6.5504	6.1982	5.8775	5.3162	4.8435	4.0967	3.5386	3.1090
20	8.5136	7.4694	6.6231	6.2593	5.9288	5.3527	4.8696	4.1103	3.5458	3.1129
21	8.6487	7.5620	6.6870	6.3125	5.9731	5.3837	4.8913	4.1212	3.5514	3.1158
22	8.7715	7.6446	6.7429	6.3587	6.0113	5.4099	4.9094	4.1300	3.5558	3.1180
23	8.8832	7.7184	6.7921	6.3988	6.0442	5.3421	4.9245	4.1371	3.5592	3.1197
24	8.9847	7.7843	6.8351	6.4338	6.0726	5.4509	4.9371	4.1428	3.5619	3.1210
25	9.0770	7.8431	6.8729	6.4641	6.0971	5.4669	4.9476	4.1474	3.5640	3.1220
26	9.1609	7.8957	6.9061	6.4906	6.1182	5.4804	4.9563	4.1511	3.5656	3.1227
27	9.2372	7.9426	6.9352	6.5135	6.1364	5.4919	4.9636	4.1542	3.5669	3.1233
28	9.3066	7.9844	6.9607	6.5335	6.1520	5.5016	4.9697	4.1566	3.5679	3.1237
29	9.3696	8.0218	6.9830	6.5509	6.1656	5.5098	4.9747	4.1585	3.5687	3.1240
30	9.4269	8.0552	7.0027	6.5660	6.1772	5.5166	4.9789	4.1601	3.5693	3.1242
35	9.6442	8.1755	7.0700	6.6166	6.2153	5.5386	4.9915	4.1644	3.5708	3.1248
40	9.7791	8.2438	7.1050	6.6418	6.2335	5.5482	4.9966	4.1659	3.5712	3.1250
45	9.8628	8.2825	7.1232	6.6543	6.2421	5.5523	4.9986	4.1664	3.5714	3.1250
50	9.9148	8.3045	7.1327	6.6605	6.2463	5.5541	4.9995	4.1666	3.5714	3.1250

附录二　各章参考答案

第 1 章即测即评

1．单项选择题：CAADC　BACDC

2．多项选择题：CD　ABC　ABD　ABC　ABCD　ACD　ABC　ABD　AC　ACD

第 2 章即测即评

1．单项选择题：BCABB　CABAB

2．多项选择题：ABC　BCE　BE　AC　BC　ABCD　ABC　BE　ABE　ABDE

第 3 章即测即评

1．单项选择题：CDCDC　DBADB

2．多项选择题：ABC　ABD　CD　AD　AC　AD　ABD　ABC　ABC　BCD

第 4 章即测即评

1．单项选择题：CBBDC　ACDDC　BBDDC

2．多项选择题：ABCD　ACD　ABCD　ABC　ACD　ACD　BCD　ABC　ABD　ABCD

第 5 章即测即评

1．单项选择题：BBCCA　BDCBD

2．多项选择题：BC　BCD　AD　CD　CD　CD　AC　BD　ABCD　BCD

第 6 章即测即评

1．单项选择题：CBCBA　CABAC

2．多项选择题：ABCDE　AD　AB　DE　BC　AC　ACD　ABCE　ABCD　BC

第 7 章即测即评

1．单项选择题：DCBCC　DCDBD

2．多项选择题：ABC　ABCD　ABC　ABD　BC　ABCD　ABCD　BD　ABC　AD

第 8 章即测即评

1．单项选择题：BCDAD

2．多项选择题：BC　BCD　ABCD　ABCD　ABCD　ABCD

第 9 章即测即评

1．单项选择题：DCBDD　BCABD

2．多项选择题：CDE　BD　BCD　DE　ABCD　ABCE　ABC　ABE　BCDE　ABD

第 10 章即测即评

1．单项选择题：ADDAA　CABBD

2．多项选择题：ABDE　ABCE　BCE　CE　ACDE　ACDE　AC　ABCD　ACD　ABDE

参考文献

［1］中国资产评估协会．资产评估基础［M］．北京：中国财政经济出版社，2022．

［2］中国资产评估协会．资产评估实务（一）［M］．北京：中国财政经济出版社，2022．

［3］中国资产评估协会．资产评估实务（二）［M］．北京：中国财政经济出版社，2022．

［4］王玲．资产评估学理论与实务［M］．2 版．北京：北京交通大学出版社，清华大学出版社，2014．

［5］龚菊明．资产评估学教程［M］．苏州：苏州大学出版社，2018．

［6］邢淑兰，刘雪婷．资产评估［M］．北京：北京理工大学出版社，2016．

［7］刘伯凯．资产评估学教程［M］．上海：上海财经大学出版社，2015．

［8］章鸿雁，刘永胜．房地产估价实务与实训［M］．重庆：重庆大学出版社，2014．

［9］宋清，金桂荣．资产评估学：微课版［M］．北京：人民邮电出版社，2021．

［10］刘伯凯．资产评估学教程［M］．上海：上海财经大学出版社，2015．

［11］刘起霞，黄通斌．资产评估学［M］．上海：上海交通大学出版社，2018．

［12］郭景先，白福萍．资产评估学［M］．大连：大连出版社，2011．

［13］乔志敏，王小荣．资产评估学教程［M］．北京：中国人民大学出版社，2019．

［14］刘玉平．资产评估学［M］．北京：中国人民大学出版社，2021．

［15］宋传联，闫大柱，于洪．资产评估学理论与实务［M］．北京：机械工业出版社，2017．